北大中文文库

王力文选

王力 著/《王力文选》编辑组 编选

北京大学出版社
PEKING UNIVERSITY PRESS

图书在版编目（CIP）数据

王力文选/王力著；《王力文选》编辑组编选. —北京：北京大学出版社，2010.10

（北大中文文库）

ISBN 978-7-301-17819-5

Ⅰ. ①王… Ⅱ. ①王…②王… Ⅲ. ①汉语—语言学—文集 Ⅳ. ①H1-53

中国版本图书馆 CIP 数据核字（2010）第 186658 号

书　　名：王力文选
著作责任者：王　力 著　《王力文选》编辑组 编选
责 任 编 辑：旷书文
封 面 设 计：奇文云海
标 准 书 号：ISBN 978-7-301-17819-5/H·2649
出 版 发 行：北京大学出版社
地　　址：北京市海淀区成府路 205 号　100871
网　　址：http://www.pup.cn　　电子信箱：ss@pup.pku.edu.cn
电　　话：邮购部 62752015　发行部 62750672　出版部 62754962
　　　　　编辑部 62753334
印 刷 者：世界知识印刷厂
经 销 者：新华书店
　　　　　730 毫米×980 毫米　16 开本　20.25 印张　320 千字
　　　　　2010 年 10 月第 1 版　2010 年 10 月第 1 次印刷
定　　价：36.00 元

那些日渐清晰的足迹(代序)

随着时光流逝，前辈们渐行渐远，其足迹本该日渐模糊才是；可实际上并非如此。因为有心人的不断追忆与阐释，加上学术史眼光的烛照，那些上下求索、坚定前行的身影与足迹，不但没有泯灭，反而变得日渐清晰。

为什么？道理很简单，距离太近，难辨清浊与高低；大风扬尘，剩下来的，方才是“真金子”。今日活跃在舞台中心的，二十年后、五十年后、一百年后，是否还能常被学界记忆，很难说。作为读者，或许眼前浮云太厚，遮蔽了你我的视线；或许观察角度不对，限制了你我的眼光。借用鲁迅的话，“伟大也要有人懂”。就像今天学界纷纷传诵王国维、陈寅恪，二十年前可不是这样。在这个意义上，时间是最好的裁判，不管多厚的油彩，总会有剥落的时候，那时，什么是“生命之真”，何者为学术史上的“关键时刻”，方才一目了然。

当然，这里有个前提，那就是，对于那些曾经作出若干贡献的先行者，后人须保有足够的敬意与同情。十五年前，我写《与学者结缘》，提及“并非每个文人都经得起‘阅读’，学者自然也不例外。在觅到一本绝妙好书的同时，遭遇值得再三品味的学者，实在是一种幸运”。所谓“结缘”，除了讨论学理是非，更希望兼及人格魅力。在我看来，与第一流学者——尤其是有思想家气质的学者“结缘”，是一种提高自己趣味与境界的“捷径”。举例来说，从事现代文学或现代思想研究的，多愿意与鲁迅“结缘”，就因其有助于心灵的净化与精神的提升。

对于学生来说，与第一流学者的“结缘”是在课堂。他们直接面对、且日后追怀不已的，并非那些枯燥无味的“课程表”，而是曾生气勃勃地活跃在讲台上的教授们——20 世纪中国的“大历史”、此时此地的“小环境”，讲授者个人的学识与才情，与作为听众的学生们共同酿造了诸多充满灵气、变化莫测、让后世读者追怀不已的“文学课堂”。

如此说来，后人论及某某教授，只谈“学问”大小，而不关心其“教学”好坏，这其实是偏颇的。没有录音录像设备，所谓北大课堂上黄侃如何狂放，黄节怎么深沉，还有鲁迅的借题发挥等，所有这些，都只能借助当事人或旁观者的“言说”。即便穷尽所有存世史料，也无法完整地“重建现场”；但搜集、稽考并解读这些零星史料，还是有助于我们“进入历史”。

时人谈论大学，喜欢引梅贻琦半个多世纪前的名言：“所谓大学者，非谓有大楼之谓也，有大师之谓也。”何为大师，除了学问渊深，还有人格魅力。记得鲁迅《关于太炎先生二三事》中有这么一句话：“先生的音容笑貌，还在目前，而所讲的《说文解字》，却一句也不记得了。”其实，对于很多老学生来说，走出校门，让你获益无穷、一辈子无法忘怀的，不是具体的专业知识，而是教授们的言谈举止，即所谓“先生的音容笑貌”是也。在我看来，那些课堂内外的朗朗笑声，那些师生间真诚的精神对话，才是最最要紧的。

除了井然有序、正襟危坐的“学术史”，那些隽永的学人“侧影”与学界“闲话”，同样值得珍惜。前者见其学养，后者显出精神，长短厚薄间，互相呼应，方能显示百年老系的“英雄本色”。老北大的中国文学门（系），有灿若繁星的名教授，若姚永朴、黄节、鲁迅、刘师培、吴梅、周作人、黄侃、钱玄同、沈兼士、刘文典、杨振声、胡适、刘半农、废名、孙楷第、罗常培、俞平伯、罗庸、唐兰、沈从文等（按生年排列，下同），这回就不说了，因其业绩广为人知；需要表彰的，是 1952 年院系调整后，长期执教于北大中文系的诸多先生。因为，正是他们的努力，奠定了今日北大中文系的根基。

有鉴于此，我们将推出“北大中文文库”，选择二十位已去世的北大中文系名教授（游国恩、杨晦、王力、魏建功、袁家骅、岑麒祥、浦江清、吴组缃、林庚、高名凯、季镇淮、王瑶、周祖谟、阴法鲁、朱德熙、林焘、陈贻焮、徐通锵、金开诚、褚斌杰），为其编纂适合于大学生/研究生阅读的“文选”，让其与年轻一辈展开持久且深入的“对话”。此外，还将刊行《我们的师长》、《我们的学友》、《我们的五院》、《我们的青春》、《我们的园地》、《我们的诗文》等散文随笔集，献给北大中文系百年庆典。也就是说，除了著述，还有课堂；除了教授，还有学生；除了学问，还有心情；除了大师之登高一呼，还有同事之配合默契；除了风和日丽时之引吭高歌，还有风雨如晦时的相濡以沫——这才是值得我们永远追怀的“大学生活”。

没错，学问乃天下之公器，可有了“师承”，有了“同窗之谊”，阅读传世佳作，以及这些书籍背后透露出来的或灿烂或惨淡的人生，则另有一番滋味在心头。正因此，长久凝视着百年间那些歪歪斜斜、时深时浅，但却永远向前的前辈们的足迹,有一种说不出的感动。

作为弟子、作为后学、作为读者,有机会与曾在北大中文系传道授业解惑的诸多先贤们“结缘”,实在幸福。

陈平原

2010年3月5日于京西圆明园花园

前　言

一、语法部分

王力先生自上个世纪三十年代就潜心于汉语语法的研究，为中国现代语法学的建立付出了毕生的心血，语法方面有很多研究具有开创性，有许多研究成果影响深远。

本书语法部分共选入四篇论文，基本上是按照发表时间的先后顺序排列的。《中国文法中的系词》是 1937 年发表在《清华学报》(12 卷 1 期)上的一篇学术论文。这篇长达四万余字的论文开启了对汉语语法专题进行历时研究的先河，"在汉语语法学史上具有划时代的意义"[①]。"系词"这一术语就是此篇文章首先提出的，该文确认的系词有"为"、"是"、"非"等。文章指出先秦汉语的肯定判断句不用系词是最常见的事实，系词"是"是六朝时代由表复指的指示代词演变而来。[②] 为了"彻底考求""中国文法中的系词在历史上的演变"历程，文章搜求出"为"、"是"、"非"等于古文中可能作为系词用法的大量用例，并按出现的各种句型逐一考察它们的具体使用情况，对系词的来源、产生及发展做了详尽的论述。王力先生在讨论系词从无到有的历史演变时，非常重视语法的系统性。"所谓文法者，本是语句构造上的通例；如果我们在某一时代的语料中，只在一个地方发现了一种特别的语句构造方式，那么就不能认为通例，同时也就不能成为那时代的文法。即使不是传写上的错误，也只能认为偶然的事实罢了。""乙时代所有的文法，甲时代未必就有。"可见，王先生始终都是在整个汉语语法系统中来考察系词的产生这一问题，从不根据"单文孤证"来立论，"严守着'例不十，法不立'的原则"。近年来，随着出土文献的不断发现，系词的产生时代已经被上推到了秦汉时期。但诚如宋绍年

① 宋绍年 2002《王力先生与汉语语法研究》《纪念王力先生百年诞辰学术论文集》商务印书馆。

② 关于系词的范围和产生时代，王力先生后来在《汉语史稿》里作了修正，认为"就汉语来说，真正的系词只有一个'是'字"、"汉语真正系词的产生，大约在公元一世纪前后，即西汉末年或东汉初叶"。

(2002)先生所言:“尽管系词产生的时代提前了几个世纪,但是文章的开创意义及其在方法论上的示范作用却是永恒的。”

汉语的词类问题是汉语语法研究中非常棘手的难题,自《马氏文通》以来一直争论不休,争论的焦点在于词类划分的标准。汉语里的实词能不能分类?如何分类即分类的标准是什么?这是汉语语法研究中不可回避的重要问题。王力先生早期基本是主张单凭意义标准分类的,他说:“至于中国的词呢,它们完全没有词类标记,正好让咱们纯然从概念的范畴上分类,不受形式的拘束。”[①]经过五十年代关于词类问题的大讨论,人们发现如果单凭词义标准,而汉语里一词多义现象非常多见,兼类过多势必导致词无定类,甚至有学者据此得出汉语实词无词类的结论。这里收录的论文《关于汉语有无词类的问题》是上世纪五十年代发表在《北京大学学报》上的。在这篇文章里,王力先生公开修正了自己以前的观点。该文明确指出“词类是词的语法分类”,“单纯地从概念范畴去分别词类是错误的”,并分别从词义、形态和句法同词类的关系方面论证了汉语确有词类且词有定类这一观点。文章有理有据,有力地反驳了汉语实词无词类的看法。那么,如何划分才能做到词有定类?即划分词类的标准是什么?这是《汉语实词的分类》一文着力要回答的问题。王力先生在这篇文章里做了自我批评:“我在解放前在词类问题上所犯的错误,就是单纯从意义范畴去区别实词的分类,没有把句法功能与词类问题结合起来。”他明确主张汉语词类划分应“以词汇语法范畴作为标准,具体说来,就是词义标准、形态标准和句法标准三结合”。后来王先生还进一步明确:“词类是词的语法分类,所以当意义和功能有矛盾时,仍当以功能为准。”[②]这种观点到今天仍是学界的主流看法,足见其影响之深远。从单一的意义标准向语法功能和意义相结合的综合标准转化,可以看出王力先生对词类本质的思考与认识的发展。

王力先生非常重视汉语自身的语法特点。他说:“研究汉语的语法,必须重视汉语的特点。”[③]“我们对于某一族语的文法的研究,不难在把另一族语相比较以证明其相同之点,而难在就本族语里寻求其与世界诸语

---

① 王力 1944 年《中国语法理论》(上册)商务印书馆

② 王力 1957 年《词类》上海新知识出版社

③ 王力 1944 年《中国语法理论》(上册)商务印书馆

族相异之点。”[①]1956年发表的《主语的定义及其在汉语中的应用》和《语法的民族特点和时代特点》都是结合汉语自身情况谈语法特点的。《主语的定义及其在汉语中的应用》立足于汉语的实际特点谈如何界定汉语的主语，指出“陈述的对象”这个最普通的主语定义由于“汉语名词没有‘格’，动词没有‘身、数、态’……在辨别主语的实践上会遭遇许多困难”；“主语是陈述的出发点”这一古老的定义“对汉语来说”，“容易引起曲解，使人们专从词序上看问题”。汉语里主语和话题的关系，也是学术界长期纠缠不清的问题。文章指出：“把主语看做题目或话题，那是不对的。”例如：“台上坐着主席团。”“这里不卖票。”主张主语是话题的人认为句首名词性成分“台上”、“这里”应该是话题，自然也是主语。而王力先生认为主语不应与句首的名词词组或句子的主题等同，认为“台上坐着主席团”主语应是“主席团”，“这里不卖票”则为无主句。所以，王力先生说：“如果拿话题作为主语的定义，只要句首的词是名词，就非承认它是主语不可，我很怀疑该不该这样机械地分析句子。”文章借鉴俄语语法著作对主语的定义，认为对形态不丰富的汉语来说，其主语可以这样描述：“在叙述句里，谓词所表示的行为是属于主语的”、“描写句里，谓词所表示的性质是属于主语的”、“判断句里，谓词表示主语所指称的事物的属性”。汉语语法研究中，如何定义主语？主语和话题又如何区别？这些问题都还值得继续探讨。《语法的民族特点和时代特点》从宏观上谈“语法的民族特点和时代特点”。文章认为，“语法是语言的本质特征之一，具体语言的语法自然也有它的特殊的内部发展规律”，“语法构造既然是语言的本质特征之一，自然也就是构成民族特征的主要因素”，“各种语言的语法之所以有它的特点，正是历史条件所形成的”，“就语法的研究来说，时间就是所研究的语言的时代特点，地点就是所研究的语言的民族特点，条件就是所研究的语言所受的社会发展的影响。”这些观点都是很正确的。文章对当时的语法研究提出三点意见，可以概括为：要区别本质特点和非本质特点、要充分占有材料、要立足于汉语的基础。这些意见对今天的语法研究仍有一定的指导意义。

关于汉语词族的研究，王力先生也开拓出新领域。六十年代发表的《古汉语自动词和使动词的配对》指出：“在古代汉语构词法上有一种特殊现象，就是自动词和使动词的配对。”“配对的自动词和使动词，二者的语

---

① 王力1936年《中国文法学初探》《清华学报》11卷1期

音形式非常近似，但又不完全相同。”文章列出三十七对自动词和使动词的配对情况，得出初步结论：“使动词以去声为主”、“自动词一般读浊母，使动词一般读清母”、“韵部必须相同或相近”。文章首次系统地探讨了古汉语中运用改变声母、韵母或者声调来构成新词这种特殊的构词法，为进一步深入认识和研究汉语词族问题奠定了良好的基础。《汉语滋生词的语法分析》第一次提出汉语的滋生词问题。认为“汉语滋生词与欧洲语言的滋生词不同”，明确指出汉语滋生词的特点：“汉语滋生词不可能是原始词加后缀，只能在音节本身发生变化，或者仅仅在声调上发生变化，甚至只在字形上不同。”文章还具体分析了“转音的滋生词”、“同音不同调的滋生词”和“同音不同字的滋生词”，并提供了原始词和滋生词的大量例证，是研究古汉语构词法的重要参考资料。

八十年代发表的《“之”、“其”构成的名词性词组》以详实的材料分析了由“之”、“其”构成的名词性词组。文章指出：“主谓结构插进了‘之’字，成为名词性词组，它可以用作主语、判断语、宾语（包括介词后的宾语），或关系语。”并明确过去那种“认为这种结构是句子的仂语化”以及“取消句子独立性”的提法“不切合实际情况”。“这种语法结构是本来就有的，不是‘化’出来的，更不是为了取消句子独立性，才使用这种语法结构。”“‘其’字的意义，等于‘名词＋之’”、“在上古汉语里，它永远处于领位。”“把这类‘其’误认为主语，是以今语法说明古语法的一种方法上的错误。”观察之细致让人称赞。文章最后指出：“不但依照外国语法的框框来讲中国语法是错误的，而且依照现代语法的框框来讲古代语法也是错误的。”

上述几篇文章发表的时代分别从三十年代到八十年代，是王力先生半个世纪以来的部分研究成果，凝聚了王力先生半生的心血。通过阅读这些学术经典，我们不仅可以窥知先生的学术思想形成历程，而且对于深刻理解当代语法思想以及发展或推进当代语法研究都有重要意义。

二、音韵部分

汉语语音史是王力先生学术研究的重要领域。他在上古音、中古音和近代音的研究中都有重要建树，而在上古音的研究成就最为显著，先后撰写了多种著作和论文。从三十年代提出脂微分部说，到八十年代重新构拟上古音系统，他逐步完善了自己的古音学说和古音体系，在海内外学术界产生了重要影响。他的古音学说已经成为当代中国语言学的重要组成部分。本《文选》收入的几篇音韵学的文章,均为他在上古音领域研究的代表作。

提出脂微分部,完成了上古韵部系统的划分工作,是王力先生的卓越贡献之一。发表于1937年的《上古韵母系统研究》一文,阐述了他关于脂微分部的研究结果。王先生根据章炳麟的队部和黄侃的没部相互出入的情况,断定"隹雷"诸声符的字有独立性,可以另立一部。另外,他在研究南北朝诗人用韵时,也发现脂微分部的线索。再考察《诗经》用韵,确定江有诰等人的脂部应当分为两部。其中《广韵》的齐韵字"黎迷奚体济稽替妻继弟犀启棣"等属脂部,《广韵》的微灰咍三韵字如"衣依希祈几岂微威韦尾鬼归徽非飞肥""虺摧回傀雷嵬敦""哀开凯"等属微部;《广韵》脂皆二韵的字,开口呼属脂部,如"皆司迟示私二伊比尸饥利师夷脂资"等,合口呼属微部,如"淮惟耑怀遗毁坏追悲衰睢"等。统计《诗经》用韵的结果是,在一百一十例里边,可以认为脂微分用者84例,约占总数的四分之三;可以认为脂微合韵者26例,不及总数的四分之一。再从段玉裁的《群经韵分十七部表》看,34个例子当中,可以认为脂微分用者27个,约占总数的五分之四;可以认为脂微合韵者7个,约占总数的五分之一。分用的趋势非常明显,分为两个韵部不成问题。之所以有较多的合用例,是因为它们的音值非常接近。

脂微分部说提出以后,被学术界普遍接受。从而使清代以来的古韵部划分臻于完善。在这一点上,王力先生"考古"的贡献并列于清代以来顾炎武、江永、段玉裁、孔广森、王念孙、江有诰、章炳麟等古音学大家之列。

清代的古音学家在对待上古入声韵的问题上有不同的态度和不同的处理方式。王力先生把清代古音学家分成"考古派"和"审音派",考古派把入声韵归入阴声韵(个别归阳声韵),特别是收-k韵尾的入声韵都归入阴声韵;审音派把入声韵部独立。王先生早年是考古派,定古韵为23部。中年以后注重古音研究的系统性,于是改从审音派,将入声独立,定《诗经》韵部为29部,战国时代的韵部为30部。1960年发表的《上古汉语入声和阴声韵的分野及其收音》一文,详细讨论了分部的理由,并对音值构拟的一些原则问题进行分析,批评了高本汉等人的失误。文中说:"二十年前,我对于上古汉语的韵母主张二十三部的说法,……前年我讲授汉语史,在拟测上古韵母音值的时候遭到了困难。我不愿意把之幽宵侯鱼支等部一律拟成闭口音节，那样是违反中国传统音韵学，而且是不合理的；同时我又不能像章炳麟想得那样简单，一律拟成开口音节；假使上古的药觉职德沃屋烛铎陌锡诸韵不收-k尾，它们在中古的-k尾是怎样产生出来的呢？讲语音发展不能不讲分化条件，否则就违反了历史语言学的根本原则。”

确定入声韵部独立，还要解决各部的辖字畛域问题。“入声独立成部以后，音韵学家们要处理一个很复杂的问题，就是阴声和入声的分野问题，换句话说就是每一个具体的字的归类问题。”《上古汉语入声和阴声韵的分野及其收音》一文，对于入声韵和阳声韵、入声韵和阴声韵之间互有谐声、押韵的一些字的归部提出了具体的办法：收-p的字和收-m的字发生关系的，“拿阳入通转来解释谐声现象”；收-t的字跟非入声的字发生关系的，认为中古的一部分去声字在上古本为入声，同时“承认上古的入声有两类（收-t的字有两类）”；收-k的字和其他字发生联系的，就看作互叶，“这里的互叶是指主要元音相同，收音不同。”在谐声字中表现出入声韵和其他韵部互谐时，要区别一般和个别。“关于入声韵部的收字，最普通的标准就是根据谐声偏旁，即声符。段玉裁说过：‘同谐声者必同部。’就一般说，我们的确可以根据这个原则，把声符相同的字归属到同一韵部里。”但是，“‘同谐声者必同部’这一原则也不能机械地拘守。当先秦韵文（特别是《诗经》）和声符发生矛盾的时候，应该以韵文为标准，不应该以声符为标准，因为造字时代比《诗经》时代至少要早一千年，语音不可能没有变化。”

该文重点讨论的“收音”问题，就是上古汉语韵尾的构拟。王先生说：“本文的主要目的在于批判高本汉的上古汉语音韵学，同时捍卫中国的传统音韵学。”文章从汉语的系统性和汉藏语系的类型特征上，论证并批评高本汉等人给阴声韵构拟塞音韵尾的错误。文章指出，把上古阴声韵部都构拟成收-g、-d、-r、-b等浊塞音韵尾的闭口音节，在韵尾辅音是“唯闭音”的汉语里是不可能的，“在汉藏语系中，韵尾-g，-d，-b和-k，-t，-p是不能同时存在的”；这样的构拟使得上古汉语成为完全没有开口音节的系统，“破坏了阴阳入三分的传统学说”，“破坏了‘平上为一类，去入为一类’的传统学说”，文章的结论是：“高本汉所构拟的清尾和浊尾对立的上古汉语是一种虚构的语言，不是实际上可能存在的语言。”

上古音的脂微质物月五部，在顾炎武的系统里属于一个韵部，后来清代到民国的古音学家递有离析，到王力先生定为五个韵部。此前的各家在各部的归字问题上多有分歧或失当，王先生《古韵脂微质物月五部的分野》一文，详细分辨各部的畛域，从系统性上论证脂微分部的合理性，判定两部各自所辖的谐声偏旁；又针对黄侃和高本汉的谐声偏旁归部，订正前人在入声质物和阴声脂微之间划分不当之处；再将质、物两部之间的界限重新厘正。王先生所划定的质部范围比清代学者的"至"部的范围扩大了，物部的范围缩小了。

王力先生批判地吸取了前人的构拟成果，不仅自己构拟了上古声韵系统，并且从理论上提出构拟古音的原则。《先秦古韵拟测问题》一文，就是对科学的古音构拟原则作总结概括。主要的原则是：第一，古音的构拟，应该是音位性质的描写。构拟上古音不同于研究现实语言的语音，它的任务不应该是用实验语音学的手段去进行物理、生理方面的细微测试和描写，也不可能从发音部位和发音方法上区别得细致入微。它所应该做到的，是对一个共时的语音系统进行音位结构的分析并对变化规律作出合理说明。因此，构拟中应该贯彻音位学的方法。王力先生指出："古音拟测只应该是一种示意图，因此，上古元音只能是音位性质的描写，不应该是实验语音式的描写。""示意图不是精确的，但也不是随意乱画的，拟音必须做到近似而合理。"如果像某些学者那样，想把两千多年以前人们说话时的细微语音差别都搞得一清二楚，既无必要，也不可能。第二，同一韵部必须构拟相同的主元音。王力先生说："上古同韵部的字，不管一二三四等，一定要同元音。"对于汉语来说，依照常规押韵的字总是具有相同的主要元音和韵尾。上古的韵部系统是从押韵材料归纳出来的系统，同一韵部的字必然要有相同的主要元音。如果给一个韵部构拟出不同的主要元音，那么韵部就变成了韵摄，这不符合汉语的特点。第三，构拟要合乎阴阳对转的规律和韵部之间的远近关系。清代学者所建立的阴阳对转学说，揭示了上古语音的系统性。具体说来，互相对转的阴声、阳声、入声韵部，具有相同的主要元音，并且韵尾的发音部位相同。构拟的结果必须符合这一特点，才谈得上科学性。王力先生说："在拟测先秦韵部的时候，我们必须坚持阴阳入三声的对应关系，凡有对应的阴阳入三声，必须是主要元音相同的。"除了主要元音问题以外，同样重要的一个问题是，阴阳入三类韵尾的性质也不容搞乱，阴声韵无韵尾或者收元音韵尾，阳声韵收鼻音韵尾，入声韵收塞音韵尾。第四，构拟的古音系统在类型学上应该符合世界语言的一般性质，更要符合汉藏系语言的一般性质。

构拟古音的目标是最大限度地接近于上古汉语的真实面目，构拟的结果就要符合于自然语言的一般状态。如果构拟出的系统不像自然语言，也就失去了构拟的意义。高本汉等人构拟的系统有一个大毛病是人为色彩太重，许多地方不合乎自然语言的结构，“如果把先秦古韵一律拟测成为闭音节，那将是一种虚构的语言。”“把上古汉语拟成开口音节极端贫乏或完全没有开口音节的语言，是不合理的。”

在上古汉语的声调问题上，王先生赞成段玉裁“古无去声”的观点，认为中古的去声分别来自上古的入声和平声。王先生提出“长入短入说”，即上古入声原来有长短两种，短入到中古仍然读为入声，长入只存在于收-t、-k韵尾的韵部里，后来丢掉韵尾就变成去声；至于收-p韵尾的则只有短入，没有长入，也就没有变到去声的。《古无去声例证》一文，列举《广韵》的大量去声字，通过《诗经》等先秦诗歌韵文的押韵例证，证明它们在上古或为去声字，或为平上声字。

王先生一向重视总结前代学者的经验，评估各家的得失。他对于清代古音学家，自顾炎武、江永、段玉裁、戴震、孔广森、王念孙、江有诰到章炳麟、黄侃等，以及近代的高本汉等，都曾有中肯的评论，既充分肯定了他们的重要贡献，同时也指出了每个人的局限和不足。本文选所收的《黄侃古音学述评》，反映出王先生对学术批评的重视和持论公允的特点。王力先生认为黄侃是清代古音学的殿军。他肯定黄侃的成就，“黄氏最大的贡献是阴阳入三分，入声独立。”“黄氏阴阳入三分比戴氏阴阳入三分更正确。”对于黄侃在古音学研究方法上的错误，王先生有全面的分析。比如批评黄氏以古本韵和古本纽互相证明，“这种循环论证在逻辑上是错误的。”黄侃只承认上古有平入二声，“这实际上等于说上古汉语没有声调的存在。”在分部上，“黄氏拘泥于古本韵的理论，在幽部的入声中找不出古本韵，只好牺牲了这个古韵部（觉部）。”

三、词汇部分

王力先生发表了很多关于古汉语词汇、汉语词汇史方面的文章，《理想的字典》、《新训诂学》、《训诂学上的一些问题》、《同源字论》、《说江河》、《古汉语字典序》是其中重要的几篇。在这几篇文章中，王先生集中阐述了关于古汉语词汇、汉语词汇史的理论问题和实践问题，是中国语言学的宝贵财富。

王先生在他的著作中一再强调，语言是社会的产物，词的意义是受社会制约的，只有得到全社会的承认，它才能存在，才能起交际作用。我们解释古人的语言，一定要注意这种解释在当时社会中有没有普遍性，也就是说一定要注意语言的社会性原则。他认为望文生义、偷换概念等毛病都是忽视语言社会性的结果。他说："至于望文生义，那是此词本无此义只是从上下文推测他有这个意义，只能在这个地方遇到它，在别的地方再也遇不着它。这就不符合语言的社会性原则，这种解释就是错误的。"王先生又说："偷换概念是望文生义的自然结果，望文生义的人们不会毫无根据的生出一个意义来，而往往是引经据典，然后暗度陈仓，以达到他们所要生的义。如果重视语言的社会性的原则，偷换概念的毛病就不会产生了。"《孔雀东南飞》"自可断来信，徐徐更谓之"的"信"字。有人把这个"信"字讲成"媒人"。王先生说：在这句话中似乎是可以讲通了，但在别处没有"信"当"媒人"讲的。这个"信"字是"信使"的意思，也就是"捎信的人"的意思。此处也许可以讲通，而别处都没有这个意思，这就不符合语言社会性的原则。

王先生要求用历史主义方法研究古汉语词汇。所谓历史主义方法，就是要注意语言的时代性，也就是要注意词汇的历史演变。语言的时代性，也就是语言的社会性在不同时代的表现。早在三四十年代，王先生就明确地提出，"我们研究语义，首先要有历史的观念"。又说，"我们研究每一个语义，都应该研究它在什么时候产生，什么时候死亡"。为了阐明历史观点的意义，1982 年王先生特意写了一篇《说江河》的文章，文章中特别声明："我写这篇文章的目的是要说明一个道理，读古书要有历史观点，要注意语言的时代性，要有发展的观点，要注意古今词义的差别。"王先生在这篇文章中用历史主义的利剑，拨开纷繁的表象，大气磅礴地说明江河的古义及其发展变化，为我们树立了典范。在文章中，王先生进一步强调，"为了建立历史观点，在上古书籍中，凡是江河似乎解作专名、通名都讲得通时，都应解作专名"。在另一篇文章中王先生更谆谆告诉我们，"某一个时代，某一个词还没有这种意义，即使这样解释可以讲得通，也不能这样讲"。

王先生强调用历史观点研究词义时，还提出一些具体的要求，比如：

1. 研究词义的发展，要尽力避免远绍的猜测。王先生说："所谓'远绍'，是假定某一种语义曾于一二千年前出现过一次，以后的史料毫无所见，直至最近的书籍或现代方言中才再出现。这种神出鬼没的怪现状，语言史上是不会有的。"王先生举"该"字为例。《说文》："该，军中约也。""应该”的“该”和“该欠”的“该”似乎都可以勉强说是由“军中约”的意义引申出来的(段玉裁就是这样说)。但可怪的是,“应该”的“该”大约产生在宋代以后,“该欠”的“该”或者更后,而“军中约”的古义,即使曾经存在过,也在汉代以前早成死义,怎能在千年之后忽然引申出两种新兴的意义呢?

2. 研究词义的发展,不能离开语言实际,不能把可能的语义转变看作语义转变的现实。王先生举“回”字为例。《说文》:“回,转也。”“来回”的意义大约在唐代产生,“来回”的意义自然是从“转”的意义引申来的,因为走回头路必须转弯或者向后转。我们只能说当“回”字作“转”讲的时代已经潜伏着转变为“来回”的意义的可能性,我们不能说上古“回”就有了“来回”的意义。

3. 研究词义的发展,要有敏锐的眼光,能发现任何细微的变化而不放过它。王先生说:“段玉裁的眼光最敏锐,譬如他注解‘仅’字,就注意到唐代的‘仅’和清代的‘仅’不同,唐代的‘仅’,是‘庶几’的意义,段氏举杜甫诗‘山城仅百层’为例。唐代的‘仅’和清代的‘仅’都是程度副词,很容易被认为一样,然而前者叹其多,后者叹其少,实际上恰得其反。”

用历史观点研究古汉语词汇,还包括对不同时代的词汇都给予同样的对待。他在《新训诂学》中说:“我们应该把语言历史的每一个时代看作同等的价值,汉以前的古义固然值得重视,千百年后新起的意义,也同样值得研究。无论怎样俗的一个字,只要它在社会上占有了势力,也值得我们追求它的历史。”王先生又说:“拿历史的观点来看,经义和俗义的价值,无轻重之分。对于每一种语义,都应该研究它在何时产生,何时死亡。”由此王先生明确提出“为史而治小学”的号召。

王先生明确提出词汇也具有系统性。王先生所说的词汇的系统性,从他的著作中,我们体会应该包括两个方面,一个是词与词之间有密切的联系,一个是一个词的若干个意义之间有密切的联系。这种词、词义联系的总合就构成了词汇的系统。

王先生关于同源词的研究,使我们看清了词与词之间的内在联系。王先生说:“从前人们以为词汇里面一个个的词好像一盘散沙,其实词与词之间是有密切联系的。同源词就是词汇系统性的表现之一。”

王先生在《同源字论》、《同源字典的性质及其意义》中全面深刻地阐述了对同源词的认识。王先生说:“为了编写一部谨严的同源字典,我必须严格地坚持两个原则,(一)同源字必须是双声兼叠韵的;(二)同源字必须有训诂的依据。”王先生彻底抛弃了字形的束缚,从音义两个方面判定词的同源关系，而且这音一定是先秦古音，因为同源字大多在先秦时代已经形成；这义一定有古代训诂的根据，而不是个人的臆测。

词汇系统的另一种表现，是词义的系统性。一个词的若干个意义之间，不是并列的，也不是毫无关系、杂乱无章的，它们之间存在着清楚的发展脉络，这主要是从本义到引申义的层层演变。在上世纪四十年代的《理想的字典》中，王先生就以“朝”字为例深刻地阐明了这种词义发展的系统性。以后的几十年，每讲到词汇研究，王先生必定强调词义的系统。他认为掌握词的本义最为重要，因为词的本义是词义系统的纲，抓住这个纲，纲举目张，纷繁的词义就变得简单而有条理了。

王先生要求语义研究要兼顾语音和语法的研究。早在四十年代，王先生就指出：“语义学并不能不兼顾到它与语音和语法的联系。”

联系语音研究语义，清儒已经注意到，并取得很大的成绩。王先生特别赞赏王念孙“就古音以求古义，引申触类，不限形体”的话，认为这是千古名言。并且说：“整个语言文字的研究，都应依据这个原则。抓到语音就抓到了根本。”

联系语法研究语义，这是王先生的首倡。王先生在《新训诂学》中说：“语法与语义的关系，向来很少有人注意到。”王先生举字典里把“適”注成“往”的错误说：“上古的‘往’字是一个纯粹的内动词，‘往’的目的地是不说出或不能说出的；上古的‘適’字是一个外动词或准外动词（有人称为关系内动词），‘適’的目的地是必须说出的。‘往’等于现代官话的‘去’，‘適’等于现代官话的‘到……去’。这是语法的不同影响到语义的不同。”

词典编纂是词汇学理论与词汇研究成果的集中体现。王先生十分重视词典编纂的工作。他晚年曾说：“编写一部字典，这是我的宿愿。”他发表了一系列关于词典编纂方面的论文和谈话。如《理想的字典》、《字典问题杂谈》、《古汉语字典序》等，《了一小字典初稿》、《王力古汉语字典》（前四集）则是他词典学思想的实践。

王先生关于词典问题的论述，主要集中在两个方面，一个是历史主义原则，一个是语义学思想。具体体现在义项的确立与排列以及书证列举。无论是释义还是举例，历史观点是第一重要的指导原则，同时义项的排列要体现词义的系统。

在《理想的字典》中，王先生提出要明字义孳乳，分时代先后。所谓明字义孳乳，就是理清字义引申的脉络；所谓分时代先后，就是要有历史观点，分清字义产生的时代，克服古今字义杂糅的现象。王先生说：“如果把几千年的一切字和一切义都毫无分别地排列着，就等于把历史的观念完全抹杀了。”王先生主张，本义应该是第一义项，因为本义是最原始的意义，其他意义都是由本义引申出来的。引申义要根据产生的时代先后排列。这样才能给人以词义发展的清晰的认识。

关于释义，王先生特别强调释义的准确性，他反对在释义中出现被释字，反对一字释一字。王先生说：“字典对于每一个字，应该假定是读者所不认识的，若注解中有被注的字，就等于用读者所不认识的字作注，虽注等于不注。这就太违背字典的原则了。”理想的字典，应该处处避免浑言，若要避免浑言，必须先尽量避免以一字释一字。因此王先生主张要尽量以多字释一字，这是为了克服释义的含混不清，求得释义的准确精当。作为字典，王先生主张对于一些所谓的新见解应该采取稳妥慎重的做法。王先生说，我们编字典，一定不要好奇，不要标新立异，而要稳妥。新的见解除非有了十分确凿的证据，否则就不要用。

字典的一个重要内容是书证，也就是举例。王先生一再说，一部没有例子的字典就是一具骷髅。王先生把“知举例”作为现代字典进步的重要标志。王先生还特别提出，举例最好举始见书的例子。人们了解一个字的某个意义是从什么时代开始具有的，这很重要。这样，就不至于用后代的意义去解释比较早的书籍，造成望文生义的错误。

这里特别要提到王先生的最后一篇文章《古汉语字典序》[①]。这是王力先生词典学思想的最集中体现。在这篇序言中，王先生列出这部字典的八大特点：一、扩大词义的概括性，二、僻字归入备考栏，三、树立历史观点，注意词义的时代性，四、标明古韵部，五、注明联绵字，六、在每部前面先写一篇部首总论，七、辨析同义词，八、列举一些同源词。王先生说：“上述八个特点，这是字典革新的尝试，希望这样一部字典能比一般字典给予读者更大的方便。”

张双棣、耿振生、孙书杰　撰稿

① 本书因篇幅所限，上述文章并非全部收入。

中国语言学的继承和发展

一、中国语言学的光荣传统

中国语言学是有光荣的传统的。二千多年前中国就有了很好的语言学理论，实在值得我们引以自豪。荀子在他的《正名篇》里所阐明的都是语言学上的重要问题。他说语言是社会的产物（“名无固宜”，“约定俗成谓之宜”），又说语言是有稳固性的，同时又是发展的（“若有王者起，必将有循于旧名，有作于新名”）；又说概念的形成缘于感觉（“然则［名］何缘而以同异？曰，缘天官”）。这些理论，直到今天我们还认为是正确的，而在当时的历史条件下，则应该认为是卓越的学术造诣。①

我不打算逐个地叙述中国历代语言学家的成就；我只想谈一谈中国语言学传统上的三个突出的优点。

第一个优点是重视实践。中国古代没有“语言学”这个名称；古人所谓“小学”，大部分可以认为属于语言学范围。顾名思义，“小学”和语文教育有着极其密切的关系。许慎在他的《说文解字》里说：“盖文字者，经艺之本，王政之始，前人所以垂后，后人所以识古。”可见“小学”的目的无非教人识字，让读古书的人先攻破文字关（其实是语言关）；只不过“小学家”的要求比较高，识字的标准和一般人所了解的稍有不同罢了。有许多东西，在今天看来是很宝贵的汉语史材料，在当时也不过是为了实用的目的。《切韵》的编写目的是“凡有文藻，即须音韵”。②《中原音韵》的编写目的是“欲作乐府，必正言语，欲正言语，必宗中原之音”。③ 韵图是对语音系统进行分析，利用横推直看的方法来帮助人们了解反切，也是帮助人们查得汉字的读音。张麟之在《韵镜序》里说：“读书难字过，不知音切之病也。诚能依切以求音，即音而知字，故无载酒问字之劳。”直到今天，我

---

① 关于荀子的语言学理论，参看邢公畹《谈荀子的“语言论”》，见 1962 年 8 日 16 日《人民日报》。

② 语见陆法言《切韵序》。今本“须”下有“明”字，各手写本均无。

③ 语见周德清《中原音韵序》。

们利用韵图来查古代反切的读音,还是最有效的方法。[①] 人们盛称"段王之学",其实段玉裁、王念孙等人所做的也不外是提高阅读古书能力的工作。

这种做法,自然也有不足之处。过于注重实用,就容易放松了语言学理论的探讨,荀子《正名篇》那样卓越的语言学理论在后世不多见了;关于语言学方法,很少有系统性的叙述。

但是,注重实践仍旧应该作为传统的优点继承下来。今天时代不同了,我们研究语言学,当然不单是为了通经。即以通经而论,也不是因为它是圣人之道,而只是因为我们要继承文化遗产。我们今天研究语言学,是为社会主义建设服务。语文教育是今天祖国教育事业的一个重要环节;因此,今天的中国语言学就必须为祖国教育服务。今天我们的实践范围扩大了,我们不但要提高阅读古书的能力,我们还要为祖国语言的纯洁和健康而斗争。我们不排斥"纯科学"的研究,只要是科学,对社会主义建设也一定有好处。但是,理论必须联系实际,这一个大原则是必须肯定的。

第二个优点是重视材料和观点相结合。由于时代的局限,古人不可能有马克思主义观点。但是,古代成就较大的语言学家都是重视他们所认为正确的观点的。戴震说:"学有三难:淹博难,识断难,精审难。"[②]拿今天的话来说,淹博就是充分占有材料,识断就是具有正确的观点,精审就是掌握科学的方法。

段玉裁的《说文解字注》一共写了三十年,桂馥的《说文解字义证》一共写了四十年,朱骏声自述他撰著《说文通训定声》的经过说:"渴(竭)半生之目力,精渐消亡;殚十载之心稽,业才丱瓶(草创)。"为了充分占有材料,不能不付出足够的时间和精力。但是,单靠苦学还是不够的。戴震说得好:"前人之博闻强识,如郑渔仲,杨用修诸子,著书满家,淹博有之,精审未也。"[③]这就说明了必须材料和观点、方法相结合,然后才能在学术上有较大的贡献。

如何对待材料,也是观点、方法的问题。梁启超在叙述清代的学风时,曾举出其特色十条,其中两条是:1. 孤证不为定说,其无反证者姑存

---

① 例如《诗·秦风·小戎》:"竹闭混滕",《经典释文》引徐邈音:"滕,直登反。"依照横推直看法,在《韵镜》里查得是音"腾",而不是音"澄"。

② 参看梁启超:《清代学术概论》,中华书局版,第27页。

③ 同上。

之，得有续证则渐信之，遇有力之反证则弃之；2. 隐匿证据或曲解证据，皆认为不德。[①] 显然，这是我们所应该继承的优良传统。

第三个优点是善于吸收外国的文化。中国的反切，不先不后，产生在东汉后期，这显然跟佛教的传入有关。梵书随着佛教一起传入中国，于是梵文的拼音方法就对汉文的注音方法发生影响。郑樵《通志·艺文略》、陈振孙《直斋书录解题》、姚鼐《惜抱轩笔记》、纪昀《与余存吾书》都认为反切是“原本之婆罗门之字母”。反切的产生是中国语言学史上值得大书特书的一件大事，这是中国古代学者的巨大创造。应劭、孙炎等人善于吸收外国文化，同时结合汉语特点，发明了反切来为中国文化服务，这是值得颂扬的。钱大昕在《潜研堂文集·答问》中却说：“自三百篇启双声之秘，司马长卿、扬子云益畅其旨，于是孙叔然制为反切。”又说：“乃童而习之，白头而未喻，翻谓七音之辩，始于西域，岂古圣贤之智乃出梵僧下耶！”钱氏这样对外国文化采取关门主义的态度是我们所不能同意的。[②]

字母和等韵之学来自西域，更为一般人所公认。但是，我们试拿梵文字母和守温三十六字母对比，[③]就可以看见，中国学者们不但没有照抄梵文字母，而且字母的排列也有所不同。至于字母和四等的配合，更显得学者们匠心独运，完全是以汉语语音系统的特点为依据的。

清代刘献廷(继庄)也是一个善于吸收外国文化的人。全祖望《鲒埼亭集·刘继庄传》说。“继庄自谓声音之道别有所窥，足穷造化之奥，百世而不惑。尝作《新韵谱》，其语自华严字母入，而参以天竺陀罗尼，泰西腊顶话，小西天梵书，暨天方、蒙古、女直等音；又证之以辽人林益长之说，而益自信。”看来，《新韵谱》大概是属于普通语音学一类的书，可惜这部书没有传下来，否则在中国语言学史上一定增加光辉的一页。

马建忠是汉语语法学的奠基人，但是，大家知道他的《马氏文通》是模仿泰西的“葛郎玛”而写成的。他认为“葛郎玛”在语文教育中是会起巨大作用的。他在《文通》的序里说：“夫华文之点划结构，视西学之切音虽难，而华文之字法、句法，视西文之部分类别，且可以先后倒置以达其意度波

① 参看梁启超：《清代学术概论》，第35页。乾嘉学派以经学为中心，而经学又以“小学”为中心。所谓清代的学风，主要是指清代语言学家的学风。

② 陈澧在《切韵考》卷六说，“何不”为“盍”，“如是”为“尔”等都是反语。用来证明反语不受西域的影响，这也是不对的。这种二合音只是无意识的，并非像反切那样成为一套注音方法。

③ 实际上只有三十字母，这里不详细讨论。

澜者则易。西文,本难也,而易学如彼;华文,本易也,而难学如此者,则以西文有一定之规矩,学者可循序渐进,而知所止境,华文经籍虽亦有规矩隐寓其中,特无有为之比儗而揭示之,遂使结绳而后四千余载之智慧材力无一不消磨于所以载道,所以明理之文,而道无由载,理不暇明,以与夫达道明理者之西人角逐焉,其贤愚优劣,有不待言矣。"由此看来,马建忠之所以吸收外国文化,正是从爱国主义出发的。《马氏文通》虽然存在着不少缺点,但是,在吸收外国文化这一点上,马建忠是做对了的。

我们认为上述的古代中国语言学的三大优点都应该好好地继承下来,并加以发扬光大。

二、发展和继承的关系

继承,就意味着发展。不能发展,就不能很好地继承。在中国语言学上,如果只知道继承,不知道发展,结果就会觉得古人是不可企及的,我们对继承也会失掉信心;如果是批判地继承,同时考虑到发展,结果是在总的成就上超过了古人,即使在某一点上不及古人,我们也算是很好地继承了古代中国语言学家的衣钵。

古代学者的学习条件和我们今天的学习条件是不一样的。古代学者从小就读古书,重要的经书都能成诵,有的人还能做到于学无所不窥,十三经、二十四史、诸子百家,都能如数家珍。这就是所谓的淹博。今天我们不可能这样做,而且不必要这样做。其所以不可能,是因为我们还有许多现代书籍要读,还有许多现代科学知识要掌握;其所以不必要,是因为前人已经有许多研究成果,特别是近年来已经有了许多可以利用的工具书。假如我们要在古典文献上跟清人比赛淹博,许多人都会感叹望尘莫及;但是我们有一定程度的马克思列宁主义的修养,有比较先进的现代科学知识,有比较正确的观点和方法,则是清人所没有的。《孟子》说得好:"不揣其本而齐其末,方寸之木可使高于岑楼。"(《告子》下)我们衡量新的一代的语言学家修养要看得全面些,不要因为他们的旧学知识稍差一些就以为一代不如一代,更不要引导他们专往故纸堆里钻,不求现代的科学知识。

封建社会对一个学者的要求和社会主义社会对一个学者的要求是不一样的。在今天,语言学工作者的使命要比封建社会"小学家"们的工作要复杂得多,性质也不一样。我们要研究普通语言学,因为我们需要语言学理论来指导我们的工作；我们要研究少数民族语言，因为它对语言教育等方面有现实意义；我们要研究语言风格学或辞章学，因为它有助于改进文风；至于语法学、词汇学、语义学、词典学等等，也都是我们的研究对象。我们还应该培养一批专家研究汉藏系语言和研究印欧系语言及其他语言。语言教学法也应该是实用语言学的一个部门，这是过去比较忽略，而今后应该加强的一个部门。这一切都不是过去"小学"所能包括的了。即以"小学"而论，也应该使它现代化，以便为汉语史服务。同时使它通俗化，以便为古代汉语教学服务。如果亦步亦趋地走乾嘉学者的老路，不但不会赶得上他们，而且不能适应社会主义社会的需要，不能满足广大人民的要求。少数人这样做，未尝没有一些好处；如果在语言学界提倡，那就不相宜了。

一个时代有一个时代的要求。一个学派全盛的时代，自然光芒四射。但是，这个时代一过去了，后人即使追前人的芳躅，效果也会差得多。一则因为时代的要求不同了，二则因为前人已经开垦过的园地，可以发掘的地方不多了，只好拾遗补缺、做一些修修补补的工作，放出萤火般的微光。

五四运动以后，汉语的研究向前推进了一步，其中并没有其他的奥妙，只不过是把普通语言学的理论应用到汉语研究上。对象仍旧是原来的对象，只因观点、方法改变了，研究的结果就大不相同。当然其中有许多需要批判的东西和过时了的东西，但是今天我们要发展中国语言学，绝不是回到封建社会的观点、方法上去，而是要把语言科学向前推进，在马克思列宁主义、毛泽东思想的指导下，攀登世界科学的最高峰。解放后十三年以来，中国语言学已经有了很大的发展，这正是我们接受了马克思列宁主义、毛泽东思想、接受了现代语言科学的结果。

以下谈谈怎样发展中国语言学的问题。

《红旗》杂志的社论说："马克思列宁主义使哲学、社会科学的面貌发生了根本的改变。在哲学、社会科学的领域内，人们如果不是自觉地站在马克思列宁主义的立场上和运用马克思列宁主义的观点和方法，那就几乎不能真正解决任何一个实质性的问题。"[①]这是一个根本性的原则，违反了这个原则，就谈不上发展中国语言学。社论又说："但是，马克思列宁主义不能代替每一门具体科学的研究。马克思列宁主义的指导作用，就在于它提供了一种基本理论和方法，依靠这种理论和方法，科学研究工作

① 《在学术研究中坚持百花齐放百家争鸣的方针》，见《红旗》杂志1961年第5期。

者还要付出艰苦的劳动，大量地收集材料，独立地进行思考，才能在某一个具体问题的科学研究中得到成绩。”[①]根据这个原则，在语言学的科学研究工作中，还有必要建立这一个具体科学部门的理论和方法，这种理论和方法是以马克思列宁主义的基本理论和方法为基础，在具体语言的研究中总结出来的基本理论和方法的，这就是我们所说的马克思列宁主义语言学。马克思主义语言学在中国正在形成。

无批判地接受旧的中国语言学，其危险性在于它的糟粕也继承下来。戴震的识断，比起郑樵、杨慎来，当然高明得多了，但是拿今天的眼光来看，则又有可以批评的地方。拿今天马克思主义的尺度来衡量戴震，从而抹杀他在当时的进步性，贬低他的学术成就，固然是不对的，但是，看不见他的缺点，让青年人一味盲从，那也是不应该的。举例来说，他在《答段若膺论韵》里说：“仆谓审音本一类，而古人之文偶有相涉，有不相涉，不得舍其相涉者，而以不相涉者为断；审音非一类，而古人之文偶有相涉，始可以五方之音不同，断为合韵。”他所讲的原则是不错的，但是他根据宋人的等韵来审音，要凭它来断定先秦韵部的分合，这就是缺乏发展观点。朱骏声在中国语言学史上有很大贡献，他的得意之作在于阐明字义的引申（他叫做“转注”）和假借。但是他把许慎的假借字定义“本无其字，依声托事”擅改为“本无其意，依声托字”，硬说是先有本字才能假借，这就违反了文字的发展过程。这种例子可以举得很多。

我们不能说古人的糟粕对今人已经没有影响了。现在随便举两个例子来谈一谈。

自从宋代王圣美创为“右文”之说，至今在文字学界还有一些影响。杨树达说：“形声字中声旁往往有义”，[②]有了“往往”二字，这话本身没有毛病，只是没有能够说明原因。胡朴安说：“盖上古文字，义寄于声，未遑多制，只用右文之声，不必有左文之形。”[③]原因是说出来了，但是还不够明确。实际上，凡按右文讲得通的，若不是追加意符的形声字，就是同一词族的字（如章炳麟《文始》所讲的），并不是存在着那么一个造字原则，用声符来表示意义。傅东华先生最近在他的《汉字的各种字义的各种训释》里说：“形声字（包括转注字）的本义是由它的声旁决定的，例如‘吃饭’的

---

① 《在学术研究中坚持百花齐放百家争鸣的方针》，见《红旗》杂志 1961 年第 5 期。

② 杨树达：《积微居小学述林·序》。

③ 胡朴安：《中国文字学史》上册，第 232 页。

'吃'本作'喫',从'口''契'声。'契'是'刻'(咀嚼)的意思,所以'喫'字的本义是用口咀嚼食物。至于它的简体'吃'字,原是另外一个字,从'口''乞'声,本义是口吃。它的'乞'声用来表示'乞乞'的声音。'乞乞'犹'期期',形容说话重叠,难以出口的样子。"[①]这段话可商榷之处很多。古时饮食都叫'喫'(杜甫《送李校书》"对酒不能喫";《病后遇王倚饮赠歌》:"但使残年饱喫饮"),可见喫不一定用得着咀嚼。而且从刻契到咀嚼未免太迂曲了。从'乞'重叠为'乞乞',从'乞乞'转为'期期',更是勉强。而总的原因则是受了右文说的影响。[②]

语源的探讨,本来不是一件容易的事。但是人们喜欢傅会成说,有时候也能以假乱真。李时珍在《本草纲目》中说,葡萄"可以造酒,人酺饮之则陶然而醉,故有是名"。最近有人写了一篇知识小品,题为《酺匋—蒲桃—葡萄》,[③]还加以解释说:"'酺',指大饮酒,见'说文','匋',极醉之意,见《集韵》。"[④]其实,'葡萄'只是当时大宛语的译音,[⑤]和"酺""匋"没有关系。李时珍是杰出的医学家和植物学家,然而他对语源学是外行。应该承认,不是外行的人也会犯同样的错误,在文字学界中,这种情况不是没有。

批判古代中国语言学的糟粕,这是消极的一方面,积极的一方面应该是提高马克思语言学的修养。现在我国"语言学概论"一类的书虽然还是初步的基础知识,但是要求语言学工作者先掌握这种基础知识是必要的。

马克思主义是科学的科学,马克思主义者永远走在现代科学的前面。世界上任何新的语言学派、新的语言学理论,都值得我们研究。即使是反动的语言学派,也可以充当我们的反面教员。我们应该经常注意世界语言学的"行情"。古人说得好:"泰山不让土壤,故能成其大;河海不择细流,故能就其深。"[⑥]学术上的关门主义,对中国语言学的发展是不利的。

语言学工作者最好能学一点自然科学。这不仅因为语言学在社会科

---

① 见《文字改革》月刊,1962 年第 4 期。

② 余长虹同志有一篇反驳的文章,登在《文字改革》月刊 1962 年 7 月号,可以参考。

③ 见 1962 年 9 月 6 日《北京晚报》,作者署名乐工。

④ 按《集韵》只说"酟匋,醉皃(貌)",没有说"极醉之意"。"葡萄"一词产生在前,"酟匋"一词产生在后,这是颠倒了时代次序。

⑤ 参看王力:《汉语史稿》下册,第 518 页,注①。

⑥ 李斯:《谏逐客书》。

学中是接近自然科学边缘的，生理学、物理学（特别是声学）、心理学等，都和语言发生关系。而更重要的还是为了训练科学的头脑。清人的朴学的研究方法实际上受了近代自然科学的深刻影响。有人以为清人为了逃避现实才走上了考据的道路，那是不全面的看法。晋人同样是逃避现实，然而他们只竞尚清谈，而并没有走上科学研究的道路。清人在“小学”的领域上，开中国语言学的新纪元，可以说是从清代起才有真正的科学研究，这并不是突如其来的。自徐光启把西洋的天文历算介绍到中国以后，许多经学家都精于此道，最值得注意的是江永、戴震、钱大昕、阮元等。据张之洞《书目答问》所载，江永在天算中属于西法，戴震、钱大昕、阮元属于中西法。江永所著有《江慎修数学》九种及《推步法解》，戴震所著有《勾股割圜记》、《策算》、《九章补图》、《古历考》、《历问》，钱大昕所著有《三统术衍》、《四史朔闰考》，阮元所著有《畴人传》。[①] 江戴等人经过近代科学的天文历算的训练，逐渐养成了缜密的思维和丝毫不苟的精神，无形中也养成了一套科学方法。拿这些应用在经学和“小学”上，自然跟从前的经生大不相同了。我们知道，戴震是江永的弟子，段玉裁、孔广森、王念孙又是戴震的弟子，学风从此传播开来，才形成了乾嘉学派。我们今天要继承乾嘉学派，必须继承这种热爱真科学的精神。如果我们能热爱现代自然科学，那就既是继承，又是发展了。

三、中国语言学和外国语言学

上文讲到了中国语言学，也提到了外国语言学。其实中国语言学和外国语言学既不是对立的东西，也不是可以截然分开的东西。文化是可以交流的，许多科学上的大发明，已经成为全人类的文化。外国的科学成就，中国可以吸收进来；中国的科学成就，外国也可以吸收过去。我们可以说中国语言研究工作有它自己的特点，例如比较着重在汉语和中国少数民族语言的研究；但是我们不能说中国语言学在观点、方法上也应该有它自己的特点。我们正在建立马克思主义语言学；全世界真正的马克思主义者如果研究语言学，也必须应用同样的马克思主义语言学。同时，我

① 《书目答问》只列江永和阮元著作。其余各人姓名则见于后面所附的《姓名略》。孔广森也著有《少广正员术内外篇》，虽是中法，但孔氏是戴震的弟子，不可能不受西法的影响。此外，朱骏声也精于天文历算，所著有《天算琐记》四卷，《岁星表》一卷，未刊行。

们也必须经常吸收外国语言学中正确的、有用的东西来丰富自己。

关于吸收外国文化的问题，毛主席给了我们明确的指示。他说：

> 中国应该大量吸收外国的进步文化，作为自己文化食粮的原料，这种工作过去还做得很不够。这不但是当前的社会主义文化和新民主主义文化，还有外国的古代文化，例如各资本主义国家启蒙时代的文化，凡属我们今天用得着的东西，都应该吸收。但是一切外国的东西，如同我们对于食物一样，必须经过自己的口腔咀嚼和胃肠运动，送进唾液胃液肠液，把它分解为精华和糟粕两部分，然后排泄其糟粕，吸收其精华，才能对我们的身体有益，决不能生吞活剥地毫无批判地吸收。[①]

回顾五四运动以后，解放以前中国语言学界的情况，正如毛主席所批判的，我们大都是生吞活剥地毫无批判地把外国语言学吸收过来。虽然也产生了一些新的东西，但同时也把资产阶级的一些错误观点不加批判地介绍到中国来，引起了不良的后果。这是值得我们警惕的。

五四以后，新的语言学和旧的语言学形成对立，但是和平共处，井水不犯河水，有对立而没有斗争，当时新派语言学家们的主要工作在于调查方言，进行《切韵》研究等，调查方言固然跟旧学无关，即以《切韵》研究而论，搞的是高本汉的一套，和旧学关系不大。至于语法的研究，更不是原来“小学”范围内的东西。旧派语言学家仍然搞“小学”的老一套，跟新派语言学家所学的东西可说是“风马牛不相及”。这种情况对中国语言学的发展是不利的。有一些新派语言学家们对中国传统语言学采取虚无主义的态度，以为旧学没有什么可取的东西，自己在狭窄的范围内钻牛角尖，外国的东西学得不深不透，中国原有的东西知道得更少。有一些旧派语言学家又故步自封，满足于中国原有的成就，即使有所述作，也是陈陈相因，不脱前人的窠臼。这样就不能新旧交流，取人之长，补己之短。

解放以后，情况大有不同，今后还要注意怎样把传统的中国语言学的精华很好地继承下来，并且经常从外国的先进的语言学中吸取营养，使新旧熔为一炉。在这一方面，我们是做得不够的。搞普通语言学的人往往是知道语言学理论较多，而不太善于结合到本国的具体语言，更谈不上继承古人的“小学”；研究汉语或本国少数民族语言的人往往强调材料，轻视

---

① 《毛泽东选集》第二卷，第1版，第678页。

理论知识。我们并不是说在语言学工作中不应该有所分工，而是说语言学工作者应该先具备了广泛的基础知识然后走向专门。将来进一步要求学好语言学理论，同时把它应用到具体语言研究上。

我们中国人自己是能够研究语言学理论的；但是，我们并不能因此拒绝学习外国的东西。毛主席说："中国应该大量吸收外国的进步文化，作为自己文化食粮的原料，这种工作过去还做得很不够。"拿语言学来说，过去我们所接触到的外国语言学知识，实在很不够，即以普通语言学而论，很少有人把几部重要的著作从头到尾仔细看过。我们的翻译工作也做得很不够。总之，我们学习外国的东西不是太多，而是太少了。今后我们应该注意吸收外国的先进的语言学理论和方法，来帮助中国语言学的发展。

要不要联系中国的实际？当然要。在中国，即使是研究普通语言学，也应该以汉语或中国少数民族语言为主要材料。因为对自己所熟悉的语言比较容易进行深入的观察，这种观察也比较容易显示研究者的创造性。在西洋，几乎没有一个普通语言学家不是对一两种具体语言有专长的，假如对任何具体语言都只有浮光掠影的知识，那么普通语言学也不会研究得好的。[①] 至于汉语的研究，更是中国语言学研究工作的特点，世界上没有任何国家对汉语研究有我国这样丰富的文献和经验，只要我们在语言学的观点、方法上能够更有所提高，我们的汉语研究也一定能够有更多更好的成绩。但是我们不能把墨守海通以前的成就看成是结合中国实际，因为上文说过，我们如果不能发展就不能很好地继承。

"青出于蓝而胜于蓝"，这一成语给我们很大启示。我们深信我们这一代的语言学工作者一定能够胜过古人，我们更深信我们后一代的学术成就必将远远地超过我们这一代。

（载《中国语文》1962 年 10 月号，又收入
《龙虫并雕斋文集》第二册）

---

① 但又不能走另一个极端，专就汉语来讲普通语言学。即使某些语言现象跟汉语无关，只要世界语言有这种现象，也得讲到。否则只算是汉语学，而不是普通语言学了。

积极发展中国的语言学*

语言学属于社会科学，同四个现代化关系密切。语言学是能为四个现代化服务的。发展中国语言学，是我们语言学界既光荣又艰巨的政治任务。现在各省市的语言学会先后成立，这就为我国语言学的发展创造了有利条件。

中国语言学是源远流长的。早在两千多年前，我国语言学就已经产生了。那时不叫语言学，可以叫语文学。从广义说语言学也应包括语文学。中国语言学的历史可以分为四个时期：第一，以文字训诂为主的时期。这个时期的代表作是东汉许慎的《说文解字》，它是研究文字的；还有研究训诂的，这便是《尔雅》。第二，以音韵为主的时期。代表作是隋代陆法言的《切韵》。此外宋代一些韵图也是代表作。韵图的学问叫等韵学。等韵学来源于印度，所以我们说我国古代也有洋为中用，等韵学就是一例。第三，文字、音韵、训诂全面发展的时期。这个时期的代表是清代乾隆、嘉庆年间的语言学派，通称乾嘉学派。他们文字、音韵、训诂样样搞得很好。这个时期是中国语言学全面发展的时期。也可以说是中国语言学的黄金时代。第四，我们叫它洋为中用时期。如果把马建忠的《马氏文通》也算是洋为中用的话，那末这个时期从上世纪末算起到现在只有八十年的历史。在这八十年中，我们吸收西方语言学的理论，回过头来研究我们自己的语言，就使中国的语言学进到一个崭新的阶段。现在，要进一步发展中国的语言学，需要注意解决哪些问题呢？我想就以下三个问题谈点看法：

一、语言学的现代化问题

我们不是要搞社会主义的四个现代化吗？其中应该包括语言学的现代化。要达到这个目标，我们就要了解语言学的国际形势。世界上语言学已经进展到什么地步了？我们要了解，要学习，学了以后才能超过他

* 这是作者在山东省语言学会成立大会上的发言。

们。我在北京大学常常说，我们要知道世界行情。我认为，学术是没有国界的。世界上的学术成果，是全世界共同的文化遗产。并没有一个语言学派是任何一个国家专利的。比如，“音位学”是波兰语言学家 Baudouin de Courtenay（译名为博顿·德·古尔特内——记录者注，下同）首创的，但很快就传遍全世界，为捷克布拉格学派所接受，英国语言学家 Daniel Jones（琼斯）等人也为它宣传。所以我们学习国外先进语言学是洋为中用，并不产生崇洋媚外的问题。

在“四人帮”专横时期，北京大学翻译了几本结构主义的书，准备作批判用。当时也派我翻译了 Jakobson（雅各布孙）的《语音分析初探》；我觉得很好，很科学，没有什么可以批判的。只有一点，说语音和颜色有关系，我很怀疑。但我只能怀疑，不能否定它，因为世界上还有许多未发现的真理，值得我们去探索。

我认为，新兴的语言学派，不管是结构主义也好，生成主义也好，其他学派也好，都值得我们研究。其中有一门学问叫信息处理（汉字编码就是信息处理的一种），是直接为四个现代化服务的，更值得我们好好研究。最好我们学好外语，能直接阅读原著。否则，至少可以看《国外语言学》杂志，粗略地了解一些世界行情。

当然，也不是一切新的都是好的。有些貌似新的东西，却可能是一股逆流。这就需要我们用马克思主义去鉴别好坏。近年来杂志上发表了一些用马克思主义观点评论结构主义的文章，例如王宗炎先生的文章，就评论得比较中肯。

外国汉学家的著作也值得看，这也是世界行情问题。有些外国人研究我们的汉语很有成绩。最近，我看到美国一位汉学家写了一篇论文讲“内外转”。过去这个问题我们一直没有讲清楚，这位美国汉学家却很简明地解决了这个问题，他的看法拿我们的话来说就是：凡有真二等字的韵摄就是外转，没有二等字或只有假二等字的韵摄就是内转，我们应该吸收外国汉学家的研究成果。

二、传统语言学还要不要

所谓传统语言学，指的是原来西洋那套语言学。现在既然有了许多新的语言学派，那末传统语言学还要不要？我认为，不但要，而且必须好好研究，大力提倡。传统语言学在欧洲是旧的，在中国还算是新的。前面说过，狭义的中国语言学大约只有八十年的历史。在此以前，中国只有语文学(Philology)，没有语言学(linguistics)。现在中国懂得语言学的人不是太多了，而是太少了。我认为，我们培养语言学人材，要把工作重点放在普通语言学即语言学理论的学习和研究上。为什么呢？因为我们学习语言学理论，不是为理论而理论，而是为了用理论指导我们的汉语研究。我们天天说汉语，但是却研究得很不够，不但汉语的历史研究得不够，汉语的现状即现代汉语也研究得不够。要研究好汉语，就需要靠语言学理论来指导。

为了学好语言学，先要学好外语。至少先学好一门外语。因为许多重要的语言学著作都是用外语写的，还没有中译本出版。即使有了中译本，也不及读原著更能领会其内容。再者，外语本身就是很好的语言材料。所谓普通语言学，实际上就是世界各民族语言综合比较分析研究得出的科学结论。如果我们懂得一种外语，特别是不同语系的外语，就可以打开我们的眼界，使我们懂得我们汉语的特点是什么。因此，多懂一种语言，对语言学研究大有帮助。

为了学好语言学，最好能学点自然科学。近来有人主张，语言学不属于社会科学，也不属于自然科学，而是社会科学和自然科学之间的一种科学。这话有相当的道理。语音是语言的物质外壳。在未发音以前，有一种"语象"，那是心理作用。发音的习惯，也是心理作用，听者的理解，也是心理作用。这是心理学的问题。发音时，有肺呼气的作用，有声带的作用，有唇齿的作用。这是生理学的问题。语音发出后，在空气中传播，这又是物理学的问题。物理学最重要。学语言学的人，需要学一点声学。现在有一种新的仪器叫语谱仪，就是运用声学原理来研究语音形状的。还有数学也很重要，语言研究中的许多领域都牵涉到数学；学语言学的人要学一点数学。我一生吃亏在没有读过中学，没有学好数理化。我在这里现身说法，希望青年同志们学好数学和物理，以便更好地学好语言学。

学习语言学，既要学新的语言学派，又不要轻视传统语言学。因为新的语言学派并不是从天上掉下来的，而是传统语言学的发展。结构主义的老祖宗是 Ferdinand de Saussure(索绪尔)，他的《普通语言学教程》是1906—1911 年在日内瓦大学讲授普通语言学的讲稿。他的"一切自相联系的"理论，就是结构主义所谓"语言是一个系统"的理论根据。Daniel Jones(琼斯)在讲述音位学的时候，他说 Baudouin de Courtenay(博顿·德·古尔特内)所谓"生理学音标"和"心理学音标"相当于 Henry Sweet

(亨利·斯威特)在《语音学手册》中所谓“窄式音标”和“宽式音标”。而Henry Sweet(亨利·斯威特)的《语音学手册》则是1877年出版的书了。因此,我们要研究新语言学派,也要研究传统语言学。

我们学习语言学理论,不是消极的接受,还要力求发展它。现在普通语言学的书多是欧美人写的,他们用的材料古代的是希腊文、拉丁文直至印度梵文,现代的则是欧美各国的语言,没有或很少引用中国的语言材料。我们身为中国人,如果能运用汉语或少数民族语言的材料研究普通语言学,就有可能发展语言学理论。

就当前的情况来说,普通语言学的研究特别重要。因为我们亟需要用语言理论来指导我们研究汉语和少数民族语言。有人说我的著作富于开创性,其实我只是根据语言学原理来处理汉语研究的问题。学习了语言学理论和欧美语言学家有关语言研究的著作,回过头来考虑我们的汉语研究,就能开辟许多新的园地,甚至可以产生新的理论。我希望同志们这样做。那就对我国的语文教育大有帮助,对我国的社会主义文化事业作出了贡献。

三、乾嘉学派要不要继承

能不能因为乾嘉学派太古老了我们就不要继承了呢?决不能。我们不能割断历史,乾嘉学派必须继承。特别是对古代汉语的研究,乾嘉学派的著作是宝贵的文化遗产。段(指段玉裁)王(指王念孙父子)之学,在中国语言学史上永放光辉。他们发明的科学方法,直到今天还是适用的。王念孙在他的《广雅疏证》序里说:“窃以训诂之旨,本于声音。故有声同字异,声近义同,虽或类聚群分,实亦同条共贯。”又说:“今则就古音以求古义,引申触类,不限形体。”这是千古不刊之论。我们研究中国古代的语言文字,必须学习乾嘉学派的著作,那是没有问题的。

但是,我认为,继承意味着发展。唯有发展,才是最好的继承。否则就是抱残守缺,乾嘉学派的优点没有继承下来,反而把乾嘉学派的缺点继承下来了。

乾嘉学派博览群书,掌握了极其丰富的材料,今天我们在这方面不可能赶得上它;但是今天有了马列主义的指导,有语言学理论的指导,在方法方面却一定能超过乾嘉学派。这实际上就是对乾嘉学派的继承和发展。

最近一位青年同志写了一篇《古无重唇音考》投寄《中国语文》,《中国语文》编辑部把稿子退回了,加上一个评语说:“观点很新,但是证据不充分,说服力不强。”这位青年同志想不通,他搜集了二百多个例证,为什么说“证据不充分”呢?我说,《中国语文》编辑部的意见是对的。你的论文想用谐声偏旁和异文来证明古无重唇音,其实只能证明上古唇音轻重不分,不能证明古无重唇。钱大昕也可以用同样的事例去证明古无轻唇音。那么,为什么钱大昕“古无轻唇音”的学说能为人们所接受呢?这是因为有现代方言作为有力的旁证。比如现代闽方言没有轻唇音;现代粤方言微母仍读重唇;现代吴方言微母字白话仍读重唇(如“味道”的“味”,“袜子”的“袜”,“问路”的“问”,“忘记”的“忘”,声母读〔m-〕,而不读〔V-〕);现代客家话不管文言白话,微母字也多读重唇(如袜〔mat〕,微〔mi〕,尾〔mi〕,问〔mun〕,网〔miog〕)。这一切都足以证明古无轻唇。上面所说的那位青年同志犯的是逻辑推理的错误。他的大前提是:“凡古书中轻重唇混用的字都是轻唇字”,大前提错了,结论自然也就错了。方法错了,即使写了千篇论文,也将是劳而无功。

我们应该学好马列主义,马列主义可以纠正语言研究方法上的错误。马克思在他的著作中常常明显地教人运用正确的逻辑推理(如他在《工资、价格和利润》中就首先批判了机会主义者韦斯顿在逻辑上的错误)。列宁经常教人写文章要有逻辑性。恩格斯屡次赞扬比较语言学,因为比较语言学的方法是科学的。要发展中国的语言学,最重要的是要讲究科学方法。我们从马克思主义经典著作中学习科学方法,将是一生受用不尽的。

(程湘清记录整理)

(载《东岳论丛》1980 年 3 月)

中国文法中的系词

一、导　　言

在拙著《中国文法学初探》一文里，我曾经讨论到，表明语与主格的关系只由词的次序去表示就够了，没有用系词（copula）的必要。但是我没有彻底地考求过中国文法中的系词在历史上的演变，只是对它作了概略的观察。这种观察，在大体上虽是不错，毕竟有不详尽甚或不确当的地方。现在这一篇文章可以说是推阐并补充前文的一段话；但仍不敢认为详尽，恐怕将来还要补充或修正的。

我们研究中国文法，与校勘学发生很大的关系。古书的传写，可以由形似而讹，或由音同而讹，这是大家所知道的；但另有一种讹误的来源：有些依上古文法写下来的文章，后代的人看去不顺眼，就在传写的时候有意地或无意地添改了一两个字，使它适合于抄书人的时代的文法。例如《后汉书·窦宪传·燕然山铭》"兹所谓一劳而久逸，暂费而永宁者也"，《文选》作"兹可谓"，当是传写之误；因为"五臣本"《文选》尚作"兹所谓"，与《后汉书》正相符合。这与唐明皇改《书·洪范》的"无偏无颇"为"无偏无陂"，使它与下文"义"字协读，同是以今律古的谬误；不过一则是误以今音正古音，一则是误以今文法正古文法罢了。"所"之与"可"，既非形似，亦非音同，自然是因古今文法的歧异了。又如《史记·刺客列传》"此必是豫让也"一句，依汉代以前的文法通例看来，应该只说："此必豫让也"，不该有"是"字，因为据我现在所曾注意到的史料看来，"此……是……"的说法不曾在《史记》以前的古籍中发现。《刺客列传》叙述豫让一段系根据《战国策》，而《战国策》恰恰缺少"是"字，只作"此必豫让也"。假使我们不能在《史记》以前或与《史记》同时的史料中，找出"此必是豫让也"一类句子（"是"字为系词，在"此"字之后），我们尽可以根据《战国策》而认《史记·刺客列传》的"是"字为传写之讹。一般考据家对于形似而讹的字最苛，认为不容不订正，对于音似而讹的字已经采取宽容的态度，因为在任何情形之下都可以有"同声相假"为护符；至于文法上的错误（以后代文法替代或冒充古代文法），更为考据家所忽略了。这因为在后代的人们看来，倒是错误的比原来的更通顺些；譬如我们叫一个不大懂古文的人来读“此必是豫让也”与“此必豫让也”两个句子，他一定会觉得前者更顺眼些。至于考据家看来，虽没有顺眼不顺眼的分别，但他们认为两种文法都可通，就不管了，我们研究文法史的人，对于这类事实却绝对不该轻易放过。

因此，我在这一篇文章里，严守着“例不十，法不立”的原则，凡遇单文孤证，都把它归于“存疑”之列，以待将来再加深考。所谓文法者，本是语句构造上的通例；如果我们在某一时代的史料中，只在一个地方发见了一种特别的语句构造方式，那么就不能认为通例，同时也就不能成为那时代的文法。纵使不是传写上的错误，也只能认为偶然的事实罢了[①]。

说中国的系词等于西洋的系词，固然与事实距离太远；但如果说中国文法中完全没有系词的存在，也未免武断。我们该把问题看得复杂些。第一、我们得先问在什么情形之下用得着系词，又在什么情形之下用不着系词；第二、即使在同一情形之下，我们得再问在什么时代不用系词，到什么时代才开始用它；第三、即使情形相同，时代相同，我们还应该看什么字在当时有做系词的资格，而什么字还没有这资格。

关于第一个问题，我们该把情形分得很细；越分得细，系词的职务越看得明显。首先应该分别的是表词[②]的性质：表词是名词性的（例如英文 He is friend），与表词是形容词性的（例如英文 He is honest），在中国文法中有很大的差别。此外，因别的情形不同而生出系词用途上的差别的也很多，都待下文详述。

关于第二个问题，就是文法史上的问题，乙时代所有的文法，甲时代未必就有。文法与词汇、语音、文字，都是随着历史而演化的；词义的演变，语音之有古今音，文字之有古今体，都是考据家所津津乐道的，文法也一般地是带时代性的东西，我们怎能忽略了时代呢？因此，假使我说：“某种情形之下可用系词”，这话是不够的；必须说“某种情形在某时代可用系词”。

关于第三个问题，就牵涉到词汇的变迁了。凡是研究中国古代文法的人，都很容易注意到“为”字比“是”字先被用为系词。等到“是”字在口

---

① 例如《前汉书》“由所杀蛇白帝子，所杀者赤帝子故也”，《史记》作“由所杀蛇白帝子，杀者赤帝子，故上赤也”，当以《史记》为合当时的文法，《汉书》多一“所”字，系传写之讹。

② 我们把“名句”的 predicate 译为”表明语”，把 predicative 译为表词。

语里替代了“为”字的时候[1]，文字上仍旧是“为”字占优势。但是，我们须知，系词“为”与“是”的来源并不相同（见下文），因此，它们的用途也始终不能完全相等。否定词“非”字也比“是”字先被用为系词，它虽似乎与“是”字同出一源，但是我们不能因此就把它们认为正反的一对。事实上，“非”字能在反面作否定词的时候，“是”字还不能在正面作肯定词呢。

总之，我们应该在归纳的研究之下，看出来同情形，同时代，同字的文法规律。

二、无系词的语句

在先秦的史料中，肯定的句子，主格与表明语之间没有系词，乃是最常见的事实。如果我们以少见的事实为例外，那么，我们尽可以说有系词的是例外了。大概我们越往上古追溯，则越发少见系词的痕迹，这种现象自然使我们倾向于相信最古的中国语的肯定语句里是不用系词的。《尚书》、《仪礼》诸书里，有些“惟”字，乍看起来，很像是系词：

> 厥土惟涂泥，厥田惟下下，厥赋下上。（《书·禹贡》）
> 醴辞曰：甘醴惟厚，嘉荐令芳。（《仪礼·士冠礼》）

我们会猜想“惟”就是“为”，“惟”与“为”为古今字；《晋书·司马叡传》正作“厥土为涂泥”，更令人觉得这话不错了。然而我们如果从古音上考求，上古的“惟”字与“为”字却不能通用。“惟”字属于喻母四等，在上古是“舌音”或“齿音”字，“为”字属于喻母三等，在上古是“牙音”字[2]，牙与舌齿，并非双声；“惟”字古音属脂部[3]，“为”字古音属歌部，也不是叠韵。我想“惟”字并不是动词。只是一种帮助语气的虚字，与《皋陶谟》“惟帝其难之”，《洪范》“惟十有三祀”的“惟”字性质很相似，不过一在句首，一在句中罢了。

我们只要很浮泛地观察，也会觉得中国上古系词的缺乏。譬如试拿西洋书籍与中国古书比较，就可发现西洋书籍里几乎每页都有系词，而中国先秦的古籍中往往全篇文章自始至终没有一个系词（例如《荀子·王制

---

① 这是随俗的说法；实际上，“是”字在许多情形下都不能替代“为”字，详见下文结论。

② 姑用旧名，以便叙述。

③ 补注：后来我主张古韵脂微分部，则“惟”属微部。

篇》)。至于西文须用系词的地方而中国古代不用者,亦不胜枚举。现在随便举例如下:

> 筮短龟长,不如从长。(《左传》僖四)
> 其政闷闷,其民淳淳,其政察察,其民缺缺。(《老子》)
> 亲老出不易方,复不过时。(《礼记·玉藻》)

这是表词为形容词的例子。在复合句里,重音不在那形容词上头,所以只把形容词放在名词之后,就由词的次序形成一种表明语。如果在单纯句里,重音寄托在形容词上头,就往往在形容词前面加上一个帮助语气的"也"字,例如:

> 回也不愚。(《论语·为政》)
> 雍也仁而不佞。(《论语·公冶长》)

至于以名词或名词短语为表词者,因为重音常在名词或名词短语上头,所以在先秦的文章里,常是以助词助足其语气的。例如:

> 占之曰:"姬姓,日也,异姓,月也,必楚王也。"(《左传》成十六)
> 王骀,兀者也。(《庄子·德充符》)
> 其母曰:"孔子,贤人也。"(《战国策·赵策》)
> 彼丈夫也,我丈夫也,吾何畏彼哉?(《孟子·滕文公上》)

这种"也"字只是帮助语气,并没有系词的性质。我们有两个理由可以证明"也"字不是系词:第一、当句末有他种助词时,语气已足,就用不着"也"字[①];第二、有些作家索性在句末省去助词,而主格后之名词或名词性短语仍能不失其表词的功用。关于第一种情形,例如:

> 人不知,而不愠,不亦君子乎?(《论语·学而》)
> 是故孔子曰:"知我者,其惟《春秋》乎?"(《孟子·滕文公下》)
> 仲子所居之室,伯夷之所筑与?抑亦盗跖之所筑与?(《孟子·滕文公下》)

关于第二种情形,例如:

> 前识者,道之华而愚之始。(《老子》)
> 虎者戾虫,人者甘饵。(《战国策·秦策》)

---

① 自然用也可以,但不是必需的。

天下者，高祖天下。（《史记·魏其列传》）

相国，丞相，皆秦官；……关都尉，秦官。（《前汉书·百官公卿表》）

天德施，地德化，人德义。（《春秋繁露》卷十三）

凡禘、郊、宗、祖、报，此五者国之典礼。（《风俗通义》卷八）

释道融，汲郡林虑人。（《高僧传·道融传》）

婚姻者，人道之始。（《北史·文成帝纪》）

君子所贵，世俗所羞；世俗所贵，君子所贱。（《近思录》卷七）

这都可以证明“也”字可有可无，因此就不能认为系词，只能认为助词而已。无系词的语句几乎可说是文章的正宗，所以后世的口语里虽有了系词[①]，而所谓“古文派”的作品里，仍旧不大肯用它；数千年来，“名句”(nominal sentence)里不用系词，仍是最常见的事实。兹再举若干例句如下：

（一）表词为形容性的：

谭长而惠，尚少而美。（《后汉书·袁绍传》）

自斯以后，晋道弥昏。（《宋书·武帝纪论》）

彼于有司，何酷至是？（《宋书·周朗传》）

名与身孰亲也？得与失孰贤也？荣与辱孰珍也？（李康《运命论》）

末法以后，众生愚钝，无复佛教。（《隋书·经籍志》四）

羽朕之懿弟，温柔明断。（《北史·武卫将军谓传》）

（二）表词为名词性的：

此用武之国而其主不能守。（《三国志·诸葛亮传》）

佛出西域，外国之神。（《高僧传·佛图澄传》）

余亦与子同斯疾者也。（《抱朴子·遐览》）

自太和十年以后，诏册皆帝之文也。（《魏书·孝文纪》）

若夫一统之年，持平用之者，大道之计也。（《北史·孙绍传》）

① 也只限于以名词或名词短语为表词的句子。详见下文。

是时海内富实，米斗之价钱十三，青齐间斗才三钱。（《隋书·食货志》一）

今之天下亦先王之天下。（王安石《上仁宗皇帝言事书》）

臣草木瓦砾，陛下用之则贵，不用则贱。（《太平广记·钱氏私志》）

帝师帕克斯巴者，土番萨斯嘉人足克衮氏。（《元史·释老列传》）

郑和，云南人，世所谓三保太监者也。（《明史·郑和传》）

清代思潮果何物耶？（梁启超《清代学术概论》）

从上述诸例看来，不用系词乃是中国古文的常态。既是常态，就不能认为有所省略。假使我们把"清代思潮果何物耶"改为"清代思潮果为何物耶"，两相比较，则见"为"字的增加是后起的现象，是受了近代口语的影响才加上去的。因此，如果我们认"果何物耶"为"果为何物耶"的省略，就是以流为源，以枝叶为根本，把一部中国文法史倒过来看了。

三、论"为"字

（一）"为"字系词性的来源

《说文》爪部："為，母猴也。"段注云："假借为作为之字，凡有所变化曰为。"但是，据古文字学家的说法："为，从爪从象，象牵象之形。古者役象以助劳其事，故引申以为作为字。"今按当以后一说为是。然则"为"字最初被用为动词的时候，必是"作为"之义，可以断言。

由此看来，"为"字原是纯粹的动词，有"作"、"造"、"治"、"从事于"……诸意义，而其用途比"作""造""治"诸字较为广泛。后来行为的意义渐渐变为轻淡，然后有"变为""成为"……诸意义。段玉裁所谓"凡有所变化曰为"，可以说是彻底了解"为"字的意义；因为凡有所造作，也就是对于原有的事物有所变化。演变到最后阶段，"为"字渐渐带着多少系词性了；然而在许多情形之下，仍未完全脱离"变为""成为"……诸意义。再有一点该特别注意者，就是新的意义发生之后，旧的意义并不一定消灭，以致新义与旧义同时存在。我们可以说，"为"字所有的一切意义，在先秦都已完成；仅凭先秦的书籍，很难断定某种意义发生在后，或在前。但我们追究诸意义引申的痕迹，也不能说毫无根据。譬如说，"為"字最初是象形字，无论它是象猴形，或象人牵象之形，其所孳生的意义都应该是“作为”。如果说从人牵象之形一变而为毫无动作性的系词，就没法子说得通。所以我们尽有权利去假定“作为”的意义为由意义颇狭的动词引申到意义甚广的动词的第一阶段，而系词为其最后阶段。现在按照我们所假定的先后次序，把“为”字分为各种型式；如下[①]：

型甲　这是纯粹的动词，其动作性甚重。例如：

> 三月之末，择日翦发为鬌。（《礼记·内则》）
> 公摄位而欲求好于邾，故为蔑之盟。（《左传》隐元）
> 名者实之宾也，吾将为宾乎？（《庄子·逍遥游》）
> 有为神农之言者许行。（《孟子·滕文公》上）
> 王之为都者，臣知五人焉。（《孟子·公孙丑》下）
> 人皆可以为尧舜。（《孟子·告子》下）
> 斩木为兵，揭竿为旗。（贾谊《过秦论》上）
> 绛侯周勃始为布衣时，鄙朴人也。（《史记·绛侯周勃世家》）
> 田文既死，公叔为相。（《史记·孙子吴起列传》）
> 及壮试吏，为泗上亭长。（《前汉书·高帝纪》）
> 诸将故与帝为编户民，北面为臣，心常鞅鞅。（同上）
> 慢主罔时，实为乱源。（《晋书·刘毅传》）
> 汝为第六世祖。（《坛经·自序品》）
> 散木也，以为舟，则沈；以为棺椁，则速腐。（《庄子·人间世》）
> 又以郑愔为侍郎，大纳货赂。（《新唐书·选举志）下》）
> 韦氏败，始以宋璟为吏部尚书，李乂卢从愿为侍郎，姚元之为兵部尚书，陆象先卢怀慎为侍郎。（同上）

型乙“为”字与目的格之间，隔以“之”字。“之”字似乎是帮助语气的助词，又似乎是代名词；但是，省去“之”字与否，都不能影响及于全句的意义[②]。这也是纯粹的动词，与型甲的分别很微。例如：

> 千室之邑，百乘之家，可使为之宰也。（《论语·公冶长》）
> 原思为之宰。（《论语·雍也》）

---

① 最早的意义，至后代仍未消失者，则举例不限于先秦。

② 读者请特别注意下面所举《淮南子·原道训》的例子：对偶的两句中，一句有“之”字，一句没有“之”字。

颜路请子之车以为之椁。(《论语·先进》)

微子去之,箕子为之奴。(《论语·微子》)

廛无夫里之布,则天下之民皆悦,而愿为之氓矣。(《孟子·公孙丑》上)

今之君子,岂徒顺之。又从而为之辞。(《孟子·公孙丑》上)

覆杯水于坳堂之上,则芥为之舟。(《庄子·逍遥游》)

夫道论至深,故多为之辞,以抒其情。(《淮南子·要略》)

张天下以为之笼,因江海以为罟,又何亡鱼失鸟之有乎?(《淮南子·原道》)

寒,然后为之衣;饥,然后为之食[1]。(韩愈《原道》)

型丙　这种"为"字有"变为""成为"的意思,其动作性甚轻,但仍该认为外动词,因为在形式上它与型甲完全相同,只不过意义上稍有差别罢了。例如:

高岸为谷,深谷为陵[2]。(《诗·小雅·十月》)

其君之戎,分为二广。(《左传》宣十二)

一与言为二,二与一为三。(《庄子·齐物论》)

地入于汉为广陵郡。(《史记·五宗世家》)

拔剑斩蛇,蛇分为二,道开。(《前汉书·高帝纪》)

荣体变为枯体,枯体即是荣体,丝体变为缕体,缕体即是丝体。(《梁书·范缜传》)

型丁　这与型丙的分别仅在乎用于条件句中:在某条件之下,则某事物变为某状况,可见也是"变为"或"成为"的意思。不过,"为"字后的目的格不一定是名词;有时是形容词,有时是动词。但这些形容词或动词皆可认为带名词性,变成"为"字的目的格。例如:

改之为贵……绎之为美。(《论语·子罕》)

何必读书,然后为学?(《论语·先进》)

能行五者于天下为仁矣。(《论语·阳货》)

君子有勇而无义为乱,小人有勇而无义为盗。(同上)

---

① 依《原道》的例子看来,"之"似颇有间接目的格的性质,有点儿像英文的 for him, for them;但这恐怕是后起的事实。

② 凡诗歌中之文法与散文相同者,亦举为例。

执事顺成为臧，逆为否；众散为弱；川壅为泽。（《左传》宣十二）

掘井九轫而不及泉，犹为弃井也。（《孟子·尽心》上）

若君不修德，舟中之人尽为敌国也。（《史记·孙子吴起列传》）

含笑即为妇人，蹙面即为老翁，踞地即为小儿，执杖即成林木[1]。（《抱朴子·遐览》）

知即是虑：浅则为知，深则为虑。（《梁书·范缜传》）

型戊 这种“为”字用于补足语里，有“作为”的意思。它与型甲的分别，在乎型甲“为”字的主格是整个的主格，型戊“为”字的主格是一种“兼格”。“兼格”是中国文法的特色。例如“我谢谢你替我做了这件事”，“你”字是个“兼”格，它对于“谢”字是目的格，对于“做”字是主格，以一身而兼两职。同理，“我请你帮忙”，“政府升他做省长”，“你”“他”也是“兼格”。型戊的“为”字就很近似于“做”字。例如：

季氏使闵子骞为费宰。（《论语·雍也》）

乃悉封徐卢等为列侯。（《史记·绛侯周勃世家》）

使韩安国、张羽等为大将军。（《史记·梁孝王世家》）

尽立孝王男五人为王。（同上）

请废太子爽，立孝为太子。（《史记·淮南衡山列传》）

吴起取齐女为妻，而鲁疑之。（《史记·孙子吴起列传》）

也有省去兼格的。例如：

拜为将军……迁为丞相……谥为共侯。（《史记·绛侯周勃世家》）

武王载木主，号为文王。（《史记·伯夷列传》）

晏子於延入为上客。（《史记·管晏列传》）

型己 这种“为”字与“以”字相应，其公式为“以……为”。《庄子·大宗师》：“以汝为鼠肝乎？以汝为虫臂乎？”这就是“为”与“以”相应的例子。如间接目的格已见于前，则“以为”二字可以不必隔开。例如《庄子·逍遥游》“剖之以为瓢”，《大宗师》“浸假而化予之右臂以为弹”。但这些“为”字的动作性甚重，可以归入型甲。至于动作性甚轻的，如《诗·邶风》“反以我为雠”，《鄘风》“我以为兄”，可以归入型己。但是我们须知，型己与型甲

① 注意“为”“成”二字互用，可见“为”有“成为”之意。

的差别，仅在乎动作性的重轻：型甲是实际表现于外的动作；型己是意念中的动作，可以称为“意动”。意动仍算是动，不是系词。例如：

若臧武仲之知，公绰之不欲，卞庄子之勇。冉求之艺，文之以礼乐，亦可以为成人矣[①]。（《论语·宪问》）

赐也，女以予为多学而识之者与？（《论语·卫灵公》）

一以己为马，一以己为牛。（《庄子·应帝王》）

勃以织薄曲为生。（《史记·绛侯周勃世家》）

今舍纯懿而论爽德，以春秋所讳为美谈。（张衡《东京赋》）

老庄之作，管孟之流，盖以立意为宗，不以能文为本。（萧统《文选序》）

型庚　型己与型庚的差别，仅在乎“为”字后是名词或是形容词。其实，这一类“为”字后的形容词或形容短语，都可认为带名词性。例如：

事君尽礼，人以为谄也。（《论语·八佾》）

硁硁然小人哉，抑亦可以为次矣。（《论语·子路》）

恶徼以为知者，恶不孙以为勇者，恶讦以为直者。（《论语·阳货》）

於是诸将乃以太尉计谋为是。（《史记·绛侯周勃世家》）

高帝以为可属大事。（同上）

鲍叔不以我为贪。（《史记·管晏列传》）

斯自以为不如非。（《史记·老庄申韩列传》）

夫口论以分明为公，笔辩以荴露为通，吏民以昭察为良。（《论衡·自纪篇》）

型辛　“以……为”的公式，从型甲演化到型己，从型己演化到型庚，动作性已经够轻了；但它更进一步，把“以为”合成一词[②]。这仍是一种“意动”。型己与型辛的差别仅在乎一则以名词为目的格，一则以整个子句为目的格，一则“以”字用为介词，一则“以”字失去介词性而与“为”字合并为“意动”[③]。例如：

---

① “以”与“为”相应，不可把“可以”认为一词。现代白话里的“可以”（助动词）只等于先秦一个“可”字。

② 马建忠以型己的“为”字为断辞，型辛的“以为”为动字（《文通》卷四，第15页），我以为不对。

③ 甚至以“曰以为”合成一词，如《史记·三王世家》：“皆曰以为尊卑失序。”

王往而征之，民以为将拯己于水火之中也。(《孟子·梁惠王下》)

之则以为爱无差等，施自亲始。(《孟子·滕文公上》)

已则弃去之，以为龟藏则不灵，蓍久则不神。(《史记·龟策列传》)

贾素骄贵，以为将己之军而己为监，不甚急。(《史记·司马穰苴列传》)

型壬　此种“为”字在助动词“能”“足”“得”等字之后，在形容词之前，看去颇像系词，但不可译为白话的“是”字，所以不是系词。例如：

今夫斄牛，其次若垂天之云，此能为大矣。(《庄子·逍遥游》)

郑之刀，宋之斤，吴粤之剑，迁乎其地而不能为良。(《礼记·内则》)

繿缕茅檐下，未足为高栖。(陶潜《饮酒》)

人离恶道，得为人难。(《四十二章经》)

三公又奏请吏民入钱谷得为关内侯云。(《晋书·食货志》)

上述九种模型，都不能认为系词。我们所以不惮详细论列者，一则因要表明“为”字系词性的来源，二则因要把一般人误认为系词的“为”字都排除出去。下面可以叙述“为”字的系词性了。

（二）“为”字的系词性

“为”字可认为纯粹系词的很少，但稍带系词性者则颇常见。所谓稍带系词性者，因为仍含若干动作性在内。今仍照前节，把带系词性的“为”字分为几种模型，再逐一加以说明。

A. 表词为形容性者。

型子　此种“为”字只用于否定句。例如：

万取千焉，千取百焉，不为不多矣。(《孟子·梁惠王上》)

齐卿之位不为小矣，齐滕之路不为近矣。(《孟子·公孙丑上》)

乐岁粒米狼戾，多取之而不为虐。(《孟子·滕文公上》)

在太极之先而不为高，在六极之下而不为深，先天地生而不为久，长于上古而不为老。(《庄子·大宗师》)

齑万物而不为义，泽及万世而不为仁，长于上古而不为老，覆载天地，刻雕众形，而不为巧。(同上)

以上诸例中的"为"字有"可谓"之意,也很近似现代白话里的"算"字。"不为不多"就是"不算少","不为小"、"不为近"也就是"不算小"、"不算近";其中的"为"字都带普通动词性,不是纯粹的系词。我们最好是拿"非"字与"不为"二字相比较,例如《孟子》:"城非不高也,池非不深也,兵革非不坚利也,米粟非不多也,委而去之,是地利不如人和也",假定上文曾叙述某国某城,则此数语变为实指而非泛指,可改为:"城不为不高矣,池不为不深矣,兵革不为不坚利矣,米粟不为不多矣……。"然而"非"字却是系词[①],而"为"字不能认为系词。我们可以在句尾的助词上看出"非"与"不为"的分别来。"非"字的句尾必须用"也"字,不能用"矣"字;"不为"的句尾必须用"矣"字,不能用"也"字。这因为"非"字的句子属于"名句"(nominal sentence),应该用"也"字煞尾;"不为"的句子属于"动句"(verbal sentence),又因语气加重而用"决定时",应该用"矣"字煞尾[②]。我们从"也""矣"的分别上看出"名句"与"动句"的不同,再从"名句"与"动句"的不同上便可看出"非"字与"为"字词性的歧异;因为"名句"中只许有系词或准系词,"动句"中只许有动词或准动词。由此看来,型子的系词性,可以说只是一种幻相而已。

型丑　这种"为"字是从事物的比较上生出来的。我们虽猜想它也从纯粹的动词变来,但它确在很早的时代就变为系词了。例如:

1. 礼之用,和为贵;先王之道,斯为美。(《论语·学而》)
2. 唯天为大,唯尧则之。(《论语·泰伯》)
3. 唯女子与小人为难养也。(《论语·阳货》)
4. 物皆然,心为甚。(《孟子·梁惠王上》)
5. 无恒产而有恒心者唯士为能。(《孟子·公孙丑上》)
6. 唯仁者为能以大事小[③]。(同上)
7. 唯此时为然。(同上)
8. 唯天下至诚为能尽其性。(《礼记·中庸》)

---

① 补注:后来我认为"非"字在上古也并不是系词;它只是一个否定副词。见《汉语史稿》中册,第352页。

② 关于"也""矣"二字与"名句""动句"的关系,参看拙著《中国文法学初探》。"未为"亦与"不为"同例,都属于"动句"。但《说苑》"死然后知之,未为晚也",用"也"不用"矣",因为否定词"未"字的句子必须认为现在时,以"也"字煞尾。详见《中国文法学初探》。

③ "能以大事小"可认为是形容短语。下面所举《中庸》的例子亦同此理。

9. 唯贤者为不然。(《荀子·性恶》)

10. 师直为壮,曲为老,岂在久乎?(《左传》僖二十八)

11. 天下莫大于秋毫之末,而太山为小;莫寿于殇子,而彭祖为夭。(《庄子·齐物论》)

12. 言对为易,事对为难,反对为优,正对为劣。(《文心雕龙·丽辞》)

13. 有安息国沙门安静……翻译最为通解。(《隋书·经籍志四》)

14. 策万行,惩恶劝善,同归于治,则三教皆可遵行,穷理尽性,至于本源,则佛教方为决了[①]。(宗密《原人论序》)

15. 此辈少为贵,四方服勇决。(杜甫《北征》)

16. 佛郎西货船之至中国者少,而私赴各省之传教者为多。(江上蹇叟《中西纪事》卷二)

凡属仅有的德性(如2、3、5、6、7、8、9例),最高级的德性(如1、4、13、15例),对比的德性(如10、11、12、14、16例),都用得着"为"字做系词。我在《中国文法学初探》里说"唯天为大"不完全等于现代语"只有天是大的"。这话不算错,因为"为"与"是"的来源不同,用途也不能完全相等;但我又说"唯天为大"的"为"字动作意味很重(原文页75),就说得不对了。它的动作性很微,至少可认为准系词。

型寅　此种"为"字与型丑的差别,只在乎句子是否带疑问性。例如:

哀公问弟子孰为好学?[②](《论语·雍也》)

事孰为大?事亲为大。守孰为大?守身为大。(《孟子·离娄下》)

何者为善?何者最大?(《四十二章经》)

凡欲从大范围中指出一小范围(如第一、二例),或浮泛地发问(如第三例),才用得着"为"字。"为"字总是用于最高级的,"何者为善"等于说"何者最善"。至于显明地举出所比较的人或事物,就不用"为"字,例如《老子》"名与身孰亲,身与货孰多,得与亡孰病",《论语》"女与回也孰愈","师与商也孰贤"。因为所比较的两项都写出,所以用不着"为"字。但这规矩恐怕只适用于六朝以上,后代凡语涉比较,都可用"为"字了。

B. 表词为名词性者。

---

① "最为"、"方为"、"殊为"、"甚为"、"尤为"、"更为"诸形式较为后起;大约最早只达到南北朝。

② "好学"可认为形容短语。

型卯　这种"为"字与型寅的差别，只是型寅以形容词为表词，型卯以名词为表词。例如：

四体不勤，五谷不分，孰为夫子？(《论语·微子》)

夫文由语也，或浅露分别，或深迂优雅，孰为辩者？(《论衡·自纪篇》)

浑沌难晓，与彼分明可知，孰为良吏？(同上)

型辰　此型虽亦用于疑问句，但无比较之意，"为"字的位置反在疑问代名词之前。例如：

长沮曰："夫执与者为谁？"子路曰："为仲尼。"(《论语·微子》)

桀溺曰："子为谁？"曰："为仲由。"(同上)

今亲不幸，仲子所欲报仇者为谁？(《战国策·韩策二》)

这比以上诸型的系词性更重；《孟子·离娄》下"追我者谁也"可译成"追我者为谁"，可见这一类的句子是属于"名句"的[①]。

型巳　"为"的主格是指示代名词。例如：

老而不死，是为贼。(《论语·宪问》)

辞十万而受万，是为欲富乎？[②](《孟子·公孙丑下》)

以兄之室则弗居，以於陵则居之，是尚为能充其类者乎？(《孟子·滕文公》下)

帝阳甲崩，弟盘庚立，是为帝盘庚。(《史记·殷本纪》)

长子曰太子，是为孝景帝。(《史记·梁孝王世家》)

虽职之高，还附卑品；无绩于官，而获高叙：是为抑功实而隆虚名也[③]。(《晋书·刘毅传》)

型午　这种"为"字用于并行句。例如：

南海之帝为儵，北海之帝为忽，中央之帝为浑沌。(《庄子·应帝王》)

尔为尔，我为我。(《孟子·公孙丑》上)

重为轻根，静为躁君。(《老子》)

---

① 用疑问代名词而非疑问句者，亦归此型。例如《史记·游侠列传》："解实不知杀者，杀者亦竟绝，莫知为谁。"

② "欲富"可认为名词短语。

③ 先秦时代用"是为"则不用"也"，用"是……也"则不用"为"；《晋书》的句法是后起的。

万物为道一偏，一物为万物一偏，愚者为一物一偏。(《荀子·天论》)

乾为马，坤为牛，震为龙，巽为鸡。(《易·说卦》)

天所赋为命，物所受为性。(《近思录》卷一)

型未　这种“为”字用于包孕句的附属句里，有点儿像英文的关系代名词带动词 who is。例如：

颍考叔为颍谷封人，闻之。(《左传》隐元)

公子姊为赵惠文王弟平原君夫人，数遗魏王及公子书，请救于魏。(《史记·信陵君列传》)

吴兴孟景翼为道士，太子召入玄圃园。(《南齐书·顾欢传》)

《左传》所欲叙述者为“颍考叔闻之”，《史记》所欲叙述者为“公子姊请救于魏”，《南齐书》所欲叙述者为“太子召孟景翼入玄圃园”。至于颍考叔之为颍谷封人，公子姊之为赵惠文王弟平原君夫人，孟景翼之为道士，在文中几等于插注。因此，我们可以译成“颍谷封人颍考叔闻之”，“赵惠文王弟平原君之夫人(即公子姊)数遗书魏王及公子，请救于魏”，“太子召吴兴道士孟景翼入玄圃园”，而原意不改。

型申　凡子句为全句之宾语者，“为”字可在此子句中为系词。例如：

曾不知以食牛干秦穆公之为污也，可谓贤乎？(《孟子·万章》下)

知与之为取，政之宝也。(《史记·管晏列传》)

最初的时候，有“之”字在“为”字前以表示其为子句；后世“之”字可以省去，例如：“子不知张君为吾友”，“余不信某人为卖国贼”等等。

型酉　“为”字仅用于叙述名称，其功用等于“曰”字。例如：

北冥有鱼，其名为鲲。(《庄子·逍遥游》)

有鸟焉，其名为鹏。(同上)

阿罗汉者，能飞行变化，旷切寿命，住动天地。次为阿那含……。次为斯陀含……。次为须陀洹……。(《四十二章经》)

型戌　这是“为”字变为系词的最后阶段，它的系词性最为纯粹。上面所举子丑寅卯辰巳午未申酉诸型的“为”字，都是在某条件之下才能为系词：型子只能用于否定句，而且是一种幻相；型丑与型寅型卯只能用于事物的比较上；型辰只能用于疑问代名词之前；型巳只能以指示代名词“是”字为主格；型午只能用于并行句；型未与型申只能用于包孕句；型酉只能代“曰”字之用。若求其不受条件的限制，能如英文 verb to be 之自由者，在先秦可说是没有的。即以现代白话“张先生是我的朋友”为例，在先秦只该是“张先生，吾友也”，而不能写成“张先生为吾友”。直到了六朝以后，以普通名词或专有名词或名词短语为主格，以“为”字为系词而且是全句的主要骨干，又以名词或名词短语为表词的句子才渐渐出现。例如：

椎轮为大辂之始，大辂宁有椎轮之质？增冰为积水所成，积水曾微增冰之凛[①]。（《文选序》）

都下人多为诸王公贵人左右佃客典计衣食客之类。（《隋书·食货志》）

天竺沙门佛陀邪舍译《长阿含经》及《四分律》……并为小乘之学。（《隋书·经籍志》四）

西土俗书罕不披诵，为彼国外道之宗。（《高僧传·释道融传》）

负重者负米五斛，行二十步，皆为中第。（《新唐书·选举志》）

但是，我们仔细观察，觉得这些例子仍是有条件的。譬如第一例有“大辂宁有椎轮之质”一句，然后上句“为”字才用得妥当；第二例的“多为”是型丑的变相，仍从比较上生出来；第三、四、五例的“为”字不是紧接主格的。由此看来，六朝以后，仍不能有“张先生为吾友”一类的单纯句子。譬如《史记·伯夷列传》：“伯夷、叔齐孤竹君之二子也”，必不能代之以“伯夷、叔齐为孤竹君之二子”；否则会弄成下面一段：

伯夷、叔齐为孤竹君之二子。父欲立叔齐。及父卒，叔齐让伯夷。

伯夷曰：“父命也”，遂逃去。

依现代一般人看来，似乎很通顺；其实这是不合古代文法的。如果勉强要用“为”字，必须变为下列诸式：

型卯：孰为孤竹君之二子？曰：伯夷、叔齐也。

型辰：伯夷、叔齐为谁？曰：孤竹君之二子也。

型午：孤竹君之长子为伯夷，次子为叔齐。

型酉：孤竹君有二子，其名为伯夷、叔齐。

---

① 这虽也是并行句，但已发展到每句可以独立的程度。以“大辂宁有椎轮之质”上承“椎轮为大辂之始”。这种“为“字是先秦所没有的。

虽也不能替代“伯夷、叔齐，孤竹君之二子也”的用途，但各句的本身还算不违反古代的文法。

总而言之，“为”字虽在某一些情形之下认为系词，但它的用途决不能像西文系词的用途那样大；就拿现代白话的“是”字来说，也比“为”字的系词性重得多了。“为”“是”的异同，留待下文再说。但我们须知，“为”字的用途至六朝已大致确定，后代对于“为”字的应用，不能越出六朝以前的范围；而“是”字的系词性却在六朝才渐渐滋长，直至最近恐怕还要扩大范围呢。

（三）与“为”字相近似的准系词

“曰”字“谓”字，与“为”字为双声，其韵部也颇相近，故在某一些情形之下可以互相通假。王引之在《经传释词》里说：

> “曰”犹“为”也，“谓之”也。若《书·洪范》“一曰水，二曰火，三曰木，四曰金，五曰土”之属是也。故桓四年《穀梁传》“一为乾豆，二为宾客，三为充君之庖”，《公羊传》“为”作“曰”。
>
> 家大人曰：“谓”犹“为”也。《易·小过》上六曰：“是谓灾眚”，《诗·宾之初筵》曰：“醉而不出，是谓伐德”，“是谓”犹“是为”也。庄二十二年《左传》：“是谓观国之光”，《史记·陈杞世家》作“是为”，是其证也。

我们再看《说文》：“曰，词也”，“谓，报也”，段注云：“谓者，论人论事得其实也……亦有借为‘曰’字者，如《左传》‘王谓叔父’即《鲁颂》之‘王曰叔父’也。”“曰”“谓”古音同在脂部①，又为双声，也许完全同音，所以它们的意义最为相近。它们原是普通的动词。《诗·郑风》“女曰鸡鸣”的“曰”字，《召南》“谁谓雀无角”与《王风》“谓他人父”的“谓”字，乃是较早的形式。后来虽变得颇像系词，但仍不失其动作性；王引之以“谓之”释“曰”字是很合理的。如果拿现代白话去翻译这种“曰”字“谓”字，也只该译成“叫做”，不该译成“是”字。

说到这里，我们可以明白：在“为”字与“曰”“谓”通用的情形之下，只是“为”字被假借为“曰”“谓”之用，不是“曰”“谓”被假借为“为”字之用。这种分别很重要，因为可以说明“为”字在此情形之下仍可认为普通的动

① 补注：后来我把“曰”归入月部，“谓”归入物部。

词，不必认为纯粹的系词。上节型酉所举《庄子》“其名为鲲”尽可译成“它的名字叫做鲲”；甚至型巳所举《论语》“老而不死是为贼”也许还可以译成“老而不死，这就叫做贼”。这样一来，型巳型酉的系词性也都受了动摇。至于我们把“曰”“谓”二字称为准系词，意思是说它们本来没有系词性，仅有一种幻相而已。

四、论“是”字

（一）“是”字系词性的来源

“是”字系词性的来源，比“为”字较难考究。《说文》：“是，直也，从日正。”这大约是以“曲直”解释“是非”，但未必就是最早的意义，金文里的“是”字也不像是从“正”。《广雅》：“是，此也”；虽也不知道是否最初的意义，但至少在先秦是这种意义占优势。“是”字与“此”字“斯”字都是叠韵。“此”与“斯”是旁纽双声；“是”字声母的上古音值虽未经考定，但无论是 z，是 dz，或是 d，都与“此”“斯”的声母 ts‘，s 很相近。因此，“斯”“此”“是”三字往往通用[①]。这是指示代名词；但又有当做名词或形容词用的。《庄子・齐物论》：“未成乎心而有是非”，是当名词用；《礼・曲礼》：“夫礼者，所以定亲疏，决嫌疑，别同异，明是非”，是当形容词用。闻一多先生对我说：“是”就是“此”，“非”就是“彼”[②]；古人以近指的事物为“是”，以远指的事物为“非”。这样说来，“彼是”的“是”与“是非”的“是”可认为同一来源。不过，我仍旧认为这两种意义在先秦已经是分道扬镳，各不相涉的了。

上文说过，“是”字当做系词用，乃是六朝以后的事情。但是，它的来源是“彼是”的“是”呢，还是“是非”的“是”呢？换句话说，它的来源是指示代名词呢，还是名词或形容词呢[③]？这是很费考虑然后能答复的，现在先把很像系词的指示代名词“是”字仔细研究，再来答复系词性的来源问题。

在某一些情形之下，“是”与“此”的用途完全相等，例如《庄子・逍遥

---

① 《论语》无“此”字，凡该用“此”字的地方都用“斯”或“是”替代。

② “非”“彼”双声。

③ 在这情形之下，名词与形容词的界限是不很分明的。或者我们可认为形容词，用为名词只算活用，像它被活用为动词一样。《齐物论》：“欲是其所非，而非其所是”；《韩非子・显学篇》：“是墨子之俭，将非孔子之侈”，都是活用为动词的例子。

游》"其视下也，亦若是则已矣"与同篇"其自视也，亦若此也"，句法完全相同，可证其用途完全相等。至于"是"字用于句首，则与"此"字或相等或不完全相等。但无论如何，它仍旧只是指示代名词，不是系词。兹分述如下。

型甲　表词是名词或名词短语者。这一类的"是"字都可代以"此"字。例如：

富与贵，是人之所欲也。(《论语・里仁》)

是知其不可而为之者与？(《论语・宪问》)

谓我诸戎：是四岳之裔胄也，毋是剪弃。(《左传》襄十四)

既不能令，又不受命，是绝物也。(《孟子・离娄》上)

千里而见王，是予所欲也[①]。(《孟子・公孙丑》下)

无父无君，是周公所膺也。(《孟子・滕文公》下)

庄子曰："是非吾所谓情也。"[②](《庄子・德充符》)

日月星辰瑞历，是禹桀之所同也。(《荀子・天论》)

妻不以我为夫，嫂不以我为叔，父母不以我为子，是皆秦之罪也。(《战国策・秦策》二)

这些"是"字，都是复指上文的名词或子句的。如果它与所复指的名词或子句不相紧接，如上面第二例与第七例，"是"字是不可省去的。如果它与所复指的名词或子句紧接，如其余诸例，则"是"字可以省去，写成"富与贵，人之所欲也"一类的形式。"也"字普通是不省去的；如果像《荀子・性恶篇》"礼义积伪者，是人之性"，偶然省去"也"字，加上"者"字，就不可以"此"字代"是"字了。由此看来，"是"字与"此"字毕竟有很微的差别："是"字的复指性较轻，"此"字的复指性较重。

型乙　表明语为形容词或形容短语者。这一类的"是"字不可代以"此"字。例如：

既欲其生，又欲其死，是惑也。(《论语・颜渊》)

不逆诈，不疑不信，抑亦先觉者，是贤乎？(《论语・宪问》)

知而使之，是不仁也；不知而使之，是不知也。(《孟子・公孙丑》下)

---

① 参看《后汉书・马援传》："好议论人长短，妄是非正法，此吾所大恶也。"

② 在这一类的句子里，最能看出"是"字是指示代名词。因为下面已有系词"非"字，则前面的"是"字显然不是系词。

三宿而后出昼，是何濡滞也？（《孟子·公孙丑》下）

型丙　表词为动词（infinitive）及其目的格或补足语者。这一类的“是”字都可代以“此”字。例如：

谷与鱼鳖不可胜食，材木不可胜用，是使民养生丧死无憾也。（《孟子·梁惠王》上）

杨氏为我，是无君也；墨氏兼爱，是无父也。（《孟子·滕文公》下）

今天子立诸侯而建其少，是教逆也。（《国语·周语》上）

今世咸知百年之外必至万岁，而不信积万之变至于旷劫，是限心以量造化也。（《弘明集后序》）

我们试拿《孟子》“庖有肥肉，厩有肥马……此率兽而食人也”与上面第一例的“是使民养生丧死无憾也”相比较，就知道“此”与“是”可以通用了。“也”字普通是不省去的；但《庄子·养生主》：“彼其所以会之，必有不蕲言而言，不蕲哭而哭者，是遁天倍情，忘其所受”，句末没有“也”字也就不能代以“此”字。

型丁　表词为整个子句者。这种“是”字一般也可代以“此”字。例如：

然而不胜者，是天时不如地利也。（《孟子·公孙丑》下）

未成乎心而有是非，是今日适越而昔至也。（《庄子·齐物论》）

礼，孙为父尸，故祖有荫孙令，是祖孙重而兄弟轻。（《新唐书·刑法志》）

“是”字虽是指示代名词，但当其用于复指时，其作用在乎说明上文。故凡欲加重说明的语气者，都可以加上承接连词“则”字，尤其是型乙、型丙、型丁，更往往用得着“则”字，放在“是”字的前面：

型乙：不识王之不可以为汤武，则是不明也。（《孟子·公孙丑》下）

型丙：识其不可，然且至，则是干泽也。（同上）

若驷之过隙，然而遂之，则是无穷也[1]。（《礼记·三年问》）

然而夷子葬其亲厚，则是以所贱事亲也。（《孟子·滕文公》上）

---

[1] “无穷”亦可认为形容短语，归入型乙。

鲁卫，兄弟之国也，而君用起，则是弃卫。《史记·孙子吴起列传》

型丁：诸侯替之，而建王嗣，用迁郏鄏，则是兄弟之能用力于王室也[①]。（《左传》昭二十六）

这些“是”字仍当认为指示代名词，不能因其前有“则”字而改变其词性。此外有“是”与“非”对立的句子。例如：

型甲：是祭祀之斋，非心斋也。（《庄子·人间世》）

是集义所生者，非义袭而取之也。（《孟子·公孙丑》上）

故王之不王，非挟太山以超北海之类也；王之不王，是折枝之类也。（《孟子·梁惠王》上）

型丁：楚王后车千乘，非知也；君子啜菽饮水，非愚也：是节然也。（《荀子·天论》）

若疑教在戎方，化非华夏者，则是前圣执地以定教，非设教以移俗也。（《弘明集后序》）

“非”字是系词，“是”“非”相形之下，很容易令人认“是”字也是系词。其实，在这种情形之下，“是”字仍当认为指示代名词。“是折枝之类也”的“是”字，与上文所举“是予所欲也”的“是”字，用法完全相同，不能因其偶然与“非”字对立，就把它认为系词。除非我们把上述诸型的一切“是”字都认为系词，然后这些“是”字也能类推为系词。然而这是不可能的；因为“是”字与“此”字往往通用，例如上文所举“此率兽而食人也”等于说“是率兽而食人也”，又如《庄子·德充符》“是何人也”等于说“此何人也”。我们尽可把《孟子》的话改成“是率兽而食人也，非爱民也”[②]，但我们并不能因此就认“是”字为系词。

上面说过，“彼是”的意义与“是非”的意义分道扬镳：由“彼是”的意义生出型甲、型乙、型丙、型丁；那么，由“是非”的意义生出来的是什么？依我看来，下列的两种模型可说是由“是非”的意义生出来的：

型戊　这种“是”字只用于举例。先说出某一类的事物，然后举一两个实例来证明。例如：

---

① “兄弟之能用力于王室”亦可认为名词短语，归入型甲。

② 参看《战国策·魏策》：“此庸夫之怒也，非士之怒也。”又《南齐书·顾欢传》：“此修考之士，非神仙之流也。”

水由地中行，江淮河汉是也。(《孟子·滕文公》下)

子游曰："地籁则众窍是已，人籁则比竹是已。"(《庄子·齐物论》)

坠茵席者，殿下是也；落粪溷者，下官是也。"(《梁书·范缜传》)

天官显验，赵简秦穆之锡是也；鬼道交报，杜伯彭生之见是也；修德福应，殷代宋景之验是也；多杀祸及，白起、程普之证是也；(《弘明集后序》)

自古亡国，未必皆愚庸暴虐之君也……昭宗是已。(《新唐书·昭宗哀帝纪赞》)

这一类的"是"字其用途在乎"是认"某一些例证。它所以不能被认为系词者，一则因为它的用途仅限于举例，二则因为它并没有连系两"项"(terms)的效能。

型己　这种模型与型戊的差别，在乎型戊用于举例，型己非用于举例；型戊必须有主格，型己不一定要有主格。例如：

曰："是鲁孔丘与?"曰："是也。"(《论语·微子》)

其友识之，曰："汝非豫让邪?"曰："我是也。"(《史记·刺客列传》)

马建忠以为"是鲁孔丘与"的"是"与"是也"的"是"都是"决辞"[①]；黎锦熙先生批驳他说。"上'是'字固指代，下'是'字乃形容词是非之是，用为然否副词耳。"[②]黎先生的话最为有理。"是也"有点儿像英文的 yes，"非也"有点儿像英文的 no，"是耶非耶"有点儿像 yes or no；"是也"与"然"，"非也"与"否"，用途是很相像的。"我是也"的句式稍为后起，与然否的意义颇有分别；现在勉强把它们归入同一的模型，其实是可细分为两种模型。

上面所述甲乙丙丁戊己六种模型里，都没有系词。正式的系词须是具备主格与表词两项，而系词置于两项的中间，如"张先生是我的朋友"一类的句子。这类句子是先秦所绝对没有的，汉代也可以说是没有。六朝以后是有了；但它的系词性的来源是什么呢?

就意义上看来，似乎是形容词"是非"生出系词的"是"与"非"；因为形容词的"是"就是"对"，"非"就是"不对"，系词的"是"是"是认"那个事实，

---

① 《马氏文通》卷一，第 14 页。

② 黎锦熙：《比较文法》，第 127 页。

“非”是“否认”那个事实。因为那事情是“对”的，所以是认它；因为那事情是“不对”的，所以否认它。这样看来，“是”字系词性该是由形容词或副词变来的了。但是，从文法上看来，我们却该换一种看法。由“是非”的“是”生出来的只有型戊与型己，它们都是很像副词，没有表词在后面，所以很难再变为系词[①]。至于“彼是”的“是”所生出来的型甲就不同了。上文说过，“是”字虽是指示代名词，但当其用于复指时，其作用在乎说明上文。系词的作用在乎表明主格，与说明上文的作用相差很近。只要指示的词性减轻，说明的词性加重，就很自然地变为系词了。型甲的表词为名词或名词短语，与系词句的表词相同，因此，我们可以断定“是”字的系词性是从型甲转变而成的[②]。譬如：“富与贵，是人之所欲也”转变而成：“富与贵都是人们所希望的”，真是极自然的转变了。

（二）“是”字的系词性

“是”字最初被用为系词，该是在六朝时代。不过，六朝这一个时代太长，我至少该追究它在那一个朝代就有了系词的功用。西洋的语史学家往往能考定某字始现于某年，某年代即以现存的古籍初见此字的年代为准。照这种说法，我们要知道“是”字的系词性始于何年，并非绝对不可能的。不过，现在我的精力还不能达到那样精确的地步，就只能含混地说个六朝。如果就已经发现的例子看来，该说是起于晋末以后(约当西历第五世纪)，因为陶潜、刘义庆、沈约、顾欢、慧皎、范缜诸人都曾经用“是”字为系词(例证散见下文)。但是，在没有查遍六朝的书籍以前，我们还不敢断定陶潜以前没有人把“是”字当系词用。因此，为比较妥当起见，我们仍旧愿意暂时说是六朝。

型子　这是最纯粹的系词。上面所举“张先生是我的朋友”就是属于这种模型的。在中国语文里，这可称为典型的系词。其主格为名词，表词亦具备。例如：

未闻孔雀是夫子家禽。(刘义庆《世说新语·言语》)

---

① 型戊不能认为表词在“是”字之前；“坠茵席者殿下是也”并不完全等于“坠茵席的是殿下”。譬如说：“国贫而弱者，中国是也”，大家都懂得它不能改为：“贫而弱的国家是中国”。因为世界上尽可以还有许多贫弱的国家，不仅是中国。前者是举例，后者是全称，不容混同。

② 型乙没有关系，因为形容性的表明语用不着系词。详见下文。型丙型丁因“是”字后为动词或子句，也不能生出正式的系词。

张玄之、顾敷是顾和中外孙。(同上)

豫章太守顾邵是雍之子。(《世说新语·雅量》)

佛是破恶之方,道是兴善之术。(顾欢《夷夏论》,见《南齐书·顾欢传》)

鸟王兽长往往是佛。(同上)

神仙是大化之总称,非穷妙之至名[①]。(顾欢答袁粲语,见《南齐书》)

若枯即是荣,荣即是枯[②],应荣时凋零,枯时结实也。(范缜《神灭论》,见《梁书·范缜传》)[③]

若形骸即是骨骼。则死之神明不得异生之神明矣。(沈约《难神灭论》)

问今是何世[④],乃不知有汉,无论魏晋。(陶潜《桃花源记》)

佛是外国之神,非天下诸华所宜奉。(《高僧传·佛图澄传》)

佛是戎神,正所应奉。(同上)

问耆年是谁耶[⑤]?(《高僧传·法显传》)

弟子是岭南新州百姓。(《坛经·自序品》)

孔老释迦皆是至圣。(宗密《原人论序》)

劫劫生生,轮回不绝……都由此身本不是我。(《原人论·斥偏浅》)

大乘法相教者……有八种识,于中第八阿赖耶识是其根本。(同上)

古老传云,此仓本是永安旧寺也。(《续高僧传》卷十三)

律是慧基,非智不奉。(同上卷二十七)

佛是胡中桀黠欺诳,夷俗遵尚,其道皆是邪僻小人模写庄老玄言,文饰妖幻之教耳。(《唐会要》卷四十七)

近代白话小说里,这类"是"字很多,不必赘述。此外有"所"字构成的名词短语,也可归入型子。例如:

如此衣形者,是汝所拟者非邪?(《世说新语·容止》)

---

① 参看上节所举《庄子》:"是祭祀之斋,非心斋也。"同是"是非"对立,但《庄子》的"是"是指示代名词,《南齐书》的"是"是系词,因为有"神仙"做主格。

② "枯""荣"在此句里皆当认为抽象名词。

③ 《梁书》虽为唐姚思廉所撰,但《神灭论》则为范缜所作,故可认为齐梁作品。

④ 依时代而论,该把陶潜排在刘义庆的前头。但"今"字不一定可认为名词(若依西洋文法,可认为副词),而且"今是何世"是疑问句,也难算正例。

⑤ "耆年"可认为名词。

舍利弗，汝勿谓此鸟实是罪报所生。(《阿弥陀经》)

又如下面的例，亦可归入型子：

戏演的是《八义观灯》八出。(《红楼梦》第五十四回)

“戏演的是”略等于“所演的戏是”，虽然在句子结构上稍有不同，但为归类的方便起见，也就暂时归入型子了。

型丑　型子与型丑的差别，只在乎一则以名词为主格，一则以代名词为主格。例如：

诸客曰：“此是安石碎金。”(《世说新语·文学》)

显问：“此是何地耶?”猎者曰：“此是青州长广郡牢山南岸。”(《高僧传·法显传》)

汝是岭南人，又是獦獠，若为堪作佛?(《坛经·自序品》)

斯是陋室，惟吾德馨。(刘禹锡《陋室铭》)

弟子慧进入问：“此是何人?”(《续高僧传·明建传》)

贾母……便问：“这是薛姑娘的屋子不是?”(《红楼梦》第四十回)

型寅　这是主格省略的[1]；或主格虽未省略，而不是与“是”字紧相连系的。例如：

卿云“艾艾”，定是几艾？对曰：“凤兮凤兮，故是一凤。”(《世说新语·言语》)

卫玠总角时，问乐令梦，乐云是想。(同上《文学》)

苟是天下人望，亦可无言而辟，复何假一?(同上)

因倒箸水中而饮之，谓是干饭。(同上《纰漏》)

显虽觉其韵高，而不悟是神人。(《高僧传·法显传》)

每至夏坐讫，龙化作一小蛇，两耳悉白，众咸识是龙。(同上)

忽至岸，见黎藿依然，知是汉地。(同上)

昨见融公，复是大奇聪明释子。(同上《释道融传》)

戡初不见，谓是神仙所为。(《续高僧传》卷二十七)

其实是大夫以否，不可委知也。(孔颖达《左传疏》隐元)

上云：“是个享福节度使。”(《太平广记·钱氏私志》)

---

① 所谓“主格省略”，只是方便的说法。严格地说，并非省略，因主格不能补出。例如“知是汉地”不能改为“知其是汉地”。

《玉台新咏·陌上桑》“使君遣吏往，问是谁家姝”，乍看“是”字很像型寅，其实只是型甲，与《庄子·德充符》“是何人也”的“是”字同一用途[①]。松陵吴显令笺注本《玉台新咏》作“问此谁家姝”，注云“一作是”，就是“是”字与“此”字通用的证据[②]。

型卯　表词省略者。例如：

形即是神者，手等亦是邪？（范缜《神灭论》）

师曰：“汝从玉泉来，应是细作。”对曰：“不是。”师曰：“何得不是？”对曰：“未说即是，说了不是。”（《坛经·顿渐品》）

以其所住为大像寺，今所谓际显寺是也。（《续高僧传》卷三十九）

某，汉元帝是也。（元曲《汉宫秋》）

祖曰：“道信禅师，贫道是也。”（《指月录》卷六）

第一、二两例为表词省略，最易看出，故不讨论。第三例的“是也”与上面型戊的“是也”或“是已”并不相同。型戊“是”字用于举例；《庄子》“人籁则比竹是已”并不是说“人籁等于比竹”，比竹只是人籁之一种；现在型卯的“是”字却是把完全相等的两种东西放在一起，大像寺就是际显寺，并不像人籁与比竹有范围大小的差别。这可以说是“是也”的用途发生了变化，不复是先秦的“是也”或“是已”了。第四、五两例与第三例文法相同。

型辰　表词为动词（或带目的格）或子句，可视同名词性者。例如：

谢太傅曰：“不得尔；此是屋下架屋耳。”（《世说新语·文学》）

又夷俗长跽，法与华异；翘左跋右，全是蹲踞。（《南齐书·顾欢传》）

又若生是禀气而欻有，死是气散而欻无，则谁为鬼神乎？（《原人论·斥执迷》）

邢以为人死还生，恐是为蛇画足。（《北史·杜弼传》）

才着意，便是有个私心。（《近思录》卷二）

型巳　表词为动词或子句，可认为带形容性者。例如：

其寺是五祖忍大师在彼主化。（《坛经·自序品》）

极乐国土……皆是四宝周匝围绕。（《阿弥陀经》）

房之此请，乃是破格。（《日知录》卷八）

---

① 古体的诗歌与散文的文法无大差别，所以我们以诗文相提并论。

② 《后汉书·仲长统传》“均是一法制也”亦是“均此一法制也”的意义，故未引。

其稿亦是无锡门人蔡瀛与一姻家同刻。(同上卷十六)

小可是祖代打造军器为生。(《水浒传》第五十五回)

明日正是天子驾幸龙符宫。(同上)

众头领都是步战。(同上)

这炮必是凌振从贼教他施放。(《水浒传》第五十六回)

宝玉和林黛玉是从小儿一处长大。(《红楼梦》第二十七回)

型午　略如型巳,但句末加"的"字,使表词带名词性。例如:

幸亏他是个使力不使心的。(《红楼梦》第五十三回)

谁又是二十四个月养的?(同上第五十五回)

型午似乎是较后起的形式;但型巳大致都可加一个"的"字,使它们变为型午。例如说:"其稿亦是无锡门人蔡瀛与一姻家同刻的","这炮必是凌振从贼教他施放的"等等。但也有须在"的"字后添一个名词的,例如说:"明日正是天子驾幸龙符宫的日子"。

型未　句末仍加"的"字,但"的"字前面是名词、代名词、或形容词;表词亦带名词性。例如:

我们有两件事:一件是我的,一件是四妹妹的。(《红楼梦》第四十五回)

想着那画儿也不过是假的。(同上第四十回)

意思是说"我的事","四妹妹的事","假的画儿"。虽把后面的名词省略了,仍带名词性。但这也是后起的形式,六朝似乎没有它①。

型申　主格为一子句或数子句者。例如:

铜山西崩,灵钟东应,便是"易"耶。(《世说新语・文学》)

孔经亦云:立身行道,以显父母,即是孝行。(《续高僧传・慧远传》)

但发心慈悲,行事利益,使苍生安乐,即是佛心。(《唐会要》卷四十七)

型酉　"是"字的补位兼为主位(即兼格)者。例如:

怅然遥相望,知是故人来。(《孔雀东南飞》)

祖云:"合是吾渡汝。"(《坛经・自序品》)

① 但(元曲)里已有它,例如《老生儿》第一折:"久以后,这家缘家计,都是我的。"

倒是三妹妹高雅。(《红楼梦》第三十七回)

众人看了,都道是这首为上。(向上)

老太太……见人就说到底是宝玉孝顺我。(同上)

这种形式颇像法语的 C'est……qui……,比型午型未的时代都要早些。但最早也该不会超过六朝,所以依文法看起来,《孔雀东南飞》该是六朝的作品[①]。

型戌 这是表词前置的。例如:

满腔子是恻隐之心。(《近思录》卷一)

拶出通身是口,何妨骂雨诃风。(《明高僧传》卷六)

刘老老之下便是王夫人,西边便是史湘云,第二便是宝钗,第三便是黛玉。(《红楼梦》第四十回)

左边是张天……当中是个五合六。(同上)

宋元以后,常有"如何是……"的说法,也可归入此型。例如:

问:"如何是近思?"曰:"以类而推。"(《近思录》卷三)

僧问:"如何是佛法大意?"(《指月录》卷五)

帝曰:"如何是心?"远正身叉手立曰:"只这是。"(《明高僧传》卷四)

如何是和尚无老婆心[②]?(同上卷六)

型亥 型戌与型亥的差别,在一则以副词短语前置为表明语,一则以副词后置为问句。例如:

我当日与这刘员外做女婿,可是为何?(元曲《老生儿》)

这是为什么?唬得你这个样儿!(《红楼梦》第三十九回)

以上自子至亥,共十二种模型,除型巳稍带形容性,型戌型亥的表词可认为副词短语外,其余各型的表词都是名词性的。至于表词为简单的形容词者,就用不着系词。《中国文法学初探》所举英文 The horse is strong 的例子,其中的 is 是中国文法里所不用的。在文言里,只简单地写成"马壮";在现代白话里,也只说成"那马很壮"。在文言不能写成"马

---

① 因此,《昭明文选》也没有录它。我们不愿意单凭文法去断定史料的时代性;但如果同时有了别的证据,文法倒是可以做个次要的证据的。

② "和尚无老婆心"整个子句可认为"是"的主格,后置。

为壮”,在白话不能说成“那马是壮”。偶然有“是壮”的说法,却等于说“实在很壮”,“是”字有特别承认的语气,不是普通系词,仍不能等于英文的verb to be。“那马很壮”的“很”字也不完全等于英文的very;在这种情形之下,“很”字只等于形容词的前加部分(prefix),用来助足语气的[①]。在否定的句子里,因有“不”字,语气已足,就用不着“很”字,只说“那马不壮”就行了,仍不会说成“那马不是壮”。此外如“他这人很好”,“他这人不好”,“我的花园很小,他的也不大”……一类的句子,都用不着“是”字的。

(三)“是”字系词性的活用

“是”字自从被用为系词之后,越来越灵活了,于是生出了许多似系词而非系词的用途。上文说过,正式的系词该是连系主格与表词的,如果不足两项,必须认其中一项为被省略。但是,谈文法的人不能一味谈省略,否则有牵强附会的危险[②]。在本节里,我们所举各种模型,都不该认为正式的系词,只能认为系词的活用,换句话说就是离开了系词的正当用途,扩充到别的领域去。这几种“是”字都已近似副词,不能再认为系词了。

型A. 是认或否认某一件事实。例如:

只为众生迷佛[③],非是佛迷众生。(《坛经·付嘱品》)

人生气禀,理有善恶,然不是性中元有此两物相对而生也。(《近思录》卷一)

昨夜晚,是有这般一个人挑着个羊皮匣子过去了。(《水浒传》第五十五回)

我不是不会,只是未谙得[④]。(《明高僧传》卷六)

我方才不过是说趣话取笑儿。(《红楼梦》第四十一回)

不是阴尽了又有一个阳生出来。(同上第三十一回)

型B. 追究原因。例如:

庾曰:“君复何所忧惨而忽瘦?”伯仁曰:“吾无所忧,直是清虚日

① 关于形容高度的副词用久便失其力量,参看 Vendryes, Le Langage, pp. 252~253。

② 参看 Jespersen, The Philosophy of Grammar, pp. 306~307。

③ “为”字也是活用,与下面“是”字用途相同。

④ 这个例子与型巳的差别,在乎型巳可加“的”字变为型午,而此则不能。下面“说趣话取笑儿”一例亦同此理。

来，滓秽日去耳。"(《世说新语·言语》)

司马太傅问谢车骑："惠子其书五车，何以无一言入玄?"谢曰："故当是妙处不传。"(同上《文学》)

学不能推究事理。只是心粗。(《近思录》卷三)

人不能祛思虑，只是吝；吝故无浩然之气。(同上卷五)

谓之全无知则不可；只是义理不能胜利欲之心，便至如此也。(同上卷七)

五更里，听得梁上响，你说是老鼠厮打。(《水浒传》第五十五回)

今日如何反虚浮微缩起来? 敢是吃多了饮食，不然就是劳了神思。(《红楼梦》第五十三回)

也别怪老太太，都是刘老老一句话。(同上第四十二回)

型B与型亥相近似，其差别在乎一则仅用副词短语为问句，一则往往用整个子句为表明语。

型C. 判断事情做得对不对，或好不好。这类又可以细分为两种。第一种是"是"字放在动词之后。例如：

不如家去，明儿来是正经。(《红楼梦》第二十四回)

第二种是"是"字放在动词之前。例如：

此刻自己也跟了进去，一则宝玉不便，二则黛玉嫌疑，到是回来的妙。(同上第二十七回)

型D. 仅助连词或副词的语气。例如：

若是韩彭二将为先锋，何愁狂寇不灭。(《水浒传》第五十四回)

或是马上，或是步行，都有法则。(同上第五十五回)

汤隆虽是会打，却不会使。(同上)

又是伤心，又是惭愧。(《红楼梦》第三十五回)

姑娘们份中，自然是不敢讲究。(同上第五十六回)

宝玉虽是依了，只是近日病着，又有事，尚未得说。(同上第六十回)

张天君从阵里出来，甚是凶恶。(《封神演义》第五十一回)

型E. 成为副词的一部分的。例如：

都从我的份例上匀出来，不必动官中就是了。(《红楼梦》第三十六回)

明日老太太问，只说我自己烫的就是了。（同上第二十五回）

型F. 完全变了副词，略等于“然否”的“然”或“对不对”的“对”。例如：

卿说的是，就加卿为选择使……。（元曲《汉宫秋·楔子》）

翠缕道：“说的是了，就笑的这么样儿！”湘云道：“很是很是[1]。”（《红楼梦》第三十一回）

翠缕听了笑道：“是了，是了！”（同上）

普通答应人的“是的”，或卑辈对尊辈说“是，是，是”，也都可以归入此型。型F的副词性该是从形容词直接变来的，并未经过系词性的阶段。所以型F放在这里也只算是便宜归类，其实不该认为系词性的活用的。型E的“是”字或者也有“对”的意思，“就是了”也许略等于“就对了”或“就可以了”。如果照这看法，型E该与型F为一类，都认为从形容词变来。《红楼梦》第三十四回：“君子防未然，不如这会儿防备的为是”，“是”字仍带形容性，但已经与“说的是”的“是”很相似，这就是从形容词转到副词的关头。

（四）与“是”字相近似的准系词

除“为”“是”二字外，被一般人认为肯定系词的有“即”“乃”“系”等字。

“即”字，从某一些观点看来，比“为”字的系词性更纯粹，比“是”字的系词性更古。例如：“伯夷叔齐，孤竹君之二子也”，若写成“伯夷叔齐为孤竹君之二子”，在先秦两汉的文法是不通的，若写成“伯夷叔齐即孤竹君之二子”，虽与原意不完全相等，但在先秦两汉的文法上是通的；所以该说“即”字比“为”字的系词性更纯粹。若写成“伯夷叔齐是孤竹君之二子”，通是通的，但这是六朝以后的文法[2]。所以该说“即”字比“是”字的系词性更古。

然而从另一些观点看来，“即”字并不是纯粹的系词。它只是副词略带系词性；我们甚至可以说，“即”字当认为副词，所谓略带系词性只是“名句”所形成的一种幻相。《文通》把“即”字认为断词[3]及连词，其实“即”字

① 这种“是”字来源很古，参看《论语·阳货》：“偃之言是也，前言戏之耳。”

② 参看《世说新语·栖逸》：“李廞是茂曾第五子。”

③ 《马氏文通》所谓断词就是本文所谓系词。

略等于白话的“就”字，既不是断词，也不是连词，《文通》所谓断词的“即”与连词的“即”，在意义上是差不多的。例如：

非其父兄，即其子弟。（《左传》襄八）

此不北走胡即南走越耳。（《史记·季布列传》）

这两类的“即”字都一样地是加重叙述或判断语气的副词，其差别只在乎一则在动词或动词短语之前，一则在名词或名词短语之前；换句话说，一则用于“动句”，一则用于“名句”罢了。后世因为“即其子弟”可译成“就是他的子弟”，于是误认“即”为系词。其实“就是”并不是从“即”字直接变来的，至少可分为三个阶段：

即→即是→就是。

在先秦两汉，这一类句子用不着系词，所以只用“即”字；六朝以后，用得着系词，所以变为“即是”（范缜《神灭论》：“枯体即是荣体，缕体即是丝体”）；后来“即”字再变而为“就”字（“即”“就”旁纽双声，意义亦通，故《说文》云：“‘即’，即食也，一曰就也”），于是成为“就是”。如果说“即”含有“是”字的意义，有了“即”字，就不必再用“是”字了，何以六朝有“即是”的说法呢？

退一步说，纵使我们承认“即”字带有若干系词性，也该承认它是以副词性为主的。至多只能算它是一种“准系词”。现在举例如下：

吾翁即若翁。（《史记·项羽本纪》）

梁父即楚将项燕。（同上）

充即庐江人，所闻异于此。（《世说新语·方正》）

此即真教，何谓非实？（《北史·杜弼传》）

其中以《世说新语》的例子最能表现“即”字的词性。《世说新语》叙述王含作庐江郡贪浊狼籍，王敦护其兄，故于众坐称“家兄在郡定佳，庐江人咸称之”，何充正色曰：“充即庐江人，所闻异于此。”“即”字，以现代语勉强翻译，可译为“恰巧就是”，可见系词性甚微（假设是有的话），而副词性甚重了。

“乃”字是否可与“即”字一例看待呢？表面看来，我们觉得“乃”与“即”有语气缓急的分别，但下面的例子又使我们倾向于相信它们的用途颇有可相通之处了。例如：

吕公女乃吕后也。（《史记·高祖本纪》）

吕公女即吕后也。(《汉书·高帝本纪》)

其他如:

故善吾生者,乃所以善吾死也。(《庄子·大宗师》)
无伤也,是乃仁术也。(《孟子·梁惠王》上)
夫非乃上蔡布衣,闾巷之黔首。(《史记·李斯列传》)
夫人所以贵者,乃此男也。(同上《高祖本纪》)
是乃君子思济物之意也。(嵇康《与山巨源绝交书》)
援曰:"吾乃松父友也。"(《后汉书·马援传》)
斯人乃妇女,与人别,唯啼泣!(《世说新语·方正》)
此乃古今同然,百王之定法也。(《北史·孙绍传》)
斯乃得道超生之胜兆,人师无上之奇征。(《续高僧传》卷十六)
有司观检,乃龙齿也。(同上卷三十九)

有些是可拿"即"字替代的(如第一、四、六、九例),有些是不能代以"即"字的(如第二、三、五、七、八、十例),又可见它们的用途并不完全相同。"即"字的副词性甚重,系词性甚轻;"乃"字的系词性甚重,副词性甚轻。故凡用不着现代副词"就"字的地方,就不能代以"即"字。

六朝以后,有了系词"是"字,也就有了"乃是"连用的例子,与上文所述由"即"变为"即是"的演化情形相同。例如:

郗公曰:"正此好!"访之,乃是逸少。(《世说新语·雅量》)
谓是火起,及至仓所,乃是光相。(《续高僧传》卷十三)

同时,因为"乃"字的系词性甚重,后来就渐渐被认为系词,与"是"字某一些用途相等。我们试看:

道是佛之父师,佛乃道之子弟。(《续高僧传》卷三十一)

"是"与"乃"递代为用,可见唐以后的"乃"字已变为纯粹的系词了。到了近代,"乃"字前面还可以再加副词。例如:

云中子乃福德之仙也;今不犯黄河阵,真乃大福之士。(《封神演义》第五十一回)

"真乃"等于"真是"。"真是"可译为"真乃",而不可译为"真即",于此可见"乃""即"的系词性的重轻。

末了说到"系"字。它虽然有时可当"是"字之用,但它的历史就短得多了。据我所能考见，“系”字之为系词，始见于《近思录》。因此，它的系词性该是起于宋代，但未盛行。直至元代的诏令公文里，才常用它来代“是”字[①]。近代公牍中，也常有“委系”“确系”的说法。今举例如下：

国子监自系台省，台省系朝廷官。（《近思录》卷十）

丘神仙应有底修行院舍等，系逐日念诵经文告天的人每。（《元代白话碑》页十五）

有长清县南一乡净然神宝寺；系灵岩寺下院。（同上页四十八）

这原系我起的主意。（《红楼梦》第三十七回）

《说文》：“系，絜束也”，《尔雅·释诂》：“系，继也”，《左传》僖二十五年注：“系，缚也”，皆与“是”字意义相差甚远。依我们的猜想，“系”字是从“系属”的意义转入系词性的，《广韵》“系”训“连系”，义与此近[②]。试看《近思录》的例，我们也可解释作“国子监自属于台省，台省属于朝廷官”；不过，到元代以后，它的系词性越重，“系属”的意义就消灭无余了。但我们现在还有“实属……”、“殊属……”等说法，与“委系”，“确系”很像同出一源，它们的动词性之消灭也如出一辙，更令我们倾向于相信这种假定了。

然而另有一种事实，却令我们猜想“系”字的系词性起源颇古，未必是宋代以后的产品。现代粤语（一部分）与客家话都用“系”字来替代“是”字：粤语念[hɐi]客家念[hɛ]。就书籍而论，我们虽则可以把它认为宋代才有的；就实际的语言事实而论，我们应该承认它的来源是很远的。因为粤人与客家很早就离开了中原，我们不能想象宋代以后产生的系词会流传到闽粤，并且只能保存在闽粤人的口语里。总之，“系”字系词性的来源问题很复杂，我们只好存疑了。

以上所述“即”“乃”“系”三个字，除了“即”字与“是”字相差太远之外，“乃”“系”二字都可以有“是”字的功用。然而我们须知，它们只能有“是”字一小部分的功用，有许多可用“是”字的地方却是不能用它们的。这因为“是”字本身是系词，再由系词生出种种活用的形式；“乃”“系”二字只是借来替代系词之用的，就不能再活用了。“乃”字与“系”字的表词必须是名词或名词短语，其主格亦必不可省略，所以只能与“是”字的型子型丑型

① 参看冯承钧《元代白话碑》。

② 这意见是闻一多先生启发我的。

辰型午大略相当，其余诸型都不是它所能胜任的了。

五、论“非”字

(一)“非”字系词性的来源

《说文》：“非，违也，”[①]朱骏声云：“违背，故为不是之辞。”[②]《说文》喜欢以双声叠韵字为训(这是汉儒的派头，走极端的是刘熙《释名》)，朱骏声勉强从“违背”的意义牵涉到“不是”的意义[③]。其实“非”就是“非”；如果从形容词方面看它，还可以说是“违也”，违背事理谓之“非”；如果从系词方面去看它，简直没法子解说。《广韵》：“非，不是也，”似乎是从系词方面去解说了；然而依上文研究的结论，汉代以前“是”字未为系词，叫许叔重怎能如此解说？(“不是”二字连用，恐怕也是汉以前没有的)。许叔重不便于解说它的系词性；而且《说文》一书又以解释名、形、动三种词类为主，所以索性拿“非”字当做形容词看待了。

“非”与“匪”通，“匪”与“彼”通，均见于《经传释词》；因此我们很容易联想到“非”与“彼”也有相通的可能。闻一多先生“非”出于“彼”的说法，是很值得我们重视的。但依先秦古籍看来，“彼”“非”显然是分开了。至于“匪”与“非”的关系，就《诗经》、《易经》诸书看来，是很密切的。但是，“匪”字有当“彼”字讲的，有当“不”字(纯粹的否定副词)讲的，都该撇开不提。单就普通认为与“非”同义的“匪”字而论，我们应该仔细观察，看它们到底有没有分别，兹举《诗经》《易经》“匪”训“非”的例子如下[④]：

> 我心匪鉴，不可以茹。(《邶风·柏舟》)
> 我心匪石，不可转也；我心匪席，不可卷也。(同上)
> 匪女之为美，美人之贻。(《邶风·静女》)
> 氓之蚩蚩，抱布贸丝；匪来贸丝，来即我谋。(《卫风·氓》)
> 送子涉淇，至于顿丘；匪我愆期，子无良媒。(同上)

---

① 段玉裁注本作“韦也”。

② 闻一多先生云：“非”“飞”古今字，飞去，故引伸而有违背之义。

③ 《说文通训定声·履部》。

④ 《诗经》里的例子大约都可用；《易经》则《文言》《系辞》以下不引，因为我认为它们是战国以后的作品，不足根据以研究“非”字系词性的来源。

匪报也，永以为好也。（《卫风·木瓜》）

鸡既鸣矣，朝既盈矣；匪鸡则鸣，苍蝇之声。（《齐风·鸡鸣》）

东方明矣，日既昌矣，匪东方则明，日出之光。（同上）

析薪如之何，匪斧不克；取妻如之何，匪媒不得。（《齐风·南山》）

伐柯如何，匪斧不克；取妻如何，匪媒不得。（《豳风·伐柯》）

屯如邅如，乘马班如，匪寇婚媾。（《屯卦》）

匪我求童蒙，童蒙求我。（《蒙彖》）

获匪其丑，无咎。（《离卦》）

王臣蹇蹇，匪躬之故。（《蹇卦》）

而“非”字用为系词者则仅有：

溥天之下，莫非王土；率土之滨，莫非王臣。（《小雅·北山》）

雷在天上，大壮，君子以非礼不履。（《大壮》）

在用途上，我们看不出“匪”与“非”的分别；只有一点极应注意，就是全部《国风》都不曾用一个“非”字，除了“十翼”不算外，全部《易经》也不曾用一个“非”字。凡该用“非”字的地方都用“匪”字，可见“匪”“非”乃是古今字了。大约较古的形式是“匪”，较后的形式是“非”，我们也不必在用途上找出它们的分别来了[1]。

“非”字之为系词，比“是”字至少早一千年[2]，比“为”字又纯粹得多。如果我们相信“匪”“非”是古今字的话，《诗·邶风》“我心匪石”一句就可证明“非”字的前身已是最富于系词性的了；假使我们要从肯定方面去说“我心是石”，这是六朝以后的文法；若说“我心为石”，就变为不通的句子。

但是，如果我们认系词为必须连系主格与表词两项，那么，“非”字应分为两类：第一类是纯粹的系词，即具备两项，或其中一项可认为省略者；第二类是“准系词”，即不具备两项，而近于副词性者。若以上文所述“匪”字为例，“我心匪石”的“匪”字是颇纯粹的系词，因为主格“我心”与表词“石”两项俱全；“匪我愆期，子无良媒”的“匪”字为准系词、因为它并不连系两项，只是否认某一件事实而已。下面即将“非”字的系词性及准系词性分别讨论。

---

① 闻一多先生云：非本飞字，故系词须加匚作匪以别于非；然匪乃篚本字，用为系词，亦是假借。

② 如果我们认为《诗经》是春秋时代的作品的话。

(二)“非”字的系词性

“非”字略等于现代的“不是”,但我们不该把它看为“不是”的合体,换句话说就是不该认为系词性之外再加副词性。“非”是否定式的系词,是不可分析的单体。在中国文法史上,并非先有肯定式的系词“是”字,然后再加副词性而成为“非”字,像英文先有 to be 再有 not to be,法文先有 être 再有 ne pas être;却是先有否定式的系词“非”(或“匪”字),一千年后,才从指示代名词里变出一个系词“是”字与它对立。为什么会有这现象?且待下章再谈。

“非”字既为否定之用,称为系词,似乎名不副实;系词是表示主格与表词二者之间的关系的。如果否定它们的关系,适与系词的功用相反,与其称为系词,反不如称为“绝词”,因为“非”字正是特来断绝它们的关系的。但我们并不把它这样看待:在意义上,它是“绝词”;在论理学上,它还是系词,因为它能从反面去连系主格与表词两项。现在把它分为数种模型如下:

A. 表词为名词,名词短语或子句者[①]。

型子 主格与表词两项俱全者。例如:

回也,非助我者也。(《论语·先进》)

子贡曰:“管仲非仁者与?”(《论语·宪问》)

行或使之,止或尼之,行止非人所能也。(《孟子·梁惠王)下)

尺地莫非其有也,一民莫非其臣也。(《孟子·公孙丑》上)

夫言非吹也,言者有言。(《庄子·齐物论》)

曰:“恶,恶可!子非其人也。”(《庄子·大宗师》)

庄子曰:“是非吾所谓情也。”(《庄子·德充符》)

是非坎之蛙与?(《庄子·秋水》)

惠子曰:“子非鱼,安知鱼之乐?”庄子曰:“子非我,安知我不知鱼之乐?”(同上)

宁割席分坐曰:“子非吾友也。”(《世说新语·德行》)

人之质非木质也,木之质非人质也。(范缜《神灭论》)

吾女非可试者也。(《近思录》卷七)

---

① 如为动词短语,亦可视同名词,归入 A 类。

型丑　此型之所以别于型子，在乎是非并举。例如：

所谓故国者，非谓有乔木之谓也，有世臣之谓也①。（《孟子·梁惠王》下）

"六"者非它也，三材之道也。（《易·系辞》）

公曰："同非吾子，齐侯之子也。"（《公羊传》庄元）

此修考之士②，非神仙之流也。（《南齐书·顾欢传》）

型寅　在包孕句中者。例如：

如知其非义，斯速已矣。（《孟子·滕文公》下）

以指喻指之非指，不若以非指喻指之非指也。（《庄子·齐物论》）

予恶乎知恶死之非弱丧而不知归者邪？（同上）

庸讵知吾所谓天之非人乎？（《庄子·大宗师》）

型卯　上格省略者。例如：

子曰："非吾徒也，小子鸣鼓而攻之可也。"（《论语·先进》）

唯求则非邦也与？（同上）

非求益者也，欲速成者也。（《论语·宪问》）

古之有也。非吾有也③。（《庄子·人间世》）

若遵此命，真报吾恩；倘固违言，非吾之子。（《指月录》卷九）

型辰　表词省略者。例如：

始也，吾以为其人也，而今非也。（《庄子·养生主》）

以为阳虎也，故围之；今非也，请辞而退。（《庄子·秋水》）

型巳　主格为动词（或带目的格）或子句者。例如：

攻其恶，无攻人之恶，非脩慝与？（《论语·颜渊》）

久于齐，非我志也。（《孟子·公孙丑》下）

赤子匍匐将入于井，非赤子之罪也。（《孟子·滕文公》上）

子路曰："未同而言，观其色，赧赧然，非由之所知也。"（《孟子·

---

① 注意，如在末句添一字，只能添作"乃有世臣之谓也"，不能添作"是有世臣之谓也"。

② 注意"此"字下没有"为"字或"是"字。

③ 《宪问》与《人间世》二例皆是非并举，可入型丑；今因其无主格，姑置于此。

滕文公》下）

臣弑其君，子弑其父，非一朝一夕之故。（《易·文言》）

鞭挞甯越，以立威名，恐非至理之本。（《世说新语·政事》）

型午　表词为动词（或带目的格）或子句者。例如：

今人乍见孺子将入于井，皆有怵惕恻隐之心，非所以内交于孺子之父母也，非所以要誉于乡党朋友也。（《孟子·公孙丑》上）

二者凶器，非所以尽行也。（《庄子·人间世》）

上下无常，非为邪也；进退无恒，非离群也。（《易·文言》）

而君以法奏之，非吾所以共承宗庙意也[①]（《史记·张释之传》）

型未　在条件句（conditional）的主要子句者。此型的主格必须省略。例如：

无恻隐之心，非人也；无羞恶之心，非人也；无辞让之心，非人也；无是非之心，非人也。（《孟子·公孙丑》上）

故乐通物，非圣人也；有亲，非仁也；天时，非贤也；利害不通，非君子也；行名失己，非士也；忘身不真，非役人也[②]。（《庄子·大宗师》）

型申　"非"字下连名词，可认为名词短语者。例如：

以指喻指之非指，不若以非指喻指之非指也，以马喻马之非马，不若以非马喻马之非马也。（《庄子·齐物论》）

亦得人矣，而未始出于非人。（《庄子·应帝王》）

其知情信，其德甚真，而未始入于非人。（同上）

型酉　在条件句的附属子句，而表词为名词或为名词短语者。例如：

非礼勿视，非礼勿听，非礼勿言，非礼勿动。（《论语·颜渊》）

非天下之至精，其孰能与于此？（《易·系辞》）

苟非其人，道不虚行。（同上）

非梧桐不止，非练实不食，非醴泉不饮。（《庄子·秋水》）

非命世之才，不能取之矣。（《晋书·怀愍帝纪论》）

型申与型酉的差别，在乎一则以"非"字连名词为名词短语，一则"非"

---

① 如认"所"字为关系代名词，则第一、二、四例可分别归入型于型巳。

② "仁""贤"皆可认为带名词性，"役人"是动词短语。

字主格省略，其本身为附属子句中之动词。型卯与型酉的差别，在乎一则居于主要句，一则居于附属子句。《论语·为政》："非其鬼而祭之，谄也，"亦可归入型酉，不过有了"而"字，加上一番转折而已。

B. 表词为形容词或形容短语者。

型戌　"非"字后加"不"字，作跌宕语气者。例如：

> 城非不高也，池非不深也，兵革非不坚利也，米粟非不多也，委而去之，是地利不如人和也。(《孟子·公孙丑》下)
>
> 非不呺然大也，吾为其无用而掊之。(《庄子·逍遥游》)
>
> 白旃檀非不馥，焉能逆风？(《世说新语·文学》)

型亥　"非"字后不加"不"字，然亦作跌宕语气者。这种形式似较后起，故与型戌分列。例如：

> 且夫天下非小弱也……陈涉之位，非尊"非尊"[1]于齐、楚、燕、赵、韩、魏、宋、卫、中山之君；锄耰棘矜，非铦于句戟长铩也；适戍之众，非抗于九国之师；深谋远虑行军用兵之道，非及乡时之士也[2]；然而成败异变，功业相反也。(贾谊《过秦论》)

这种"非"字之否定某种德性，与否定副词"不"字大有分别。"非"字仅助跌宕之势，正意尚在后头(例如上面的"成败异变功业相反"才是正意)；"不"字则可居于主要句中而为正意所在。"天下非小弱也"与"天下不小不弱"并不相同："天下不小不弱"可以独立成语；"天下非小弱也"则仅引起下文。这种分别极关重要；下文当再论及。总之，表词为形容性者，"非"字并不是十分纯粹的系词。

以上自子至亥，共十二个模型，都可认为系词。尤其是型子值得我们注意，因为那种作用是"为"字所没有的；六朝以前的"是"字也没有那种用途。

(三)"非"字的准系词性

"非"字的准系词性，未必全由系词变化而来。但我们尽可以设想它是与"非"字的系词性同时起源的。"非"字的根本作用在乎否定；用于主

---

① "非尊"《古文观止》作"不尊"，误；宜依《史记·秦本纪》作"非"。

② "抗于九国之师"与"及乡时之士"皆可视同形容短语。

格与表词之间则为系词，否则只能为准系词，我们不该说那一种用途较古。严格地说，“准系词”的名称也不妥当，我们可以索性把它认为否定副词，与“不”字用途异而词性相同。兹分类举例如下：

型 A. 否认某一件事实。例如：

非敢后也，马不进也。(《论语·雍也》)

非不说子之道，力不足也。(同上)

古之善为道者，非以明民，将以愚之。(《老子》)

是集义所生者，非义袭而取之也。(《孟子·公孙丑》上)

以力服人者，非心服也，力不赡也。(同上)

非愚于虞而知于秦也，用与不用，听与不听也。(《史记·淮阴侯列传》)

周不能制，非德薄，形势弱也。(《史记·娄敬传》)

非苦城乏粮也，但苦将不食耳。(《潜夫论·救边》)

今世非无孝弟之人，而不能尽性至命者，由之而不知也。(《近思录》卷六)

或先非而后是，或先是而后非，但“非”字的用途并没有改变，都是用以否认一件事实的。因为反面的意思不足以显示正面的意思，所以正面与反面并举。这种“非”字所以不能认为系词者，因为它所在的“动句”仍旧不失其为“动句”(verbal sentence)[①]；“非敢后也”的“敢后”，既不可认为名词短语，又不可认为形容短语，只是用“非”字去否认那“敢后”的事实。“非敢后”与“不敢后”的差别，只在乎“非”字所否认者是“敢后”二字，而“不”字所否定者仅有一个“敢”字；我们并不能说“非敢后也”的“敢后”等于“敢后者”或“敢后之人”。再者，像“非敢后也，马不进也”这样正反两面对举的复句，我们也很难说其中一句为“名句”而另一句为“动句”；因此，“非敢后也”必须与“马不进也”同样看待。“非以明民”必须与“将以愚之”一样看待。

既从反面否认，则正面为唯一可能的事实(至少说话人的心理是如此)，所以正面的句子，都可加上一个“耳”字，例如“非敢后也，马不进耳”，“是集义所生者耳，非义袭而取之也”，“非心服也，力不赡耳”等等。

凡属型 A 而句末有“也”字者，往往为推究原因之用；推究原因还有

① 当然，如本为“名句”者，也不能变为“动句”，如第六、七例。

一种更简的形式，如型B。

型B. 型A与型B的区别，在乎一则"非"字后为子句或动词短语，一则"非"字后仅有名词或名词短语；一则除推究原因外，兼为别用，一则仅为推究原因之用。例如：

虽在缧绁之中，非其罪也。（《论语·公冶长》）

人死则曰："非我也，岁也。"（《孟子·梁惠王》上）

曰："天也，非人也……以是知其天也，非人也。"（《庄子·养生主》）

禹以治，桀以乱，治乱非天也[①]。（《荀子·天论》）

型C. 在条件句的附属子句，而其作用在乎否认某一件事实者。在此情形之下，"非"字之后必为动词或子句。例如：

吾非至于子之门，则殆矣。（《庄子·秋水》）

非痛折节以礼诎之，天下不肃。（《史记·武安侯列传》）

非尽族是，天下不安。（《史记·高帝本纪》）

非有诏召，不得上。（《史记·刺客列传》）

非夫人之为恸而谁为？（《论语·先进》）

此子非灵山会上业已习之，焉能至此哉？（《明高僧传》卷一）

这种"非"字因在条件句的附属子句，很像有"若非"的意义，因此《马氏文通》把它"引列于连字"[②]。其实"非"本身并不包含"若"字的意义，只是句的组织生出假设的意义来。

型D. 在条件句的附属子句，而"非"字后只有一个名词，或名词短语，"非"字之前又不能补出主格者。例如：

非公事，未尝至于偃之室也。（《论语·雍也》）

君非姬氏，食不安。（《左传》）

非彼无我，非我无所取。（《庄子·齐物论》）

妇人之美，非诔不显。（《世说新语·文学》）

这类"非"字，译为近代语，可勉强说是"非有"的意思。总之，"非"字只是否认事物的存在，并不是系词，又不能认为主格省略。故与型酉大有

---

① 注意"天"不是治乱的表词。

② 《马氏文通》校注本，1954年中华书局版，下册第392～393页。

差别。

型E. “非”字后加“徒”“但”“止”等字,作顿挫语气。这类“非”字的词性更近于副词了。例如:

> 病非徒瘇也,又苦蹵。(贾谊《治安策》)
> 非但能言人不可得,正索解人亦不可得。(《世说新语·文学》)
> 此童非徒能画,亦终当致名。(同上《识鉴》)
> 斯乃非止人谋,抑亦天也。(《隋书·高祖纪论》)

型F. 此型该是从形容词变来的副词,勉强放在此处,其实连“准系词”的名称也够不上了。例如:

> 对曰:“然。非与?”曰:“非也,予一以贯之。”(《论语·卫灵公》)
> “仕而不受禄,古之道乎?”曰:“非也。”(《孟子·公孙丑》下》)

型F与型辰的分别,在乎型辰的“非”字用于表明句中,为主要部分;而型F的“非”字只是表示然否的副词,不必认为主格及表明语省略。

“非”字本有“不是”的意义,后来大约因为在口语里“不是”已替代了“非”,它的系词性渐渐为普通人所忽略,以致“非”字后再加“是”字。例如:

> 彼佛有无量无边声闻弟子,皆阿罗汉,非是算数之所能知。(《阿弥陀经》)
> 心中恍惚想道,莫非是他亲家母。(《红楼梦》四十一回)

最近白话里的“无非”变为“无非是”,“除非”变为“除非是”,都是这个道理。这里不必详谈了。

六、结　　论

(一) 系词“为”“是”“非”的时代性

“为”“是”“非”三字之为系词,孰先孰后,从上文已可看出。现在再作总括的叙述。

三字之中,起源最早的是“非”字;如果我们承认“匪”就是“非”的话,那么,它在《诗经》时代,甚至《易经》时代已经用作系词了。因此,我们可以断定:否定系词的产生,远在周代以前。

"为"字在《诗经》、《易经》里，都不曾被用为系词。《诗经》只有《邶风》"匪女之为美"，"为"字颇似系词；但它的系词性并不纯粹，因为它在名词短语"女之为美"里，不是全句的主要部分。自古至今，"为"字始终没有做过极纯粹的系词。"张先生为吾友"或"此女为美"一类的句子始终没有出现过；除非把它们变为名词短语，譬如说："张先生之为吾友，已将十载矣"，"此女之为美，固众所共称许也"等语。由此看来，"为"字纵勉强认为系词，亦决不能与"是""非"相提并论。但它这种近似系词的用途，也发生于战国以前。

"是"字系词性的起源最晚；上文说过，我们在六朝的作品里，才开始发见"是"字为真正的系词。但是，自从它有了系词性之后，就变化无穷；在现代白话文里，几乎每页总有"是"字。许多新的用途还不断地产生，譬如说："买是买了，不知道好用不好用"；"风是停了，雨却来了！"我们预料将来还有许多欧化的"是"字出世呢。

（二）"为"与"是"的异同

一般人往往以"为""是"为古今字，以为文言里的"为"等于白话文的"是"；这是很大的谬误。它们的来源既不相同[①]，用途又不相等，可见在词性上大有差别。系词的"为"字共有十一种模型[②]，除卯辰巳午未酉戌七型可以勉强由"是"字替代外，其余四种模型都不可由"是"字替代。例如：

型子："不为不多矣"不能译成"不是不多了"；

"在太极之先而不为高"不能译成"在太极之先而不是高"。

型丑："礼之用，和为贵"不能译成"礼之用，和是贵"；

"唯天为大"不能译成"唯天是大"[③]；

"师直为壮，曲为老"不能译成"师直是壮，曲是老"。

型寅："孰为好学"不能译成"谁是好学"；

"守身为大"不能译成"守身是大"[④]。

型申："曾不知以食牛干秦穆公之为污也"不能译成"并不知……的是

① 参看上文三(一)及四(一)。

② 参看上文三(二)。

③ 只能译成"是大的"。

④ 纵使加"的"字译成"守身是大的"，也不能表达原意，因为原意是含比较性的。

污秽的"①；

"知与之为取"不能译成"知与的是取"。

反过来说，系词"是"字共有十二种模型。除型寅外，竟没有一种是可由"为"字替代的②！例如：

型子："弟子是岭南新州百姓"不能译成"为……百姓"；

"都由此身本不是我"不能译成"……本不为我"。

型丑："此是安石碎金"不能译成"此为安石碎金"；

"这是薛姑娘的屋子不是？"不能译成"此为……否？"

型卯："对曰：不是"不能译成"对曰：不为"。

型辰："才着意，便是有个私心"不能译成"……即为有个私心"。

型巳："其寺是五祖忍大师在彼主化"不能译成"其寺为……在彼主化"。

型午："谁又是二十四个月养的？"不能译成"孰为二十四月生者？"

型未："想着那画儿也不过是假的"不能译成"……为伪者"。

型申："使苍生安乐，即是佛心"不能译成"……即为佛心"。

型酉："知是故人来"不能译成"知为故人来"；

"倒是三妹妹高雅"不能译成"却为三妹妹高雅"。

型戌："满腔子是恻隐之心"不能译成"满腔子为……"。

型亥："这是为什么？"不能译成"此为何故？"或"此为何耶？"

至于"是"字系词性的活用，自型A至型F，更非"为"所能替代。今试就宋以前的文章为例，"故当是妙处不传"，不能译成"故当为妙处不传"；"学不能推究事理，只是心粗"，也不能译成"……只为心粗"。《世说新语》"为""是"二字都用，正因二字不能互相替代："向雄为河内主簿"（《方正篇》），只能用"为"，不能用"是"③；"豫章太守顾邵是雍之子"（《雅量篇》），只能用"是"，不能用"为"。由此看来，"为""是"二字，即在六朝以后，也只能说是小同大异，决不能认为古今字的。

---

① 因为"之"字必须去掉。

② 分型的标准，"为""是"不相同，故"是"能代"为"之型与"为"能代"是"之型数不相等。

③ 这种"为"字，有时被误认为系词，其实是动词，请参看上文三（一）型甲，又请比较《世说新语·方正》"郭淮作关中都督"。

（三）"是"与"非"的异同

"是"与"非"在意义上，处于相反的地位，有异而无同。本节所谓异同，仅指其词性而言。

就六朝以后而论，"是"与"非"的词性颇有相似之处。"是"字的型子型丑等于"非"字的型子[①]；"非"字的型丑是从型子分出来的，型寅也可认为从型子分出（"是"字的型子就能包括"非"字的型寅）。"是"字的型寅等于"非"字的型卯；"是"字的型卯等于"非"字的型辰。"是"字的型申等于"非"字的型巳；"是"字的型辰等于"非"字的型午。

然而"是"字有些较后起的模型，不能与"非"字相对待，只能与"不是"二字相对待；例如型巳："宝玉和林黛玉是从小儿一处长大"，型午："幸亏他是个使力不使心的"，型未："一件是我的，一件是四妹妹的"，型酉："都道是这首为上"，如果要说反面的话，也只能说"不是"，不能说"非"。

"是"字的型戌与型亥，因为表词是副词短语，所以不能与"非"字相对待，甚至不能与"不是"相对待。"满腔子是侧隐之心"不能从反面说成"满腔子不是侧隐之心"。

至于"是"字系词性的活用，只有型 A 型 B 与"非"字的型 A 相似，其余都大不相同。"非"字的准系词性，也只有型 A 与"是"字相似，又型 F 与"是"字的型巳相似，其余也大不相同。

因此我们可以说：就它们用为系词的时候而论，它们的词性是大同小异的，若就它们不用为系词的时候而论，却是"小同大异"了。

（四）系词的缺乏及其理由

从上文的研究，我们对于中国文法中的系词，可得结论如下：

（一）表明语为形容性者，不用系词；

（二）表明语为名词性者，在六朝以前，无肯定式的系词。

第一个结论是包括古代现代，而且包括肯定否定两方面而言的。The rose is red 在中国文言是"玫瑰花红"或"玫瑰之色红"，不是"玫瑰花为红"或"玫瑰之色为红"；在白话是"玫瑰花是红的"，不是"玫瑰花是红"[②]。在文言里，"为"字后可用形容词的，只有型子型丑型寅，然而型子

---

① 其实"非"字的型子亦细分为二型，与"是"字的型子型丑完全相等。

② 如果说"是红"就等于说"实在是红"。

的系词性只是一种幻相，型丑与型寅是限于比较德性的，都不是纯粹的系词。在白话里，“玫瑰花是红的”，“红的”带有名词性，并不是纯粹的形容词。上面所举《红楼梦》的例：“我们有两件事：一件是我的，一件是四妹妹的”，“是”字后的名词性，是很容易看得出的；但“玫瑰花是红的”也是从这种型式变出来的。“世界上有种种不同颜色的花：玫瑰是红的，梨花是白的……”，不是也跟《红楼梦》的例子差不多了吗？

最值得我们注意的，就是形容词前面加上了副词之后，更用不着系词。《老子》“其精甚真”不能写成“其精为甚真”；《论语》“回也不愚”不能写成“回为不愚”。在白话里，我们说“玫瑰花很红”或“梨花不红”就够了，也用不着“是”字。这因为有了副词，语气更是，所以用不着系词了。

再说到“非”字，依原则也是不能用的。“梨花不红”尽够了，我们用不着说“梨花非红”。在这里，我们可以顺便说到中西语言对于否定式的“名句”，其结构很不相同。英文的“... is not...”，not 字所限制的是 verb to be；中文的“梨花不红”，“不”字所限制的是形容词“红”字。我们切不可误认“梨花不红”的“不”字等于英文“... is not...”的 not；否则我们既承认“不”字所限制的是系词，就只好承认系词是被省略了。

第二个结论只指六朝以前，因为六朝以后有“是”字；只指肯定式，因为否定式有“非”字；而且还在周代以前。肯定系词产生于六朝，又常常在佛教书籍中发现，也许会有人猜想是受了印度文法的影响。但是，无论如何，我们须假定中国文法先有此种倾向或可能性，然后外族的文法才容易输入。

专就上古而论，为什么没有肯定式的系词？我们要解答这一个问题，必须先问：系词在语言里，是不是绝对不可缺少的东西？

亚里士多德一派的论理学者，把一切语句都分析为三个成分：(一) 主格；(二) 系词；(三) 宾辞。非但 My father is old 一类的句子是有系词的，连 The man walks 一类的句子也可认为包含着主格 the man，系词 is，宾辞 walking。由此看来，系词乃是构成语句的必要成分了。然而这种逻辑却被现代的语言学家根本推翻。Otto Jespersen 在它的 *The Philosophy of Grammar* 里说：

> 依传统的论理学的说法，每一个句子都可分为主格、系词、宾辞三部分。论理学家把他们所要讨论的一切句子(命题)都分析为三个成分，于是得到了一种固定的图解式，以便解说。但是，即使就纯然理智的命题看来，这种图解已经是不自然的，虚幻的了；至于日常的

句子，多少带些感情的色彩，而为文法家主要对象的，更是有一大半跟它完全不相适合(pp. 305—306)。

他在同书里又说：

系词与典型的动词差得太远了，所以有许多语言从来不曾产生任何系词，另一些语言也在许多情形之下可以不用它，观上文所述可知。(p. 131 附录)

J. Vendryes 在他的 Le Language 里也说：

整个的论理学都寄托于动词 être 的最先存在，以为它是一切命题的两项之间必需的连系物，是一切肯定的表现。是一切三段论法的基础。然而语言学非但不依靠这经院派的学说，而且根本推翻了它。依照大多数族语的证明，“动句”与动词 être 毫无关系；就说在“名句”罢，它被用为系词，也是颇晚的事情呢。(p. 144)

由这两位语言学家的话看来，我们应该注意两个要点：第一、系词在语言中并非必要，所以有许多族语完全不曾用它，另有好些族语在许多情形之下也不用它；第二、系词用于“名句”，在欧洲也是后起的事实。因为它在语言中并非必要，所以我们看见了它就说有它，看不见它就说没有，犯不着谈省略。因为系词用于名句，在欧洲也是后起的事实，所以我们中国的肯定系词后起，并不足怪。

西文的 predicate，普通译为“宾辞”；但是为了便于说明中国文法的特性起见，我提议分宾辞为两种：“动句”的宾辞称为“叙述语”，“名句”的宾辞称为“表明语”。至于 predicative 则译为“表词”。此意既明，则中国上古的系词现象可以一言以蔽之曰：

中国上古文法里只有宾辞，没有表词。

“动句”是表示主格与某种动作的关系，“名句”是表示主格与某种属性的关系。主格与某种动作之间既可不用系词，如“国兴”，那么，主格与某种属性之间自然也可以不用系词，如“国强”。“强”字不靠系词的力量而能与主格相连属，恰如“兴”字不靠系词的力量而能与主格相连属；事之自然，无过于此者。如果我们不先存西洋文法的成见，倒反觉得这是很整齐的形式，因为就中国上古而论，我们尽可以把“国强”的“强”字也称为宾辞(predicate)，与“国兴”的“兴”字受同等待遇。如果要仔细分别，“兴”字可称为叙述语，“强”字可称为表明语；但“强”字不必称为“表词”(predicative)，因为表词是在系词之后出现的，既然没有系词，也就不必称为表词了。

这一层道理可以使我们明了中国形容词与动词的界限为什么往往分不清。譬如“老”字本质是形容词，但当我们说“吾老矣”或“我老了”的时候，“老”字又像变了动词。这因为“矣”字或“了”字表示整个宾辞的过去时，“老”字既是宾辞，自然可用“矣”字或“了”字来表示时间。假使我们认它为表词，则“矣”字“了”字都无着落，自然只好说它是变了动词了。

在“孔子，贤人也”与“虎者戾虫，人者甘饵”一类的句子，也可把“贤人”、“戾虫”、“甘饵”认为表明语或宾辞，不必认为表词。

上古的否定句里，也可认为没有表词吗？“我心匪石”的“石”字也不认为表词吗？在第五章第二节里，我们曾经承认“非”(“匪”)字为系词，“石”字为表词。“石”字之是否表词，须视“非”字之是否系词而定。但是，在同章第三节里，我又说：“非”字根本作用在乎否定；用于主格与表词之间则为系词，否则只能为准系词。“非”字的根本作用既在乎否定，则系词性不是它的根本作用可知。严格地说，“非”字否定某种事物与主格的关系，比之“不”字否定某种作用或德性与主格的关系，其间并没有什么歧异之点。“我心匪石”与“我心不说”，“我躬不阅”，“我思不远”，其歧异处只在宾词的性质，不在系词的有无。如果我们认“非”字与“不”字同为纯粹的否定词，则可归纳成下列的规律：

在动句里，否定动作与主格的关系者，用“不”字；

在名句里，否定德性与主格的关系者，仍用“不”字；

在名句里，否定事物与主格的关系者，则用“非”字。

由此看来，“非”与“不”都可认为否定宾辞的；“非”字的系词性只是句式所形成，并非其本身在最初就含有此性。要证明此理，我们只须看上古的“匪”字可有“不”字的功用，如《诗经》：“夙夜匪解”，“稼穑匪解”等；甚至“非”字也有“不”字的功用，“不”字也有“非”字的功用[①]。可见它们的词性完全相同；后来虽然分道扬镳，我们仍不能把它们看得十分歧异。我们在上文把“非”字认为系词，“非”字后的名词认为表词，乃是为便于分析起见。实际上，“非”字既不是纯粹的系词，“非”字后的名词也可不必认为表词。

说到这里，我们可以明白上古为什么既然没有肯定式的系词，却能有

① 参看王引之：《经传释词》卷十。

否定式的系词了。原来“非”字所赖以存在者，不是它的系词性，而是它的否定性。正面的话，用不着肯定词已能显示；反面的话，非加否定词不能表示。“国亡”的反面，必须说“国不亡”；“孔子，贤人也”的反面，必须说“孔子非不贤之人”。但“孔子非不贤之人”的正面不必说成“孔于是贤人”，恰如“国不亡”的正面不必说成“国是亡”一样。

假定中国上古没有肯定式的系词“是”字，却有否定式的“不是”，就可怪了。因为“不是”里头的“是”乃是真正的系词，有了正面的“是”，然后能生出反面的“不是”。

系词“是”字产生之后，同时也产生了反面的“不是”。我们应该特别注意：这“不”“是”二字是显然分得开的两个词，一个是副词，一个是系词，与“非”字之为单体者绝对不同。“非”字并非“不是”的前身，单靠“非”字，永远不会产生“不是”；“不是”只是“是”字反映出来的，只是被否定了的“是”，有了“是”然后有“不是”。“为”与“是”不是古今字；“非”与“不是”更不是古今字。最严格地说，我们可以把第二个结论改为：

表明语为名词性者，在六朝以前，没有真正的纯粹的系词。

附言：本文写成后，承闻一多、朱佩弦两先生为阅一遍，各有所指正。谨此志谢。

［1962年10月后记］ 这是二十多年以前的旧作。在今天看来，除了系词产生的时代应该提早到东汉（参看拙著《汉语史稿》中册354页）以外，其他论点基本上都是可以成立的。“非”字应该肯定不算系词；这样，东汉以前也就没有真正系词了。

（原载《清华学报》12卷1期，1937年；又《汉语史论文集》；《龙虫并雕斋文集》第1册；《王力文集》第16卷）

关于汉语有无词类的问题

一、词类的定义问题

要判断汉语有没有词类，必须先肯定什么是词类。

按说，如果词类就是词的分类的话，有词就该有词类。从逻辑上讲，一般概念总是可以划分的。词是用来表达个别概念的言语单位，既然概念可以分类，似乎词也因此可以分类。但是，语法上所谓“词类”不是这个意思；它不应该是逻辑上的分类，而应该是语法上的分类。

词类是词的语法分类。对于这一点，语法学家的意见是完全一致的。即使有人反对这一个简单的定义，也只因为它不够全面；但是，所谓词类，基本上是语法的事情，这一点无论如何不会有人反对的。由此可以得出一个结论：单纯地从概念范畴去分别词类是错误的。下文第二节我们将回到这个问题上来。

词类不但带着形态上的标志，而且可以从造句的功能上划分。关于这一点，可以有两种不同的了解。第一种了解是：造句的功能虽然也可以认为词类划分的标准，但必须结合着形态来看；假定词在形态上并没有任何标志，则单凭造句的功能是不能分别词类的。至少在实词是如此。第二种了解是：在一般不具备某一词类的外部形态的标志的语言里，可以用另外一些标准来划分词类。例如 1. 一定词类对某一句子成分的不同的担任能力；2. 这一类词跟其他各类的词以及跟某些形式成分的不同的结合能力。照我看来，不但第一种能力，连第二种能力也是属于句法范围。下文我们将再回到这一点。

此外还有一种不同的意见，就是认为只有形态足以决定词类，词类和句法没有多大关系。一般语法书把词类放在形态学上讲，已经容易令人有此印象。“语法范畴”这一个术语，有时候就指具有一定语法范畴的词类来说，譬如说动词具有态、体、式、时、人称、数、性等范畴。语法范畴和词类，在有语法范畴的语言里差不多变了同义词，令人意识到：起初的确是单纯地从语法范畴去划分词类，换句话说也就是单纯地从形态上划分词类的。抱着这种见解的语言学家必然认为汉语没有词类，因为他们拿"词类是单纯地从形态划分的（指实词）"作为大前提，又拿"汉语是没有形态的"作为小前提，他们的结论不可避免地是"因此，汉语是没有词类的"了。

我个人认为：如果不把词汇范畴和语法范畴对立起来，那么词汇-语法的范畴和语法范畴并不是不相容的东西；前者是补充后者的，而不是排斥后者的。我在后面将要谈到，词汇范畴和语法范畴正是密切相关的，把词类看成词汇-语法的范畴，是把问题看得更全面些。

有人说，词类是由词义上的、句法上的和形态上的特征互相区别开来的。这一个说法和词汇-语法范畴的说法并没有什么不同；因为句法和形态是语法上的事，从词义、句法、形态上划分词类，也就是从词汇-语法的范畴上划分词类。

现在谈一谈资产阶级语言学家对词类的看法。我只举马鲁梭(Marouseau)的《语言学术语词典》为例。马鲁梭在说明"词类"时说：

> 词类是传统语法所赖以分别语言的词的种类的一些范畴。或者依照基本意义来分类（如适宜于指称一种概念的叫做名词，适宜于指称一种性质的叫做形容词），或者依照它们在句子结构中的作用来分类（联系两项的叫做连词。限制动词的叫做副词），或者依照它们的构词方式和屈折方式等等。这些分类的原则，没有一个是有绝对价值的（例如在副词、前置词、连词的中间，往往分不出清楚的界限来），因此，有时候，在屈折语里，只好按照屈折形式分为三大类：1. 静词（有格变化的词）；2. 动词（有人称变化的词）；3. 不变的词。

这一段话的大错误是不能分别看待不同的问题，以致嫌分类的原则没有绝对价值。实际上，实词和虚词是应该分别处理的。

我们认为，无论以词汇-语法的范畴为标准，或以单纯的语法范畴为标准，汉语都是有词类的。下面我们将从词义、形态、句法三方面来证明这一个事实。

二、词义和词类的关系

词义和词类的关系也就是概念和词类的关系，因为词是表示概念的。按理，谁也不能反对这种关系，因为词类如果离开了现实，就是离开了物质的基础。假使我们简单地说:“名词是指称事物的,动词是指称行为的”等等,虽然说得不够全面,但是并没有犯原则上的错误。正是在这一个基础上,连小学生也能判断“人”和“马”是名词,“走”和“跑”是动词。也正是在这一个基础上,就汉语来说,为了教科书的可接受性,用不着给词类下一些太复杂的定义,只要抓住词类反映客观存在这一个要点就行了。

差不多每一部语法书对每一实词词类下定义的时候,都先指出这一点。有些书中只凭词义的观点给予各个实词词类的定义:

> 表示事物的词类叫做名词;
>
> 表示事物特性的词类叫做形容词;
>
> 表示事物的数量或表示事物在计算时的顺序的词类,叫做数词;
>
> 表示事物的行为或状态的词类叫做动词;
>
> 表示行为的特性或行为在进行中的各种不同的状况的词类,叫做副词。

印欧语系的形态是那样复杂,而为每一词类下定义的时候,也可以只管词义方面。就汉语来说更可以这样做了。

我们也知道,就屈折语来说,实词的词类是按照语法范畴来分的。但是,必须指出,语法范畴本身也就是以客观存在的物质和现象为基础的。

必须强调语法范畴的客观基础。名词之所以有数,是因为事物是有数量可言的;动词之所以有时,是因为行为是有时间性的;动词之所以有人称和数,那是因为要表示“行为者”是说话人,对话人或第三者,而且要表示“行为者”是单独的或不是单独的;形容词之所以和名词同具某些语法范畴,是因为当人们想象人物的时候,同时想到他们的性质。总之:一切语法范畴都可以从客观事物的属性中找根据。资产阶级语言学家过分强调了语法范畴与事实不符的一方面,就好像语法范畴是凭空杜撰出来的,和客观事物没有密切的关系,那就是把语言和思维割裂开来,陷入唯心主义的泥潭中去了。例如法国语言学家勃吕诺(Brounot)和房特利耶斯(Vendryes)都特别强调名词的性和人物的性的不一致[①];但是,我们应该先肯定名词的性是从人物的性来的,这是主要的一面,因为这样就肯定了语法范畴的物质基础;至于它们之间的不一致,我们可以再从历史上去寻找其原因。现代俄语里,数目 2,3,4 后面的名词用单数生格,表面上是

① 勃吕诺:《思想和语言》,第 85~86 页;房特利耶斯,《语言论》,第 108~110 页。

和5以上后面用复数的情形不一致了，但是现在这种不一致的原因已经被语言史学家找出来了。关于名词的性也一定能从历史上找出原因来。我个人认为这和远古时期的部落和部族的心理状态有关。总之，语法范畴也是一种概念，不过因为它们表现在语法上，所以它们只是语法概念，而不是一般概念罢了。

但是，把语法概念和一般概念区别开来，这也是非常重要的。词汇方面（所谓“物质意义”）和语法方面各有它的特点；概念范畴和语法范畴决不能混为一谈。概念范畴是没有民族性的，而语法范畴是有民族性的。汉语里没有性的语法范畴，并不能证明汉族人民没有性的概念。在有性的语法范畴的语言里，性别的区分也不能一致。语法里没有中性名词，这是大家所知道的；此外，在东非洲某些语言里，对于“大而强”的东西有一种特殊的范畴，对于“小而弱”的东西又有一种特殊的范畴。必须这样去了解，然后语言才能成为民族特征之一。拿现代汉语来说，“们”字可以认为表示名词复数的词尾，但是，由于它只用于指人，而且名词前面有了数词就不能再用“们”字，于是有些同志就怀疑它的形态性质。其实“们”字正是表示复数的语法概念，它所受的限制是民族特性的表现；正是这样，才能证明语法范畴和概念范畴，不是同一的东西。

我们承认词义对于划分词类的重要性，并不等于承认可以单凭概念的范畴来划分词类。如果单凭概念的范畴分别词类，就会造成了所谓“世界文法的通规”，而埋没了语言的民族特点。马尔（Mapp）学派主张有全世界通用的词类，因为他们认为有所谓“一切人类语言所固有的普遍需要的概念”。无论他们怎样解释他们和资产阶级语言学家所谓“共同语法”有什么不同，始终不能掩饰他们对于语言的民族特点的否定。

在这一点上，我过去是有过错误的看法的。我在我的《中国语法理论》里说：“至于中国的词呢，它们完全没有词类标记，正好让咱们纯然从概念的范畴上分类，不受形式的约束[1]。”这显然是一种形而上学的观点。我一方面强调汉语的特征，另一方面又纯然从概念范畴上分别词类，汉语的特征何在？过去我是轻视词类的[2]。轻视词类是不对的，因为正是在词类上表现着汉语的特征。再说，不管轻视与否，既然要分词类，就不该单纯地依照概念的范畴来分。

---

① 王力：《中国语法理论》上册，第33页。

② 我说：“分类不是语法。”见《中国语法理论》第4页。

在斯大林关于语言学的伟大著作发表以后,我对于词类的错误观点仍然存在。我在“对联文学”(对对子)上看词类的客观存在。我说在对对子的时候,名词对名词,形容词对形容词,动词对动词,虚词对虚词[①]。其实这是不对的。“对对子”实际上是概念对概念,而不是同类的词相对。概念和词性虽然是密切联系的,并不是同一的东西。我那样混为一谈,仍然是不对的。

关于词义和词类的关系。我们的结论是:词是概念的表现,因此词类和词义是有一定的关系的,连语法范畴也可以从现实的现象中找到根据;但是,词是关于现实的概括知识的社会性的表现,离开了民族的特性就无所谓具体的词,因此咱们不能把词和概念混同起来,也就是不能根据概念的分类来决定词的分类。

假使汉语的词类不能根据形态和句法来划分,而只能根据概念来划分,那就等于否认汉语的词类。我过去正是这样做,现在我知道这样做是错误的。如果说由于概念能分类,所以词也能分类,这种主张是站不住脚的。

三、形态和词类的关系

形态和形态学,在英语里同是一个词:morphology。这词来自希腊语的 morphe(形)和 logos(理论)。它是研究词形的语法部门,同时也是某一语言的词形的总称,可见 morphology 既可译为形态学(因为它是研究词形的语法部门),又可译为形态(因为它是某一语言的词形的总称)。

构形法和构词法不同。构形法指的是同一个词的各种变形;所谓“词形”也是指同一词的各种变形来说(有人把汉语归入“无形语”,就是认为在汉语里同一个词没有各种变形)。构词法则是加词头、词尾、或构成复合词等。狭义的形态学只研究构形法;广义的形态学则兼研究构词法。

构形法和构词法的分别,对于汉语词类的研究非常重要,因为我们可以从狭义的形态上看汉语有无词类,也可以从广义的形态上看汉语有无词类。下文我们将要回到这个问题上。现在我们先看一看苏联的学者们是不是都承认上文第一节里所说的汉语属于“无形语”,换句话说,是不是都否认汉语里有“形态”这样东西。

---

① 见《语文学习》总第 7 期,1952 年 4 月号。王了一:《汉语的词类》,第 35 页。

依我个人的看法，像形容词词尾“的”字显然是构词性质的，因为它只表示修饰或附加，并没有表示任何语法范畴，也不发生什么变化。“的”字不但用作形容词的词尾，同时它也用作一个修饰性仂语的语尾，因此，“的”字不但带有构词的性质，而且还带有造句的性质。

“儿”和“子”还是属于构词性质的，“儿”和“子”不算狭义的形态，它们不像“的”字对形容词那样普遍应用。但是，既然就一般说它们可以作为名词的标志，我们也就不能把它们排斥在广义的形态之外。

“们”字是不是构形法里面的东西，就很值得研究了。依我看，它是属于狭义的形态的，因为它表示了指人的复数。有了数目字不再用“们”，这不能认为构形法的不能普遍应用，应该认为：有了数目字之后，单数或复数已经很明白，就没有加“们”字的必要了。

名词前面和数词后面的单位名词，恐怕还不能算是构形性质的东西。因为如果把它们看成数词的形尾，它们都是跟着名词起变化的；如果看做名词的前加成分，即冠词性的词头，它们又不是连下念的，而是连上念的。汉语里的单位名词还只是黏在数词或指示词后面，它们还没有像越南语的单位名词那样发展为冠词性的词头（con bò 牛，con cá 鱼，con dao 刀，cai nhá 房子，bông hoa 花，bông lúa 稻，等）；为谨慎起见，还不能轻易断定它们是构形性质的。但是，应该肯定，就广义的形态来说，无疑地它们是能表示形态的。因为单位名词是在数词和名词中间起联系作用的，它们决定了数词和名词的词性。

现代汉语里的动词是诸词类中最富于形态变化的。依我看来，动词的变化最像西洋的语法范畴。谁也不能否认，情貌（体）也是语法范畴之一。俄语里的情貌是相当丰富的。只是因为《俄语词典》里把不同体的词当做不同的词看待，所以一般只说动词按人称、时、数来变化，而不说按体来变化。实际上，不但斯拉夫语族里有情貌这个语法范畴，连日耳曼语族，罗马语族等也有。英语里的进行时（progressive tense）其实不是时制，而是情貌，甚至 have 加在过去分词前面的所谓复合时制（compound tense）也是属于情貌范畴的东西。同样，法语里助动词 avoir（或 être）加上过去分词，也应该认为一种情貌①。可见情貌是属于语法范畴之列的。汉语的情貌和俄语的情貌（体）虽不完全相同，但作为一种语法范畴来看，它们是同一性质的。

---

① 参看 Gustave Guillaume：《时间与动词》，1929 年巴黎。第二章，第 15～28 页。

这里有两个问题需要解决：第一，汉语里的情貌大多数是从仿语使成式发展起来的，是否只能认为构词性质，而不能认为构形性质呢？第二，汉语的情貌不能普遍用于一切动词、是不是因此就不能认为语法范畴呢？

关于第一个问题，我们得承认，汉语里的情貌确是从使成式发展起来，连构形性质的“了”和“着”在最初也是动词。但是，我们不能把历史发展的事实和现存的语言事实混为一谈，因此，应该肯定，已经丧失了动词的意义的“了”和“着”是纯粹的一种“形尾”，是属于狭义的形态的东西。“过”字和“了”、“着”的性质相近。至于另外有些由使成式仿语发展起来的单词，如“扩大”、“推广”、“展开”等，则属于构词性质，但是不能因此否认它属于语法范畴。俄语的完成体和未完成体的分别，很少像 взятъ 和 братъ 的分别，сказтъ 和 говоритъ 的分别等，也很少像 собратъ 和 собиратъ 的分别，распространитъ 和 распространятъ 的分别等，而多数是把前置同变为词头。这种加词头（接头部）的办法显然是构词性质的，但是从来没有人怀疑它们也同样地表示情貌（体）。凡富于俄文翻译经验的人都能体会到，俄语里多数完成体动词都和汉语的使成式大致相当。这可以证明汉语的情貌是有它的客观基础的。

关于第二个问题，我们也得承认，汉语里有些动词用不着“着”字作为形尾（如“知道”），甚至于“了”和“着”都不能用（如“怕”、“喜欢”）。但是，这只能显示词义对于语法范畴所起的决定作用，而不能因此否认语法范畴的普遍性。当我们说某一规律是普遍的时候，意思只是说在同一情况下（同一条件下）它是普遍的。汉语里有些动词，从词义上说，它们是特殊类型的动词；某些“行为”在汉语的词义上不能了解为正在进行中，例如“死”这一件事在汉族人民看来是不会有正在进行的情况的，因此“死着”就不成话了。“知道”、“看见”、“听见”等词也是一样。这一类的事情，在汉族人民看来，是只有点而没有线的，所以不能用进行貌。使成式一般也都被看做有点没有线，所以就一般说使成式或由使成式变成的单词都没有进行线（不说“打倒着”，“推广着”等）。另一方面，有些动词（如“像”）并不表示点和线，因此，也就没有什么情貌可言。俄语里所谓体，也不是十分整齐地配对的。俄语里有所谓“分体”（подвид）如定态分体、不定态分体等，它们是少数动词所特有的，那不必详谈了。就拿完成体和未完成体来说，也不是每一种行为都具有两种情貌。某些完成体动词是没有未完成体和它相配的，例如 очнуться（醒悟）、очутиться（出现）等；至于未完成体动词没有完成体和它相配对的，就更多了，例如 значить（意味着）、обитать（居住）、обстоять（处于某种情况）、содержать（包含有）、соответствовать（适合于）、состоять（存在某种状态）等。缺乏未完成体的原因是这些动词表示很快的行为、顷刻的行为、或者很快地由某一状态转到另一状态，或者只表示行为的结果等。缺乏完成体的原因是这些动词表示行为的过程或状态，与行为的结果无关，与过程的个别时段无关。这样，缺乏的原因是被发现了的。汉语在什么情形之下不用“了”字或不用“着”字，也可以找出个原因来。这种研究工作是值得做的。不过不能呆板地按照俄语的体来类推，而是应该依照汉语自己的情貌系统来看问题。例如汉语的“知道”、“看见”、“听见”等，着重在行为的结果，所以只能有完成貌。总之，情貌形尾之不能普遍应用，是不能作为理由来否定汉语的情貌作为一种语法范畴的。

由上所论，现代汉语里，广义和狭义的形态都有了。现在我们想顺带谈一谈，古代汉语是不是所谓“无形语”。

关于古代汉语有无形态这一个问题，我想需要长期研究才能解决，现在不应该轻下断语。这里我不打算多谈；只想提出一些值得注意的事实，就是某些词类似乎是带有词类的标志的。就动词来说，不但有一些标志，而且这些标志还像是能表示某种时的范畴。举例来说，在《诗经》里，“言”字显然是动词的词头：“言告师氏”，“言刈其楚”，“言采其蕨”，“言至于漕”，“言念君子”，“言私其豵”，“言旋言归”，“言就尔居”，“言采其蓫”，“言就尔宿”，“言归斯复”，“言抽其棘”，“言从之迈”，“言示之事”，“言提其耳”，“言授之縶”，这些例子足以为证。“止”字则显然是动词的词尾，如“亦既见止，曷又极止”，“齐子归止，其从如云”，“方叔莅止，其车三千”等。（有人说“止”是“之矣”的合音，那是靠不住的，“归止”不能解释为“归之矣”！）此外还有种种迹象使我们倾向于相信“言”字表示现在时，“止”字表示过去时。《诗·小雅·庭燎》：“君子至止，言观其旂”，“至”是过去的事，“观”是现在的事。就这两个例子来看，可见研究古代汉语的形态不但要脱离外国语法的束缚，而且要脱离现代汉语语法的束缚。如果冒然断定古代汉语没有形态，那也是没有科学根据的。

施莱赫尔（A. Schleicher 1821—1868）对于语言的形态分类法至今将近一百年，仍然有它一定的势力。马尔无批判地接受了施莱赫尔的学说，来助成他的语言发展阶段论，认为语言的发展是从根词语（施莱赫尔叫做孤立语）到黏合语，再到屈折语。假使语言真是这样发展的，那么施莱赫尔的学说自然有很大的价值。现在语言发展阶段论已经被斯大林批判了，施莱赫尔的学说就没有很大的价值了。现在我们已经否定发展阶段论，然而仍然接受“汉语无形态”这一个施莱赫尔——马尔学说，我觉得这和马克思主义语言学是相抵触的。如果要谈语言的形态分类，我认为这不是一个有无形态的问题，而是一个语法范畴的多寡及其性质的异同的问题。

说汉语语法中没有形态学是错误的。我本人过去曾有过这个错误观点。我一方面发现了汉语有情貌等语法范畴的存在，另一方面又接受资产阶级语言学的传统说法，硬说汉语没有形态学[①]。这是应该批判的。当然，如果汉语里没有形态，也不能硬说它有；但是如上所述，汉语实际上是有形态的，就不能根据资产阶级语言学的传统说法而把它取消。实际上，资产阶级语言学家只是根据古典文学中的古代汉语来看问题，而汉字单音也引起了许多误解。

拿汉语来说，狭义的形态加上广义的形态，也就能解决汉语词类划分的一部分问题，另一部分的问题可以由词义和词跟词的配合上获得解决。

四、句法和词类的关系

句法又称造句法，在英语里是 syntax。这个术语来自希腊语 syntaxis，本来是“组合”的意思，而最初又是 syn 加 taxis，syn 等于英文的 with；taxis 等于英文的 order。可见 syntaxis 含有“顺序安排”的意思。它是研究句子和句中词与词的组合方式的一个语法部门。可见我们翻译为“造句法”或“句法”是不全面的，因为 syntax 除了造句法的意义之外，还包含着造仂语法或造词组法的意义。先声明了这一点，才不至于引起误会。

首先要说的是：句法和形态学虽然不应该混为一谈，也不应该把它们分割开来。它们之间是有着非常密切的关系的。譬如说，名词的格自然是语法范畴，但是这个语法范畴却是依存于句法中的。作为形态的格，它所表现的却是造句的功能，可见没有句法也就没有这一种形态。如果把形态孤立起来，和句法断绝关系，有许多地方是讲不通的。

关于汉语的形态标准，我同意以词的结合能力为标准。拿使成式来说，在两个词的结合中，第一个词必定是动词，第二个词必定是内动词或

---

① 王力：《中国语法理论·导言》，第 8 页。

形容词。这样，不但把动词辨别出来了，而且把内动和外动也辨别出来了。当然有时也需要词义方面来帮助辨别，例如“烧死”和“烧红”，从词义上就能辨别“死”是内动词，“红”是形容词。

但是，我们不需要对于每一个词都放在句子里实验过它的功能，然后确定它属于那一个词类。词类的分别除了句法基础以外还有更深刻的基础——语义的基础。凭着词义与客观现实的联系，知道某词所表示的是事物、性质或行为，就能大概地知道它是名词、形容词或动词。例如“人”“手”“刀”“马”等词不问而知道是名词，因为它们是表示事物的；“老”“幼”“大”“小”等词不问而知道是形容词，因为它们是表示性质的；“走”“跑”“哭”“笑”等词不问而知道是动词，因为它们是表示行为的。表示事物的词经常用作主语、宾语或领有语，表示性质的词经常用作修饰语或描写句的谓语，表示行为的词经常用作叙述句的谓语。名词是因为表示了事物所以才用作主语、目的语或领有语，不是因为用作主语、目的语或领有语才成为名词。形容词和动词也是这样。

我姑且把名词分为三类。第一、第二两类基本上没有问题，也就是说，可以按照词所表示的“事物性”而很容易辨别出它们是名词。事件一项可能有一些困难，因为事件往往和行为有关，也就往往和动词有关。第三类是困难所在，因为行为本来是动词所应该表示的，特性本来是形容词所应该表示的，现在要作为思想的对象来指称，而汉语里对于由动词和形容词派生的名词又往往没有任何标志[①]，所以就比较难于辨别了。应该指出，随着汉语的发展，某些双音词已经专用作为思想的对象的名称，如“战争”、“睡眠”、“思想”、“成就”、“勇气”、“爱情”、“弱点”等等；看来这种名词专用的趋势还要发展下去。另一方面也必须承认，动词如“批评”等，形容词如“伟大”等，还是不能跟名词划清界线。在这种情形之下，就需用语法的特征，特别是句法的特征，加以辨别了。

在汉语里一词多类的情形比较普遍，容易令人怀疑汉语词类的存在。但是，事物、性质、行为三者本来就是有机联系着的，我们不能希望它们中间有一道鸿沟。

① 形容词后面加“性”字变为名词，这一类方法还不能普遍应用。

五、结　　论

上文为了说明汉语是有词类的，就论到词类应根据什么标准来划分。因汉语无词类的理论正是以汉语无法划分词类作根据的。

由上文看来，可以得到汉语划分词类的三个标准：

第一，词义在汉语词类划分中是能起一定作用的，应该注意词的基本意义跟形态、句法统一起来；

第二，应该尽先应用形态标准（如果有形态的话），这形态是包括构形性质的和构词性质的；

第三，句法标准（包括词的结合能力）应该是最重要的标准，在不能用形态标准的地方，句法标准是起决定作用的。

这三个标准是有机地联系着的；不是根据三个标准来分类，而是要求同时适合这三个标准。

应该承认，汉语词类的划分，在实施上还是有不少困难的。过去我以为词类的划分只是为了语法说明上的便利，那种态度是不科学的。说为了便利，就等于承认汉语实际上没有词类的存在。我们研究汉语词类的划分，应该有其积极的意义。一方面，我们用历史观点来看汉语语法的发展过程，看出现代汉语有可能按形态特征来分类，另一方面，科学地划分了汉语词类之后，还可以有助于汉语发展方向的认识。

（原载《北京大学学报》1955年第2期；又《龙虫并雕斋文集》第2册；《王力文集》第16卷）

语法的民族特点和时代特点

中国语文杂志社在青岛召开的语法座谈会的小组上，丁声树先生提出了两个问题：（一）各种语言的语法有没有它们的特点？（二）古今语法是否可以不分？他提出了问题之后，自己不愿意表示意见，并且要我表示意见。等到我表示了意见之后，他表示同意我的意见。这种小组讨论是很新颖的。后来我把我的小组发言略加补充，在全会上又作了一次发言。这一篇文章就是基本上根据当时的发言写下来的。

这两个问题是不成问题的问题。读者会奇怪：丁先生为什么要提出这两个不成问题的问题？我为什么要谈这两个不成问题的问题？不难理解：这在中国语法学界中，并不是完全解决了的。

这两个问题可以合并为一个问题，就是语法的民族特点和时代特点的问题。问题的中心在于具体语言的语法是否由于民族的不同和时代的不同而表现出它的特点。现在我想分为三部分来谈：第一是民族特点问题；第二是时代特点，第三是特点的认识对语法研究工作所起的作用。

一

各种具体语言，作为人类的交际工具，当然有着共同性，因为世界上各种语言的语法也是具有共同性的。语言是思想的直接现实，思维是人类所共同的。这样才使翻译成为可能。这样才有可能吸收外语来丰富自己。各种语言的语法的共同点主要是建筑在逻辑思维的基础上。

但是语言和思维不是同一的东西。把语言和思维割裂开来固然是错误的，把语言和思维等同起来，同样也是错误的。前者是唯心主义，后来是庸俗唯物主义，是机械主义，是行为主义。思维没有民族特点，而语言则有。具体语言是以特定的民族形式（部族形式，部落形式）来表达思想的一种交际工具。正如语音、词汇一样，语言之表达思想在各种语言中采取异途同归的进行方式。同归，是归到思想感情的表达上，异途，是运用不同的语音，词汇和语法。

语言和思维是有机的统一体，但是语言的形式不等于思维的形式。

语言和思维各有各的性质特点和发展特点。因此我们可以说,语法和逻辑也是各有各的性质特点和发展特点。

思维是反映客观现实的,语言也可以说是反映客观现实的。但是,如果说语法的反映客观现实和思维的反映客观现实是采取同一方式的,那就错了。我们说“我吃饭”,有些民族说“我饭吃”,我们不能说哪一种词序更真实地反映客观现实,更不能说有两种客观现实。如果要说语法反映客观现实的话,我们只能说这种客观现实不是别的,而是借以形成这种语法结构的历史条件。各种语言的语法之所以有它的特点,正是历史条件所形成的。

在这里,我们应该把逻辑和语法区别开来。就汉语来说,我们平常所谓主谓不合,动宾不合,往往只是逻辑上的问题。我们不过是借语法上的术语(其实主语和谓语也是逻辑上的术语,只有动词和宾语是语法上的术语)来说明逻辑上的错误。例如“恢复疲劳”这一个词组是被某些入认为动宾不合的。合与不合,不在本文讨论之列。假定是不合,那只是逻辑思维的问题。在这种情况下,我们可以说“恢复疲劳”不能真实反映客观现实,因为在客观现实中“疲劳”是不可以或不应该“恢复”的。但就汉语来说,这词组并没有语法上的错误,因为这种词序是合于汉语的语法规则的。至于西洋语法中所谓主谓不合和动宾不合(如果有这种说法的话),那就往往不是逻辑问题而是语法问题。譬如说,动词所支配的名词变错了格,我们就不能说,客观现实要求非改成某种变格不可。

就一种具体语言的语法来说,世界语言的共同性是次要的,而特点是主要的。没有这种特点,就会丧失其独立语言的资格,和另一语言同化了。我们知道,语言有一般的内部发展规律和特殊的内部发展规律。语法是语言的本质特征之一,具体语言的语法自然也有它的特殊的内部发展规律。就语法的发展情况来说,除了各种语言的语法的特殊的内部发展规律以外,几乎是没有什么发展规律可谈了。

有共同语言是民族特征之一。正如由于各种具体语言有它的特点,然后可以作为民族的特征。语法构造既然是语言的本质特征之一,自然也就是构成民族特征的主要因素。

世界语言的形态学分类,正是靠着语法的特点把世界语言分为若干语系和语族的。从共同的特点上把许多语言归为一类,以别于其他各类的语言。假使语法没有特点,那么形态学的分类就成为不可能。正如梅耶(Meillet)所说的,一般词汇是不能作为语言分类的根据的。

语言对异族同化的强烈抵抗性，说明了语言的语法构造的特点。许多语言的词汇被异族语言所同化了，剩下语法构造屹然不动，这样它们就没有丧失语言的本质特征，我们就可以认为这些语言并没有消亡。如果说语言没有特点的话，当词汇被同化了一大半之后，语言也就可以算是死去了。

大家知道，语法有它的不可渗透性。五四以后，汉语语法受西洋语法的影响很大。这件事本身就说明了汉语语法是有特点的，否则无所谓影响。特别要指出的是：必须汉语语法本身有这种发展的可能性，然后才接受外语的语法形式来丰富自己。这是吸收，而不是同化。因此，汉语语法在一定程度上接近了西洋语法是和语法的不可渗透性没有矛盾的。

我们中国的语法学家早就注意到汉语语法的特点。马建忠虽然模仿西洋语法，但是他也知道为汉语分出助字一类。陈承泽著《国文法草创》，刘复著《中国文法通论》，金兆梓著《国文法之研究》，都努力于揭露汉语语法的特点。这是我国语法学的优良传统。解放以来，青年语法学家们在马克思主义的思想指导下，在汉语语法特点上做了很多的工作，有了很大的成绩，在这次座谈会上，大多数同志的发言都体现了发掘汉语语法特点的精神。举例来说，邢公畹先生很深入地阐述了汉语名词的形态，这是一篇很好的发言。如果说汉语语法没有特点的话，邢先生就没有什么可说的。他之所以有话说，而且说得很深入，正是因为世界上没有什么语言的名词形态和汉语的名词形态是完全相同的，相反地，有许多语言的名词形态和汉语的名词形态是大不相同的。

这种情况是非常可喜的。这几年来，人家说我们的争论是多的，步骤是乱的，争论多，我们是承认的，但是这并不可悲，而是可喜。过去我们的先辈如陈承泽等人虽也注意到汉语的特点，但是研究的人太少，也就不够全面，不够深入。解放以后，在中国共产党的正确领导下，社会上一般人才知道有语法这一门学问，研究语法的人渐渐多起来。有了马克思主义的思想指导，大家注意语言的特点，这样就不可避免地引起争论，因为我们做的是垦荒工作，不能希望一帆风顺。如果大家像陈承泽所指责的，“以西洋文法为楦”，就会很快地趋于一致。争论是没有了，但是成绩也没有了。

至于人家说我们的步骤是乱的，人家说我们，我们也原谅人家，因为人家不知道我们发掘汉语特点的垦荒工作必须经历一段艰苦的过程。如果我们自己也承认步骤乱了，那么我们就没有自知之明。我们的步骤并不乱，我们有了一个明确的共同方向,就是全面深入地发掘汉语语法的特点。

二

在座谈会上,有些同志谈到古今语法要不要分开来研究。关于这一点,我也想发表一些粗浅的意见。

语法是富于稳固性的。但是,语法虽然在语言诸要素中变化得最慢,它毕竟是发展的,变化的。变化得慢并不等于不变。我们说它稳固,同时说发展,这两种说法是没有矛盾的。

同志们知道,我是研究汉语史的,因此同志们可以相信我不至于主张割断历史。

由于我们不能割断历史,所以我们应该重视语法的继承性,同时,也正是由于我们不能割断历史,所以我们重视语法的历史发展。重视语法的历史继承性,因为语法是稳固的,重视语法的历史发展,因为语法是变化的。我们必须研究汉语的历史,然后知道现代汉语是怎样形成的,并且知道它将来朝着什么方向发展。

如果我们知道某一语法形式是自古已然的,固然有助于现代汉语的了解,但是,如果我们知道某一语法形式是某一时期才开始形成的,就更可以帮助我们了解祖国语言怎样逐渐改进自己的语法,走向完善的道路。最困难而又最重要的是辨别古今语法细微的分别,因为语法是渐变的,不是突变的。

我们也谈新兴的语法形式。然而新兴的语法形式并不是天上掉下来的,它们仍旧是历史发展的结果,它们是属于历史范畴的。这并不是反历史主义。相反地,这正是历史主义。

古今语法杂糅来做科学研究工作是不对的。如果那样做,许多问题都得不到正确的解答。因为有些语法形式古今是有矛盾的,例如"不我欺"、"不已知"是上古语法,"不欺骗我"("没有欺骗我")、"不知道自己"是中古到现代的说法,除了仿古的形式不算,我们很难说两种语法形式同时存在于汉语里。活生生的口语是语法的主要根据。文学语言也必须以口语为源泉,而口语经常是不容许相矛盾的两种结构形式同时存在的。就现代汉语的研究来说,在承认古代语法有残留的形式的同时,必须以现代语法的结构形式为主要的研究对象。

语法的分期研究,在赶上世界先进的科学水平的任务上有头等重要的意义。正如不能设想有不研究现代汉语的汉语史专家一样，我们很难设想有不知道历史发展的现代汉语专家。国家科学规划委员会的十二年远景计划中有语法的分期研究，这样做是完全正确的。

三

在任何社会科学研究工作中，有一条研究方法是最重要的，就是要注意研究对象的时间、地点和条件。就语法的研究来说，时间就是所研究的语言的时代特点，地点就是所研究的语言的民族特点，条件就是所研究的语言所受的社会发展的影响。我们不可能脱离具体语言来研究语法，而具体语言正是为时间、地点和条件所制约着的。

上面说过，解放以后，汉语语法的研究是有成绩的。依我个人的粗浅看法，这正是由于同志们的研究方法基本上是合于这一条的。但是，恐怕还不能说就没有问题了。我这里提出三点意见。说得对不对，还请同志们批评指教。

第一，我觉得有些同志在研究工作中不知道区别本质的特点和非本质的特点。凡是汉语里所有的语法形式，不管它是本质的特点或非本质的特点，一视同仁，没有区别对待。一个规则建立起来，按本质的特点来说，应该是站得住脚的，偏偏有人煞费苦心地去搜罗一些例外，说这个规则不能照顾全面。我的意思不是说不要研究例外、相反地，深入的和全面的科学研究正是应该照顾到例外，并且尽可能找出例外产生的原因。但是区别一般和特殊还是必要的，否则让非本质的特点和本质的特点分庭抗礼，恐怕没有一条规则能够建立起来，而我们的语法规范工作也就很难做了。这是强调汉语特点所带来的一种偏向，我认为必须纠正。我们应该以文学语言为根据。文学语言中不见或很少看见的，也就不属于本质的特点之列。文学语言是同方言俚语对立的（自然方言俚语也可以转化为文学语言），方言有它的语法特点，固然不可以和全民语言混淆起来，俚语也有它的语法特点，也不能和文学语言混淆起来。现在有一种偏向是强调俚语，拿俚语去反对文学语言的语法规则，依我看来，这就是把本质的特点和非本质的特点混为一谈了。潘梓年同志在会议的第一天指示我们说："历史越久，语言的发展越大，语法的变化也越多。口语更加灵活，和文学语言不一致，例外更多。我们要把变化多的撇开，首先抓住基本的东西。有了几条，有了立脚点，使教的人和学的人容易掌握。把这个肯定下来，然后去找灵活性。先分别对待，万变不离其宗，更容易研究出结果来（大意如此）。”依我个人的体会，这就是教我们抓住汉语语法的本质特点。这个指示是完全正确的，我建议大家遵守这一个重要的指示。

第二，我觉得有些同志没有经过调查研究，就忙于做审判官。每逢杂志上争论某一问题，总有一些人单凭读过那些已经发表过的争论文章，就忙于给他们做总结。某人对了，某人错了，某人在某一点上对了，在某一点上错了。除了审判谁是谁非之外，自己并没有做过充分占有材料的工作，甚至例子也是人家的。听说《中国语文》和《语文学习》就收到不少这一类的稿子。这种作风是不值得鼓励的。百家争鸣如果是这么个鸣法，就丧失了百家争鸣的意义了。《人民日报》提出“持之有故，言之成理”八个字来，我认为是完全正确的。要充分占有材料，然后审判官不至于审错了案。

第三，我觉得有些同志忙于建立新的体系，而不忙于做基层研究工作。基层研究工作在汉语规范化会议中就由罗常培、吕叔湘两位先生提出来了，当时还听见一些不同的意见，以为语法体系也是重要的，因为不先建立理论基础，研究就无从下手。这是先有蛋还是先有鸡的问题。我个人认为应该先有鸡，后有蛋。所谓理论基础，应该是马克思主义哲学，而不应该是从沙滩上建立起来的语法体系。我们也同意罗、吕两位先生所建议的，先建立一个暂时可以同意的语法体系。那种暂时可以同意的语法体系是不难建立的，现在中学的汉语课本就是一个起点。至于基层研究工作，就比一切都更需要，因为只有发现了汉语的语法特点，发现汉语本身的结构规律，然后真正够得上建立语法新体系的资格。否则匆匆地建立了，将来也必然是匆匆地推翻了。

目前我们对于汉语的语法特点的研究，常常是知其然而不知其所以然。知其然是好的，因为这是研究汉语语法特点的初步工作，但是如果不更进一步求其所以然，那么对于汉语语法的特点就只算知道了一半，而且是次要的一半。张志公先生说我分析了紧缩句而没有说出在什么情况下可以或者必须紧缩，他对我的批评是完全正确的，我诚恳地接受这个批评。

求其所以然，是科学研究工作中最重要的一条。这是最困难的，但这是重要的。大约不困难的工作也就不重要了。求其所以然，然后真正能使理论和实践密切地结合起来。

汉语语法特点的深入研究，可以帮助我们建立自己的语法体系。不要害怕现在迁就了暂时同意的语法体系，将来就不好变更了。只要研究得好，适合于汉语的语法特点，将来一定可以变更。在俄语语法中，起初是没有分出数词一类的，后来发现有分出的必要，现在大家都承认俄语词类中有数词了，俄语语法有印欧语语法的历史传统，尚且可以变更，何况汉语语法体系还在草创的阶段，为什么不可以变更呢？

有些研究外语的朋友反对我们建立汉语自己的语法体系，以为看不懂，看不惯。这是善意的批评，但是我们也诚恳地告诉这些朋友们，五亿五千万汉族人民完全有权利建立自己的语法体系，而不依傍任何语言的语法体系。有些人说我们标新立异。没有事实根据的标新立异当然是不对的；但如果是根据汉语语法特点而建立自己的语法体系，那应该是无可非议的。我们也诚恳地告诉他们，我们还要继续标新立异下去。新，就是我们所要建立的新的语法体系；异，就是我们将来这个语法体系的汉语语法特点。这个新体系建立了之后，将无往而不利。不像现在我们天天谈汉语特点，天天还是在西洋语法的范围内兜圈子。必须跳出了如来佛的手掌，然后不至于被压在五行山下。我们现在讲汉语语法，特别是讲古代汉语的语法，常常感觉到西洋的语法体系用不上。不从具体材料出发而从抽象的体系出发，这是反马克思主义的。当然我们并不是主张摒弃西洋语法研究的成果，也不是企图抹杀世界语法的共同点，我们只是说，自己的语法体系是必须建立的。

新的、切合于汉语语法特点的语法体系建立了之后，对于普通语言学可以增加一些新页。对于东方语言的语法来说，可以作为一个蓝本，正如梵语语法作为印欧语系的语法的蓝本一样，因为东方语言的语法一般还是抄袭西洋语法的。依我个人看来，唯有这样做语法研究工作，才能赶上世界科学研究的先进水平。

从前研究汉语语法的人是一手包揽，用力多而成功少，既不全面，更不深入。现在我们的队伍壮大起来了。在国家十二年远景规划中，语言学方面的人才要培养出好几百个来，到那时，人力更加雄厚。青年同志们有朝气，有旺盛充沛的精力，有马克思列宁主义的修养，比起前人一定能后来居上，青出于蓝。

我这个发言实在肤浅得很。如果其中有可采的地方，那是学习得来的，并非我的创见。如果其中有错误的地方，那只能是我个人的错误，不可能是别人的错误。敬请同志们不吝教诲。

（载《中国语文》1956 年 10 月号；
又收入《龙虫并雕斋文集》第二册）

古汉语自动词和使动词的配对

在古代汉语构词法上有一种特殊现象，就是自动词和使动词的配对。这种现象在现代汉语里也还存在着，不过有些词的古义已经死去或仅仅残存在合成词里，自动词和使动词的关系就不如古代汉语那样明显了。因此，我们最好还是从古代汉语构词法上讨论。

自动词是和使动词相对立的名称。凡与使动词配对的，叫做自动词。从前有人把不及物动词叫做自动词，及物动词叫做他动词。本文所谓自动词不是那个意思。无论及物不及物，只要他是与使动词配对的，都叫自动词。

在古代汉语造句法中，有所谓动词的使动用法：主语所代表的人物并不施行这个动作，而是使宾语所代表的人物施行这个动作。例如《论语·先进》："求也退，故进之；由也兼人，故退之。"一个动词是不是使动用法，往往由上下文的语意来决定。例如《论语·宪问》："孔子沐浴而朝。""朝"字是动词的一般用法，施行"朝"的动作者是主语"孔子"。《孟子·梁惠王上》："然则王之所大欲可知已：欲辟土地，朝秦楚，莅中国，而抚四夷也。"这个"朝"字却是使动用法，施行"朝"的动作者不是主语"王"（承上省略），而是"秦楚"，意思是说"使秦楚来朝"。凡是多读古书的人，对于动词的使动用法，是很容易体会出来的。

但是，动词的使动用法，只是造句法的问题，不是构词法的问题。像上文所举的"进""退"和"朝"，它们只能说是在句中有使动用法，严格地说，它们本身并不是使动词，因为它们在形式上和一般动词没有区别，没有形成使动词和自动词的配对。

构词法上的使动词，就古汉语说，它们是和自动词的语音形式有着密切关系的。配对的自动词和使动词，二者的语音形式非常近似，但又不完全相同。近似，表示它们同出一源（一般是使动词出自自动词）；不完全相同，这样才能显示使动词和自动词的区别。不完全相同的语音形式具有三种表现方法：（一）字形相同；（二）由字形相同变为不同；（三）字形不同。这三种情况都必需具备同一条件：自动词和使动词必须是既双声又叠韵的字，单靠双声或单靠叠韵还不能形成自动词和使动词的配对。当然，旁纽也算双声，旁韵也算叠韵。但是，如果自动词和使动词之间只有双声关系，而韵部距离很远，或者只有叠韵关系，而声母距离很远，为慎重起见，概不认为配对。

现在按照上述自动词和使动词配对的三种情况，分别加以叙述。

一、字形相同

字形相同，只要读音不同，就可认为自动词和使动词的配对。既然两个词在语言里表现为不同音，就算是具备了不同的语言形式，字形的同与不同是无关重要的。这又可以细分为两种情况。

（一）同纽，同韵[①]，异调

〔饮：饮〕a. 於锦切，自动词。《说文》：歠也。《论语·乡党》："乡人饮酒。"b. 於禁切，使动词，饮之也。按即使饮之意。《左传》宣公十二年："将饮马于河而归。"《释文》："於鸩反。"於鸩反即於禁切。

〔去：去〕a. 丘据切，自动词。《广韵》："离也。"意思是"离开"、"走了"。《论语·微子》："子未可以去乎？"b. 羌举切，使动词。《广韵》："除也。"按即使离之意，指使人物离开，也就是"除去"。《论语·八佾》："子贡欲去告朔之饩羊。"《颜渊》："必不得已而去，于斯三者何先？"《释文》皆注云："起吕切。"起吕切等于羌举切。

（二）旁纽，同韵，同调

〔败：败〕a. 薄迈切，自动词。《广韵》："自破曰败。"b. 补迈切，使动词。《广韵》："破他曰败。"按"破他"即使败之意。

〔折：折〕a. 常列切，自动词。《说文》："断也。"《广韵》："断而犹连也。"《左传》昭公十一年："末大必折，尾大不掉。"b. 旨热切，使动词。《广韵》："拗折。"按即使断之意。《诗·郑风·将仲子》："无折我树杞。"《释文》："折，之舌反。"[②]之舌反等于旨热切。

〔别：别〕a. 凭列切，自动词。《说文》："分解也。"《广韵》："异也，离也，解也。"《诗·邶风·谷风》："行道迟迟，中心有违。"毛传："迟迟，舒行

---

① 所谓同韵，指上古的韵部。下仿此。

② 《释文》以常列反为如字，故未注音；以之舌反（即旨热切）为读破，故注音。

貌。违，离也。”郑笺：“徘徊也。行于道路之人，至将于别，尚舒行。”b. 彼列切，使动词。《广韵》：“分别。”按即使离异为二、使有分别之意。《诗·大雅·生民》：“克岐克嶷。”郑笺：“能匍伏则岐岐然意有所知也，其貌嶷嶷然有所识别也。”《释文》：“别，彼列反。”①

〔著：著〕a. 直略切，自动词。《广韵》：“附也。”《左传》宣公四年：“著于丁宁。”《释文》：“著，直略反。”b. 张略切，使动词。《广韵》：“服衣于身。”按即使著之意，意义范围缩小，通常只指使着于身。衣冠皆可用“著”。《礼·玉藻》：“皮弁以日视朝。”孔疏：“著皮弁视朝。”《后汉书·马后纪》：“左右但著帛布。”

〔解：解〕a. 胡买切，自动词。自解为解。《易·解卦》：“天地解而雷雨作，雷雨作而百果草木皆甲坼。”《庄子·大宗师》：“此古之所谓县解也。”《释文》皆云：“解，音蟹。”b. 佳买切，使动词。《说文》：“判也。”《庄子·养生主》：“庖丁为文惠君解牛。”

《颜氏家训·音辞》说：“江南学士，读《左传》口相传述，自为凡例：军自败曰败，打破人军曰败（补败反）。诸记传未见补败反。徐仙民读《左传》，唯一处有此音，又不言自败败人之别。此为穿凿尔。”段玉裁《六书音均表·古音义说》说：“字义不随字音为分别。”又在《说文解字》“别”字下注云：“今人分别则彼列切，离别则凭列切，古无是也。”其实陆德明等人不见得是穿凿。试看上述诸例，自动词都读浊音，使动词都读清音，清浊配对，系统分明。想来陆德明等人一定是有师承的。至于这种读音上的区别是原始的，还是后起的，则有待于进一步的研究。

二、由字形相同变为不同

自动词和使动词采取同一书写形式，给读者带来了一些不便。因此，后来有些字就分化为两个字：一个代表自动词，一个代表使动词。现在举出几个例子。

（一）同纽，同韵，异调

〔视：视（示）〕a. 承矢切②，自动词。《说文》：“瞻也。”《论语·颜渊》：

---

① 《释文》以凭列反为如字。故未注音；以彼列反为读破，故注音。

② 今大徐《说文》作神至切，是读使动词之音。应依《玉篇》作时止切。时止切等于承矢切。

"非礼勿视。"b. 神至切[①],使动词。以物示人曰视。按即使视之意,等于说"给看"。《诗·小雅·鹿鸣》:"视民不恌。"《释文》:"视,音示。"[②]使动词又写作"示"。《论语·八佾》:"知其说者之于天下也,其如示诸斯乎?指其掌。"

"示"字在先秦古籍中经常出现,容易造成人们的错觉,以为"示"是正字,"视"是假借字。《说文》说:"示,天垂象见吉凶所以示人也。"更令人觉得"示"就是示人的"示"。其实许慎把"示"当做名词来解释,所以他在后面说"示,神事也。"[③]而"示人"只是声训。汉时已经假借"示"字表示使动的"视",所以许慎从当时的习惯写成"示人"。

在《汉书》里,使动的"视"仍一律作"视",不作"示"。例如《刑法志》"用相夸视"、《食货志》"以视节俭"、《郊祀志》"以视不臣也"、《项籍传》"视士必死",等等。

《礼·曲礼上》:"幼子常视毋诳。"郑玄注:"视,今之'示'字。"这句话有力地证明了"示"当"示人"讲只是汉代的事,而先秦古籍的"示"字可能是后人改的。孔疏引申郑注的话说:"古者观视于物及以物示人则皆作'示'傍著'见',后世以来,观视于物作'示'傍著'见',以物示人单作'示'字。""视"和"示"的分工,在孔疏里是讲得很清楚的[④]。

〔趣:趣(促)〕a. 七句切,自动词。《说文》:"趣,疾也。"按,指疾走,与"趋"音义略同(《广韵》去声遇韵"趣"字注云"又七俱切",则与"趋"同音)。《诗·大雅·棫朴》:"左右趣之。"毛传:"趣,趋也。"b. 七玉切[⑤],使动词。字又作"促"。《说文》:"促,迫也。"这就是催促的"促"。按即使趣之意,使人快做某事,也就是催促。《礼·月令》:"命有司趣民收敛。"《释文》:"趣音促。"

(二)旁纽,同韵,同调

〔见:见(现)〕a. 古电切,自动词。《说文》:"视也。"等于现代的"看

---

① 《广韵》神至切不载"视"字,而常利切有"视"字,注云"又音是"。敦煌王韵作"又神至反",当以王韵为正。

② 陆德明独于此处注明"音示",可见他认为去声是读破,上声是如字。

③ "示",甲骨文作亍,象神主之形。

④ 李富孙《说文辨字正俗》也讲了这个道理。

⑤ 《广韵》七玉切未收"趣"字,但是在遇韵"趣"字下面注云:"又亲足、七俱、仓苟三切。"亲足切即七玉切。

见”。《论语·里仁》:“见贤思齐焉,见不贤而内自省也。”b. 胡甸切,使动词。《广韵》:“露也。”按即使见之意,等于说“让人看见”。古人于谒见的意义用使动词,意思是“让在上者或尊者看见自己”。一般用作不及物动词。《左传》庄公十年:“曹刿请见。”《论语·述而》:“童子见。”《卫灵公》:“子路愠见。”有时候,“见”字后面带“于”字,仍是用作不及物动词。《论语·颜渊》:“乡也吾见于夫子而问知。”《孟子·梁惠王下》:“暴见于王。”[1]使动词“见”也可以用作及物动词,表示“让谒见”,“使拜见”。《论语·八佾》:“从者见之。”(让他谒见孔子。)《微子》:“见其二子焉。”(使二子拜见孔子。)这是构词法的使动与造句法的使动相结合。

“以见”的“见”也是使动词,因为不是自己看见,而是让人看见。《左传》桓公十年:“先书齐卫,王爵也。”杜注:“春秋所以见鲁犹秉周礼。”《释文》:“见,贤遍反。”贤遍反即等于胡甸切。

“见”作为使动词,又可以解作“出现”。《论语·泰伯》:“天下有道则见。”皇疏:“见谓出仕也。”其实是出现,露面。

《佩文韵府》和《经籍籑诂》于胡甸切的“见”字注云“俗作现”。那是不对的。只有“出现”的意义到后代才写作“现”。谒见等意义不能写作“现”。

〔入:入(内)〕a. 入执切,自动词。出之反。《论语·八佾》:“子入太庙。”b. 奴答切,又奴对切,使动词。《说文》:“内也。”内,古纳字。按即使入之意。《战国策·秦策》:“入其社稷之臣于秦。”注:“纳也。”《史记·楚世家》:“灵王于是独傍偟山中,野人莫敢入王。”《魏世家》:“商君亡秦归魏,魏怒不入。”

《广韵》奴答、奴对两切都不载“入”字,但是我们想象“入”字在上古应另有奴对切一音,而较早则是奴答切。章炳麟《文始》也以为“入”字“有两读”。又说:“《说文》:‘入内也’,‘内,入也’。古文本以‘入’为‘内’,入者象从上俱下为初文,‘内’乃变易字也。‘入’本在缉部,转入队,而‘内’声之‘钠’,《诗》亦与‘合’‘邑’为韵,读入缉部,明‘入’即‘内’也。古无弹舌曰纽。‘入’本作奴叶切,故转为‘内’。”我的意见与章氏略同。我把“入”字的上古音拟为 ȵiəp,“内”字的上古音拟为 nuəp-nuət[2]。这样,使动词“入”的上古音也该是 nuəp-nuət。

---

[1] 如果“见”字后面带直接宾语,如“孟子见梁惠王”,则“见”是自动词,不读胡电切。

[2] 参看王力《汉语史稿》上册(修订本),1958 年第二版,第 90～91 页。

（三）旁纽，同韵，异调

〔食：食（飤）〕a. 乘力切，自动词。《广韵》："饮食。"《论语·学而》："君子食无求饱，居无求安。"b. 祥吏切，使动词。以食与人。按即使食之意，等于说"给吃"。《左传》宣公二年："不食三日矣。食之。"《释文》于"食之"的"食"注云："音嗣。"

《说文》把使动的"食"写作"飤"，《广韵》去声志韵只收"飤""饲"（"饲"同"飤"），不收"食"。但是，经典中常见的只有"食"，没有"飤"。至于"饲"字也不能完全代替"食"字，一般只用于饲养禽兽，如杜甫《黄鱼》："脂膏兼饲犬。"

〔辟（避）：辟〕a. 毗义切，自动词。《说文》："避，回也。"按即回避。本来只写作"辟"。《论语·宪问》："贤者辟世。"《释文》："辟，音避。"b. 必益切，使动词。《广韵》："除也。"按即使避之意。《周礼·秋官·士师》："王燕出入则前驱而辟。"郑注："道王，且辟行人。"（道。同導；辟行人，使行人回避。）后人成语"辟邪"亦是此意。

这一类虽由字形相同变为不同，但是在上古是字形相同的，与第一类的情况也就差不多。

三、字形不同

对于字形相同、读音相近的字，我们讲自动词和使动词的配对，是容易了解的，因为有同一的字形把它们联系起来。至于字形不同的两个字，我们讲它们是自动词和使动词的配对，就不容易了解了。有人会说，既然字形不同，我们就不必说两个词之间有什么配对关系。但是，我们仍然应该从语音上考虑。如果有两个字既双声又叠韵，一个自动，一个使动，正好配对，那就决非偶然。现在列举一些事实。

（一）同纽，同韵，异调

〔买：卖〕a. 莫蟹切，自动词。《说文》："市也。"《庄子·逍遥游》："请买其方百金。"b. 莫懈切，使动词。《说文》写作"賣"，解云："出物货也。"按即使买之意，等于说"让人买"。《史记·平准书》："贵即卖之。"

徐灏《说文解字注笺》说："出物货曰'賣'，购取曰'买'，只一声之轻重，与物好曰'好'，好之曰'好'，物丑曰'恶'，恶之曰'恶'同例。窃谓'买'

'卖'本是一字,后以其声异而从'出'以别之。书传'买''卖'二字往往互用。如《周礼·地官·贾师》:'凡国之卖价。'郑注:'故书卖为买。'《萍氏》'幾酒'。郑注:'苛察沽买过多。'《释文》:'买一本作卖'是也。"按,徐氏说得很对。我想"买""卖"在最初也许完全同音,正像"沽"字既当"买"讲,又当"卖"讲。后来才分化为二音,形成两个字。

〔受:授〕a. 殖酉切,自动词。《说文》:"相付也。"《论语·乡党》:"康子馈药,拜而受之。"b. 承咒切,使动词。按即使受之意。《说文》:"予也。"《广韵》:"付也。"《诗·郑风·缁衣》:"还予授子之粲兮。"

林义光《文源》说:"'受''授'二字,古皆作受。盂鼎:'今余其遹(率)先王,授民授疆土','授'皆作'受'。"按,林氏说得很对。《说文》:"受,相付也","相付"即兼有"授""受"二义。大徐注"授"为殖酉切,则"授""受"同音。《广韵》分为二音,"受"读上声,"授"读去声。大概是先同形同音而后分化为两形两音。

〔啖:啗〕a. 徒敢切,自动词。字亦作"噉"。《说文》:"噍啖也。"《墨子·鲁问》:"楚之南有啖人之国者。"b. 徒滥切,使动词。《说文》:"食也。"按即使食之意。《国语·晋语》:"主孟啗我。"《史记·滑稽列传》:"啗以果脯。"字又作"嚪"。《史记·乐毅列传》:"令赵嚪秦以伐齐之利。"

"啖"与"啗"很早就通用了。《汉书·霍光传》:"与从官饮啗。"《王吉传》:"吉妇取枣以啖吉。"《广韵》上声亦收"啗"字。但是,以通例推之,上声本当是自动词,去声本当是使动词。即使字形一样,读音也不一样。《汉书·高祖纪》:"使郦食其、陆贾往说秦将,啗以利。"师古注:"啗,本谓食啗耳。音徒敢反。以食餧人,令其啗食,音则改变为徒滥反。"颜说必有所承,可以为证。朱骏声《说文通训定声》说:"啗与啖微别,自食为啖,食人为啗。"从字形的分化上说,朱氏也有道理。

〔去:祛〕a. 丘据切,自动词。《广韵》:"离也。"意即"离开"。已见前。b. 去鱼切,使动词。《广雅·释诂二》:"祛,去也。"《文选》殷仲文《南州桓公九井作诗》:"惑祛吝亦泯。""去"的使动词读平声是后起的现象。

〔敬:警〕a. 居庆切,自动词。《说文》:"肃也。"(肃,持事振敬也。)《诗·周颂·闵予小子》:"维予小子,夙夜敬止。"注意:"敬"字只有用作不及物动词时与使动词"警"配对。b. 居影切,使动词。《说文》:"警,戒也。"按即使敬之意。敬是警惕自己,警是警惕别人。《左传》宣公十二年:"今天或者大警晋也。"《说文》另有"儆"字,解云"戒也"。段注:"与'警'音义同。"

《诗·大雅·常武》:“既敬既戒。”郑笺:“敬之言警之,警戒六军之众。”这是以自动词作使动词用。《释名·释言语》:“敬,警也,恒自肃警也。”这是以使动词释自动词。

〔就:造〕a. 疾僦切,自动词。《广韵》:“就,成也。”《礼·孔子闲居》:“日就月将。”b. 昨早切,使动词。《广韵》:“造,造作。”按即使成之意。《礼·玉藻》:“大夫不得造车马。”

(二)旁纽,同韵,同调

〔至:致〕a. 脂利切,自动词。《广韵》:“至,到也。”《论语·子罕》:“凤鸟不至。”b. 陟利切,使动词。《说文》:“致,送诣也。”《广韵》:“致,至也。”按即使至之意。使人物来都叫“致”。《庄子·逍遥游》:“彼于致福者,未数数然也。”《论语·子张》:“君子学以致其道。”把东西送到别人那里去也叫“致”。《左传》宣公十二年:“不腆先君之敝器,用使下臣致诸执事。”《论语·学而》:“事君能致其身。”

〔出:黜〕a. 尺律切,自动词。入之反。《论语·雍也》:“谁能出不由户?”b. 丑律切,使动词。《说文》:“黜,贬下也。”《广雅·释诂三》:“黜,去也。”按,“黜”之本义为使出。《国语·周语》:“王黜翟后。”注:“废也。”其实等于出妻。《楚辞·愍命》:“楚女黜而出帷兮。”使动词“黜”与自动词“出”前后照应。《公羊传》襄公二十七年:“黜公者非吾意也。”何休注:“黜犹出逐。”

“出”又读尺类切,这种读音本来也是使动词。《论语·子罕》:“河不出图。”《释文》:“出,如字,旧尺遂反。”尺遂反即尺类切。可见旧音于使动词“出”字是读去声的。后来“出”字也有去声一读,如柳宗元《永州韦使君新唐记》:“既焚既酿,奇势迭出。清浊辨质,美恶异位。”“出”与“位”押韵[①]。但是已经不是用于使动意义了。

〔效(傚):教〕a. 胡教切,自动词。《说文》:“效,象也。”《广韵》:“学也,象也。”字又作“傚”。《左传》庄公二十一年:“郑伯效尤。”《诗·小雅·鹿鸣》:“君子是则是傚。”b. 古孝切,使动词。《说文》:“教,上所施,下所效也。”按即使效之意。《论语·为政》:“举善而教不能则劝。”

“学”、“斆”、“效”、“教”四字关系密切。“斆”,《广韵》:“学也。”《礼·学记》引《书·兑命》“学学半”,伪古文《尚书》作“斆学半”,可见“斆”就是

① 上文“芜”与“涂”押,“邱”与“浏”押;下文“舒”与“馀”“隅”押。“仆”与“怒”押。

“学”。但“教学半”实际上指教学相长，故“敩”又是“教”。“学”字转去声则为“效”。所以朱熹说“学之为言效也”。(《论语》“学而时习之”注。)我们说“教”是“效”的使动词，也就等于说“教”是“学”的使动词。

（三）同纽，旁韵，同调

〔动：荡〕a. 徒总切，自动词。《广韵》：“摇也。”按，指物体自摇动。《庄子·天地》：“荡荡乎忽然出，勃然动。”《孟子·公孙丑上》：“如此则动心否乎？”[①]b. 徒朗切，使动词。按即使动之意。《礼·乐记》：“天地相荡。”注：“犹动也。”《月令》：“毋或作为淫巧以荡上心。”注：“谓动之使生奢泰也。”注意“动心”与“荡心”的分别。

〔存：全〕a. 徂尊切，自动词。《广韵》：“存，在也。”按，存是亡之反。《孟子·离娄上》：“国之所存者幸也。”扬雄《解嘲》：“攫拏者亡，默默者存。”b. 疾缘切，使动词。《说文》：“全，完也。”作使动词用时，有使存、使完之意。《易·系辞》：“以全身也。”《释文》：“全，本亦作存。”司马迁《报任安书》：“今举事一不当，而全躯保妻子之臣，随而媒蘖其短。”

（四）旁纽，同韵，异调

〔糴：糶〕a. 徒历切，自动词。《说文》：“市谷也。”《左传》隐公六年：“冬，京师来告饑，公为之请糴于宋卫齐郑。”b. 他吊切，使动词。《说文》：“出谷也。”按即使糴之意，等于说“让人买(谷)”。《史记·货殖列传》：“贩谷糶千钟。”

“糴”、“糶”，依段氏《六书音均表》同在第二部。依我的《汉语史稿》同在药部。

《说文》另有“糬”字，解云：“谷也。”《玉篇》“糬”有徒的、徒吊二反。徐灏《说文解字注笺》云：“古传记未见有名谷为糬者。出部：‘糶，出谷也。’入部：‘糴，市谷也。’‘糶’音他吊切，‘糴’音徒历切，本一声之转，故‘吊’字亦读如‘的’。‘糶’‘糴’皆售谷，自买者言之则为糴，自卖者言之则为糶，正如出物货曰卖，购取曰买，皆一事而以出入为二义，实是一字。盖‘糬’之本义即售谷，古音读如‘眺’，声转为‘的’，因声歧为二义，故加‘出’为‘糶’，加‘入’为‘糴’耳。”徐氏讲得很有道理。只是应该说“糬”字古音读如“翟”，声转为“眺”。

---

① “动”又有引起的意义，如《论语·季氏》“而谋动干戈于邦内“。这种意义不和“荡”字配对。

〔进：引〕a. 即刃切，自动词。《广韵》："进，前也。"《论语·雍也》："非敢后也，马不进也。"b. 余刃切，使动词。"引"字古音属端母浊音，故与"进"为旁纽。《广雅·释诂三》："引，道也。"按，指引导。实即使进之意。《诗·大雅·行苇》："以引以翼。"郑笺："在前曰引。"

〔到：招〕a. 都导切，自动词。《说文》："到，至也。"《诗·大雅·韩奕》："靡国不到。"b. 止遥切，使动词。《说文》："招，手呼也。"按即使到之意。《孟子·滕文公下》："招虞人以旌。"《荀子·议兵》："招延募选。"注："谓引致之也。"

"召"与"招"并为"到"的使动词。以手曰"招"，以言曰"召"。

〔顺：驯〕a. 食闰切，自动词。《广韵》："顺，从也。"《孟子·公孙丑下》："多助之至，天下顺之。"b. 详遵切，使动词。《说文》："马顺也。"（李善引作"顺也"。）《广韵》："从也。"按即使顺之意，意义范围缩小，限于使鸟兽顺从。《一切经音义》引《说文》："养野鸟兽使服谓之驯。"《淮南子·说林》："马先驯而后求良。"

〔藏：葬〕a. 昨郎切，自动词。《广韵》："藏，隐也。"《说文》无"藏"篆。小学家以为"臧"即"藏"。《论语·子罕》："有美玉于斯，韫匵而藏诸？求善贾而沽诸？"b. 则浪切，使动词。《说文》："葬，藏也，从死在茻中。"按即使藏之意，意义范围缩小，限于使死人隐藏。《论语·先进》："门人欲厚葬之。"

（五）旁纽，旁韵，同调

〔失：夺〕a. 式质切，自动词。得之反。《论语·阳货》："既得之，患失之。"b. 徒活切，使动词。依《说文》本作"敚"，今作"夺"。《说文》："敚，强取也。"按即使失之意：对强取者来说是夺，对被强取者来说是失。《论语·宪问》："夺伯氏骈邑三百。"

"失"和"夺"的关系很密切。《说文》："夺，手持隹失之也。"一般人以为"夺"等于后世的"脱"，"敚"等于后世的"夺"。但段玉裁以为"夺"引伸为凡失物之称，仍然应解为"失"。《说文》："失，纵也，从手，乙声。"朱骏声说："谓在手而夺去也。"他从"失"又讲到"夺"。《孟子·梁惠王上》："百亩之田，勿夺其时。"《荀子》注作"失"。《孟子》在另外两个地方也说"无失其时"。无论"勿夺"、"无失"，都应该解作"勿使失去"。

当然，如果以"夺"（脱）与"敚"相配对。也可以讲得通；不过"夺"必须读他活切，然后和"敚"有分别。如果读音全同，则字形不同所产生的词义微别就是不可靠的了。

〔移：推〕a. 弋支切，自动词。《广韵》："移，迁也。"《说文》作"迻"（"移"是禾相倚移）。《孟子·梁惠王上》："河内凶，则移其民于河东。"按："移"古音属端母浊音，故与"推"为旁纽。b. 他回切，使动词。《说文》："推，排也。"按即使移之意。《孟子·万章上》："若己推而内之沟中。"《楚辞·渔父》："圣人不凝滞于物，而能与世推移。""推"与"移"连用，可见二字意义相近：分开来说，一个是使动词，一个是自动词。

（六）旁纽，旁韵，异调

〔瘳：療〕a. 敕鸠切，自动词。《说文》："瘳，疾瘉也。"《书·金縢》："王翼日乃瘳。"按，"瘳"从翏声（翏，力救切），可能"瘳"的上古音是 tliəu，故与"療"配对。b. 力照切，使动词。《说文》："𤻲，治也，或从尞。"按即使瘳之意。《左传》襄公二十六年："不可救療。"

〔溼：渐〕a. 失入切，自动词。《广韵》："溼，水霑也。"《诗·王风·中谷有蓷》："中谷有蓷，暵其溼矣。"b. 子廉切，使动词。《说文》："瀸，渍也。"通作"渐"。《广雅·释诂一》："渐，溼也。"按即使湿之意。《诗·卫风·氓》："渐车帷裳。"《释文》："渐，溼也。"《荀子·劝学》："其渐之滫。"注："渍也。"

〔壞：隳〕a. 下怪切，自动词。《说文》："壞，败也。"按自颓曰壞，见《史记·秦始皇本纪》："堕壞城郭"正义。《韩非子·说难》："宋有富人，天雨墙壞。"b. 许规切，使动词。《说文》作"陊"，又作"𡐦"。后人又写作"堕"（"堕"又有徒果一切，字当作"陊"，落也），作"隳"。《说文》："陊，败城阜曰陊。"按即使坏之意。《左传》襄公二十六年："入南里，堕其城。"《国语·鲁语》："堕会稽。"《战国策·秦策》："攻城堕邑。"贾谊《过秦论》："隳名城，杀豪杰。"

〔垂：縋〕a. 是为切，自动词。字本作"𠂹"，"𠌶"。《说文》："𠂹，草木華叶𠂹。"《广韵》："𠌶，草木華叶县。"[1]按即下垂的"垂"。《庄子·逍遥游》："其翼若垂天之云。"b. 驰伪切，使动词。《说文》："縋，以绳有所县也。"《广韵》："绳悬也。"按即使垂之意，意思范围缩小，限于绳悬使垂[2]。《左传》僖公三十年："夜縋而出。"昭公十九年："子占使师夜縋而登。"

---

① 依周祖谟校本加"華"字。

② 注意：《广韵》既以"县"释"𠌶"，又以"悬"释"縋"。

“縋”字读驰伪切，依音系应属古音歌部，与垂为叠韵。但是，“縋”字从追得声，依谐声偏旁又应属古音微部。歌微二部音近，不必细考。

（七）对转

〔窮：鞫〕a. 渠弓切，自动词。字本作“竆”。《说文》：“竆，极也。”《礼·乐记》：“窮高极远而测深厚。”b. 居六切，使动词。字本作“簕”。《说文》：“簕，竆治罪人也。”按即使穷之意，意义范围缩小，等于“追究到底”。《诗·大雅·云汉》：“鞫哉庶正。”《瞻卬》：“鞫人忮忒。”郑笺并云：“窮也。”《汉书·张汤传》：“爰书讯鞫。”师古注：“鞫，窮也，谓窮覈之也。”

孔广森以为古韵冬幽对转，章炳麟以冬侵缉幽对转。按，冬部与幽部入声（觉部）对转较为常见。即如我所主张，以冬侵合并，“窮”读gʻĭwəm，“鞫”读 kĭəuk，声相近，亦得相转。

〔回：运〕a. 户恢切，自动词。《说文》：“回，转也。”《诗·大雅·云汉》：“昭回于天。”毛传：“回，转也。”b. 王问切，使动词。“运”字古音属匣母文部，与“回”字为文微对转。《说文》：“运，迻徙也。”徐锴说：“按《庄子》：‘天其运乎？地其处乎？’天道回转迻易也。”《广雅·释诂四》：“运，转也。”按即使转之意。“回”的本义是旋转，“运”是使之旋转。《楚辞·九章·哀郢》：“将运舟而下浮兮。”王逸注：“回也。”《淮南子·天文》：“运之以斗。”高诱注：“运，旋也。”

上面所举古汉语自动词和使动词配对的事实，我自信十分之九以上是可靠的。有些不大可靠的例子，就暂时存疑，不列举出来。例如“摇”字也可以认为“动”的使动词，因为“摇”在上古的声母是 d，与“动”旁纽相转。但是，“动”古韵属东部，“摇”古韵属宵部，韵部距离太远，为谨慎起见，宁可不举。这并不排除将来进一步的研究。

使动词的构成，是按照自动词的语音形式而加以变化。这种变化采取三种方式：（1）变声调，（2）变声母，（3）变韵母。这三种方式可以只采用一种，但也可以同时采用两种乃至三种。无论变声母或变韵母，都是变而不出其类。这样，就使对话人意识到它是从跟它配对的自动词变来的，两个词之间既有联系，又有区别。在某些情况下，自动词和使动词的分用不能划若鸿沟。但是主要的分工则是非常明显的。

使动词构成的规律是值得研究的，但是似乎这种规律相当复杂，由于研究得不够，还不容易得到十分肯定的结论。现在我把我的初步意见陈述如下。

声调方面：使动词以去声为主。自动词或者是入声，或者是上声，或者是平声。在上文所述跟自动词异调的二十二个使动词当中，有十二个是读去声的，即饮饮、视视(示)、见见(现)、入入(内)、食食(飤)、买卖、啖啗、糴糶、藏葬、瘳療、垂縋、回运；五个是读平声的，即去袪、到招、顺驯、溼渐、壞隳；三个是读上声的，即去去、敬警、就造；两个是读入声的，即趣趣(促)、辟(避)辟。虽然读去声的使动词占多数，但是有些自动词反而读去声，仍然得不到满意的解释。我想比较合理的假设是：去声是比较后起的现象(如段玉裁所断言的)，后来有了去声，人们就拿去声跟别的声调配对，来表示自动词和使动词的配对，不管是自动词或使动词，只要其中有一个读去声就行。

声母方面：情况也相当复杂。其中比较明显的是清浊的对立。在二十四个旁纽的例子当中，清浊对立的占了十五个。特别值得注意的是：自动词一般读浊母，使动词一般读清母，如败败、折折、别别、著著、解解、辟(避)辟、效(傚)教、糴糶、进引、藏葬、移推、壞隳、窮鞫。有一种情况也值得注意，那就是正齿三等字和舌上音的配对。如至致、出黜，例子虽不多，但是很能说明问题。自动词属正齿三等(至，出)，使动词属舌上音。钱大昕说："古人多舌音，后代多变为齿音，不独知彻澄三母为然也。"[1]又说："至致本同音，而今人强分为二(至，照母；致，知母)。"[2]他的话只说出了一半真理。照系只有三等和舌头、舌上相通，二等则和齿头相通(黄侃的意见是对的)。相通不等于相同："至""致"并不同音，古人正是靠这种相近而不相同的两个音来形成自动词和使动词的配对的(至 tɕĭet：致 tĭet)。由于介音的关系，照系三等和舌上音亲些，和舌头音疏些。

韵母方面：似乎没有一定的配对方式，只有一条，就是韵部必须相同或相近。旁韵或对转相配的情况如下：

东阳旁转：动荡

文元旁转：存全

歌微旁转：移推　壞隳　垂縋

幽宵旁转：瘳療

质物旁转：失夺

缉谈旁转：溼渐

① 钱大昕：《十驾斋养新录》卷五。

② 同上。

微文对转：回运

冬幽(觉)对转：穷鞠

上文说过，自动词和使动词的配对只是构词法的问题，不是造句法的问题。因此，自动词和使动词在造句法中的作用并没有明显的分别。诚然，自动词多数用作不及物动词，使动词多数用作及物动词，但是这种分别不是绝对的。

汉语词族的问题是一个研究是很不够的问题。这里提出的自动词和使动词的配对，可以认为词族问题的一个方面。用力不深，研究得还不够全面。补苴修正，有待于他日。

（原载《中华文史论丛》第6辑，1965年；又《龙虫并雕斋文集》第3册；《王力文集》第16卷）

上古韵母系统研究

一、关于上古韵母诸问题

（一）韵部多少问题

上古韵部的研究，到了王念孙、江有诰以后，似乎没有许多话可说了。上古的史料有限，我们从同样的史料去寻求韵部，其结论必不会大相违异。但是，有时因为离析《唐韵》的方法未能尽量运用，有时又因为一二字发生轇轕而没有把两部分开，以致后人仍有商量的余地。像章炳麟之别队于脂，实足以补王、江之所不及。所以我们虽承认王、江的造就已很可观，但仍不能像夏炘那样排斥顾、江、段、王、江以外的古韵学说为异说。

近代古韵学家，大致可分为考古、审音两派。考古派有顾炎武、段玉裁、孔广森、王念孙、严可均、江有诰、章炳麟等，审音派有江永、戴震、刘逢禄、黄侃等。所谓考古派，并非完全不知道审音；尤其是江有诰与章炳麟，他们的审音能力并不弱。不过，他们着重在对上古史料作客观的归纳，音理仅仅是帮助他们作解释的。所谓审音派，也并非不知道考古；不过，他们以等韵为出发点，往往靠等韵的理论来证明古音。戴氏说："仆谓审音本一类，而古人之文偶有相涉，有不相涉，不得舍其相涉者，而以不相涉者为断。审音非一类，而古人之文偶有相涉，始可以五方之音不同，断为合韵。"这可算是审音派的宣言。

审音派的最大特色就是入声完全独立，换句话说，就是阴阳入三分。因此，审音派所分的古韵部数常比考古派为多。普通我们说江永分古韵为十三部，段玉裁分为十七部，其实江永还有入声八部，总数是二十一部[①]。戴氏分部，若不是入声独立，还比段氏少一部，但他加上了入声九部，才成为廿五部。黄侃的廿八部只是把章炳麟的廿三部再加入声五部。

---

① 段氏虽也有异平同人之说，却没有像江氏把入声分为第一部第二部等名目。

黄氏所谓“余复益以戴君所论,成为廿八部”[1],就是承受戴氏入声独立的学说。只有萧部入声未独立,稍与戴氏乖违罢了[2]。

要知道入声应否完全独立,须先知道《切韵》所有一切入声字的韵尾是否都与平声的韵尾迥异。假使我们相信章太炎的话,以为之部的韵母是-ai,“待”是 d‘ai,“特”也是 d‘ai,“臺”也是 d‘ai,那么,我们绝对没有理由把之部分为咍德两部,以“待”“特”归德,以“臺”归之。又假使我们相信高本汉的话,“待”“臺”是 d‘əg(只有声调的殊异),“特”是d‘ək,我们也不能把之部析为两类。除非我们把之部平声的韵尾假定为某种元音(例如-i),同时却把入声的韵尾假定为某种破裂音(例如-k),然后可分为咍德两部。但是,就《诗经》押韵而论,绝对不容我们这样设想,《静女》的“异贻”,《大东》的“裘试”,《采芑》一章的“芑亩试”,三章的“止试”,《小宛》的“克富又”,《大田》的“戒事耜亩”,《宾之初筵》的“识又”,《绵蛮》的“食诲载”,《生民》的“字翼”。《荡》的“式止晦”,《崧高》的“事式”,《瞻卬》的“富忌”,《潜》的“鲔鲤祀福”,《柏舟》的“侧特忒”,《黄鸟》的“棘息息特”,《出车》的“牧来载棘”,《我行其野》的“葍特富异”,《正月》七章的“特克则得力”,九章的“辐载意”,《大东》三章的“载息”,四章的“来服”,《楚茨》一章的“棘稷翼亿食祀侑福”;四章的“祀食福式稷敕极亿”,《大田》的“祀黑稷祀福”,《绵》的“直载翼”,《旱麓》的“载备祀福”,《灵臺》的“亟来囿伏”,《生民》的“匐嶷食”,《假乐》的“子德”,《常武》的“塞来”,都是咍德通押的例子。[3]。总之单就上古史料归纳,我们看不出咍德当分的痕迹来。此外如支之与锡,模之与铎,侯之与屋,豪之与沃,幽之与觉,都可以拿同样的理由证明其不能分立。

根据上述的理由,我大致赞成章氏的廿二部[4]。但是,我近来因为:(一)在研究南北朝诗人用韵的时候,有了新的发现;(二)看见章氏《文始》以“归藟追”等字入队部,得了些暗示;(三)仔细寻求《诗经》的用韵,也与我的假设相符,于是我考定脂微当分为两部。一切证据及理论,都待下文第十二节再说。现在先说我对于古韵分部的结论:如果依审音派的

---

① 见黄氏《音略》。

② 闻黄氏晚年颇主廿九部之说,那么他的理论更显得一贯了。

③ 举例根据段氏《六书音均表》。

④ 章氏本分古韵为廿三部,但他晚年发表《音论》(见于光华大学《中国语文学研究》),主张并冬于侵。我觉得他的理由很充足。下文第十三节里当再论及。

说法，阴阳入三分，古韵应得廿九部，即阴声之幽宵侯鱼歌支脂微，阳声蒸东阳寒清真谆侵谈，入声德觉沃屋铎曷锡质術缉盍；如果依考古派的说法，古韵应得廿三部，即之蒸幽宵侯东鱼阳歌曷寒支清脂质真微術谆侵缉谈盍。上面说过，德觉沃屋铎锡都不能独立成部。所以我采取后一说，定古韵为廿三部。

（二）谐声问题

自从顾炎武以来，大家都知道谐声偏旁对于古韵归部的重要。段玉裁说得最明白："一声可谐万字，万字亦必同部"①。这一个学说是一般古韵学者所恪守不违的。依原则上说，这话自然是真理；但是，关于声符的认定，有时还成为问题。在最迷信"许学"的人看来，《说文》所认定的声符是不容否认的，这一派可以严可均为代表。但《说文》所认为声符，而与古音学大相冲突的地方，实在不少。如"妃"从己声，"必"从弋声，"存"从才声，"杏"从可省声之类，都是很难说得通的②。反过来说，有许多未被许慎认为声符的，依音理看来，却该认为声符，如"義"从我声，"陸"从坴声之类，都该补正③。

此外还有个更重要的问题，就是谐声时代与《诗经》时代不可混为一谈。谐声时代至少比《诗经》时代更早数百年。"凡同声符者必同部"的原则，在谐声时代是没有例外的，在《诗经》时代就不免有些出入了。依《诗经》韵部看来，"求"入幽而"裘"入之，"夭"入宵而"饫"入侯，"奴"入鱼而"呶"入宵，"芹"入谆而"颀"入微。"錞"入谆而"敦"入微。诸如此类，不在少数。假使我们拘泥于段氏学说，我们只能说是"合韵"。但是，如果我们把谐声时代认为在《诗经》时代之前，则此种声音的演化并不足怪，我们尽可以把同声符的两个字归入两个韵部，认为极和谐的押韵。例如我们索性把"裘"认为之部字，把"饫"认为侯部字，把"呶"认为宵部字，把"颀""敦"认为微部字，也未尝不可。顾炎武以"裘"入之第二部，孔广森以"呶"入宵，以"饫"入侯，都是很好的见解；只可惜他们不能充其量。孔广森从顾氏以"裘"入之，却又以为"寒者求衣，故其字从衣从求，似会意，非谐

① 《六书音均表》，第22页。

② 此种情形，皆为朱骏声所驳改，见《说文通训定声》。

③ 这类地方，朱氏也补正了不少。

声”[①]，想藉此卫护“凡同声符者必同部”之说，其实可以不必。

自然《诗经》里也有真的“合韵”，如“母”字常与之部字押韵，只在《蝃蝀》韵“雨”，与鱼部通；“集”字既在《大明》韵“合”，又在《小旻》韵“犹”“咎”“道”。我们可以认为“母”当属之，“集”当属缉，其他情形只能认为时间或空间之差异所致。但如“颀”字在《诗经》里只押韵一次，却在微部，我们尽可说“颀”字当入微部，而不必认为合韵了。此外如“傩”当入歌，“怛”当入曷之类，皆同此理。在后面各节中，遇着这种情形的时候，当再讨论。

（三）阴阳对转问题

阴阳对转，是清代古韵学家的大发明。我们只要拿《切韵》系统与现代各地方音相比较，就可以发现许多阴阳对转的实例。但是，我们首先要明白的，就是“对转”只能解释语音变迁的规律，而不能做押韵的理由。换句话说，我们只能拿“对转”的道理去解释甲时代的“ta”变了乙时代的“tan”，却不能拿它去证明同一时代的“ta”与“tan”可以互相押韵。即就现代中国民歌看来，也没有阴阳通押的例子。譬如“颀”字既然能与“衣”字押韵。它们的韵尾一定相同或相似，假定“衣”音是“i”，“颀”该是“g‘i”。我们没法子假定“颀”音为“g‘in”，因为“g‘in”与“i”押韵是不近情理的。《广韵》“颀，渠希切”，如果我们说“颀”字在《诗经》里已经是“渠希切”，并不是不可能的事。即使我们假定造字之初，“斤”得声的字的韵尾本来就有阴阳两种，也比阴阳通押的说法更合理些。

不过，阴阳通押的说法虽则不通，阴阳对转的道理却可以帮助我们拟测上古的韵值。譬如“颀”“欣”同从斤声，而一个入微，一个入谆(《广韵》“颀”入微，“欣”入殷)，我们非但可以相信微谆对转，而且可以假定微谆的主要元音是相同的。

然而对转的条理也成问题。自从戴、孔发明阴阳之说，大家都喜欢造成极整齐的局面。戴氏的收唇韵没有阴声相配，赶快找一个解释，于是有“以其为闭口音，配之者更微不成声”的谬论[②]。孔氏更进一步，以宵配缉，以合配谈，于是他的古音十八部就成了一阴配一阳的呆板局面。严可均的十六部，也是一阴配一阳。关于这一点，章氏就高明多了。他说：“对转之理，有二阴声同对一阳声者，有三阳声同对一阴声者，复有假道旁转以

① 《诗声类》十一。

② 《答段若膺论韵》。

得对转者；非若人之处室，妃匹相当而已”[①]。但是，章氏只知道不必妃匹相当，却不知道有些韵部简直可以不必有配偶。试以现代方音为例，北京有[o]而无[ong]或[on]，上海有[e]而无[eng]或[en]，有[ö]而无[öng]或[ön]，广州有[öng]而无[ö]，有[ɐn]而无[ɐ]，都是没法子匹配成对的。

对转最明显者，有微与谆，脂与真，鱼与阳，侯与东，之与蒸，歌与寒；至于支与清，已经不很能确定了。章氏以宵配谈，以幽配冬侵，更是十分勉强[②]；倒不如让它们独立无配，以顺“物之不齐”的道理。

（四）声调问题

一般古音家，对于古韵部是走“增”的路，对于古声纽与古声调是走“减”的路。古韵部从顾氏的十部增至黄氏的廿八部，古声纽却从章氏的廿一纽减至黄氏的十九纽。至于声调，顾氏虽主张四声一贯，并未否认四声的存在；后来段氏减了去声，孔氏减了入声，都只剩下三声，黄侃更进一步，以为上古只有平入两声。这显然与古韵学说是矛盾的。研究古韵的人都知道，偶然通押并不足以证明韵部相同，否则只好走上苗夔七部的路。同理，研究上古声调的人也该知道，不同的声调而偶然通押，也不足以证明调类相同，否则平入通押的例子也不少，何难并四声为一声？

在未研究得确切的结论以前，我们不妨略依《切韵》的声调系统，暂时假定古有四声。阴声有两个声调，即后世的平上，入声也有两个声调，即后世的去入。阴声也有转为后世去声的，例如之部的“忌”“赉”，歌部的“贺”“货”，脂部的“涕”“秭”等。阳声的声调数目较难决定，现在只好暂时依照《切韵》的平上去三声。关于这个问题，我暂时不想详论。

（五）开合问题

稍为研究汉语音韵的人，都知道汉语上古音开合两呼的界限颇严。谐声偏旁属于开口呼者，其所谐的字也常常属于开口呼；谐声偏旁属于合口呼者，其所谐的字也常常属于合口呼。其在例外者，有“每”之于“海”，“景”之于“憬”，“支”之于“頍”，“玄”之于“牽”等。这种少数的例外，如果

① 《国故论衡》上，第8页。

② 理由散见下文。

拿来与现代方言相比较，真是少得出乎意料之外①。在最初谐声的时候，大约连这些例外也没有。例如：《释名》"海，晦也"，也许"海"字古读合口②。

有些字，似乎是以开谐合，或以合谐开，其实我们如果仔细寻求古音系统，就知道谐声偏旁与所谐的字原是同呼。例如"有"之于"贿""郁"，"者"之于"诸""暑"，"土"之于"社"，在今音为不同呼，在上古则"有""贿""郁"皆属于合口，"者""诸""暑""土""社"皆属于开口，正是同呼。我们不该设想上古等呼与中古等呼系统完全相同；其中也有上古属开而中古属合的，也有上古属合而中古属开的③。

关于唇音的开合问题，更易引起争论。《广韵》唇音字的反切，常游移于开合之间。例如"拜"，博怪切，"诫"，古拜切。如果说"拜"字属合口，就不该拿来切开口的"诫"；如果说它本属开口，又不该拿合口的"怪"来切它。高本汉(Karlgren)解释这种现象，以为中古的"p"该是撮唇的"p"，发音时两唇同时向前伸出，这种撮唇的"p"可写作"p^w"。这样，开口的 p^wai 与合口的 p^wuai 在实际上虽有分别，而在听觉上却十分近似。因此，《广韵》有唇音开口字切合口字的现象(如以开口的"拜"切合口的"怪")。《切韵指掌图》更进一步，索性把一切唇音字都归入合口图内④。高氏于此一说，自信甚深⑤；我们也承认他的推测确有理由。

高氏因此断定《切韵》时代有两种"合口"的[w]：一种是原有的，上古的，拼在一切声纽之后；一种是附属的，后起的，只拼在唇音之后。单说唇音的合口三等也有两种：一种是后代变为轻唇的，如"方""分""非"等字，它们自古就属合口；另一种是后代未变轻唇的，如"丙""平""明"等字，它们在上古原属开口，后来由于双唇调节作用的扩大，其韵头才产生一个轻微的[w]⑥。

---

① 例如上海"陈""存"无别，北京"剧""句"无别，广州"危"开而"津"合，客家于合口三等字多念齐齿。

② 《释名》的声训，也是以开训开，以合训合，例外很少。

③ 江有诰认虞之通侯为古开，麻之通模声为古合，又于屋沃烛觉皆认为古开，其所归开合虽与本文恰恰相反，然而其不拘泥于中古开合系统，则与本文理论相同。

④ 效流深咸四摄只是"独图"，故唇音字只好与其他开口共为一图。

⑤ 参看 Karlgren，Etudes sur la Phonologie Chinoise，pp. 57～66。

⑥ 参看 Karlgren，Word Families in Chinese。

我大致赞成高氏的断案,但我比他更进一步,不仅拿《广韵》系统为根据,而且还拿谐声偏旁为根据。凡谐声偏旁,或其所谐之字,后世有变入轻唇音者,在上古即属合口呼;凡谐声偏旁,或其所谐之字,完全与后世轻唇绝缘者[①],在上古即属开口呼。例如"板"字在上古当属合口呼,因为它的谐声偏旁是"反","反"字在后世变入轻唇[②];"翩"字在上古当属开口呼,因为从"扁"得声的字在后世没有一个变入轻唇的,这是与高氏所定上古开合系统相符的。然而像"蝱"字,高氏假定上古音值为 măng,"波"字,高氏假定上古音值为 puâ[③],就与我的意见相反了。我以为上古读"蝱"当如 muang,读"波"当如 pâ[④],此外如"浮""缶"之类皆当属上古合口,"婆""波"之类皆当属上古开口,这是可以牺牲《广韵》系统而迁就谐声系统的。

(六)洪细问题

这里所谓洪细,是指有无韵头[i̯-]或[i̯w-]而言。没有韵头[i̯-]或[i̯w-]的,叫做洪,有韵头[i̯-]或[i̯w-]的,叫做细。从前中国音韵学家,往往以为上古每一个韵部当中,有了洪音就没有细音,有了细音就没有洪音。例如顾亭林以为"離"古音"羅","為"古音"譌",就是不知"羅""讹"是洪音,"離""為"是细音。假定上古的"離"是 lia,"羅"是 la,"為"是 gi̯wa,"譌"是 ŋua,一样地可以互相押韵,正不必把细类并入洪类。然而这种毛病直至清末还未能避免:段玉裁以"丕"为铺怡切,江有诰《谐声表》以"離"为吕歌切,"為"为薳歌切,《诗经韵读》谓"友"音以,依旧是顾亭林的派头。黄侃更进一步,索性以灰没痕歌曷寒模铎唐侯屋东豪沃冬哈德登合覃二十部为洪音,屑先齐锡青萧帖添八部为细音[⑤],于是灰等二十部没有细音,屑等八部没有洪音,未免把古音看得太简单了。若如黄氏所论,"來"与"釐","離"与"羅"等,在上古都是同音字,那么,它们凭什么条件能变为后代的不同音呢?固然,同音字也有变为不同音的可能,例如方音的影响,僻字与口语字的分歧,都足以把它们拆散;但这只是极少数的例外,我们

① 所谓"绝缘",除谐声不相通之外,在六书中的假借上也不相通。

② "板""反"同属合口,为什么一个未变轻唇,另一个却变了轻唇呢?这是因为"板"的韵头是"w-","反"的韵头是"i̯w-"。

③ 见 Word Families in Chinese。

④ 此处着重在韵头性质之断定,其主要元音尚待再加研究。

⑤ 见黄氏《与友人论小学书》。这种说法完全以他所认定的古本韵为标准。

决不能把上古同部的洪细音完全相混，以致在音理上说不通。

（七）选字问题

研究上古的音，必须以上古的字为根据。这里所谓上古的字，并非指上古的字体而言，而是上古汉语里所有的“词”（words）。这是很容易了解的；上古口语里既然没有这字，我们还研究它的上古音值或是音系，岂非“无的放矢”？例如江有诰《入声表》里有“套”字，这是先秦史料所未载的一个字，它尽可以是中古以后才产生的，与上古汉语不发生关系。我们对于这类后起的字，为慎重起见，自然应该削而不载。

除了江有诰之外，普通古音学家的选字，往往以《说文》所有的字为标准。这自然比根据《广韵》或《集韵》好些，因为某一字既为《说文》所载，它的时代至少是在东汉以前。不过，这种办法还不能没有毛病；《说文》里也有许多字是先秦书籍所未载的，甚至有些字只见于《说文》，连汉魏以后的书籍中也不曾发现过。这些字，虽不能说先秦绝对没有，但是不该断定先秦一定有。为慎重起见，我们该取“宁缺毋滥”主义，把先秦史料所未载的字一律削去。

然而先秦史料的本身也成问题。我们在未能鉴定先秦一切史料以前，最好先拿一两部可靠的古书做根据。本篇暂以《诗经》所有的字为研究的对象。这有三个理由：第一，《诗经》是最古而且最可靠的书之一；第二，《诗经》的字颇多（约有2850字），足以表示很丰富的思想，及描写很复杂的事实；第三，普通研究上古韵部就等于研究《诗经》韵部，如果我们把《诗经》所有的字作为研究上古韵母系统的根据，也很相宜。

有些字，在先秦颇为常见，而在《诗经》却是没有。例如“欺”字见于《庄子》，《荀子》，《论语》，《战国策》，《韩非子》，《吕氏春秋》诸书[①]，而为《诗经》所不载。这有两种可能性：或者因为《诗经》时代没有这字，直至战国时代它才产生；或者《诗经》时代已有这字，而偶然用不着它。为了慎重起见，我们宁信其无。

若用这种选字的方法，对于上古音系的研究颇多便利之处。例如“疑”声有“礙”，属于洪音，又有“薿”“嶷”，属于细音，然而《诗经》有“薿”“嶷”而无“礙”，可见从“疑”得声的字最初本属细音，洪音乃是后起的现象。这么一来，许多复杂的问题都变为简单了。

---

① 例子见于《说文通训定声》颐部“欺”字下。

（八）语音与字义的关系

章太炎先生的《文始》，高本汉的《汉语词族》(*Word Families in Chinese*)，都从语音去研究字义的关系。他们对于字义的解释，尽多可议之处，然而他们的原则是可以成立的。语音相近者，其字义往往相近；字义相近者，其语音亦往往相近。由语音系统去寻求词族，不受字形的束缚，这是语史学的坦途。

同时，我们也可以把这个原则反过来应用，就是从字义的关连去证明古音的部居。如"改"之与"革"，"晦"之与"黑"，"子"之与"息"，都是之咍职德同部的证据。我们虽不能单凭这个去证明古音，但若有了别的重要证据之后，再加上这个做旁证，原有的理论就可以藉此增加不少的力量。

此外，意义相反的字，有时也可以证明语音之相近。如"否"之与"福"，"礼"之与"戾"，"氐"之与"颠"，"明"之与"暮"等，都是同部或"对转"的字。但这一类的例字比前一类的例字少些。

本文谈到字义的地方，只是举例的性质；因为如上文所论，字义方面只能作为旁证，不求详备也没有什么妨碍的。

二、图表凡例

1. 本文的图表专为上古韵母系统而作，故特别着重在韵母方面。至于声母的系统，暂时略依陈澧所分《切韵》四十声类，复从黄侃把明微分立。端系与知系，在《切韵》里不会同在一韵[1]，故表中依《韵镜》以端知两系同列。于喻两类，应分属喉舌两音。现在把匣于排在一栏，因为匣母没有三等，于母只有三等，恰相补充；把喻母排在定澄的前一栏，因为我暂依高本汉的说法，认喻母的上古音是不吐气的[d-][2]。总之，关于声母的一切，都是暂时的性质，我愿意保留到将来再研究。

2. 此表除琐碎的修改不计外，自起稿至今，共有两次大变更。最初是略依江有诰的《入声表》，再加扩充，使阴阳入相配，如下图：

---

① 僻字不算。

② 补注：实际上高本汉把喻母四等的上古音分为 d,z,g 三类。

该摄开口呼

影	于	晓	匣	见	溪	群	疑	
○		咍	孩	该	[illegible]		○	咍德登类（一等）
欸		海	亥	改	铉		○	
○		儗	劾	○	欬		礙	
饻		黑	劾	祴	克		○	
○		○	恒	揯	○		○	
○		○	○	○	肯		○	
○		○	○	亙	○		○	
㨟		○	○	荄	○		○	皆麦类（二等）
挨		○	骇	○	○		騃	
噫		欸	械	戒	烗		譺	
○		○	核	革	緙		○	
噫		熙		基	欺	其	疑	之职蒸类（二三等）
譩		喜		己	起	○	擬	
意		憙		记	亟	忌	儗	
億		赩		亟	䩯	極	嶷	
膺		兴		兢	[illegible]	殑	凝	
○		○		○	○	○	○	
應		兴		○	○	殑	凝	

这种做法有三种毛病：第一，许多后代的僻字都搀在里头，徒然把上古的音系弄乱了①。第二，拘泥于等韵门法，把不该细分的音也细分了，例如之部实际上只该分为洪细两类就够了，《切韵》的皆麦两韵所含少数之部字，都可以认为从咍德类变来，是不规则的演变。其见于《诗经》者仅有“戒”“革”“豺”“䢣”四字，如果用等韵的说法，可以说它们原属一等，后来才流入二等。“改”与“革”音义并通，“改”既在一等，“革”亦可在一等。第三，每音只限定举一字为代表，以致相配的字不能尽现于表中，例如平声“基”“姬”与入声“亟”“棘”相配，今若仅载“基”“亟”相配，则“基”与“棘”，“姬”与“亟”，“姬”与“棘”，“基”与“姬”，“亟”与“棘”的关系都无从表示。

因此，我另制一种图表，大致定下了三个条例：（一）凡《诗经》所有的字，一概列入表中；如系《诗经》所无之字，即不列入。（二）《诗经》非但没有此字，并且没有此音，而先秦书籍中却有此音者，则举一字为代表，加圈

① 理由见上文。

于外以为分别。(三)《诗经》虽有此字,然《广韵》中共有两种以上的读法,则假定一种为最古的读法,其余的读法索性不载。但如果此音无他字可表,则仍载此字,加圈于外。今以之职蒸类喉牙音举例如下表(见下页):

影	晓	见	溪	群	疑
噫	熙　嘻	基　箕　姬	僛	其綦淇祺期骐	疑
○	喜	纪	起芑屺杞	○	薿
意	○	記⃝	○	忌	○
億	○	亟　棘　襋	○	極	嶷
膺　鹰	兴	兢	○	○	凝⃝
○	○	○	○	○	○
應	兴⃝	○	○	○	○

这次的办法,我认为进步了;但还有最后的修订如下:(一)洪细音当共列一栏,一则可省篇幅,二则谐声的系统更为明显,如“改”与“纪”,“台”与“治”,都可一目了然。(二)《诗经》所无之字,索性完全不录;加圈于外的办法还不好,因为此字既为《诗经》所无,我们凭什么把它列入而不列另一个字?(三)一字有两音以上,则在重见之音加圈,惟宜加小圈于字旁,以便印刷。(四)无字处不加圈,更觉清楚①。

3. 开口呼与合口呼不同图。大约每图各分为洪细两类。同属一个声母的洪细音,则以虚线为界。亦有一图分为三类者,则因洪音有二类或细音有二类之故;又有一图分为四类者,则因洪细各有二类之故。

4. 一字分属两个以上的声母或调类的时候,以重见为原则。亦有不重见者,或因一时失察,尚待补载,或因我确认古无此音。此等情形未能一一注明。

5. 洪细共列一栏,好处既如上文所述,而其缺点则在语音系统不如分栏之清楚。为补救这缺点起见,每图之前先列一表,表中依洪细分类,与图互相阐明。

6. 每图之后,附有:(一)谐声对转证;(二)训诂对转证;(三)同部声训证;(四)归字杂论。所谓对转,非仅指阴阳对转,而是兼指阴与入对

① 这里叙述制表的经过,目的在乎解释我为什么不依等韵的成规。

转或阳与入对转而言。例如"旦"在寒部。"怛"在曷部[①],我们即可从这谐声的事实去证明寒与曷是阳入对转。又如"何"在歌部,"曷"在曷部,我们又可从这训诂的事实去证明歌与曷是阴入对转。至于同部声训,其例更多,现在择其不同声符者为例,以见一斑。末了说到归字杂论,这是讨论某字应归某部的。大部分的字,其所应归的韵部都已不成问题,但还有少数的字引起争执。本文既有图表,对于每字应归何部,都该认定,所以对于引起争执的字,也不能不加论断。凡此四事,或系前贤的意见,或系我个人的私见,也不能分别注明。反正这都是图表的附属品,而且是举例性质,不求详备,不过藉此略为证明音系之分排不是随意乱做而已。

7. 有些字,依《诗经》用韵当属此部,而依谐声偏旁当属彼部者,则以《诗经》为准;然其谐声偏旁所属之部中,此字亦重见,加一括弧以示分别。例如"怛"字,见于曷部,无括弧;又见于寒部,加括弧。亦有不敢完全以《诗经》用韵为准者,则一律加括弧。例如"膴"字,见于之鱼两部,皆有括弧。另有些字,在《诗经》里不入韵,依谐声偏旁当属此部,而依《广韵》当属彼部者,则以谐声偏旁为准。例如"畽"字从"重"得声,故列入东部,无括弧;然《广韵》"畽",吐缓切,故又列入寒部,加括弧。《诗经》一字分入两部叶韵,则认其中一部为方音,亦加括弧。

8. 本文的图表仅为拟测上古音值的准备,故于韵母系统虽力求其有条理,却暂时不愿意谈及音值。

三、之蒸系

(一)开口呼

哈登类:海醢;改戒革,克;德得,郜忒慝,台臺迨怠殆代特;乃迺鼐能;来莱騋赉;豺,裁灾哉宰载则,偲采菜,才在贼,塞;霾麦。恒;肯;登,腾螣縢;增憎,曾赠。

之蒸类:噫意億;熙嘻喜;基箕姬纪亟棘襋,僛起杞屺芑,其綦淇祺期骐忌极;疑薿嶷;置稙陟,耻敕饬,饴诒贻以苢矣异翼弋,治峙痔值直;昵,而耳;釐狸里理裹李力;之止沚祉趾职织,蚩齿糦饎炽,食,诗始试式识饰奭,时埘恃市殖;缁菑葘侧,测,士仕俟事,史使色啬穑;甾兹子仔耔梓婴

---

① "怛"在《诗经》一见,与"發""愒"为韵,当入曷部,不当拘泥旧说以入寒部。理由已见上文。

稷，字，思司丝息，词辞似姒耜祀汜嗣寺。

膺鹰應；兴；兢；蝇惩；陾仍；陵凌；烝蒸，称，乘绳，升勝，承。

影	晓		匣	见		溪		群	疑
噫		熙 嘻			基 姬 箕		僛	其 淇 期 綦 祺 骐	疑
	海 醢	喜		改	纪		起 屺 芑 杞		薿
意				戒			亟°	忌	
億				革	棘 亟 襋	克		極	嶷
膺 鹰 應		兴	恒		兢				
						肯			
應°		兴°							

端	知	透	彻	喻	定	澄	泥	娘	日	来	
		邰		诒 饴 贻 台°	台 臺	治	能°		而 陾°	来 莱 騋	釐 狸
			耻	以 苢 矣	迨 怠 殆	峙 庤	乃 鼐 迺		耳		里 裹 理 李
	置			异	代	值 治°	能			赉	
德 得	稙 陟	忒 慝	敕 饬	翼 弋	特	直		昵			力
登				蝇	縢 腾 滕	惩	能°		仍 陾		陵 凌

照	穿	神	审	禅	庄	初	床		山
之	蚩		诗	时 埘	缁 菑		豺		
止 祉 沚 趾	齿		始	恃 市				士 俟 仕	史 使
	饎 炽 糦		试		胾			事	使°
职 织		食	式 饰 识 奭	殖	侧	测			色 穑 啬
烝 蒸	称	绳 乘	胜 升	承					
	称°	乘°	胜°						

精		清	从		心		邪	帮	明
哉 灾 栽	鼒 兹	偲	才			思 司 丝	词 辞		霾
载 宰	子 耔 仔 梓	采	在				似 耜 汜 姒 祀		
载°		菜		字			寺 嗣		
则	畟 稷		贼		塞	息			麦
曾 憎 增			曾					（冰）	
			赠						

谐声对转证：疑凝[1]，乃仍，寺等，能態，而陾（如之切，又音仍）。

训诂对转证：正义：陟登，蟦螣，熙兴，贻赠。反义：革恒。

同部声训证：改革，子息，才偲。

归字杂论：

"海"从"每"声，"醢"从"㐬"声，实从"右"声（"右"在上古属合口，说见下文），疑此两字在上古皆属合口呼。《释名》"海，晦也"，又"醢，晦也"，"海醢晦"音并相近。今暂依旧说，以"海""醢"为开口呼，同时重见于合口

① 凡《诗经》所未载之字，加横画于其下，以示分别。

呼，加括弧以示未定。

（二）合口呼

灰[登]类[①]：贿晦诲悔黑，彧；國馘；背北，掊倍佩邶；梅脢媒敏。薨，弘鞃；肱；崩，朋；梦。

尤[东]类：尤訧邮友有又右宥侑囿彧绒域蜮罭棫淢；龟久玖，丘，裘俅旧；牛；秠駓伾，否备匐；谋母亩牧；不富福葍幅辐楅，紑副，芣妇负伏服。

影	晓		匣	于	见		溪	群	疑
				尤 邮 訧		龟	丘	裘 俅	牛
	贿 （海） （醢）			友 有		久 玖			
	晦 诲 悔			又 宥 囿 右 侑				旧	
彧	黑	绒° 淢°	彧	域 绒 罭 囿° 蜮 棫 淢	國 馘				
	薨		弘 鞃	雄	肱	弓	穹		

帮		滂	並		明		非	敷	奉
		秠 伾 駓	掊		梅 媒 脢	谋	不	紑	芣 （膴）
			倍	否°	敏	母 亩	否		妇 负
背			佩 邶	备			富 辐°	副	伏°
北	楅			匐		牧	福 幅 楅° 葍 辐	副°	伏 服
崩	掤 冰		朋	冯	梦				
					梦°				

① 凡韵目加括弧者，表示其本身不属此呼，甚至不属此系。

雄;弓,穹;掤冰,冯。

训诂对转证:恢宏,晦梦。

同部声训证:正义:晦黑,妇伏,久旧,背负。反义:否福。

归字杂论:

尤侯韵字之在之部者,当属合口呼。若以谐声为证,“某”声有“媒”,“不”声有“坏”,又有“丕”;“有”声有“贿”,又有“郁”,“尤”声有“蚘”(亦做“蛕”“蛔”)。若以反切为证,则“囿”于救切,又于六切;“副”敷救切,又芳福切;“覆”敷救切,又敷六切;“蕾”方副切,又芳福切;“复”“伏”皆扶富切,又音“服”。若以假借字为证,则“有”借为“或”,“负”借为“倍”。若以声训为证,则《广雅·释亲》:“母,牧也”;《白虎通》:“妇者,服也”;《释名》:“负,背也”;《国语·楚语》“王在灵囿”注:“囿,域也”。诸如此类,都可以证明尤侯韵字入之部者在上古当属合口。

“龟”字有居求、居追两切[①],当以居求切为较近上古音;若完全依上古音,当改为居丘切。今世仅于“龟兹”读居丘切,实则上古“龟”字皆读此切。后来变为居追切,虽则失了上古的韵部,倒反因此保留下了合口呼的痕迹。

“黑”“北”两字皆当入合口呼。陈澧与高本汉皆误以此类字入开口呼。今按《广韵》:“黑”,呼北切,“北”,博墨切,“墨”,莫北切,“菔”,蒲北切,“覆”,匹北切,凡以“北”字为切者,皆属合口,与开口字之反切绝对不混。宋代以后,“黑”字转入开口呼,世人因此误以“北墨菔覆”皆随“黑”字转入开口。若以反切为证,则“仆”,芳遇切,又蒲北切;“菩”,蒲北切,又音“蒲”;“僰”,符逼切,又蒲北切;“匐”,房六切,又蒲北切;“覆”,芳福切,又匹北切,皆与合口呼相通。若以谐声为证,则“菔覆仆”等字皆与轻唇字相通,应入合口(理由见上文);况“北”声有“背”“邶”,更显示“北”属合口呼。若以声训为证,《白虎通》:“北方者,伏方也”;《广雅》:“北,伏也”;《释名》:“黑,晦也”,又“墨,晦也”,亦皆以合口字释合口字。顾亭林《唐韵正》云:“黑,呼北切,上声则呼每反”;“黑”字是否应认为有上入两声,姑置勿论,但“呼每反”为合口呼,可见顾氏亦能审音。

① 《广韵》尤韵“龟”字下注云:“又居危切”,微误。当依脂韵注为居追切。

四、幽　　系

（一）开口呼

[豪]类：薅好，昊；考栲；翱；祷擣，透，陶绹翿稻道蹈；老；遭早蚤枣爪，草，曹皁漕，骚慅搔埽；褒裒保鸨报，袍。

[肴]类：孝，巧；包苞饱，匏炮炰庖。

[尤]类：麀；朽；辀侜，猷酉卣槱诱牖，裯绸；刘浏懰；周舟洲，丑臭，收手首守兽狩，雠醻魗受授售寿；遒酒，秋鹙，酋蝤，秀琇，囚。

[萧]类：呦幽窈；纠赳叫，莜；鸟茑，调蜩；滮。

同部声训证：考老，狩兽，麀呦。

归字杂论：

幽部的开合两呼，甚难分别。最初我把幽部字一律认为合口呼，后来我觉得不对，因为豪韵字之属于幽部者，大多数没有与合口相通的痕迹。现在改为开合两呼；分呼的标准是：（一）谐声偏旁有没有属合口呼的？（二）假借，声训，谜语三方面，是否与合口呼相通？这种标准只是一种尝试，其准确的程度尚待将来多方面的证明。

影	晓			匣	见	溪		群	疑	端（知）			透	喻
幽 麀 呦	薅							莜	翱		辀 侜			猷
窈	好		朽	昊	纠 赳	考 栲	巧			祷 擣		鸟 茑		酉 槱 牖 卣 诱
	好°	孝			叫								透	

定（澄）			来	照	穿	审	禅	精（庄）		
陶 翿 绹	裯 绸	调 蜩		周 洲 舟		收	雠 魗 醻	遭		遒
稻 道			老		丑	手 守 首	受	早 枣 蚤	爪	酒
蹈		调°			臭	兽 狩	授 寿 售			

清		从		心(山)		邪	帮		並		
	秋鹙	曹	酋蝤	骚 搔 慅		囚	褒裒	包苞	袍	匏炮 炰庖	滮
草		皁		埽			保鸨	饱			
		漕			秀琇		报				

（二）合口呼

皓类：皓浩鹄；鼛櫜告；笃，毒；猱猛；牢；造，搜叟瞍溲；宝；牟矛蝥牡戊茂。

[肴]类：虓烋，学；胶搅觉。

[尤]类：攸悠滺憂優懮奥薁燠；休旭勖慉，鸠穋樛九韭玖救究匊，轨氿，仇厹艽求逑球銶捄觩舅咎鞠，逵；竹築，抽瘳畜蓄，遊游由蝣育，胄轴妯蓫；杻狃，柔揉蹂；旒流留骝刘浏懰柳霤六陆蓼；祝鬻，俶柷，叔菽，淑熟；蹙，就，脩修繡夙宿肃，褎；卯茆昴贸穆目；缶腹，孚罦覆，浮蜉阜复。

萧类：条鲦儵涤迪；惄；聊；椒，戚，萧潇蟏翛啸歗。

影		晓		匣		见			
	攸悠 滺憂 優懮	虓烋	休 烋°			鼛櫜	胶	鸠 樛 穋	
				皓浩			搅	九 玖 韭	轨 氿
奥°						告°	觉°	救究	
	奥 薁 燠		旭 慉 勖	鹄	学	告	觉	匊鞠°	

群		端（知）		彻	喻	定（澄）		
仇 艽 逑 銶 觩 厹 求 球 捄	逵			抽瘳	遊 由 游 蝣			条 儵 鲦
舅 咎								
					褎°		胄	
鞠		笃	竹築	畜蓄	育 鬻°	毒	轴 蓫 妯	涤 迪

泥		娘		日	来			照	穿	审	禅
猱 猺			柔 揉		牢	旒 留 刘 浏 流 骝 懰	聊				
	杻 狃		蹂	扰		柳 罶	蓼°				
								祝°			
		怓				六 穋° 陆 蓼		祝 鬻	俶 柷	叔 菽	淑 熟

精		清		从	心（山）			邪
	椒				搜	修 脩	萧 蟰 潇 （翛）	
					叟 溲 瞍			
		造		就		繡	啸 歗	褎
蹵			戚			夙 肃 宿		

帮	滂	明		非	敷	奉	微
		牟 矛 蟊			孚 罦	浮 蜉	
宝		牡	卯 昴 茆	缶		阜	
		戊 茂	贸		覆°	复°	
	覆°		目 穆	腹	覆	复	

同部声训证：正义：目眸，鞠告，戚忧，造就。反义：休戚。

归字杂论：

告声有鹄，九声有轨，由声有轴，攸声有鯈，丑声有衄，翏声有戮，就声有蹴；搅从觉声，椒从叔声，萧从肃声，故凡告声，九声，由声，攸声，丑声，翏声，就声，觉声，叔声，肃声的字，都应该归入合口呼。

《释名》：柳，聚也；鸺鹠，《说文》作旧留；《释名》：霤，流也；刘，《说文》作镏；《汉书·匈奴传》注：游犹流也；又蜉蝣謰语。故凡休声，丣声，流声，刘声，游声的字也应该归入合口呼。

五、宵　　系

宵部只有开口呼。

豪类：沃鋈；蒿秏熇，镐号鹤；高膏羔缟杲；敖嗸；刀忉倒到，桃逃洮鞉盗悼；呶怓；劳潦乐；藻凿；襮，暴；毛髦旄芼。

肴类：殽傚；交郊狡佼教较；乐；罩倬，濯；荦；巢；豹驳驳。

宵类：妖要嘤蔈夭约；嚣鸮枭谑；骄鷮矫，乔跻；虐；朝，遥谣摇瑶耀曜跃籥礿，朝旐肇赵召；荛；僚寮；昭招沼照炤勺灼，弨绰，少，绍；焦爵雀，悄，樵谯，宵消逍蛸翛小笑削；麃儦瀌镳，飘嘌漂，摽骠；苗藐庙。

[萧]类：杳；哓；皎皦，翘；钓弔的，挑恌趯，迢佻苕窕翟籊；溺；背栎。

影			晓			匣		见				群	
	要 嘤 蔈 妖 夭 (饫)	杳	蒿	嚣 枭 鸮	哓	号 镐	殽	高 膏 羔 缟 杲	交 郊 狡 佼	骄 鷮 矫	皎 皦	乔	翘
	要°		秏			号°	傚	膏°	教 较°				翘°
沃 鋈	约		熇	谑		鹤			较	跻°		跻	

疑			端（知）				透	喻		定（澄）		
敖 嗸			刀 忉		朝		挑 恌	遥 摇 谣 瑶	挑 鞉 逃 洮		朝	迢 苕 佻
			倒								旐 肇 赵	窕
			到	罩		钓 弔		耀 曜	盗 悼		召	
	乐	虐		倬		的	趯	跃 籥 礿		濯		翟 籊

泥	娘	日	来				照	穿	审	禅	精		清
呶 怓		荛	劳		僚 寮	背	昭 招	弨				焦	
			潦				沼		少	绍	藻		悄
	溺°		劳°				照 炤		少°				
	溺		乐	荦		栎	勺 灼	绰			凿°	爵 雀	

从	床			心(山)		帮		滂	並		明	
	巢	樵 谯	蛸°	宵 逍 翛 消 蛸			麃 瀌 儦 镳	飘 漂 嘌			毛 髦 旄	苗
				小						摽		藐
凿°		谯°		笑		豹			暴°	骠	芼	庙
凿				削	襮	驳 驳			暴			

同部声训证：正义：要约，嚣号，嗸哓；矫翘，敖乐，吊悼，迢遥，耀烁，趯跳，呶闹，照灼，卓超，骠镳，豹暴。

反义：劳乐，朝召，悄笑。

归字杂论：

“焦”声的字，段玉裁、孔广森诸人皆以入幽部，独江有诰、夏炘以入宵部，今依江、夏。按“焦”“灼”“燥”音义并近，“僬侥”则为谜语，又“噍”或作“嚼”，“谯”或作“诮”，“焦”声的字与宵部的关系似较深。若以《诗经》用韵为证，鸱鸮四章“谯”字押“翛翘摇哓”，“翛”，《正义》引定本作“消”，则亦在宵部。

六、侯东系

侯东系只有合口呼。

侯东类：沤屋；侯喉猴厚後后候锻逅；钩句苟笱耇枸垢巩冓媾構觏雊縠谷毂，口寇；斗，投豆读獨；娄镂漏禄鹿麓；驺聚走奏，数速蔌樕；卜，僕樸；木沐霂。

烘，洪鸿虹讧；公工功攻，空孔控；东蝀，恫疃，同桐童僮動；弄；鬷緫，葱聰，送；琫；篷菶；蒙濛幪幪矇。

[觉]江类：渥握；角桷；嶽；咮昼琢椓啄斲，濁；剥，璞。

项巷；江讲；双；邦，庞；龙厖。

遇鍾类：饫饫；驹屦，驱曲，朐窭具局；愚隅遇玉狱；株，瘉踰愉揄渝榆庾楰愈裕欲，蹰蠋；濡醹孺辱；蒌缕屡绿；朱主注异，姝枢，赎，输戍束，殊殳树属；绉，刍，数；诹足，趋取趣，须粟，续荬；柎，附；毋侮務椉。

雍饔雝廱；恭，恐，邛共；颙；冢，庸鄘傭墉镛容勇踊用，重；龙；鍾鐘種，衝罿充，舂，尰；纵枞纵，从，崧竦，松讼；唪葑，蜂豐捧，逢缝奉。

影			晓	匣		见			溪		群	疑	
				猴 喉 侯		钩 句		驹		驱	劬		愚 隅
			呕 （饫）	厚 后 後		苟 耇 垢 笱 枸 巩		 屦	口		窭		
沤				候 逅 锻		冓 構 雊° 媾 覯			寇		具		遇
屋	渥 握					彀 谷 毂	角 桷			曲	局	嶽	狱 玉
		雍 雝 饔 廱	烘	鸿 讧 虹 洪		公 功 工 攻	江	恭	空		邛		颙
					项		讲	（巩）	孔	恐			
		雍°			巷				控		共		

端	（知）		透	喻	定（澄）			日	来	
	咮	株		瘉 踰 揄 渝 愉 榆	投·		斸	濡	娄	蒌
斗				庾 楰				醹		缕
	昼			愈 裕	豆			孺	漏 镂	屡
	琢 啄 椓 斲			欲	读 獨	濁	蠋	辱	鹿 禄 麓	绿
东 蝀			恫 曈	庸 傭 镛 鄘 墉 容	同 童 桐 僮		重			龙
			冢	踊 勇	動		重°			
				用					弄	

照	穿	神	审	禅	庄		初	山		精		清		从	
朱	姝 枢		输	殊 殳	驺 聚		刍				陬		趋		
主									数	走			取		
注 羿			戍	树		绉			数°	奏	足°		趣		
		赎	束	属				数°			足		趣°	族	
鍾 鐘	衝 充 罿		舂					双		鬷	豵 枞	聪 葱			从
種				尰						總					
種°											纵				从°

心		邪	帮		滂	並		明		非	敷	奉	微
	须												毋
数											柎		侮
												附	務
速 樕 蔌	粟	续 蕢	卜	剥	璞	僕 樸		木 霂 沐					楘
	崧	松		邦		蓬	庞	蒙 懞 幪 濛 曚	尨 厖	葑	蜂 豐	逢 缝	
	竦		琫			菶				唪	捧	奉	
送		讼								葑°			

谐声对转证：菁讲，愚颙，束竦。

训诂对转证：正义：饫饔，口孔，寇恐，从聚，充足，童秃[①]。

反义：同独。

同部声训证：伛跼，逅觏，隅角，味啄，趣促。

归字杂论：

“敄”声的字，当依王念孙、江有诰归入侯部。

“巩”字在《诗经》只见一次，与“后”字押韵，当入侯部。按“讲”“颙”“竦”皆由侯入东，则“巩”未尝不可以由东入侯；甚至最初谐声的时候就以东部的“巩”去谐侯部的“巩”，也不是绝对不可能的事。

“衝”与“充”，“蜂”与“豐”，在《广韵》分属鍾东两韵。现在认为同属东部细音，不再分别。“充”“豐”似乎是由鍾入东，系不规则的演变。

---

① 《释名·释长幼》：“山无草木曰童，人无发曰秃。”

七、鱼阳系

（一）开口呼

模唐类：乌戏恶；呼虎箎浒壑，乎胡户扈祜岵怙楛貉；姑辜酤古贾鼓瞽罟股羖盬顾固故各阁，苦恪；吾梧五午晤寤咢鄂；都阇堵，土吐兔菟橐，瘏屠荼涂稌徒图杜度；帑怒诺；卢庐鲁虏路赂露鹭洛落雒骆；租祖组作柞酢，错，徂祚，苏素遡愬索；谟暮墓莫瘼。
杭颃；冈刚纲，康抗伉；卬；汤，堂棠镗唐螗荡；囊；狼稂朗浪；臧牂，仓玱苍鸧，藏，桑丧。

马庚类：亚；赫，遐騢瑕下夏暇；家葭假瑕斝稼嫁格；牙雅；野夜亦奕怿斁驿绎，宅；者赭柘炙，车尺赤，射，舍释螫，阇社石硕；借踖，且，藉，写舄昔，邪谢夕席蓆；豝百伯栢，白；马祃霡。
亨，行珩衡荇；庚羹梗；彭孟。

鱼阳类：於；虚许；居椐琚据车举莒据戟，祛祛，渠蘧秬距虡臄剧；鱼语圉御禦逆；著，余馀舆誉鸒旟畬予与豫，除篨紵伫羜；女，如洳汝茹若；芦旅虑略；诸渚，处杼，书舒纾鼠癙暑庶；菹阻俎诅，初楚，助，疏所；罝苴沮，砠鹊，胥湑，徐序鲊芧绪。
央鸯泱鞅；香乡享飨向；姜疆京景竟，羌卿庆，竞；迎仰；张粻长，鬯畅韔，羊洋痒阳钖杨扬养，长苌场肠；穰攘瀼讓；梁粱良凉粮两谅；章璋掌，昌倡，伤商，常裳尝鲿上尚；庄壮，床，霜爽；将浆，锵跄蹡，墙戕斨，相箱湘襄镶，祥详翔象；兵秉怲柄；明。

影			晓			匣		疑		
乌		於	呼 戏		虚	乎 胡	遐 騢 瑕	吾 梧	牙	鱼
			虎 浒 箎		许	户 祜 怙 扈 岵 楛	下 夏	五 午	雅	语 圉
恶	亚		呼°	赫°			暇	晤 寤		御 禦
恶°			壑	赫		貉		咢 鄂		逆
	英	央 泱 鸯		亨	香 乡	杭 颃 行°	行 衡 珩	卬		迎
		鞅			享 飨		荇			仰
					向		行°			迎°

见			溪			群
姑 酤 辜	家 葭	居 琚 车 椐 据			袪 祛	渠 蘧
古 鼓 罟 羖 贾 瞽 股 監	假 贾° 斝 嘏	举 筥	苦			柜 虚 距
顾 固 故	稼 嫁	据				醵 剧
各 阁	格	戟	恪	客		
刚 冈 纲	庚 羹	姜 疆 京	康		卿 羌 庆	
	梗	景				
		竟	抗 伉		庆°	竸

端（知）透（彻）				喻			定（澄）	
都 阇			樗		余 畲 舆 礜 餘 予 誉 旟	瘏 稌 荼 图 屠 涂 徒		除 篨
堵		土 吐		野	与 予°	杜		纻 羜 伫
	著	兔		夜	豫	度°		
	著°	蘀 橐		亦 怿 斁 奕 绎 驿		度	宅	
	张 粻	汤	鬯 畅 韔		羊 痒 杨 钖 洋 阳 扬	堂 棠 螗 镗 唐		长 场 苌 肠
	长				养	荡		

泥	娘	日	来		照		穿		神	
帑		如 茹 洳	卢 庐	藘		诸	车°			
	女	汝	鲁 虏	旅	者 赭	渚		处		杼
怒	女°	茹°	路 鹭 赂 露	虑	柘°			处°	射	
诺		若	洛 骆 落 雒	略	炙 柘		尺 赤		射°	
囊		穰 瀼 攘	狼 稂	粱 良 粮 梁 凉		章 璋		昌		
			朗	两		掌				
		讓	浪	谅				倡		

审		禅		庄	初	床	山	精		
	舒 书 纾	阇°		菹	初		疏	租		罝
舍	署 癙 鼠	社		阻 俎	楚		所	祖 组		苴
舍°	庶			诅		助	疏°	作°	借	沮
释 螫		石 硕						作 酢 柞	踖	
	伤 商		常 尝 裳 鲿	庄		床	霜	臧 牂		将 浆
			上				爽			
			尚 上°							

清			从			心			邪	
		砠	徂			苏		胥 湑	邪	徐
	且						写			绪 芧 序 鱮
错°			祚	藉°		素 愬 遡			谢	
错		鹊		藉		索	舃 昔		席 蓆 夕	
仓 苍 玱 鸧		锵	藏		墙 斨 戕	桑 丧		相 湘 镶 箱 襄		祥 翔 详
										象
		跄 蹡	藏°			丧°		相°		

帮		並	明	
豝			谟	
			马	
			暮 墓 祃	
伯 栢 百		白	莫 瘼 霡	
	兵	彭		明
	怲 秉			
	柄		孟	

训诂对转证：正义：逆迎，吾卬，格梗，舍释罟纲，瘼病。

反义：苦康，豫痒，暮明。

同部声训证：竟疆，寤愕，明柄，迓逆，假格，渠壑，舍处，牾屰，射斁，赭赤。

归字杂论：

鱼模两韵字，在上古当入开口呼。就谐声而论，鱼模是一个系统，虞是另一个系统[①]。这因为鱼模在上古属开口呼，虞在上古属合口呼，故能截然不紊。若以谐声为证，则鱼模两韵的声符与麻铎药陌昔诸韵开口呼相通的痕迹非常明显，如庶声有“席”，豦声有“剧”，固声有“涸”，“恶”从亚声，“路”从各声，“醋”从昔声，“舒”从舍声，“恶且贾度著作朔”，皆有开合两读。就谐声的常例看来，开合互谐是不会有的；于是我们推测庶声，豦声（实为虍声），固声（实为古声），亚声，各声，舍声，且声，贾声，者声，乍声，屰声等类的字在上古汉语，若非全属开口，就是全属合口。但虞韵显然是合口，不能与鱼模相混，故鱼模当是开口[②]。

“京”与“疆”，“卿”与“羌”同属三等，在《广韵》虽有庚阳之别，在表中未便分为两类，因为庚韵三等只有“京卿英”三个字见于《诗经》，似乎不会独成一类。现在把“英”字认为古二等，“京”“卿”则暂时认为与“疆”“羌”同音，以待再考。

（二）合口呼

[模][唐]类：污；怃杌藿，瓠狐壶濩获槬；罛，廓鞹；吴；補布博搏镈，痡铺圃浦，蒲葡步薄。

荒，黄簧皇遑喤凰煌；光洸廣，旷；雱滂，旁傍；芒。

[马][庚]类：华获；瓜呱寡，夸。

兄，觥；祊；虻氓。

虞[阳]类：讦盱吁訏栩于宇禹楀雨羽芋；踽，惧；虞娱麌噳俣；夫肤甫脯黼斧傅赋，敷，扶凫釜父辅；无舞武朊。

贶况，永泳王迋；憬，匡筐，狂；方，访，房魴防；忘亡望罔網。

---

① 鱼虞的谐声偏旁不相通。像“矩”字有俱雨其吕两切，是极少数的例外。即如“矩”字，当以其吕切为古本音，俱雨切为偶然的现象。

② 鱼模直至《切韵》时代仍当是开口，罗常培先生修正高本汉的意见是对的。

影	晓			匣		于	
汙	忼 怃	訏 盱 吁		瓠 狐 壶	华	于	
		冔 栩				宇 禹 羽 雨 楀	
					华°	芋	
	藿			濩 获 （擭）	获		
	荒	兄		黄 皇 喤 煌 簧 遑 凰			王
						永	
			贶 况			泳	迋

见			溪		群		疑	
罛	瓜 呱			夸			吴	虞 娱
	寡				踽			麌 噳 俣
						惧		
			廓 鞹					
光 洸	觥				匡 筐	狂		
廣		憬						
			旷					

帮		滂	並	明	
		痡 铺	蒲 匍		
補		圃 浦			
布			步		
博 镈 捕			薄		
	祊	雱 滂	旁 傍	芒	虻 氓
			傍°		

非	敷	奉	微
夫　肤	敷	扶　凫	无
甫　脯　黼　斧		釜　父　辅	舞　武　(朊)
傅　赋			
方		房　鲂　防	亡　忘　望
			罔　網
	访	防°	望°

训诂对转证：皇华，夸狂，无亡，怃荒，旁溥。

同部声训证：煌光，瓠壶，永廣，虞惧，怃瑦。

归字杂论：

“樗”从雩声，实从于声，当入合口呼；《说文》“樗”下云：“读若华”，又重出文“檴”字，下注云：“或从蒦”，据此，亦当入合口呼①。但《广韻）作“樗”，却又当入开口呼。今暂两归，以待再考。

“憬”从景声，似属开口；然《广韵》音俱永切，则属合口。

今按《诗经·泮水》“憬彼淮夷”，《韩诗》作“獷”，然则“憬”为“獷”之假借，自当属合口呼。

八、歌曷寒系

（一）开口呼

歌曷寒类：阿；何河荷贺；歌柯哿，可；我俄蛾我；多，佗他，鼍坨沱杝弹；那儺；羅蘿；左佐，磋瑳，瘥，傞娑；波簸，破，婆；磨。

藹遏；害曷褐；蓋葛，惕渴；艾；带怛，泰太闼挞，大达；贝，败。

安按；罕漢熯暵，韩寒翰旱；干竿榦，衎；岸；丹单瘅亶旦诞，嘽歎嘆，檀墠襢惮；難戁；蘭爛；餐粲，残，散。

麻辖山类：加珈嘉驾；差哆，沙鲨莎灑；麻。

介界价；鬠；虿；瘵，杀。

闲閒僩；间蕳菅简涧谏；颜雁；栈，山潸汕。

支薛仙类：猗椅倚；犧戲，畸掎，锜；儀宜義議；蛇也，池驰；離罹缡缅骊

① 段氏以为“樗”“樺”二篆互讹，恐未必是。

詈；侈，施，酾，差；彼，皮罴；靡。

孑揭，憩朅，偈桀傑；蓺刈；哲，曳勚，滞；热；厉砺烈栵洌；制折晣哲，舌，世，逝誓筮噬；祭，泄绁呰；蔽鳖鳖，敝；威滅。

焉鰋偃；轩献宪，衍；建，愆褰骞遣谴，乾虔；言喭彦；鳣邅展辗，筵；然；连涟；旃膳战，煽，善；翦，迁浅，钱践伐饯，僊，羡。

［齐］［屑］霰类：髢杕地；蠡丽。

契；蝃（蝳）；截，瞥，蹩。

禋闉宴燕；显，晛睍；肩豜见，牵；典，颠；荐前，霰；笾，骈。

谐声对转证：奈捺，大驮，折（杜奚切）哲，旦怛，赖嫩，献蠥，难傩，单弹鼍。

影				晓			匣（于）			
阿		猗 椅			犧		何 荷° 河			
		倚					荷			
					戲		贺			
谒							害			
遏					歇		曷 害° 褐			
安		焉	禋 闉		轩		韩 寒 翰	闲 閒		
		鰋 偃	宴	罕		显	旱	僩		晛 睍
按	晏		燕	漢 熯 暵	献 宪		翰°		衍	

见				溪				群	疑		
歌 柯	加 嘉 珈	畸						锜	莪 蛾 俄		儀 宜
哿		掎		可					我		
	驾										義 議
蓋	介 界 价			愒	憩	契		偈	艾		蓺 刈
葛		揭 孑		渴	朅			桀 傑		蠥	
干 竿	菅 蕑 间		肩 豜		愆 骞 褰		牵	乾 虔		颜	言
	简				遣						
榦	涧 谏	建	见	衍	谴				岸	雁	彦 喭

端（知）			透（彻）			喻	定（澄）			泥娘	日
多			佗 他			蛇	鼍 纶 弹 沱 杝	池 驰	折°	那（難） 儺	
						也					
带		蝃	太 泰	虿	髢	曳 勚	大	滞	杕 髢° 地		
怛	哲		闼 挞				达				熱
单 丹 瘅	鳣 邅		啴			筵	檀 墠			難	然
亶	展 辗	典			颤		襢			戁	
旦（怛） 诞			歎 嘆				惮 啴°			難	

来			照	穿	神		审	禅
羅 蘿	離 缡 骊 罹 𬙊				蛇°		施	
		蠡		侈				
	詈	丽					施°	
	厉 砺		制				世	逝 筮 誓 噬
	烈 栵 洌		折 晣 哲			舌		折°
蘭	连 涟		旃					
			膳					善
爤			战				煽	

庄	初	床	山		精			清			从		
	差		沙 莎 鲨					磋 瑳	差	瘥			
	哆		灑	酾	左			瑳°					
					佐								
瘵						祭							
			杀										截
			山					餐	遷	残	钱		前
			潸			翦			浅		践 伐	钱	
		栈	汕				薦	粲					

	心		邪		帮			滂		並			明	
傞 娑				波					婆	皮 罴		磨	麻	
				簸	彼									靡
							破					磨°		
				贝	蔽				败	敝				
	泄 替 绁				鷩 鳖			瞥			蹩			烕 滅
	僊 鲜°					笾					(骈)			
散	(鲜)													
散°		霰	羡											

训诂对转证：正义：何曷，破败敝，磨滅，揭褰，大诞，烈爛，熱然，祭薦，绁线，鹅雁，義彦，議言，蛇诞，地墠。

反义：離连，多单。

同部声训证：義宜，離丽，熱烈，筮蔡，闲限，菅蕳，颜眼，坛禅，月悼，膳餐，残殚。

归字杂论：

“也”字本属歌部而转入《切韵》的马韵，这是不规则的演变。现在我把它归入歌部细音，认为支韵“蛇”字（弋支切）的上声。

典声亜声的字，段玉裁以入谆部，江有诰以入寒部，今暂从江氏，以待再考。睘声的字，段、江皆入寒部，而朱骏声入屯部，今从段、江。

“涉”从“沙”得声，当依《集韵》师加切，读入开口呼。

（二）合口呼

戈末桓类：货，和祸；戈过果裹蜾，莎；吪讹；妥，堕；羸嬴；坐，琐；播。
荟涉，哕翙，会活；桧郐脍括，阔；外；祋掇，驼脱，兑夺；捋；撮；撥，沛旆，钹跋
茇魃；袜秣。
奂涣，丸芄完桓萑澣；冠莞观倌管莞雚鹳贯痯馆灌祼；锻碫，湍彖，抟抟断；
鸾栾乱；缵赞，爨，瓒；判泮，槃伴畔。

［麻］夬［山］类：㖞；瓦。
话；哙；拜，拔；邁。
还环皖患；关丱串；版板，阪昄；蛮慢。

［支］月元类：麾，为；亏；蕊；惴，吹，垂；随。
卫越钺；厥蕨蹶，阙；月；缀惙啜，阅说；赘，喙，帨说；绝，岁雪；芾废髮發，
肺，茷吠伐。
鸳宛婉菀苑怨；谖貆儇嬛晅，园爰援媛垣远；卷眷，绻，權拳蜷鬈；元原源嫄
騵阮愿；转，鸢；娈；穿川，遄；泉，宣选，旋；变，弁拚；绵面沔；番反贩，幡，蕃
燔藩樊繁蘩袢；萬曼蔓。

［屑］［霰］类：彗；决，缺。
駽，县；蜎鞙畎，犬。

影		晓			匣（于）			
			麾		和		为	
					祸			
		货			和°		为°	
荟 涉		哕 翙	喙°	嘒	会	话	卫	
	哕°	涉°		决°	活		越 钺	
	鸳		谖 儇 貆 嬛	駽	丸 完 萑 芄 桓	还 环	园 援 垣 爰 媛	县
	宛 菀 苑 婉		晅		澣	皖	远	
	怨	奂 涣		駽°		患	援°	县°

见				溪				群	疑		
戈 过	埚			薖		亏			吪 讹		（原）
果 裹 蜾										瓦	
桧 脍 鲙					哙				外		
括		厥 蹶 蕨	决	阔		阙	缺				月
冠 观 莞 倌	关		鞙 蜎	宽				權 蜷 拳 鬈			元 原 源 嫄 騵
管 筦		卷	畎				犬				阮
雚 灌 痯 祼 鹳 贯 馆	丱 串	眷				绻					愿

端（知）		透（彻）		喻	定（澄）		日
		妥			堕		蕊
祋	缀	駾	惙°		兑		
掇	啜 惙	脱		阅 说	夺		
		湍		鸢	传 漙		
	转	（畽）			断		
锻 断° 碫		彖					

来		照	穿	神	审	禅
蠃			吹			垂
羸						
		惴	吹°			
		赘	喙		帨	
捋					说	
鸾 栾	娈		穿 川			遄
乱						

精	清	从		心		邪	帮			滂
				莎		随				
		坐		琐						
							播			
					岁			拜		沛 旆
	撮		绝		雪		撥			
			泉		宣	旋				番°
缵		瓒			选			版 板		
赞	爨								变	判 泮

並			明			非	敷	奉	微
韨			韎	邁		废 芾	肺	茷 吠	
犮 魃 跋	拔		秼		蔑 幭	髮 發		伐	
槃			曼°	蛮	绵	番	幡	蕃 藩 繁 袢 燔 樊 蘩	
伴	阪 昄					反			
畔 伴		弁 拚		慢	面 湎	贩			曼 萬 蔓

谐声对转证：番播，耑惴，果祼，宛涴（乌卧于阮两切）；萬邁。

训诂对转证：正义：亏缺，咼刮；宽阔，揞抉；婆媻。

反义：缵绝；秽浣。

同部声训证：正义：祼灌，环垣，绵曼；喙啜，拜拔。

反义：惙说。

归字杂论：

“妥”字，依朱骏声归入歌部。

“赞”声的字，在《广韵》属开合两呼。开口呼有“赞讃瓒”等，合口呼有

“鑽欑缵”等。“鄼”字共有“在丸”“作管”“则旰”三个切音，是一个字可以分属开合。上古音系不会像这样紊乱。今按《释名》：“讚，纂也”，《说文》“赞”下注云：“读若纂”，又“鄼”下注云：“鄼，聚也”，由此看来，“赞”声在上古似宜属合口呼。

九、支耕系

（一）开口呼

佳耕类：瘥隘；解邂；谪；箦，柴；派，牌粺；霡。
嘤莺；耕；争；生甥笙牲省。

支清类：益，溢；跂，岐祇伎；知，易埸蜴，篪踟；兒；支枝只忮，適，是氏selected提蹟；訾積蹟脊蹐，雌此玼泚佌刺，斯；鞞俾璧辟，譬，埤脾。
婴；赢盈；惊荆敬；祯桢，柽，酲郑，征钲整正政，声圣，成城诚盛；菁旌，清倩，情静靖，性姓；并，聘，平苹；鸣名命。

[齐]青类：阋，兮盻；笄击；鹝；帝蹢，揥逖剔惕，狄；绩，鲜锡裼析皙；甓。
馨，刑；经泾，罄磬；丁鼎，聽町，廷庭定；寧；灵苓零铃蛉领令；青，星；屏瓶並；冥螟。

影		晓	匣（于）			见			溪		群	疑
					兮 盻		笄				岐 祇	
			解			解°					伎	
瘥 隘°			邂						跂			
隘	益	阋		溢				击				鹝
嘤 莺	婴	馨		赢 盈	刑	耕	惊 荆	经 泾				
							敬			罄　磬		

端(知)			透(彻)		喻	定(澄)		泥娘	日	来
	知					踟 篪	题 提		兒	
	知°	帝		揥	易°					
谪		蹢 谪°		逖 剔 惕	易 埸 蜴		狄			
	祯 桢	丁	柽	聽		酲	廷 庭	寧		苓 铃 灵 零 蛉
		鼎		町						领
				听°		(郑)	定			令

照	审	禅	庄	床	山	精	
支 枝				柴		訾	
只		是 氏					
忮						積°	
	適	湜 寔	箦			積 脊 蹟 踖	绩
征 钲	声	成 诚 城	争		生 笙 甥 牲	菁 旌	
整					省		
正 政	圣	盛					

清		从	心		帮		滂		並			明	
雌			斯					脾	埤 脾				
此 泚 玼 佌				鲜	俾 鞞								
刺						派	譬	粺					
刺°				锡 析 裼 皙	辟 璧					甓	霹		
清	青	情		星	并				平 苹	屏 瓶		鸣 名	冥 螟
		静 靖	省°		鞞°					並			
倩			性 姓				聘					命	

谐声对转证：卑鞞（并顶、并弭两切）。

训诂对转证：谛聽，洴澼，溢盈。

同部互训证：嘤莺，盈赢，裼裎。

归字杂论：[筓]字，严可均、朱骏声以入脂部，黄侃以入支部，从黄氏，以待再考。

“鲜”字，《诗经》只见一次，与“泚”“瀰”为韵，当入支部。《说文》：“𩆵，从雨，鲜声，读若斯”；《史记·五帝纪》：“鲜支渠廋”，《索隐》：“鲜析声相近”，皆可为证。

（二）合口呼

[支][清]类：鹃，跬頍。
萦莺，莹营颖；蠲；倾顷，瓊睘惸；骍。

[齐]迥类：攜觿；圭，奎。
泂；駉坰，耿褧。

影	匣(于)		见		溪		群	心
		攜　觿		圭		奎		
					跬　頍			
			鹃　(蠲)					
萦 莺	莹 营		蠲	駉 坰	倾		瓊　惸 睘	骍
	颖	泂			顷	褧　耿		

谐声对转证：圭烓（口迥、乌圭两切）。

训诂对转证：跬顷。

同部声训证：耿炯，莺荧，瓊莹，睘惸。

归字杂论：

“莺”字从荧省声，当入合口呼；但《广韵》“莺”，乌茎切，又当入开口呼。按《诗经·桑扈》“有莺其羽”传：“莺然有文章”，莺荧莹音义并近，皆当属合口呼；黄莺之莺当作罂，因为其鸣嘤嘤，则当属开口呼。疑“有莺其羽”的“莺”与黄莺的“莺”本是不相干的两个字。今以“有莺其羽”的“莺”归入合口图内。

“耿”与“炯”音义并近，当同属合口呼。《集韵》“耿，俱永切，光也，本作炅”。“炯”下又云：“或作耿”；《说文》“耿”从耳，炯省声；《楚辞·远游》“夜耿耿而不寐兮”注引《诗经》作“炯”。今以“耿”字归入合口图内。“瓊”字当入青部。《说文》“奂”夐省声，未必可靠。

十、脂质真系

（一）开口呼

皆[怪][痕]类：皆湝階喈偕届；恩。

脂质真类：伊懿；饥几，耆祁；夷桋姨彝，迟雉稚；尔迩二贰；履利；脂祇旨指砥寘，鸱，示视，尸鸤蓍屎矢豕，嗜；师；咨资姊沛秭，佽，茨自，司私死四驷泗肆，兕；匕比妣辔闷，配，毗纰貔膍仳；眉湄郿罙弥猕媚。
一壹抑；咥；吉姞，佶；疐致轾窒挃铚，彻，肆逸，秩；日；湓栗溧慄；至挚质，实，失室设；栉，瑟；即，七漆，疾，悉蟋；毖泌必珌毕鞸觱，匹，苾駜飶怭；密。
因茵駰姻；矜；慭；引靷；陈尘；人仁；粼粼麟；鬒，身申矧，臣慎；臻蓁溱榛，莘；进，亲，秦螓尽烬荩，辛新薪信讯；宾傧滨，频苹嫔牝；民黾。

齐屑[先]类：鹥翳；奚；鷄稽继，启；瓶底坻軝氐疷，體替涕，荑鹈弟娣棣逮；泥祢泥；黎禮醴鳢；隮侪跻济，妻凄萋，齐蛴荠秎，栖犀；膍；迷。
噎殪噎咽；结拮襭袺颉，弃；嚏，驖；戾；节，切，屑；畀闭，淠，鼻。肾；坚，牵；颠巅瘨，天，田阗瑱填电甸奠；年；戬，千；扁褊遍，翩；沔。

影			晓	匣	见			溪	群	疑
	伊	鹥		奚	皆 階 偕 湝 喈	饥	鷄 稽		耆 祁	
						几		启		
	懿	翳					继			
		噎 殪	咥		届			弃		
	一 壹 抑	噎 咽				吉 姞	结 襭 颉 袺 拮		佶	
恩	因 駰 茵 姻			贤		矜	坚	牵		
										慭

端(知)		透(彻)		喻	定(澄)		泥	日	来	
	瓶 氏°			夷 桋 姨 彝	迟	荑 鹈	泥			黎
	底 軝 疧 坻 氐		體		雉	弟 娣	沵 祢	尔 迩	履	禮 鱧 醴
			替 涕		稚	逮 棣	泥°	二 貳	利	
致 疐 轾	嚏			肆					泣	戾
挃 窒 銍		彻	驖	逸	秩			日	栗 慄 溧	戾°
	颠 瘨 巅		天		陈 尘	填 阗 瑱 田	年	人 仁	鄰 麟 粼	
				引						
				靷	陈°	屯 奠 甸				

照	穿	神	审		禅	庄	山	精		清	
脂 祗	鸱		尸 蓍 鸤				师	咨 资	隮 懠 跻		妻 萋 凄
旨 砥 指		示 视	屎 矢	豕	视°			姊 秭 泲	济		
寘					嗜				济°	佽	妻°
至 挚											
质		实	失 室	设		栉	瑟	即	节	七 漆	切
		神	身 申		臣	溱 臻 蓁 榛	莘			亲	千
鬒			矧						戬		
					慎			进			

从		心		邪	帮		滂		並		明	
茨	齐 蛴	司 私	栖犀（西）						毗 貔 纰	膍	眉 郿 湄 罙 弥	迷
	荠	死	（洒）	兕	匕 妣 比				仳		弭 沵	
自	秭	四 泗 驷 肆			辔 閟		配				媚	
					毖 （閟） 泌	畀 闭		淠		鼻		
疾		悉 蟋	屑		必 韠 珌 鷩 毕	闭°	匹		苾 飶 駜 怭		密	
秦 螓		辛 薪 新			宾 滨 傧			翩	频 嫔 苹		民	
尽 烬						扁 褊			牝		黾	沔
荩		信 讯			傧°	遍						

谐声对转证：矢疾；因咽，壹懿[①]；匕牝，真實。

训诂对转证：正义：系结，茨蒺，细屑，洎届，配匹；尽悉，臻至；底颠，示神，脐进，妻亲，配嫔。

反义：禮戾[②]。

同部声训证：正义：鶏喈，禮履，涕泪，美媚；韠膝，闭閟；尽戬，滨濒。

反义：比仳，新陈。

归字杂论：

“尘”字，段玉裁、朱骏声归入真部，江有诰归入谆部。按江氏所以把它归入谆部者，因为他认《诗·无将大车》的“疧”字为“痻”字之误，于是以为“尘”“痻”叶韵，两字都在谆部。其实脂真可以对转，《诗经》时代的“尘”字也许是与“迟”同音，正不必改“疧”为“痻”。今从段氏把它归入真部。

“弭”字依《说文》是从耳得声，当入之部；但或从兒声作“猊”，则又当入支部。今按“弭”“敉”常相通假，则“弭”当入脂。《楚辞·远游》以“弭”韵“涕”，可以为证。

① “懿”，《说文》云“恣省声”，疑误。“懿”与“恣”声母相差太远；恐系“壹”声。

② 《左传》文四：“其敢干大礼，以自取戾。”

"奚"声的字,段玉裁、江有诰以入支部,朱骏声以入履部(即脂部),今依朱氏。鷄鸣喈喈,故谓之"鷄";"鷄""喈"音当同部。又"系"与"结"音义并相近,亦当系脂质对转。

（二）合口呼

[齐][屑][先]类:骙葵揆。
侐血,惠穴鴥;季,阕;恤,穗。
渊;玄昀;均钧;筍,旬询洵郇。

谐声对转证:癸阕。

训诂对转证:渊穴。

影	晓	匣（于）		见	溪	群	心	邪
						骙 癸 揆		
	侐	惠		季				穗
	血	穴	鴥		阕		恤	
渊		玄	昀	均 钧				旬 询 洵 郇
							筍	

十一、微術谆系

（一）开口呼

[咍][代]痕类:哀爱;溉,开凯嘅。
艰。

[微]迄殷类:衣依;唏;饑幾,岂,畿祈颀近;绨。
塈忾迄汔;既;仡。
殷慇隐;欣;斤巾谨堇,勤旂芹僅墐觐;疢,胤,殄殿;振昣震,辰晨;忍轫;诜骁,先西洗洒。

影		晓	见		溪		群	疑
哀	衣 依	唏		饑	开		畿 祈 旂° 颀	
				幾	凯	岂	近	
	衣°							
爱		塈 忾	溉	既	嘅			
		迄 汔						仡
	殷 慇	欣	艰	斤 巾			芹 勤 旂	
	隐			堇 谨			近°	
							僅 瑾 覲	

彻	喻	定	照	神	日	山	心
絺							
							（洗）
			振	辰 晨		诜 𬳽	先 西
疢		殄	眕		忍		洗 洒
	胤	殿	震 振°		轫		

谐声对转证：希[illegible]（音迄），乞汔（音祈），辰䀼（丑饥、敕辰、抽敏三切），斤祈。

训诂对转证：正义：觊欥；饑僅，衣隐，沂垠。
反义：欷欣，恨爱。

同部声训证：正义：闿开，剀钒，畿近；仡暨[①]。
反义：恺哀。

归字杂论：

“分”声的字，段玉裁、江有诰以入谆部，朱骏声以入坤部(即真部)，今按当以段、江为是。《诗·载芟》叶“耘”“畛”，《楚辞·惜诵》叶“忍”“轸”，可证。

“斤”声的字，在《诗经》时代已分属微谆两部。其属微部者，有“近”(《杕杜》叶“偕”“近”“迩”，脂微合韵)，有“颀”(《硕人》叶“颀”“衣”)；其属谆部者，有“斤”(《释名》：斤，谨也)，有“芹”，有“旂”(《采菽》叶“芹”“旂”，《庭燎》叶“晨辉旂”，《左传》僖五叶“辰晨振旂贲军奔”)。

“西”字，依《说文》是与“栖”同为一字，古文字学家释甲骨文仍用其说；按《诗经》“妻”声的字入脂部，“西”声的字入谆部，界限非常明显。现在把“棲”字归入脂部，“西”字归入谆部；但于脂部仍录“西”字，加括弧以示分别。

(二) 合口呼

[灰]没魂类：虺火，回洄淮怀坏；瑰；嵬；敦，推蓷，隤颓；雷靁罍，崔漼，摧罪；枚。
忽，溃；扤；对怼，退；内；类；毳；悖；妹寐沫昧。
温；昏惛；混昆衮绲；錞顿，哼，盾遁遯；论；尊噂，忖，存蹲鳟，孙飧；奔本，渍；门璊亹糜(虋)浼。

微物谆类：威倭萎委畏；翚徽卉讳睢毁，韦围违遗帷惟维唯；归鬼诡垝愧，岿；追；绥；累藟；骓隼雏，谁；蓑，虽绥；悲；美；非飞匪，菲霏騑斐，肥腓；微薇尾。
蔚慰；渭谓聿驈遹曰；橘鱊，屈，掘；芮；律；出；茁，率蟀；醉卒，毳，萃瘁，谇，遂隧璲檖檖；沸弗绋，茀拂；未物勿。
煴蕴愠；熏薰焞壎训，云雲芸耘员陨；君窘，困，群；尹允狁；伦沦轮纶；谆，春蠢，漘顺，舜，纯鹑焞犉；遵浚，隼；豳，渍，贫；旻缗瘖闵勉；锛奋，芬，贲坟幩渍赘汾颁粉雰；文汶闻晚问。

---

① 《博雅》：“仡仡暨暨，武也。”

影			晓			匣(于)				见		
	威	倭 萎	虺	煇° 徽 翚	睢	回 洄	怀 淮	韦 围 违	遗 帷 维 唯 惟	瑰	归	
		委	火	卉	毁				唯°		鬼	诡 垝
	畏			讳			坏		遗°		愧	
	蔚 慰						溃	渭 谓	位		贵 喟	
			忽					曰 驈 聿 遹			橘	觼
温	煴		昏 惛	熏 煇 薰	壎			云 雲 芸 秐	员	昆 混	君	
	蕴		惛°				混°		陨	衮 绲	窘	
	愠		惛°	训								

溪	群	疑	端	知	透	喻	定	泥	日	来	
岿		嵬	敦	追	推 蓷		隤 颓		緌	雷 罍 靁	累
											藟
											累°
	匮 馈		对 怼		退			内	芮	类	
屈	掘	扤									律
困	群		(敦) 錞		啍				犉	论	伦 沦 轮 纶
						尹 狁 允	盾				
			顿				遁 遯				

照	穿	神	审	禅	庄	山
骓 鵻 隼	推°			谁		蓑
			水			
	出°					
	出				茁	率 蟀
谆	春	漘		鹑 焞 纯 犉		
	蠢					
		顺	舜			

精		清	从		心		邪
		崔	摧			雖 绥	
		漼	罪				
	醉	毳		萃 瘁		谇	遂隧璲穟檖
卒°	卒						
尊	遵		存 蹲		孙 飧		
噂		忖	鳟			(隼)	
	浚						

帮		滂	并		明	
	悲				枚	
					浼°	美
贲°	贲°					
					妹 沬 寐 昧	
			悖			
奔	豳	濆		贫	门 璊 亹 穈	旻 缗 痻
本					浼	闵 勉
奔°						

非	敷	奉	微
非 飞	菲 騑 霏	肥 腓	微 薇
匪	斐		尾 亹°
沸			未
弗 绋	拂 沸° 茀	佛	勿 物
饙	芬	贲 幩 蕡 颁 雰 坟 濆 汾 枌	文 汶 闻
			晚
奋			问 闻°

谐声对转证：贵隤；鹑敦（都回、都昆两切），雔准，卉贲（诐、肥、坟、奔四音）[①]，军翚。

训诂对转证：正义：坏溃；曰云，鬱煴，愦惛，飞奋。
反义：遁追。

同部声训证：威畏，蔚鬱，谓曰，未勿，邠豳。

归字杂论：

"璊"字，段玉裁以入谆部，江有诰、朱骏声以入寒部。按《诗经·大车》"哼璊奔"叶韵，自当以段说为是。

"辜"声的字，在《诗经》时代已分属微谆两部。其属于微部者，有"敦"，都回切（《北门》叶"敦遗"）；其属于谆部者，有"哼"（《大车》叶"哼璊奔"），有"鹑"（《伐檀》叶"轮漘沦困鹑飧"），有"錞"（《小戎》叶"群錞"）。

"军"声的字，在《诗经》时代已分属微谆两部。其属于微部者，有"翚"[②]；其属于谆部者，有"烨"（《庭燎》叶"晨烨旂"）。

"隼"字在《沔水》与"水""弟"叶韵，当入微部。"隼"与"骓"通，上古当为职追切，属微部合口细音。

十二、脂微分部的理由

（一）脂微分部的缘起

章太炎在《文始》里，以"嵬隗鬼夔畏傀虺隤卉衰"诸字都归入队部；至于"自"声"隹"声"靁"声的字，他虽承认"诗或与脂同用"，同时他却肯定地说"今定为队部音"[③]。

黄侃的没部，表面上是等于章氏的队部，实际上不很相同，就因为黄氏的没部里不收"畏"声，"鬼"声，"虫"声，"贵"声，"卉"声，"衰"声，"自"声，"隹"声，"靁"声的字，而把它们归入灰部（即脂部）里。这自然因为黄氏认没部为古入声，不肯收容他所认为古平声的字了。然而章氏把这些平上去声的字归入队部，也该是经过长时间的考虑，值得我们重视的。

---

① "贲"依《说文》系从奔得声，朱骏声以为从奔省声。

② "翚"字在《诗经》不入韵，故其当属于微部者，仅系一种猜想。

③ 《文始》所定队部字，与《国故论衡》所定略有不同；但《文始》成书似在《国故论衡》之后，今依《文始》。

我们首先应该注意的，就是这些字都是属于合口呼的字。去年七月，我发表《南北朝诗人用韵考》，其中论及南北朝的脂微韵与《切韵》脂微韵的异同，我考定《切韵》的脂韵舌齿音合口呼在南北朝该归微韵，换句话说，就是“追绥推衰谁蕤”等字该入微韵。这里头的“追推谁衰”等字，恰恰就是章氏归入队部的字。

因为受了《文始》与《南北朝诗人用韵考》的启示，我就试把脂微分部。先是把章氏归队而黄氏归脂的字，如“追归推谁雷衰隤虺”等，都认为当另立一部，然后仔细考虑，更从《诗经》《楚辞》里探讨，定下了脂微分部的标准。

（二）脂微分部的标准

中古音系虽不就是上古音系，然而中古音系里头能有上古音系的痕迹。譬如上古甲韵一部分的字在中古变入乙韵，但它们是“全族迁徙”，到了乙韵仍旧“聚族而居”。因此，关于脂微分部，我们用不着每字估价，只须依《广韵》的系统细加分析，考定某系的字在上古当属某部就行了。今考定脂微分部的标准如下：

（甲）《广韵》的齐韵字，属于江有诰的脂部者，今仍认为脂部。

（乙）《广韵》的微灰咍三韵字，属于江有诰的脂部者，今改称微部。

（丙）《广韵》的脂皆两韵是上古脂微两部杂居之地；脂皆的开口呼在上古属脂部，脂皆的合口呼在上古属微部[①]。

上古脂微两部与《广韵》系统的异同如下[②]：

<table>
<tr><td>《广韵》系统</td><td>齐韵</td><td colspan="2">脂皆韵</td><td>微韵</td><td>灰韵</td><td>咍韵</td></tr>
<tr><td>等呼</td><td>开合口</td><td>开口</td><td>合口</td><td>开合口</td><td>合口</td><td>开口</td></tr>
<tr><td>上古韵部</td><td colspan="2">脂部</td><td colspan="4">微部</td></tr>
<tr><td>例字</td><td>鷖羝黎迷
奚体济（睽）
稽替妻
继弟犀
启棣睥</td><td>皆彝鸱司
喈迟示私
伊二尸比
饥利师眉
恵脂资</td><td>淮惟岿
懷遗毁
壞藟唯
追悲雖
衰腓</td><td>衣祈韦肥
依颀归微
唏威鬼尾
幾翚非
岂徽飞</td><td>虺摧
回蓷
嵬雷
傀隤
敦</td><td>哀
开
凯</td></tr>
</table>

---

① 只有“癸”声的字当属上古脂部，因为“癸”声的字有“睽”“睽”等字入《广韵》齐韵。又“季”声的字也当属上古脂部。

② 表中之韵，皆举平声以包括上去声。

（三）脂微分部的证据

脂微分部起初只是一个假设，等到拿《诗经》来比对，然后得到确实的证明。今以段氏《六书音均表》为根据，而加以分析评论如下：

（甲）段氏表已显示脂微分部者：

A. 脂部独用。《硕人》一章：荑脂蛴犀眉。《风雨》一章：凄喈夷。《衡门》一章：迟饥。《候人》四章：隮饥。《下泉》三章：蓍师。《大田》三章：凄祈私。《瞻彼洛矣》一章：茨师。《卷阿》九章：萋喈。《板》五章：懠毗迷尸屎葵资师。《瞻卬》三章：鸱阶。《谷风》二章：荠弟。《泉水》二章：泲祢弟姊。《蝃蝀》一章：指弟。《相鼠》三章：體禮禮死。《载驰》三章：济閟。《载驱》二章：济泲弟。《陟岵》三章：弟偕死。《鱼丽》二章：鳣旨；五章：旨偕。《吉日》四章：矢兕醴。《大东》：匕砥矢履视涕。《大田》二章：穉穧。《宾之初筵》一章：旨偕。《旱麓》一章：济弟。《行苇》二章：弟尔幾。《丰年》：秭醴妣礼皆。《载芟》：济（积）秭醴妣禮。

B. 微部独用。《卷耳》二章：嵬隤罍怀。《樛木》一章：累绥。《柏舟》五章：微衣飞。《终风》四章：靁怀。《式微》一二章：微归微归。《北门》三章：敦遗摧。《扬之水》：怀归怀归怀归。《将仲子》一二三章：怀畏怀畏怀畏。《丰》四章：衣归。《东方未明》二章：晞衣。《南山》一章：崔绥归归怀。《素冠》二章：衣悲归。《东山》一章：归悲衣枚；二章：畏怀；三章：飞归。《九罭》四章：衣归悲。《四牡》二章：骓归。《常棣》二章：威怀。《采薇》一二三章：薇归。《南有嘉鱼》三章：累绥。《湛露》一章：晞归。《采芑》四章：（焞）靁威。《十月之交》一章：微微哀。《巧言》一章：威罪。《谷风》二章：颓怀遗；三章：嵬萎（怨）。《鸳鸯》四章：摧绥。《车舝》三章：幾幾。《旱麓》六章：枚回。《泂酌》二章：罍归。《板》七章：怀畏。《云汉》三章：推雷遗遗畏摧。《常武》六章：回归。《瞻卬》六章：幾悲。《有駜》二章：飞归。《静女》三章：炜美。《敝笱》三章：唯水。《七月》一章：火衣；二章：火苇。《鱼藻》二章：尾岂。《瞻卬》二章：罪罪。

（乙）依段氏表虽当认为脂微合韵，实际上仍可认为分用者。此类又可细别为“转韵”与“不入韵”两种。

（子）可认为转韵者：《硕人》一章：颀衣，妻姨私（由微转脂）。《七月》二章：迟祁，悲归（由脂转微）。《采薇》六章：依霏，迟饥，悲哀（由微转脂复转微）。《鼓钟》二章：喈湝，悲回（由脂转微）。

（丑）可认为不入韵者：《葛覃》一章：“葛之覃兮，施于中谷，维叶萋萋，黄鸟于飞，集于灌木，其鸣喈喈”（“谷木”侯部叶韵，“萋喈”脂部叶韵，“飞”字不入韵，按此章显然分为两段，每段首句无韵）。《葛覃》三章：“言告师氏，言告言归；薄汙我私，薄澣我衣”（“衣归”，微部叶韵。“私”字不入韵，江有诰亦认为非韵，按奇句不一定入韵）。《谷风》二章：“行道迟迟，中心有违；不远伊迩，薄送我畿”（“违畿”微部叶韵，“迟”字非韵，又可认“迟迩”为叶韵）。《北风》二章：“北风其喈，雨雪其霏；惠而好我，携手同归”（“霏归”微部叶韵，“喈”字不入韵）。《巧言》六章：“彼何人斯，居河之麋；无拳无勇，职为乱阶；既微且尰，尔勇伊何；为犹将多，尔居徒几何”（“麋阶”脂部叶韵，“何多何”歌部叶韵，“伊几”非韵，段氏误）。《四月》二章：“秋日凄凄，百卉具腓；乱离瘼矣，爰其适归”（“腓归”微部叶韵，“凄”字不入韵）。《桑柔》二章：“四牡骙骙，旟旐有翩；乱生不夷，靡国有泯；民靡有黎，具祸以烬；于乎有哀，国步斯频”（“翩泯烬频”真部叶韵，奇句“骙夷黎哀”不必认为入韵）。《桑柔》三章：“国步灭资，绥不我将；靡所止疑，云徂何往；君子实维，秉心无竞；谁生厉阶，至今为梗”（“将往竞梗”阳部叶韵，奇句“资疑维阶”不必认为入韵）。《匏有苦叶》二章：“有瀰济盈，有鷕雉鸣”（“盈鸣”耕部叶韵“瀰鷕”在句中，不必认为入韵）。《谷风》一章：“采葑采菲，无以下体；德音莫违，及尔同死”（“体死”脂部叶韵，奇句则“菲违”微部叶韵，段氏以“菲体死”叶韵，非是）。《葛藟》一章：“绵绵葛藟，在河之浒；终远兄弟，谓他人父”（“浒父”鱼部叶韵，奇句“藟弟”不必认为入韵）。

（丙）确宜认为脂微合韵者[①]：《汝坟》一章：枚饥。《采蘩》三章：祁归。《草虫》三章：微悲夷。《蒹葭》二章：萋晞湄跻坻。《出车》六章：迟萋喈祁归夷。《杕杜》二章：萋悲萋悲归。《斯干》四章：飞跻。《节南山》三章：师氏维毗迷师；五章：夷违。《小旻》二章：（訾）哀违依底。《四月》六章：薇桋哀。《楚茨》五章：尸归迟私。《采菽》五章：维葵膍戾。《生民》七章：惟脂。《崧高》六章：郿归。《烝民》八章：骙喈齐归。《有客》：追绥威夷。《閟宫》一章：枚回依迟。《长发》三章：违齐迟跻迟祗围。《汝坟》三章：尾毁迩。《狼跋》一章：尾幾。《常棣》一章：韡弟。《蓼萧》三章：泥弟弟岂。《大田》二章：稚火。《公刘》四章：依济幾依。《行苇》一章：苇履体泥。

以上共一百一十个例子，可认为脂微分用者八十四个，约占全数四分之三，可认为脂微合韵者二十六个，不及全数四分之一。

---

① 所谓“合韵”，是依段氏的说法，凡不同部而偶然叶韵者，叫做“合韵”。

若更以段氏《群经韵分十七部表》为证，在三十四个例子当中，可认为脂微分用者二十七个，约占全数五分之四，可认为脂微合韵者仅有七个，约占全数五分之一。

最可注意的，是长篇用韵不杂的例子。例如《板》五章叶“懠毗迷尸屎葵师资”，共八韵，《大东》一章叶“匕砥矢履视涕”，共六韵。《载芟》叶“济积秭醴妣礼”（“积”系支部字），共六韵，《硕人》二章叶“荑脂蛴犀眉”，共五韵，《丰年》叶“秭醴妣礼皆”，共五韵，都不杂微部一字。又如《晋语》国人诵改葬共世子叶“怀归违哀微依妃”，共七韵，《诗经·云汉》叶“推雷遗遗畏摧”，共六韵，《南山》一章叶“崔绥归归怀”，共五韵，都不杂脂部一字。这些都不能认为偶然的现象。

（四）脂微分部的解释

由上面的证据看来，脂微固然有分用的痕迹，然而合韵的例子也不少，我们该怎样解释呢？我想，最合理的解答乃是：脂微两部的主要元音在上古时代并非完全相同，所以能有分用的痕迹；然而它们的音值一定非常相近，所以脂微合韵比其他各部合韵的情形更为常见。

本来，谈古韵的人没有法子不谈“合韵”。假使看见两韵稍有牵连，就把它们归并，势非归并到苗夔七部不止。就把顾、江、段、王、江五君的古韵分部来相比较，要算顾氏的合韵最少，正因他的分部最少。江永把真寒分开，于是《生民》的“民嫄”，《烈文》的“人训刑”，《小戎》的“群錞苑”，《楚茨》的“熯愆孙”，就不能不认为合韵。段氏把真谆分开，于是《正月》的“邻云慇”，亦不能不认为合韵。王氏把脂至分开，于是《载驰》三章的“济閟”，《皇矣》八章的“类致”，《抑》首章的“疾戾”，《终风》三章之“曀寐疐”，亦不能不认为合韵[①]。其合韵情形最多者，要算幽部与宵部，曷部与術质两部。依段氏《六书音均表》，幽宵合韵共十二处；依王念孙致江有诰书，曷術合韵共六处[②]；依江有诰复王念孙书，质曷合韵共四处，质術合韵共七处。由此看来，研究古韵，确要加些判断；戴东原所谓：“审音非一类，而古人之文偶有相涉，始可以五方之音不同，断为合韵”，在某一些情形之下，是合理的。但审音非一类而古人之文偶有相涉时，也未必是五方之音不同，而是虽非一类，却甚相近，即章太炎所谓“同门而异户”。

---

① 参看江有诰《音学十书》卷首王氏来书。然“济閟”“类致”“疾戾”今皆认为叶韵。非合韵。

② 按江、王辩论时，江称曷为祭，王称曷为月。

然而我们不能不承认脂微合韵的情形比其他合韵的情形多些，如果谈古音者主张遵用王氏或章氏的古韵学说，不把脂微分开，我并不反对。我所坚持的一点，乃在乎上古脂微两部的韵母并不相同。假使说完全相同的话，那么，“饥”之与“饑”，“几”之与“幾”，“祁”之与“祈”，“伊”之与“衣”，其音将完全相等，我们对于后世的脂微分韵就没法子解释。

严格地说，上古韵部与上古韵母系统不能混为一谈。凡韵母相近者，就能押韵；然而我们不能说，凡押韵的字，其韵母必完全相同，或其主要元音相同。因此，我们可以断定，脂微在上古，虽也可认为同韵部，却绝对不能认为韵母系统相同。

十三、侵缉系

（一）开口呼

覃合类：咸衔；感，堪；耽湛；醓喭，覃谭黮髧；南男；骖惨憯，蚕，三。合洽；韐，恰；荅；纳；杂。

侵缉类：音阴饮；歆；金今衿锦，钦衾，琴芩；椹，琛，淫，沈朕，簟驔；念，壬任荏；林临廪；鍼枕，葚，参深谂，谌煁忱甚；谮浸僭，侵绶骎寝，潛，心。邑浥揖；翕潝，祫；急，及；絷，熠，蛰；入；立笠；执，湿隰，十拾；戢，缉，集辑楫，习。

影		晓	匣		见		溪		群
音 阴		歆	咸 衔			今 金 衿	堪	钦 衾	琴 芩
饮					感	锦			
邑 浥	揖	翕 潝	合 洽	祫	韐	急	恰		及

端(知)		透(彻)		喻	定(澄)			泥	娘	日	来	照	神
耽 湛	椹		琛	淫	覃 谭	沈		南 男		壬 任	林 临	鍼	
		醓 啖			髧 黮	朕	簟 驔			荏	廪	枕	葚
									念	任°	临°	枕°	
荅	絷			熠		蛰		軜		入	立 笠	执	

审	禅	精庄			清		从		心			邪
参 深	谌 忱 煁				参° 骖	侵 骎 𫄠	蚕		潛	三	心	
谂	甚				惨 憯	寝						
深°	甚°	谮	浸	僭					潛°	三°		
湿 隰	十 拾	戢				缉	杂	集 楫 辑				习

谐声对转证:念敜(奴协切),合颌(胡感切),执垫(都念徒协两切),甚斟(昌汁切),音湆(去急切),今盦(乌合切)。

训诂对转证:正义:饮吸[①],林立[②],沈蛰,渖汁。
反义:愔悒[③],暗熠。

同部声训证:含衔,耽湛,忱谌,沈潛,入纳。

归字杂论:

兼声,闪声,㐁声,甛声,冄声,弇声,猒声的字,段玉裁以入侵部,江有诰以入谈部。聂声,燮声,劦声的字,段氏亦以入侵部,江氏则以入葉部。今皆从江氏。

疌声的字,江有诰以入葉部,朱骏声以入临部,今亦从江氏。

---

① 《广雅·释诂四》:“吸,饮也。”

② 《释名·释姿容》:“立,林也。”

③ 《左传》“祈招之愔愔”注:“安和貌”;《说文》:“悒,不安也。”

（二）合口呼

冬类：降，绛；冬，彤；农；宗，崇，宋；芃。

［东］类：宫躬，穷；中，忡，融，蟲冲仲；浓秾，戎；隆；终螽衆潨；娀；贬；风，汎，凡凤。

匣	见		群	端	知	彻	喻	定	澄
降		宫 躬	穷	冬	中	忡	融	彤	蟲冲
	胜 绛°								仲

泥	娘	日	来	照	床	精	从	心	
农	浓 秾	戎	隆	终潨 螽衆	崇	宗	潨°		娀
				衆°				宋	

帮	並	非	敷	奉	
	芃	风		凡	
贬					
			汎		凤

同部训诂证：宗衆[①]，终穷，螽衆，螽蟲。

归字杂论：

章太炎晚年以冬部并入侵部，我觉得很有理由。今认冬部为侵部的合口呼。侵部虽系闭口韵，并不一定不能有合口呼。假设侵部的上古音是-əm，-iəm，那么，冬部就是-uəm，iwəm。后来冬部起了异化作用（dis-

① 《广雅·释诂三》："宗，衆也。"

similation)，洪音变入冬江韵，细音变入东韵，仍旧保存它的合口呼①。

孔广森以幽与冬对转，严可均并冬于侵，以幽与侵对转，章太炎以幽与侵冬缉对转(晚年才并冬于侵)，黄侃以豪与冬对转，其实冬部与幽部宵部(即黄氏的豪)关系都非常之浅。黄氏豪冬对转之说更不可从。今以幽侵分为两系，不认为对转。

十四、谈盍系

谈盍系只有开口呼。

谈盍类：阚，函涵菡；甘敢监鑑槛，坎；菼，谈惔餤萏；蓝滥；斩，毚谗，疌。

夹甲；沓。

盐枼类：险猃狦；兼；霑，玷，忝；蔹敛；詹瞻占，陕；歼，渐。

胁，馌晔，挟；业；枼，叠；猎；摄牒，涉；捷，燮。

谐声对转证：疌捷，盍艳，占帖，奄晻(於辄切)，厌压，协胁(许欠、虚业两切)。

晓			匣(于)			见				溪	疑
			函 涵			甘		监	兼		
阚	险 猃 狦		菡			敢				坎	
		胁°						鑑 槛			
		胁		馌 晔	挟		夹	甲			业

端(知)		透(彻)		喻	定(澄)			来	
霑				餤		谈 惔 餤		蓝	蔹
		菼	忝		萏	餤°			敛
	玷							滥	
				枼	沓		叠		猎

① 王静如先生在他的《论冬蒸两部》(前中央研究院《史语集刊》第一本第三分)里，假定冬蒸全是合口呼。这里我赞成他的一半意见：我把蒸部认为有开合两呼，把冬部认为侵部的合口呼。

照	审	禅	庄	床	精	从	心
詹 瞻 占				毚 谗	歼		
	陕		斩		寁	渐	
占°							
	摄 惵	涉				捷	燮

训诂对转证：正义：慊惬，恬惉①，铦锸②，炎晔。反义：晻晔。

同部声训证：歉欠，瞻觇，沾染；劫胁③。

归字杂论：

毚声，占声，欠声的字，严可均归侵类，占声的字，段玉裁归侵部；今依江有诰都归入谈部。

十五、结　论

当我们研究上古语音的时候，韵部的多少并不是最重要的问题。清儒研究古韵已经成绩卓著，现在我们所应努力者，不在乎探求韵部的多少，而在乎更进一步去考定上古韵母的系统，及假定其音值。本文暂不谈及音值，所以它的着重点在乎：(一) 考定上古韵母的主要元音的类别；(二) 考定韵母的开合与洪细。

关于主要元音的类别，我虽不愿在此时谈及音值，但我可以先说出一个主张。就是凡同系者其主要元音即相同。假设歌部是-a，曷部就是-at，寒部就是-an。

关于开合与洪细，以洪细为较易考定，因为上古的洪细系统与中古的洪细大致相同。开合较难考定，因为有上古属开而中古属合者，有上古属合而中古属开者。兹将上文研究所得，归纳如下：

(甲) 自上古至中古，开合系统未变者④；

东至微，虞，齐至仙，宵，歌，麻，阳至登，幽，侵至凡。祭泰夬废。屋

① 《说文》："恬，安也"，《广雅·释诂一》："惉，安也"，字亦作"怗"，"帖"。

② 《说文》："铦，锸属。"

③ 《说文》："人欲去以力胁止曰劫。"

④ 中古的江韵与觉韵，当依《切韵指掌图》认为合口呼。此类字在上古也是合口呼，故可认为未变。

至昔，职至乏。萧韵的“调”类与“迢”类、戈韵的“和”类，肴韵的“孝”类，豪韵的“考”类与“高”类，尤韵的“朽”类，锡韵的“狄”类与“翟”类。

（乙）上古属开而中古属合者：

鱼韵，模韵。戈韵的“婆”类。

（丙）上古属合而中古属开者：

萧韵的“椒”类，肴韵的“胶”类，豪韵的“晧”类。尤韵的“鸠”类与“久”类。侯韵。锡韵的“惄”类。

这是大致的说法，至于详细的系统，仍须在图表上寻求。表中虽然分析得很细，却不愿意流于呆板；换句话说，我虽然极端注意语音演变的条件，同时也留些余地给方言的影响，以及种种不规则的变迁（由于特殊原因，而不是我们所能考知者）。我希望将来研究上古音值的时候，这一篇文章可以作为研究的基础。

［**1956年7月后记**］ 这是二十多年前的旧稿。今天我的意见（在《汉语史稿》中）已经是稍有出入了。举例来说，我在这篇文章里说：“如果依审音派的说法，阴阳入三分，古韵应得廿九部……如果依照考古派的说法，古韵应得廿三部。……我采取后一说，定古韵为廿三部”。我在《汉语史稿》中，则定为十一类廿九部。归字也有出入。关于这些，我还不敢说今是昨非。因为《汉语史稿》已经三易其稿，将来也不能说不再改动。但是，有一点是可以肯定了的，就是脂微分部。

（原载《清华学报》12卷3期，1937年；又《汉语史论文集》；《龙虫并雕斋文集》第1册；《王力文集》第17卷）

上古汉语入声和阴声的分野及其收音

一、中国传统音韵学对上古汉语入声和阴声的看法

中国传统音韵学，自戴震以后，即将上古汉语的韵部明确地分为阴阳入三声。阴声指以元音收尾的韵母，阳声指以鼻音(-m，-n，-ng)收尾的韵母，入声指以清塞音(-p，-t，-k)收尾的韵母[①]。若依西洋的说法，阴声韵就是所谓开口音节，阳声韵和入声韵就是所谓闭口音节。但是，就汉语的情况来说，阳声韵也可以认为半闭口音节，因为鼻音近似元音，声调的尾巴可以落在鼻音韵尾上面，它和清塞音的性质大不相同。

依照《切韵》系统，入声是配阳声的；顾炎武以入声配阴声，受到了王念孙、章炳麟等人的拥护[②]。但是，江永主张"数韵共一入"，段玉裁主张"异平而同入"[③]，戴震以阴阳入相配，他们都认为入声兼配阴阳。后来黄侃和钱玄同实际上也采用了异平同入的说法。我们是赞成后一说的，因为(举例来说)以 ak 配 a 固然说得通，以 ak 配 ang 也未尝不可。

这里我想谈一谈中国传统音韵学对入声和阴声的看法，因为这篇文章是同入声、阴声都有关系的。

清儒对于上古汉语入声字的收音，大约有四种不同的看法。第一种看法是根本否认上古汉语有入声，孔广森主张这一说，他认为"入声创自江左，非中原旧韵"。固然，孔广森也不能不承认缉合诸韵是收音于-p的[④]，但是，在他看来，上古汉语里并没有韵尾-k，-t 的存在，更谈不上-g，-d了。第二种看法是承认上古有入声，但是他们只把入声看做是阴声的

---

① 戴震的理论有一些缺点，后来经过孔广森、黄侃、钱玄同等人的修订而更加合理。这里不细谈。

② 王引之：《经义述闻》三十一。章炳麟：《国故论衡》"二十三部音准"。

③ 江永：《〈四声切韵表〉例言》。段玉裁：《六书音均表》，《古异平同入说》。

④ 孔广森《诗声类》卷十二："缉合诸韵为谈盐咸严之阴声，皆闭口急读之，故不能备三声。唐韵所配入声，惟此部为近古。"

变相，换句话说，他们把入声韵看做是一种开口音节，不过这种开口音节比较短些罢了。顾炎武“四声一贯”的学说，实际上是把入声和阴声“一贯”起来，他认为“四声之别不过发言轻重之间，非有疆界之分”①。他甚至令人得到这样一个感觉，就是他把所有的入声字都派作平声、上声或去声，所以江永批评他说：“顾氏于入声皆转为平、为上、为去，大谬。”②的确，他说“没者妹也，见于子产之书；烛音主也，著于孝武之纪”。③ 这样就是把许多入声字都改读为别的声调，照我们的说法就是改读为阴声。第三种看法是承认上古有入声，这些入声一律读喉塞音收尾，像现代吴方言一样。这一派的代表人物是很难确定是谁，估计某些吴方言区的古音学家（如段玉裁）可能有这种看法。第四种看法是不但承认上古有入声，而且认为上古入声字收音于-p，-t，-k，这一派以戴震为代表，因为他以为职屋药陌都收鼻音④，质月都收舌齿音，缉合都收唇音。黄侃显然也属于这一派；钱玄同更明确地用-p，-t，-k 标出⑤。我们赞同第四种看法。

由于黄侃的学说影响很大，大家以为这第四种看法是没有争论的了，其实不然。凡是主张上古汉语只有二十一个、二十二个或二十三个韵部的音韵学家，大概都接近第二或第三种看法，章炳麟说得很明白：“古之泰部，如今中原呼麻。……古之言蘖，正如今之呼芽也；古之言迣，正如今之呼遮也；古之言泄，正如今之呼写也；古之言说驾，说正如今呼卸也；古之言召伯所说，正如今呼舍也；古之言匄（丐），正如今呼叚（假）也；古之言逝，正如今呼谢也（谢者辞去也）；古之言歇、言愒（《说文》皆训息），正如今呼暇也；古之言肆，正如今呼奢也。皆以入声读之耳。”⑥对于其他各部，章炳麟也有类似的说法。

问题很明显：如果不像戴震那样，把职觉药屋铎锡从之幽宵侯鱼支诸部中分析出来⑦，势不能不承认这些入声韵是阴声韵的变相。章炳麟

---

① 顾炎武《音论》：“先儒两声各义之说不尽然。”

② 江永：《古韵标准》“入声第一部总论”。

③ 江永：《音论》“近代入声之误”。按“没收”见于《左传》“襄公二十四年”，“一夜三烛”见于《汉书》“武帝本纪”。注云：“服虔曰，烛音灶，师古读如字。”

④ 他所谓收鼻音实际上是收与鼻音-ng 部位相同的-k。其实铎部也收“鼻音”，戴震以为收喉，误。

⑤ 钱玄同：《文字学音篇》，第 11 页。

⑥ 章炳麟：《国故论衡》“二十三部音准”。

⑦ 黄侃没有分出觉部，这是他拘泥于他所幻想的“古本韵”的结果。据说他晚年对此有所修正。

说:“古音本无药觉职德沃屋烛铎陌锡诸部,是皆宵之幽侯鱼支之变声也。”①在他的“成均图”中。这些入声韵部没有标出,因为它们都属于阴声一类。他说:“入声收喉者,丽阴声。”②充其量,他只能承认这些入声韵是以喉塞音收尾的,但是,他既然说“平上韵无去入,去入韵亦无平上”,又似乎他只承认泰队至等部有喉塞音收尾,而不承认之幽宵侯鱼支诸部有入声。这样,对于之幽宵侯鱼支诸部来说,他基本上是走孔广森的老路,否认入声的存在,也就等于否认-k尾的存在。

当然,在不承认职觉药屋铎锡和之幽宵侯鱼支分立的情况下,对上古汉语这些韵母实际音值的拟测还可以走相反的一条路,那就是取消之幽宵侯鱼支,建立职觉药屋铎锡,而以原来的之幽宵侯鱼支分别隶属于职觉药屋铎锡,这样等于否认这些韵部作为开口音节而存在,不管平上去入,一律加上-g尾、-k尾或其他辅音韵尾(塞音或擦音)。换句话说,这个理论等于承认这些平声韵部(包括上去声)只是入声韵的变相,因为它们也都被拟测为闭口音节。高本汉、西门走的正是这条路,我们在下文还要详细讨论。

二十年前,我对于上古汉语的韵母主张二十三部的说法③,那就是大致依照章炳麟的二十三部,从他的脂部分出一个微部④,再合并他晚年所主张合并的冬侵两部⑤。前年我讲授汉语史,在拟测上古韵母音值的时候遭到了困难。我不愿意把之幽宵侯鱼支等部一律拟成闭口音节,那样是违反中国传统音韵学,而且是不合理的(见下文);同时我又不能像章炳麟想得那样简单,一律拟成开口音节;假使上古的药觉职德沃屋烛铎陌锡诸韵不收-k尾,它们在中古的-k尾是怎样产生出来的呢?讲语音发展不能不讲分化条件,否则就违反了历史语言学的根本原则。在这时候我才觉悟到戴震阴阳入三分的学说的合理,于是我采取了戴震和黄侃的学说

---

① 章炳麟:《国故论衡》“二十三部音准”。

② 章炳麟:《国故论衡》“二十三部音准”。

③ 王力:《上古韵母系统研究》。见本书第59～129页。

④ 章炳麟对脂队两部字的隶属问题,举棋不定。在《文始》里,他以“虽椎雷藟傀嵬鬼夔魋”等字归入队部;在《国故论衡》里,他又以这些字归入脂部。这里根据他的“去入韵无平上”的理论,把这些字归入脂部,而这些字也正是我所分出的微部字(当然还有其他的字)。

⑤ 章氏晚年,在光华大学《中国语文学研究》里发表《音论》,主张冬部并入侵部。按冬并入侵本来是严可均的主张。

的合理部分，定为十一类二十九部，比黄侃多了一个微部和一个觉部，少了一个冬部(并入于侵)。这样，入声韵的职觉药屋铎锡收音于-k，和开口音节的阴声韵并行不悖，各得其所，而分化条件也非常明显了。

在入声和阴声关系的问题上，段玉裁和戴震形成两大派别，可以称为考古派和审音派。王念孙、江有诰、章炳麟是继承段玉裁的，刘逢禄、钱玄同、黄侃是继承戴震的[①]。入声是否独立成部，是两派的分野。但是，也有一些音韵学家虽然没有明显地把入声韵部独立起来，他们隐约地承认入声韵有相当独立的资格。江永的入声八部，姚文田的入声九部[②]，都是有一定的独立性的；朱骏声的《说文通训定声》虽然基本上依照段玉裁把古韵分为十八部(即加入戴震的泰部)，但是书中有“临之刁分部”、“谦之嗑分部”、“颐之革分部”、“孚之复分部”、“小之荦分部”、“需之剥分部”、“豫之泽分部”、“解之益分部”等[③]，这就是说缉(刁)盍(嗑)职(革)觉(复)药(荦)屋(剥)铎(泽)锡(益)这八个入声韵部具有一定的独立性，它们能在之(颐)幽(孚)宵(小)侯(需)鱼(豫)支(解)诸韵中成为分部。像朱骏声这种办法，倒不如索性把入声韵部独立起来，特别是上古语音重建以后，入声独立显得系统性较强。

入声独立成部以后，音韵学家们要处理一个很复杂的问题，就是阴声和入声的分野问题，换句话说就是每一个具体的字的归类问题。哪些字归入阴声韵部，哪些字归入入声韵部呢？

就收-p的字来说，问题很简单。即以考古派而论，从孔广森起，已经把缉盍从侵谈中分析出来。《诗·秦风》“小戎”叶“中骖合軜邑”，段玉裁把它分为两韵。江有诰也没有异议。在谐声方面虽然有一些葛藤，如今声有㚷(奴协切)，執声有墊，占声有帖，厌声有压，盍声有釃，乏声有贬，有泛，等等，但是除“贬”字见于《诗·大雅·召旻》，与“玷”相押，应归谈部以外，这些字都不见于《诗》韵，我们可以拿阳入通转来解释谐声现象。

就收-t的字来说，问题也比较简单。自从戴震立了一个泰部，王念孙

① 巧得很，戴震和段玉裁是师生关系，章炳麟和黄侃、钱玄同也是师生关系，他们师生在这一个问题上分道扬镳。

② 江永：《古韵标准》；姚文田：《古音谱》。

③ 朱骏声的古韵十八部以卦为名，即丰、升、临、谦、颐、孚、小、需、豫、随、解、履、泰、乾、屯、坤、鼎、壮(孚、小、壮是中孚、小畜或小过、大壮的省略)。分部的革、复、剥、益也是卦名，刁是习坎的省略(习坎即坎卦)，嗑是噬嗑的省略，荦是坎卦的别名，泽是兑卦的代表物。

立了一个至部，章炳麟立了一个队部，所有收-t的字都从阴声韵里分出来了。根据段玉裁古无去声的学说，可以认为泰至队这三部的去声字在上古都属入声。但是必须承认上古的入声有两类（收-t的字有两类），否则没有分化的条件。这样区分以后，脂微两部就只有平上而没有去入，被认为和泰相对应的歌部一向就是有平上而没有去入。当然，就《诗经》的用韵看来，还不能完全没有问题。泰部独立最可靠，它不但和歌部完全没有葛藤，和脂微两部也完全没有葛藤。只有一个小问题：《诗·大雅·生民》叶"旆穟"，是泰队合韵，《桑柔》叶"毖恤热"是泰至合韵，假使队至不能离开微脂而独立，泰部将受牵连。脂至分家的困难比较大一些。王念孙自己承认《诗经》中以质（至）術（脂微入声）同用者有《载驰》三章的"济闷"[①]，《皇矣》八章的"类致"，《抑》首章的"疾戾"，江有诰说还有《终风》三章的"曀寐"[②]。但是，从入声独立这一点说，质術都是入声，合用也是可以理解的。

是不是所有的去声字在上古都隶属于入声呢？不是的。有一小部分去声字本来属于平声或去声。平去两读的字，如过、为、衣、迟、泥等，在上古只有平声；上去两读的字，如左、被、弟、比等，在上古只有上声。"读破"只是中古经生的习惯。此外还有一些去声字经段玉裁根据《诗经》《楚辞》证明它们在上古是平声，如歌部"驾破"叶"猗驰"，"詈"叶"歌"，"化"叶"他"，叶"离"，叶"为"，叶"施"，"地"叶"过"，等等[③]。总之，章炳麟所谓平上韵无去入的话在一定程度上是对的。歌脂微三部和其他各阴声韵部一样，和阳声韵部也一样[④]，都只有平上声，没有去入声。平上声向去入声的转化有一些明显的证据，例如"庆"字在《诗经》中凡六见都读平声，"济"字在南北朝诗人用韵中一律作上声。

入声独立以后，必须承认一些阴声和入声互叶的情形。《诗经·鄘风·干旄》叶"纰四畀"，"纰"属脂部，"四畀"属至部；《大雅·皇矣》叶"类比"，"比"属脂部，"类"属队部。它们的主要元音相同（如-ei：-et），互叶完

---

① "济"是脂部字，王念孙可能把它看做古入声字。

② 参看王念孙给江有诰的信，见江有诰《音学十书》卷首。

③ 段玉裁：《六书音均表》。

④ 依照《六书音均表》，阳声韵一律只有平声，因此王国维做出"五声说"的结论（阴声韵四声加阳声韵一声）。但是。在《六书音均表》中，宵歌两部也只有平声。我看有些字可以认为上声，如阳部的仰掌，耕部的领聘，真部的尽引，寒部的转卷选。宵部的倒召，歌部的左我，等等。

全是可能的，这样就构成了所谓“协押”(assonance)。

若就收-k 的入声来说，问题更加复杂；这些入声韵部独立以后，阴声和入声互押的情形更多了。考古派之所以不敢把收-k 的韵部独立起来，就是由于考虑到这种交叉的情形。依照段玉裁的《六书音均表》，阴声和入声（如果分立的话）互叶的情形如下（入声韵字加·为记）：

（甲）之部

异贻　裘试　富时疚兹　背痗　芑亩试　止试　克富又　戒事耜　亩　识又　食海载　字翼　式止晦事式　富忌　鮪鲤祀福　牧来　载棘　辐载意　载息　棘稷翼亿食祀侑福　祀食福式稷敕极亿　祀黑　稷祀福　直载翼　载备祀福　亟来囿伏　子德　塞来

（乙）宵部

芼乐　暴笑敖悼　劳朝暴笑悼　膏曜悼　沼乐炤虐殽盗暴濯嚣　沼跃　虐谑蹻耄谑熇药　昭乐懆　藐教虐耄到乐藻蹻蹻昭笑教

（丙）幽部

脩啸啸淑　潇胶瘳　罦造忧觉　皓绣鹄忧　欲孝　祝究

（丁）侯部

裕瘉　附后奏侮　驱续毂异玉曲　木附猷属　谷穀垢

（戊）鱼部

故露　路祛恶故　著素华　圃瞿夜莫　洳莫度度路　莫除居瞿　夜居　固除庶　作莫家故居故　夫夜夕恶　据柘路固去呱讦路　呼夜　度虞　去故莫虞怒　恶斁夜誉　茹据愬怒射御　茹获　除莫庶暇顾怒　誉射　若赋

（己）支部

提辟揥刺　解易辟　解帝　辟绩辟適解

首先，我们要排除一些可疑的例子。《郑风·风雨》本来是叶“潇胶瘳”，段氏硬改为“潚”（江有诰没有改），自然不能算数。《大雅·文王有声》叶“欲孝”，“欲”《礼记》作“犹”，也在可疑之列（“欲”属侯部入声）。其次，有些字可能并不算韵脚，又有些字可能是转韵，例如“大田”四章：

曾孙来止，以其妇子，馌彼南亩，田畯至喜。来方禋祀，以其骍黑，与其黍稷，以享以祀，以介景福。

两个“祀”字可以不算韵脚，前半章用阴声韵，后半章改用入声韵。又如《楚茨》首章和四章：

楚楚者茨，言抽其棘。自昔何为？我艺黍稷。我黍与与，我稷翼翼。我仓既盈，我庾维亿。以为酒食。以享以祀，以妥以侑。以介景福。

我孔熯矣，式礼莫愆。工祝致告，徂赉孝孙。苾芬孝祀，神嗜饮食。介尔百福，如几如式。既齐既稷，既匡既敕，永锡尔极，时万时亿。

两个“祀”字也可以不算韵脚。

但是，无论如何我们得承认阴声韵和入声韵有时互叶这一个事实。这种互叶，从某种意义上说也是一种合韵，但是它和一般所谓合韵不同。一般所谓合韵是指邻韵相通，如 au 和 əu，an 和 ən，这里的互叶是指主要元音相同，收音不同，如 ə 和 ək，a 和 ak。

任何汉语音韵学家都不能不谈合韵（包括互叶）。江永别侯于鱼，别幽于萧，别真于寒，别侵于谈，对顾炎武的古韵分部有所发展，后人称赞他的功劳。但是，这样一来，《宾之初筵》叶“楚奏祖”，《常武》叶“瞽虡羽鼓奏举”，《载驱》叶“滔儦敖”，《七月》叶“葽蜩”，《思齐》叶“庙保”，《公刘》叶“舟瑶刀”，《生民》叶“民嫄”，《小戎》叶“群錞苑”，《楚茨》叶“熯愆孙”①，《氓》叶“葚耽”，就不能不认为合韵。王念孙把至部从脂部分了出来，章炳麟再分出队部，多数音韵学家认为他们有很大的贡献，但是他们也造成了合韵，也就是阴声和入声互叶（见上文）。那么，为什么不可以承认收-k 的韵部和阴声韵部互叶呢？

关于入声韵部的收字，最普通的标准是根据谐声偏旁，即声符。段玉裁说过：“同谐声者必同部”②。就一般说，我们的确可以根据这个原则，把声符相同的字归属到同一韵部里，例如“视”“致”在中古同属去声，但是“视”在上古应属阴声韵，“致”在上古应属入声韵。我们往往可以这样检查：凡同声符的字有在平上声的，就算阴声韵（如果不属阳声韵的话），例如“视”从示声，而示声中有“祁”（平声），可见“视”属阴声韵；又如“致”从

① 江永未分真文为两部。

② 段玉裁：《六书音均表》，《〈古十七部谐声表〉序》。

至声，而至声有“窒”（入声），可见“致”属入声韵。祭泰夬废四韵之所以被认为上古的入声韵，就因为这四个韵中的字的声符几乎全部不和平声相通[①]，相反地，几乎每一个字的声符都和入声相通，如大声有“泰”有“达”，兑声有“锐”有“脱”，带声有“滞”有“摕”（徒结切，撮取也），最声有“撮”，害声有“割”，韧（契）声有“挈”，夬声有“快”有“决”，曷声有“愒”有“竭”，世声有“勚”有“泄”，祭声有“蔡”有“察”，執（藝）声有“熱”，戌声有“歲”有“滅”，折声有“逝”有“哲”，叕声有“缀”有“辍”，列声有“例”有“烈”，寽声有“酹”有“捋”，发声有“废”有“拨”，孛声有“誖”有“勃”，舌声有“话”有“活”，剌声有“赖”有“癞”，赖声有“濑”有“獭”。

当然这并不是唯一的标准。假使从声符上看不出它和入声相通或和平上声相通，那就要从《诗经》的用韵或其他先秦的韵文，或声训、假借等证据来加以断定。例如“吠”字，它根本没有声符，但是《诗经·召南·野有死麕》以“吠”叶“脱”“帨”，“吠”显然是入声字。

“同谐声者必同部”这一原则也不能机械地拘守。当先秦韵文（特别是《诗经》）和声符发生矛盾的时候，应该以韵文为标准，不应该以声符为标准，因为造字时代比《诗经》时代至少要早一千年，语音不可能没有变化。在这个问题上，不但段玉裁失之拘泥，后代许多著名的音韵学家也都想不通。如果想通了，就免去了许多葛藤。试举铎部为例，“博”从尃声（从朱骏声说），“薄”从溥声，“臄”从豦声，依声符本该属阴声鱼部，但是这些字在先秦时代已经像中古一样读作入声，所以《周颂·泮水》叶“博斁逆獲”，《齐风·载驱》叶“薄鞹夕”，《大雅·行苇》叶“炙臄咢”，都自然谐和，而不是阴声和入声互叶。特别对于之幽宵三部和职觉药三部，更应该这样看待。职部“特”字虽从寺声，但在先秦早已读作入声（故字亦作“犆”），所以《鄘风·柏舟》叶“侧特忒”，《魏风·伐檀》叶“辐侧直亿特食”，《小雅·我行其野》叶“葍特富异”；幽部“萧”字和“椒”字虽从肃声和叔声，但在先秦早已读作平声，所以《王风·采葛》叶“萧秋”，《曹风·下泉》叶“萧周”，《陈风·东门之枌》叶“荍椒”；觉部“轴”字和“迪”字虽从由声，但在先秦早已读作入声，所以《卫风·考槃》叶“陆轴宿告”，《大雅·桑柔》叶“迪复毒”；药部“较”字和“蹻”字虽从“交”声（爻声）和“乔”声，但在先秦早已读作入声（较，音觉；蹻，其虐切），所以《卫风·淇奥》叶“绰较谑虐”，《大雅·板》叶“虐谑蹻耄谑熇药”。

---

① 例外只有祭韵的一个“𥝢”字，而“𥝢”是兼属霁韵的。

还有一点：即使向远古时代追溯，我们也只能说有些和入声有谐声关系的字在远古时代是属于闭口音节的，并不能说所有同韵部的字在远古时代一律属于闭口音节。例如“萧”从肃声，“萧”在远古时代应属闭口音节，这并不牵连整个幽部。高本汉在他的《藏语与汉语》里批评西门时说过这类话，在这一点上高本汉是对的。

朱骏声、黄侃等人抓住一个最初的声符作为出发点，然后把从此得声的字一律归入同部，这种简单的办法，在入声不独立成部的时候，毛病还不算大(段玉裁《六书音均表》中只有“颙”“傩”等少数字是归得不妥的)；至于入声独立成部以后，毛病就大了。朱骏声闹了一个笑话：他把宵部入声称为“小之荦分部”，而“荦”字本身由于从劳省声，只好放在“劳”字底下，没法子放进“小之荦分部”里去。“荦”字属入声，宵部入声称为“荦分部”是对的；他把“荦”字本身排斥在入声韵部之外，则是错误的。

如果单凭声符，声符本身还可能引起争论。依照《说文》，彝从彑声(彑，居例切)，彑在泰部，彝在脂部；矞从𣥛声(𣥛，女滑切)，𣥛在队部，矞在支部。这种复杂情况，章炳麟已经指出来了[①]。朱骏声《说文通训定声》以“彑”归泰部，“彝”字跟着归泰部，本属至部的“肆”，跟着也归泰部；另一方面，他虽承认“矞”从𣥛声，但并没有把“矞攟鷸”等字归入队部，而仍归入支部，这是自乱其例。又试拿“季”字为例，《说文》以为“季”从稚省声，此说本来可疑[②]，若依《诗经》用韵，“季”在入声(《陟岵》叶“季寐弃”，《皇矣》叶“对季”)，穉(稚)在阴声(《大田》叶“穉火”，又叶“穉穧”)，就十分明显了。

总起来说，中国传统音韵学对待阴声和入声的关系有两种不同的看法：在考古派看来，阴声和入声的分野并不十分清楚，特别是对于之幽宵侯鱼支六部，入声只当做一种声调看待，不作为带有-k 尾看待，因此，在他们的眼光中，这六部都是阴声，其中的入声字只是读得比较短一点，并不构成闭口音节；在审音派看来，阴声和入声的分野特别清楚，因为在他们眼光中，阴声是开口音节，入声是闭口音节。二十年前我倾向于考古派，目前我倾向于审音派。

钱玄同是黄侃的朋友，同时也是黄侃的音韵学说的信奉者。在他的《古韵二十八部音读的假定》中，阴阳入是三分的，因而阴声和入声的分野

---

① 章炳麟：《文始》略例。

② 孔广居的《说文疑疑》以为季从禾会意，其说近是。

是非常清楚的①：

歌 a ua	月 at uat	元 an uan
微 è uè	物 èt uèt	文 èn uèn
	质 ät	真 än
佳 ȧ	锡 ȧk	耕 ȧng
鱼 ò	铎 òk	阳 òng
侯 u	烛 uk	锺 ung
幽 o	觉 ok	冬 ong
宵 âu		
咍 ė	德 ėk	登 ėng
缉 op	侵 om	
盍 âp	谈 âm	

我在我的《汉语史稿》中，定上古韵母为十一类二十九部，若按照钱氏的名称和次序，则如下表（表下仅标出主要元音及韵尾）：

歌 a	月 at	元 an
微 əi	物 ət	文 ən
脂 ei	质 et	真 en
佳 e	锡 ek	耕 eng
鱼 a	铎 ak	阳 ang
侯 o	烛 ok	锺 ong
幽 əu	觉 əuk	
宵 au	沃 auk	
咍 ə	德 ək	登 əng②
缉 əp	侵（冬）əm	
盍 ap	谈 am	

尽管我所拟测的主要元音和钱氏颇有出入，但在阴声拟测为开口音节，入声拟测为闭口音节这一观点上，我和钱氏是完全一致的。

---

① 钱氏此文发表于1934年12月，表面上好像完全接受黄侃的学说，实际上已经不像他在《文字学音篇》中那样地述而不作。他添上了一个觉部，减去了一个沃部。依我看来，添上一个觉部是对的，减去一个沃部是不对的。

② 钱氏所拟的 ė，ėk，ėng 也就是 ə，ək，əng。

二、高本汉、西门等人把大部分或全部阴声派作入声

西欧某些汉学家，特别是高本汉和西门，对于上古汉语阴声韵部和入声韵部的研究，所得的结论和上述中国传统的音韵学完全相反。他们把上古的阴声韵部几乎完全取消，换句话说就是把上古的开口音节几乎完全取消，把清儒一向认为开口音节的字，大部分改为闭口音节。为叙述和评论的便利起见，我们先在这里着重介绍高本汉有关这一方面的学说。

在上古韵部的区分问题上，高本汉和章炳麟、黄侃的差别并不太大。在他的 Grammata Serica 中，他把上古汉语的韵母分为二十六部，按照我们的术语来说，可以列成下表：

1. 歌部　2. 鱼部　3. 侯部　4. 寒部　5. 月部
6. 鼍部　7. 真部　8. 至部　9. 文部　10. 队部
11. 脂部　12. 谈部　13. 盍部　14. 侵部　15. 缉部
16. 阳部　17. 铎部　18. 耕部　19. 支部　20. 蒸部
21. 之部　22. 冬部　23. 幽部　24. 宵部　25. 东部
26. 屋部

由此看来，除了鼍部是高本汉所独创以外，鱼铎分立和侯屋分立都和黄侃一致，其他二十一部更和章炳麟一致（当然，各部收字和章氏稍有出入）。但是，就他的拟音来说，那就和中国传统音韵学有根本上的差别。最值得注意的有以下两点：

（甲）向来被中国音韵学认为阴声（开口音节）的韵部，除歌鱼侯三部外，一律被高本汉派作闭口音节，其中之幽宵支四部的平上声字被认为收-g，脂鼍（歌部的小部分）两部字被认为收-r。例如：

母 məg　　期 ki̯əg　　梅 mwəg
子 tsi̯əg　　有 gi̯ug　　牛 ngi̯ug
忧 ·i̯ôg　　老 lôg　　曹 dzʻôg
好 xôg　　修 si̯ôg　　由 di̯ôg
高 kog　　刀 tog　　朝 tiog
瑶 di̯og　　交 kôg　　骄 ki̯os
夷 di̯ər　　旨 ti̯ər　　师 si̯ər

眉 mi̯ər　　比 pi̯ər　　泥 niər
违 gi̯wər　　推 tʻwər　　非 pi̯wər
迩 ni̯ar　　毁 xi̯wai

（乙）中古的去声字被高本汉认为在上古收-g，-d，-b，这些韵尾和入声的韵尾-k，-t，-p不同。关于收-b的去声字，高本汉说得不十分肯定，这里不加以讨论。关于收-g，-d的字，举例如下：

置 ti̯əg　　代 dʻəg　　富 pi̯ŭg
奥 ôg　　就 dzʻi̯ôg　　钓 tiog
耀 di̯og　　悼 dʻog　　暴 bʻog
赴 pʻi̯ug　　裕 gi̯ug　　耨 nug
彀 kug　　斗 tug　　茂 mug
路 klâg　　妬 tâg　　愬 sâg
度 dʻâg　　借 tsi̯ag　　护 gʻwâg
肄 di̯əd　　戾 liəd　　弃 kʻi̯əd
贵 ki̯wəd　　遂 dzi̯wəd　　醉 tsi̯wəd
赖 lâd　　契 kʻiad　　废 pi̯wăd
逝 di̯ad　　带 tâd　　会 gʻi̯wad

首先要声明一件事：加上了韵尾-r，-g，-d就不能再认为是阴声韵，因为中国传统音韵学一向认为只有开口音节才算是阴声，戴震、黄侃、钱玄同在这一点上最为明确。陆志韦先生说："上古音的歌部不收阴声"（《古音说略》，第106页）。陆先生把上古歌部拟成收-d，所以他说不收阴声。带有-r尾的韵母的性质在阳声韵和入声韵之间，r和m，n都是所谓响音，在这点上r尾的韵母近似阳声韵。至于以-g，-d收尾的韵母当然应该认为入声韵之一种。

西门的主要观点和高本汉相同；但是他比高本汉更彻底。在他的《关于上古汉语辅音韵尾的重建》①里，他不但把之幽宵支脂微等部都重建成为入声韵部，而且连鱼侯歌三部也重建为入声了，于是造成了"古无开口音节"。西门所拟的上古入声韵尾是-γ，-ð，-β和-g，-d，-b对立；他否认上古汉语和中古汉语有清塞音韵尾-k，-t，-p，所以他把高本汉所拟-k，-t，-p

① Walter Simon：Zur Rekonstruktion der Altchinesischen Endkonsonanten，Mitteilungen des Seminars f. *Orientalische Sprachen*，Bd. XXX，Abt. I，pp. 21.

的地方改为-g,-d,-b,而把高本汉所拟-g,-d,-r,-b 的地方改成-γ,-ð,-β(鱼侯两部定为收-γ,歌部定为收-ð)。当然我们应该认为以-γ,-ð,-β 收尾的韵母(如果存在的话)也算入声韵母,因为带塞声韵尾的既算入声,带擦音韵尾的也不能不算入声。

高本汉和西门二人的影响很大。从表面上看来,好像高本汉的影响要比西门的影响大,因为许多现代音韵学家接受了韵尾-g,-d,-b 的学说,而没有接受韵尾-γ,-ð,-β 的学说。实际上,就中国的情况来说,西门的影响要比高本汉的影响大,至少是一样大,因为(一)西门把鱼侯歌脂微等部一律认为上古入声韵部(虽然没有明显地称为入声),中国某些音韵学家也把鱼侯歌脂微等部一律认为上古入声韵部(也没有明显地称为入声);(二)西门没有承认脂微两部收音于-r,中国的音韵学家也没有任何人承认脂微两部收音于-r。

高本汉把阴声韵时而拟成闭口音节,时而拟成开口音节,显然是进退失据,自相矛盾。此外,高本汉还有一个缺点:本来阴声和入声对应,只能两分,不能三分,但是高本汉对于鱼侯脂微四部都采用了三分法,鱼部拟成 o,âg,âk,侯部拟成 u,ug,uk,脂微(高氏合为一部,有时又像分开)拟成 ər,əd,ət,这样是平上为一类,去声为一类,入声为一类,不但违反了传统的中国音韵学,而且违反了他自己的原则,因为他对之幽宵支四部只采用了两分法,否定了开口音节的存在。我们虽然反对把阴声韵拟成闭口音节(理由见下文),但是,我们同时认为,如果把所有的阴声韵一律拟成闭口音节,还不失为自成体系的学说。因此,我们认为西门的学说基本上是自成体系的,是持之有故,言之成理的,只有高本汉的关于上古汉语阴入两声韵尾的学说是矛盾百出的。

上文说过,如果依照考古派,入声不独立成部,那么,他们在拟测上古音值的时候,只有两条路可走。第一条是孔广森的道路,认为上古汉语只有阴声没有入声,或者像段玉裁和江有诰那样,认为入声和平上去声只是声调的分别,不是韵尾的分别(这是我的体会),所以入声只是阴声之一种,不是和阴声对立的东西,换句话说,不但平上去声的字是念开口音节的,连入声的字也是念开口音节的。第二条道路就是像西门那样,认为上古汉语只有入声韵,没有阴声韵(是否保留"阴声"这个旧名称来表示-g,-d,-b 等韵尾不关重要),入声和平上去声除了声调的分别以外,韵尾也有一些分别(如西门的-g,-d,-b:-γ,-ð,-β),但是它们一律读作闭口音节。除非入声独立成部(如戴震、黄侃、钱玄同所做的那样),否则第三条路是没有的。

上文说过,无论从谐声偏旁看或者从《诗经》用韵看,阴阳入三声之间都不免有些葛藤。入声缉盍和阳声侵谈的关系比较密些,和阴声的关系比较松些;它们在谐声方面和队泰发生一些关系(如纳从内声,盖从盍声),那只是入声和入声的关系,并不是入声和阴声的关系。因此,从孔广森起,"合"类就已经独立起来,到了王念孙和江有诰就索性把缉盍分为两部,以配侵谈。除缉盍以外,入声只有泰部和阴声的关系较松,因此,戴震的泰部独立能得到考古派王念孙、江有诰的拥护。

高本汉的缺点是考古和审音都无是处。从考古方面看,他并没有遵照江有诰把铎和鱼、屋和侯、至队和脂微合并起来。我们不从审音方面责备他,因为看来他并不是走那条道路的(他从来没有提到戴震、黄侃、钱玄同);但是我们有权利从考古方面责备他,因为他正是企图从这方面寻找论据的。

高本汉把铎和鱼分开,屋和侯分开,理由是无论从谐声方面或者从《诗经》用韵方面看,阴声鱼侯和入声铎屋的关系都不密切[①]。这是没有根据的说法,陆志韦先生驳过他[②]。我在上文已经指出,依照段玉裁的《六书音均表》,《诗经》鱼铎通叶有二十二处,侯屋通叶有五处。就韵部的大小而论,鱼部好比之部,《诗经》之职通叶有二十六处,和鱼铎通叶二十二处的情况差不多,为什么之职不分立而鱼铎要分立呢?侯部的大小好比支部,《诗经》支锡通叶有四处,和侯屋通叶五处的情况差不多,为什么支锡不分立而侯屋要分立呢?

高本汉谈到谐声的时候更是"以意为之"。正如陆志韦先生所批驳的,他硬说"涸"是会意字,是什么 solid water!《说文》明明说"涸"从固声,为什么要牵强附会呢?高氏援引《说文》以"博"为会意字(《说文》:博,大通也,从十从尃,尃,布也),其实应该依照朱骏声的意见,认为尃声。他从否认"博"字为谐声字出发,又硬说"缚"从博省声,这回可不能援引《说文》了,《说文》明明说"缚"从尃声,并没有说是从博省声!其实除了"博""缚"以外还有"薄""搏"等字。在他的 Grammata Serica 里(第 326 页),他把"薄""搏"等字也认为是从博省声,但是,这个说法显然是不能成立的,因为:(一)说"搏"是博省声已经是很勉强的了(《说文》认为"搏"从

---

① 参看高本汉:《诗经研究》,见 1932 年《远东博物馆集刊》第四期,第 131～146 页。

② 陆志韦:《古音说略》,第 94～100 页。

尃声)，至于说“薄”从博省声，更是大兜圈子，我们必须先承认“溥”从博省声，然后“薄”才能和“博”发生关系；(二) 高氏硬把从“尃”得声的字割裂为阴入两类，派入阴声鱼部的有“尃傅搏赙鳟”(承认是从尃得声)，派入入声铎部的有“博搏溥镈缚簿薄礴”等字(硬说是从博省声)，这种割裂是违反中国文字学的。高氏还割裂出一个笑话来。他把“溥”字归到入声里去，把它的上古音拟成 pâk，并且说明是水名(根据《广韵》)。其实水名是中古的意义，上古并没有这个意义，同时也就没有这个读音。在上古汉语里，“溥”的一般读法是滂五切，与“普”字音同义近(“普天之下”又作“溥天之下”)；“溥”又通“敷”，可见它是阴声韵字。高氏为了便于曲解“溥”为从博省声(从而曲解“薄”为从博省声)，不惜把滂五切的上古音拟成 p‘âg；但是他又把与“溥”相通用的“普”和“敷”都归到阴声里去，拟成 p‘o。p‘i̯wo，这种纯任主观的办法是不科学的。

上古鱼部除了从“尃”得声的字以外，还有一些谐声情况足以证明鱼铎相通。“豦”声有“劇臄”，又有“據鐻醵遽蘧籧”，“劇”等应属铎部，“據”等应属鱼部，高氏把前者拟成-k 尾，后者拟成-g 尾，那是说不通的。“鐻醵籧”都有群余一切，“蘧”字甚至仅有群余一切，它们都是平声字。“籧”亦作“筥”，高氏把“筥”拟成 kli̯o，“籧”拟成 g‘i̯wag，也自相矛盾。“莫”声有“谟模”，又有“暮墓寞”等，“谟”等应属鱼部，“暮”等应属铎部。高氏把“谟模”拟成 mag，也很难说得过去。“谟模”又写作“譕抚”，显然是平声字，依高氏的体系当作 mo。其次，高氏对从“著”得声的字处理得最不妥当。“著”在铎部，“躇”在鱼部，高氏把“躇”拟成 d‘i̯o，算是做对了，但是他把“著”拟成 ti̯o，ti̯ak 两音，就有矛盾。“著”无论读去声或入声，都应该收-k(若依高氏的说法，去声的“著”也该收-g)。

侯部和屋部在谐声方面也不是没有一些葛藤的。“娄”声有“数”，而“数”有上去入三声，高氏把“数”字分为 sliu，suk 两读，但是读 suk 的“数”仍是从“娄”得声，所以阴声和入声的谐声关系仍旧存在。从“数”得声的字有“薮”，高氏把“薮”派作收-g，也显出了侯屋的密切关系。“趋”从刍声，而“趋”又通“促”。“趣”从取声，“趣”也通“促”。高氏没法子抹煞侯屋两部的谐声关系。

至队和脂微相通的情况没有铎屋和鱼侯相通的情况那样明显，因此，王念孙和章炳麟虽然是考古派，也能把至部和队部分别地独立起来(章氏的队部还没有和阴声严格分开)。但是，我们也不能说至部和脂微之间没有押韵关系和谐声关系。上文说过，在《诗经》用韵中有“济”“闷”通叶，

"类""比"通叶,都可以证明入声和阴声不能划若鸿沟。谐声方面,撇开生僻的字不说[①],常见的字可以证明阴入两类的谐声关系的也不是绝无仅有的。"癸"声有"阕","矢"声有"疾"(据《说文》),这是两个比较明显的例子。高氏最不受人欢迎的一点是把脂微拟成收-r,他以为这样可以说明真文和脂微对转,又可以说明入声和阴声的关系,其实是两边不靠岸。关于收-r的学说,陆志韦先生曾经批驳了他[②]。高氏企图拿汉藏语系来证明上古汉语有韵尾-r的可能,但是汉藏语专家沙弗尔(R. Sharer)就批评他不对。沙弗尔指出,"死""二"等字在汉藏系许多语言中都有相当的字,但是都不收-r[③]。我没有什么新的意见,这里可以不谈了。总之,如果必须把脂微拟成闭口音节的话,自然是拟成-d比拟成-r好些。

沿着阴声和入声不分立这条道路走去的人,西门等人以外,还有陆志韦先生。陆先生把歌部也拟成了收-d的韵部[④]。打开陆先生的《诗韵谱》,我们找不到一个开口音节。

的确,陆先生的理论体系比高本汉的理论体系更为完整。陆先生很有力地证明,上古歌部和脂微是通叶的。陆先生指出:《诗·商颂·玄鸟》叶"祁何宜何",《易·家人》叶"义谓(?)",《书·仲虺之诰》叶"怀离"[⑤],《荀子·成相》叶"过施义祸罢私施移",《老子》叶"离(儿)疵为疵(知)",又叶"雌谿谿离(儿)",《庄子·山木》叶"訾蛇化为",《则阳》叶"(知)(知)化为围为过",《九歌·东君》叶"雷蛇怀归",《远游》叶"妃歌夷蛇飞徊",《九辩》叶"偕毁弛",《高唐赋》叶"螭谐哀悽欷"。上古歌部和支部也是通叶的,陆先生指出:《诗·斯干》叶"地裼瓦仪议罹(?)",《易·渐》叶"陆仪(?)",《庄子·在宥》叶"知离",《韩非子·扬权》叶"地解",又叶"离知",《外储说上》叶"知随",《九歌·少司命》叶"离知",《大招》叶"佳规施卑移",等等。假使上古歌部收开口音节,脂微支部收闭口音节,按照高本汉的体系来说,显然是说不通的。陆先生把歌部拟为收-d,虽然在与-g押韵的时候还不很容易解释,但这是"阴声"收-g,-d的学说的逻辑结

---

① 若算生僻的字就很多。参看陆志韦:《古音说略》,第189~190页。

② 陆志韦:《古音说略》,第104~106页。

③ 美国《东方学会杂志》(Journal of the American Oriental Society),LXX,2(1950年),第139~141页,对高氏新著《汉语的性质及其历史》的书评。

④ 陆志韦:《古音说略》,第102~104页。

⑤ "仲虺之诰"是古文尚书,也许可以除外。

果。我们感觉到陆氏的学说比高氏学说的逻辑性较强；高氏的学说自相矛盾，陆氏的学说不自相矛盾。

但是，除了“古无开口音节”的结论之外，是不是就没有出路了呢？我想不是的。出路很明显，就是维持阴阳入三分的学说，在阴声和入声的收音方面，基本上依照钱玄同的拟测，把阴声定为开口音节，入声定为闭口音节，问题就解决了。

应该承认，阴声和入声之间有着若干葛藤，正如阴声和阳声之间、阳声和入声之间有着若干葛藤一样。问题在于怎样看待这些葛藤。如果让它们牵连不断，我们势必在纷繁的史料中迷失方向。高本汉之所以拟出一个-r尾来，就是一方面看见微队相通，另一方面看见微文相通，他以为只有-r尾（或-l尾）可以兼通-d，-n。其实我们只要区别一般和特殊，许多问题都可以迎刃而解。

下文我们将着重在批判高本汉关于阴声韵和入声韵的收音的学说，主要是他的-g，-d学说。

三、韵尾-g′，-d的学说破坏了阴阳入三分的传统学说，也破坏了“平上为一类、去入为一类”的传统学说

高本汉把之幽宵支四部的平上去声字拟成收-g，不拟成收-k，是为后来平上去声字发展为阴声（依高本汉看法）准备了条件。他把鱼侯两部的去声拟成收-g，不拟成收-k，也是同样的理由。至于他把脂微的平上声字拟成收-r，去声字拟成收-d，理由更“充分”了，因为他认为从韵尾-r，-d发展到韵尾-i是很自然的。

但是，从中国传统音韵学看来，高本汉的-g，-d学说有两个很大的缺点。

第一，-g，-d学说破坏了阴阳入三分的传统学说。上文说过，中国音韵学上的考古派把入声归到阴声并非想要从上古汉语中消灭开口音节，恰恰相反，他们认为入声只是阴声的附庸；高本汉和西门把阴声归入入声是和中国传统音韵学唱对台戏，他们或多或少地企图取消上古的阴声，即开口音节。

像西门那样做（我们把-γ，-ð学说认为是和-g，-d学说同一性质的），上古汉语里是完全没有阴声的。其实高本汉既然做到那一个地步，倒不如干脆像西门那样完全取消阴声。但是陆志韦先生意识到这个学说有一

个大危险(这是西门所不肯说出来的),他说:

> 上古汉语没有开音缀的结论有人一定以为怪诞不经。世上哪里会有这样的语言呢?姑不论说话,随意翻一句古书来念,例如"井灶门户箕帚臼杵",读成-ŋ,-g,-n,-g,-g,-g,-g,-g,何等的聱牙。

其实念古书还不算什么,最糟糕还是读《诗经》! 陆先生接着说有几种现象很可以教人怀疑。他举出两件事:(一)"齐桓公与管仲谋伐莒,谋未发而闻于国……'君呿而不唫,所言者莒也'。"(《吕氏春秋》)这"呿而不唫"的音好像是张口说的;(二)更可以教人怀疑的,鱼部有好些感叹词跟象声字,按情理好像不应当有收声。《大雅》跟《颂》的"于乎"拟为 a-xa,当然比 ag-xag 近情得多。

陆先生的治学态度是很好的,他没有隐讳困难。他并且还开着一个后门,他说:"心里不妨存一疑问,上古语是有开口缀的,可是不知道哪些字是的。"[①]

我们是不相信上古汉语没有开口音节的。就拿高本汉来说,他没有完全否定上古汉语的开口音节,他对于鱼侯两部字和歌部大部分字还拟成开口音节。但是我还觉得不够;在 Grammata Serica 所列举的1 235个声符中,只有 138 个声符是属于开口音节的,只占全数的 11%强,开口音节这样贫乏,也是全世界找不出来的一种语言!

我知道,高本汉之所以不肯把鱼侯两部派作闭口音节,也正是因为怕开口音节太少了,不像一种实际存在过的语言(高本汉批评西门说他实际上把每一个中古收元音的字都认为上古收-γ 或-ð,见《藏语与汉语》)。但是正是由于这样,才造成了他的体系的内部矛盾;也正是由于这样,他不能不对鱼铎相通的情况和侯屋相通的情况做出若干解释。我认为他的解释是有理由的,并且它们可以同样地用来说明之职分立,幽觉分立,宵药分立和支锡分立。

高本汉在他的《诗经研究》(第 135～136 页)里说:

> 那么,为什么这个唯闭音 *glo_k(指"路"字)只与"故"叶,不与

---

① 陆志韦:《古音说略》,第 106～109 页。看来,陆先生并不想要证明上古汉语确实是一种没有开口音节的语言。但是,陆先生在没有从别的地方发现开口音节以前,先忙着把前人所肯定的开口音节否定了,这是令人感到遗憾的。

> “毒”d‘uok 一类字叶呢[①]？理由很简单。像广州话那样的唯闭音-k，在句末或在有停顿跟着的时候，实际上是不大听得见的。像 mo_k 一类的字在一个停顿的前面，这个-k 从语音学上去分析，只是前面的元音的一种滑收音(off-glide)。它使你听见舌头放在-k 的部位；它的闭塞是悄悄地构成的，并没有可以感觉到的破裂作用。除非没有停顿，mo_k 被另一元音直接跟随着，这个韵尾-k 才是显然可以听得见的。现在，《诗经》里入韵的字差不多全是在一行的末尾出现的，“路”*glo_k 等字经常被一个停顿跟着，这个唯闭音-k 就是不大听得见的。因此，“路”*glo_k 和“故”kuo 押韵而不和“毒”d‘uok 押韵，那是很自然的。这种押韵，在听觉上是够谐和的。

高本汉承认带有唯闭音韵尾的字可以跟开口音节押韵，这一点很重要。我们认为，上古汉语的入声韵尾-k，-t，-p 都是唯闭音，跟现代广州话的入声韵尾-k，-t，-p 一样(参看下文)。高氏承认*glo_k：kuo 的押韵是够谐和的，就不应该不承认 tsə：$tə_k$(子：德)，məu：$ləu_k$(毛：乐)，t$\underset{\frown}{i}au_k$：k$\underset{\frown}{i}$au(祝：究)，ke：tie_k(解：帝)的押韵也是够谐和的。

高氏曾经承认：之幽等部的去声字和“阴声字”押韵(如止 tśi：试śik；载 tsâi：意˙ik；究 k$\underset{\frown}{i}$eǔ：祝 ts$\underset{\frown}{i}$eǔk)并不能充分地证明这类上古“阴声字”一定收-g，因为这些去声字的-k 尾在早年已经变弱了，它们和开口音节押韵已经成为一种马马虎虎的韵了。至于入声字和“阴声字”押韵(如来 lai：亟 k$\underset{\frown}{i}$ək)，他才认为是上古“阴声”收-g 的充分证据[②]。其实根本就无所谓“变弱”；依我们看来，不但上古去声从一开始就是以唯闭音收尾的，连上古入声也是从一开始就是以唯闭音收尾的。那么，为什么上古入声不可以偶然和平上互押以构成“马马虎虎的韵”呢？

高氏屡次提到马马虎虎的韵(hedge-rimes)、不完全韵(imperfect rimes)和权宜韵(makeshift rimes)[③]，可见他承认这种特殊情况的存在。

---

① 高本汉在这里犯了一个音韵学的错误。“毒”字属幽部入声(即觉部)，木字(他在另一处提到的)属侯部入声(即屋部)，它们不可能和“路”字押韵。《诗经研究》把“木”“毒”拟成 muk，d‘uok 是错误的，依照他自己的体系，应该像 Grammata Serica 那样，拟成 muk(侯部入声)和 d‘ôk(幽部入声)。

② 参看高本汉：《上古汉语的一些问题》。赵元任译文(题为《上古中国音中的几个问题》)载《历史语言研究所集刊》第一本第三分。原文第 801 页，译文第 382 页。

③ 《诗经研究》，第 134、136 页。《汉语词族》，第 32 页。

但是，他只允许鱼部和铎部之间、歌部和寒部之间、微部和文部之间有不完全韵或权宜韵，那就是纯凭主观判断，不肯根据事实，不肯概括了。

如果我们能够区别一般和特殊，通例和例外，问题本来是容易解决的。顾炎武说："其入与入为韵者什之七八，与平上去为韵者什之三。"[①]实际上入声和阴声的分野比顾氏所论的还要明显得多。根据段玉裁古无去声的学说，十分之九以上的去声字都应该属于上古入声（闭口音节），那么，入声和阴声押韵的情况就很少了。歌泰不通叶，脂微和至队极少通叶，且不必去说它；就拿收-k的入声来说，依照段玉裁《六书音均表》的材料[②]，再依照我们所定的入声标准[③]，阴入通押所占的百分比如下表：

之部	258∶27	占10.5%	弱
幽部	143∶6	占4.7%	弱[④]
宵部	67∶11	占16.4%	强
侯部	57∶5	占8.8%	弱
鱼部	228∶22	占9.6%	强
支部	26∶4	占15.4%	弱

由上表看来，高本汉把幽部拟成-g尾最没有道理，因为幽部阴入通叶的情况只占4.7%弱。支部阴入通押占15.4%弱，似乎是颇大的比重，其实"解"字在上古可能是入声字，支部阴入通押四个例子当中有三个是"解"字和入声通押，"解"字如果算入声，比重就很小了。剩下来只有宵部阴入通押的比重较大，但也不过16%强。如果区别一般和特殊，阴入分立还是可以说得通的。

高本汉并不是一开始就把之幽宵支四部一律拟成-g尾的。在他的《分析字典》（Analytic Dictionary of Chinese and Sinojapanese）里，他把一些去声字如"异""意""富""代""告""钓""耀""貌""易""避"等的上古音拟成收-g，那是有相当理由的；我们虽不同意拟成收-g，但是我们同意把这类去声字拟成闭口音节（收-k），因为它们本来是古入声。至于这四部的

① 顾炎武：《音论》卷中。

② 其实有些可算不入韵，现在姑且都算入韵。

③ 例字见王力：《汉语史稿》上册，第83～86页。

④ 段氏幽部入声实际上包括侯部入声，现在依江有诰分为两类来统计。《小雅·大东》叶"蜀宿"是幽侯合韵，统计时算幽部；《小雅·采绿》叶"绿菊局沐"也是幽侯合韵，统计时算侯部。

平上声字，高氏在这部书里并没有把它们的上古音拟成-g尾。“由”“油”“抽”由于是平声字，“浩”“皓”由于是上声字，虽然谐声偏旁和入声相通，高氏对它们特别慎重，拟成-g尾还加上一个疑问号。对于之部的“有友右母某谋侮”等字高氏更明确地指出它们的上古音是收-ui尾的；对于支部的“支知”等字，他也明确地指出它们的上古音是收-a尾的。可见当时他并没有想到要把之支两部的阴声字拟成-g尾；对于幽宵两部是否收-g尾的问题，他还在举棋不定。直到1931年，他在《藏语和汉语》里，还说：“也许上古汉语所有的-ə̯u，-i̯ə̯u当中的舌根音u都念得很重，以致人们仿佛听见一个寄生的-g，如口 kə̯̂u_g，九 ki̯ə̯u_g 等。”我们认为当时他是比较明智的。后来他是“出乔木而迁幽谷”，越来越错了。

凡是研究上古汉语韵部的人都知道，之部和鱼部的读音是很相近的。依照段玉裁《六书音均表》，《诗经》之鱼通叶的例子有《小旻》的“膴谋”，《宾之初筵》的“呶欺邮”，《緜》的“膴饴谋龟时兹”，《蝃蝀》的“雨母”，《巷伯》的“者谋虎”，《常武》的“士祖父戎”；依照朱骏声《说文通训定声》，先秦韵文中之鱼通叶的例子还有《礼记·乐记》的“俯止女子语古”，《礼运》的“户下俎鼓祖子所祐”，《射义》的“举士处所”。金文中之鱼通押也是常见的①。假使上古之鱼两部像高本汉所拟的那样，一个是闭口音节，一个是开口音节，元音又不相同（如“雨”gi̯wo：“母”məg），它们怎么能押韵呢？

高本汉自己承认，他虽然在《诗经》用韵上找到了一些证据，但还踌躇着不肯说他早先的学说是错的（指“有” i̯ə̯u-ui̯等），还不肯说“期基姬纪母亩”等字在上古全有-g尾；后来他面对着一个稀奇而重要的发现，才不再踌躇了②。这个稀奇而重要的发现是什么呢？原来当时他以为脂部在上古是一种开口音节，收音于-i，上古之部如果在上古也是收音于-i的话，岂不是没有分别了？他这个“重要的发现”到现在一点儿也不重要了，因为他已经把脂部拟成了闭口音节，收音于-r了！

即使同属开口音节，实际上也不愁无分别。我在《汉语史稿》中把之支脂微拟成ə，e，ei，əi，不是都有了分别吗？我觉得：阴阳入三分是应该肯定的，上古汉语的开口音节决不会像高本汉所想象的那样贫乏。至于每一个韵部的主要元音，还是可以反复考虑的。

为什么ə（之部）有时候和ək（职）押韵，但是从来不和əi，ət（微，队）押

---

① 参看郭沫若：《殷周青铜器铭文研究》，第130～137页。

② 高本汉：《上古汉语的一些问题》。译文见《历史语言研究所集刊》第一本，第三分，第387页。

韵呢？那也很容易了解：之部的ə的发音部位和微部的ə的发音部位有所不同。前者发音部位较低，较后（可能是个ɐ），所以有时候和a（鱼部）押韵；后者发音部位较高，较前，所以有时候和ei，et（脂，至）押韵。关于元音问题，本文不打算详细讨论了。

第二，韵尾-g，-d的学说破坏了"平上为一类，去入为一类"的传统学说。段玉裁说："古四声不同今韵，犹古本音不同今韵也。考周秦汉初之文，有平上入而无去；洎乎魏晋，上入声多转而为去声，平声多转为仄声，于是乎四声大备而与古不侔。有古平而今仄者，有古上入而今去者，细意搜寻，随在可得其条理。……古平上为一类，去入为一类。上与平一也，去与入一也。"[①]段氏在这里谈的是声调问题，但同时也牵涉到韵尾问题。用他自己的话来说，这是"古四声"的问题，也是"古本音"的问题。如果我们承认上古入声是收音于-k，-t，-p的，同时又承认段氏古平上为一类，去入为一类的说法，那么上古汉语中的平上声字就是属于开口音节的，去入声字就是属于闭口音节的。段氏这一个发现是非常重要的，它不但解决了上古的调类问题，同时也解决了阴声韵和入声韵的分野问题。高本汉等人从中古的语音系统去看上古语音系统，以为平上去为一类（中古都是开口音节），入声自成一类（中古是闭口音节），那是很大的错误。

段玉裁的话，从表面看来有矛盾。他说"考周秦汉初之文有平上入而无去"，又说："去入为一类"，到底上古汉语有没有去声呢？其实他的话并没有矛盾。上古入声实有两类，其中一类到后代变为去声，这就是说，从闭口音节发展为开口音节，另一类则维持闭口音节直到中古汉语里和现代某些方言里。

段玉裁虽然主张"同谐声者必同部"，但是在区别入声和非入声的时候，他只以《诗经》用韵为根据，不以谐声为根据。例如"時""特"都从寺声，但是段氏把"時"归入平声，把"特"归入入声；"葵""阕"都从癸声，但是段氏把"葵"归入平声，把"阕"归入入声。这一点也很重要。在区别入声和非入声时，如果不拘泥于谐声系统，就没有很多纠缠。去声和入声押韵，在上古汉语里是明显的事实。

高本汉把之幽宵支四部的平上去三声的字和侯鱼两部的去声字拟成

① 段玉裁：《古四声说》（在《六书音均表》内）。

收-g[①]，入声字收-k；其次，他又把脂微两部的平上两声的字拟成收-r，去声收-d，入声收-t。这样显然和段玉裁的学说相反。

根据去入为一类的理论，我们应该把去入两类的字一律拟为收-k，-t，高本汉在他的《上古汉语的一些问题》和他的《诗经研究》里也正是这样主张的[②]。在这一个问题上，高氏是反复了三次的。第一次，在他的《分析字典》里，他主张这些去声字收-g，-d；第二次，在上述两文里，他主张它们收-k，-t；第三次，到了《汉语词族》[③]（直到现在），他又回到九年前《分析字典》的原说。在我们看来，他在1928年（《上古汉语的一些问题》发表）是"出于幽谷而迁于乔木"，到了1932年（《汉语词族》发表）却又是"出于乔木而回到幽谷"去了！

最鲜明的证据乃是《诗经》用韵。去入通押在《诗经》里常见到那种程度。以致段玉裁认为上古没有去声，可见韵脚是非常谐和的，绝非偶然的"协押"可比。假使-g：-k通押，-d：-t通押，那就是"协押"（assonance），并不谐和。依照高本汉的拟音，下面所引《诗经》的两章的韵脚将是这样：

《桑柔》十五章

民之罔极（ki̯ek），职凉善背（pwəg）；
为民不利，如云不克（k'ək）
民之回遹，职竞用力（li̯ək）。

《蟋蟀》二章

蟋蟀在堂，岁聿其逝（d̂i̯ad）；
今我不乐，日月其迈（mwad）。
无已大康，职思其外（ngwad）；
好乐无荒，良士蹶蹶（ki̯wăt）。

pwəg和ki̯ək，l'ək，ki̯ək押韵，ki̯wăt和d̂i̯ad，mwad，ngwad押韵，是多么

① 这里所说的平上去入的界限只是大致的界限，个别字的归类有出入。对于高氏是这样，对于段氏也是这样。

② 高本汉：《上古汉语的一些问题》。译文见《历史语言研究所集刊》第一本第三分，第350～355页。《诗经研究》，《远东博物院集刊》，第四期，第119～121页。

③ 《汉语词族》，第14～15、28、31～32页。张世禄译本（名为《汉语词类》），第13～16、46、52～54页。

不谐和！如果像我们所拟的，puək，kĭək，k‘ək，lĭək 押韵，kĭwat，ʑĭat，muat，nguat 押韵，那就谐和得多了。

当高本汉从去声收-g，-d 的理论转变到收-k，-t 的理论的时候，他首先说明入声能有两类。他说："我现在的说法就是说，现在有 tan¯，tan`的分别，那么在上古音当中也有 tat¯，tat`的分别，不过因为在第六世纪以前 tat`已经变了(tad—)tai`或是 ta`，所以后来的中国音韵学家就看不出那种入声字当中还有调的变化的可能了。"[①]其实入声能分两类，现代汉语方言就可证明，如吴方言的阴入、阳入，广州话的阴入、阳入、中入等。不过，阴入和阳入的分化是由于声母清浊的不同，阴入和中入的分化是由于韵母的不同，而上古汉语的入声分两类恐是比较原始的情况，而不是分化的结果。

上古入声分化为中古的去入两声，这就意味着上古的闭口音节分化为开口音节和闭口音节两类。这种分化是凭着什么条件的呢？高本汉说是由于去声是一个降调，所以影响到韵尾-d（来自-t）的失落（来自-k尾的-g尾也是一样）；也有人说可能是由于上古去声是个先强后弱（diminuendo）的调，所以影响到辅音失落；我在我的《汉语史稿》里说上古有长入和短入，长入到中古变了去声，短入到中古还是入声。在这篇文章里我不打算辩论这个问题；我觉得三种情况都有可能，而且也可能两三种情况同时存在。只要不把这两类入声完全混同起来，分化条件是容易说明的。

至于高本汉说从-k，-t 到开口音节还要经过一个-g，-d 的阶段，这是调和前后两种理论的一种说法。我看这种说法是不容易成立的。固然，tat—tad—tai 这个发展程序是言之成理的；辅音 d 和元音 i 发音部位相近，d 是浊音，变元音容易些。但是，tək—təg—tai 这个发展程序则是很难自圆其说的，特别是像 tĭək—tĭəg—ti 这样的程序很难找到满意的解释。高氏挖空心思地找到了一个解释，他说："tṣa’>ts-g 表示一种普通的-g；˙āi>-g 表示一种硬颚的-g，这个 g 和 i 的部位相当，所以后来它转变为 i；kâu>-g 表示一种软颚的-g，这个 g 和 u 的部位相当，所以后来它转变为 u。"[②]这种发展程序的人为性很重，所以缺乏说服力。我看还不如解释为韵尾-k 失落以后，元音自身逐渐发生变化。

尽管这样，当他推翻自己的-g，-d 学说的时候，他说出了许多令人信

---

① 高本汉：《上古汉语的一些问题》，译文见《历史语言研究所集刊》第一本，第三分，第351页。

② 高本汉：《分析字典》，第 29 页。

服的理由。在《上古汉语的一些问题》里[①]，他说：

1. 先说，有好些字的构造，用了新的说法，可以容易解释得多。“例”拟为 li̯ät`，比拟为 li̯äd 更接近它的声符“列”li̯ät。不但如此，代从弋声，措从昔声，显得我的新说法的好处。

我早期的理论是：

代 d'âg　　　　弋声(d)i̯ək

措 ts'uog　　　　昔声 si̯äk

它远不如我现在修正的说法：

代 d'âk`　　　　弋声(d)i̯ək

措 ts'uok`　　　　昔声 si̯äk

2. 其次，修正了的理论可以解释许多一字两读的有趣的例子。“度射恶食塞质易”等字都有两读，照我早期的理论，每个字的两种读音之间有不小的差别：

度 d'âk：d'uog　　　　恶 'âk：'uog

塞 sək：sâg　　　　易 iäk：i̯eg 等

若用现在修正的理论，那两种读音就相近得多了：

度 d'âk：d'uok`　　　　恶 'âk：'uok`

塞 sək：sâk`，　　　　易 i̯äk：iek`

射 dź'i̯ak：dźi̯ak`　　　　食 dz'i̯ək：(d)zik`

质 tśi̯et：tśit`

而且从上古音变到中古音的时候，那些失掉韵尾-k，-t 的字，它们跟保存韵尾-k，-t 的字的元音变化未必是一样的，所以如果追溯到上古时代那些两读的字，除了声调不同以外，可能(甚至非常可能)它们的声音是完全相同的。如果是这样，那就跟“好”字的读为 hao′，hao`，“王”字的读为 wang¯，wang`一样，纯然只有声调上的分别了。由此看来，我们现在假设为-k`，-r`，不再像早期那样拟成-g，-d，这样对于一字两读的现象就解释得非常好了。

3. 又其次，像 kag 那样的音，在听觉上和 kang 很相近似，料想念 kag 的字应该可以用做念 kang 的字的声符，念 kang 的字也应该可以用做念 kag 的字的声符。实际上这种事情没有发生过，这种情

---

① 高本汉：《上古汉语的一些问题》，译文见《历史语言研究所集刊》第一本第三分，第353～355 页。

况也有利于肯定上古的 kak`而不肯定上古的 kag。

4. 最后，有一个“害”字可以给一点暗示。这个字在经书里，例如《书经》“汤誓”和《诗经》“葛覃”，有时候可以代替“曷”字。如果“害”字念 γâd 而写来代替念 γât 的“曷”字，那就奇怪了；如果“害”字念 γât，稍为不小心就把“曷”写成了“害”，那是很可以理解的。

以上四种理由合起来，我想盖然性的程度就差不多等于必然性了。

在他的《诗经研究》里[①]，高本汉重复了他的论据。他说：

在我的《分析字典》里，我把“怕”(声符“白”)“例”(声符“列”)[②]一类的字肯定为收辅音韵尾。在那里，我提出的规则很简单：切韵时代以前消失了的辅音都是-g，-d(p‘ag，li̯äd 等)，而保存下来的辅音(“入声”韵尾)都是-k，-t(b‘ɐk，li̯ät 等)。在我的《上古汉语的一些问题》(1928 年)里，我修正了我的拟测。结果是前一类的收音也是-k，-t，不过“怕”“例”等字在上古汉语里已经是一种降调(“去声”)，是这个降调使上述这些辅音韵尾在切韵时代以前失落了，至于入声的“白”b‘ɐk，“列”li̯ät 则仍旧保留着它们的-k，-t。李方桂拒绝接受这种拟测，仍然维持我早期的拟测，但是他没有说明任何理由。因此，我在这里还要重复我的论据，同时还增加了一些新的材料。

(A) 如果我们把“害曷”拟成 g‘ât`，g‘ât⁻，“载则”拟成 tsək`，tsek⁻，就比把它们拟成 g‘âd，g‘ât，tsəg，tsək 更能解释它们之间的假借。这不是一个决定性的证据，因为“假借”的字有时候不一定是完全同音的字，但是如果加上下面的一些证据，它还不能说不是有启发性的。

(B) 如果我们接受去声收-k 的说法，一字两读(词干变化)就更容易理解：

度 d‘ak　　　　又音 d‘uo`<*-k`

复 p‘i̯uk　　　　又音 p‘i̯ə̯u`<*-k`

---

① 《远东博物院集刊》，第四期，第 119～120 页。

② 高本汉在文中举“例”“怕”二字作为去声的例字，不妥。先秦根本没有“例”字。先秦虽可能有“怕”字(《老子》：“我独泊兮其未兆”，河上公本作“怕”)，那是一个入声字，和后代的“怕”音义都不同。

塞 sək　　　　　　又音 sai<*-k`

(C) 决定性的证据还在乎这个。我们发现，在“怕”(从“白”声)这一类谐声字里，主谐字或被谐字到切韵里失落了辅音韵尾的，有95%以上属于去声：怕 p'a`：白 b'ɐk。例外是有的：高 kau¯：鄗 xak，但这种例外是很少的。从《诗经》和其他上古作品里，我们知道，许多平声字和上声字也都带着辅音韵尾，如“来”与“亟”叶，“子”与“德”叶，等等。假使平声“来”等、上声“子”等、去声“怕”等一律都收-g(或一律收-k)，为什么去声字常常和入声字互相谐声(如“怕”)，而平声和上声则仅仅有一些例外(如“高”)呢？我们不能不下这样一个结论：“来”“子”等字收辅音韵尾-g，这个-g有别于入声韵尾-k，因此，谐声的创造者很少把-g，-k混合起来；至于“怕”“例”一类字和入声互相谐声则非常普遍，所以这些去声字应该也是收音于-k的。

高本汉这些理由都是很有力的论证，我们主张上古去声收-k，-t，也就根据同样的理由。就收-g的字来说，如果采用高本汉最近的说法，平上去三声收音于-g，只有入声收音于-k，这样是平上去为一类，入声自成一类，严重违反了“平上为一类，去入为一类”的传统学说。在这一点上，高本汉曾经把自己批评得很彻底(特别是上文理由(C)项)，但他不惜自己推翻了自己的可靠学说，根据一些站不住脚的理由，重新回到他早期的-g，-d学说。在重新回到他早期的-g，-d学说的时候，他还不能不承认他的修正学说有着许多很大的优点(great advantages)[①]，但是他终于把它推翻了。

他的推理是这样的：(1) 既然脂微两部是收-r的，而至队两部的去声字又有和脂微押韵的情况，所以这些去声字的韵尾应该是-d，-d和-r押韵是比较谐和的[②]；(2) 既然和入声韵尾-t相当的去声韵尾是-d，所以和入声韵尾-k相当的去声韵尾应该是-g。这个逻辑推理是错误的，因为它的大前提是错误的。脂微两部在上古并非收音于-r(见上文)！

高本汉在早期的学说中，有浊音引出降调的理论。他说：“大家知道，在支那语系中，清音声母使字调成为一个高调(如“刀”tâu¯)，浊音声母使字调成为一个低调(如“蜀”d'âu¯)。无疑地，这是由于生理上的原因，而这一件事实正是和我们这个问题有关，因为上古的tsag(乍)变为中古的

① 《汉语词族》，第14页。

② 同上书，第32页。

tsạ̀正是变成一个降调，尾音低降，韵尾-d，-g 是字音的最后部分，它们是浊音，所以把尾音的声调拉低了。"[①]在《上古汉语的一些问题》里，他承认这是倒果为因，是降调促成了 lịät-lịäd-lịaì的发展，而不是韵尾-d 引出一个降调来[②]。但是，到了《汉语词族》中，他重新拾起已经放弃了的理论[③]。我们认为这个理论也是不能成立的。应该指出，声母和韵尾辅音在影响声调的作用方面是完全不同的；我们不能从浊声母产生低调这一件事实引出结论，以为韵尾辅音也产生低调。声母在元音前面，所以对元音的高低能产生影响；-d，-g 在元音后面，元音过去了，声调也就过去了，-d，-g 来不及影响它了。现代粤方言的入声也有低调（阳入），但是这些低调的字的韵尾并不是-b，-d，-g 而是-p，-t，-k。

总之，"平上为一类，去入为一类"的传统学说必须维持。高本汉在之幽宵支等韵部中以平上去为一类（收-g），入声自成一类（收-k），那是严重的错误。至于鱼侯脂微等部，入声和去声也不应该有韵尾上的分别，只能有声调上的分别。

四、从汉藏语系的一般情况证明韵尾-g′，-d，和-k，-t 同时并存的不可能

高本汉的-g，-d 学说遭遇着一个不可逾越的障碍。构成障碍的是这样一件事实：在汉藏语系中，韵尾-g，-d，-b 和-k，-t，-p 是不能同时存在的。

研究汉藏系语言，必须了解它们的共同特点，借此以区别于非汉藏系语言。汉藏系语言的特点之一是：它们的闭口音节，如果是收音于闭塞音或响音的，一律收唯闭音。高本汉认为在唐代（至少在某些方言里）入声韵尾-k"已经"是唯闭音[④]，其实它从上古以来一向就是唯闭音。他在《诗经研究》里还承认"路"等字属于唯闭音，所以他把"路""夜"写成 glo_k，$zịo_k$ 等，后来到了《汉语词族》里，他修改他的说法。他以为在《诗经》时代，-g 在 e，ə，o，u 的后面仍旧"活着"，但是在 a 的后面已经变了喉塞音：

---

① 《分析字典》，第 29 页。

② 高本汉：《上古汉语的一些问题》，译文见《历史语言研究所集刊》第一本，第三分，第 372 页。

③ 《汉语词族》，第 14 页。

④ 《诗经研究》，第 135 页。

"路""怕""夜"由 glâg,p'ăg,ziug 变为 glā,p'a˙,zi̯a˙,再变为 glo˙,p'o˙,zi̯o˙。本来,如果把之幽宵侯鱼支六部的去入声字一律拟成收喉塞音,倒不失为一个近理的拟测;收喉塞音也是收唯闭音,符合汉藏系语言的特点。但是,高氏在这里只是用头痛医头,脚痛医脚的办法,铎部去声的收喉塞音仅仅是为了照顾《诗经》押韵,所以他造出一种所谓"诗经方言"来,以为只有"诗经方言"的铎部去声收唯闭音,"诗经方言"以外有许多"有势力的姊妹方言",这些方言的"路""怕""夜"等字一直是收-g 的,它们是切韵的"直接祖先"①。这是多么迂曲的解释!

我们必须能够证明汉藏语系中某些语言(且不要求多数)的闭口音节是以完整的破裂音收尾的,然后可以相信上古汉语也收完整的破裂音。事实不是这样。据我们所知,现代汉藏系语言闭口音节的尾音-k,-t,-p 都收的是唯闭音,并不像印欧系语言那样收破裂音。听说日喀则地方的藏语韵尾-k,-p 在高元音 i,u 后面有轻微的破裂现象(如 sik 豹子,nup 西);梭磨地方的嘉戎语(rgya rong)韵尾-k 在慢说的时候说成破裂,快说则不破裂,至于-t,-p 则无论快说慢说都不破裂②。这些都是个别的现象,不能破坏一般的规律。

我们又必须能够证明汉藏语系中有这样一些语言(至少也要有一种),它们同时具备清浊塞音两套韵尾(即同时有-g,-d,-b 和-k,-t,-p),然后可以相信上古汉语也有这样的两套韵尾。-g,-d,-b 作为非正常的现象而存在,那完全是可能的;特别是在浊音声母的前面(如广州话的"黑猫"hɐkmau,"一年"jɐtnin,"入来"jɐplɐi),容易形成韵尾-k,-t,-p 的浊音化。但是这样并不能构成浊音韵尾和清音韵尾的对立。西门说古代西藏语没有-p,-t,-k,只有-b,-d,-g,那应该是可信的③。但是当它具备-b,-d,-g 的时候,并不同时具备-p,-t,-k。

为什么在汉藏系语言里不可能有两套清浊对立的塞音韵尾呢?原因就在于它们是唯闭音。我们知道,唯闭音的性质是只有成阻、持阻而没有除阻(除阻时不成音)。这种唯闭音正如高本汉自己所说的,它"只是前面的元音的一种滑收音(off-glide),它使你听见舌头放在-k 的部位,它的闭塞是悄悄地构成的,并没有可以感觉到的破裂作用"(见上文 37 页所引)。

---

① 高本汉:Grammata Serica,pp. 31。

② 这是金鹏先生供给的材料。谨此道谢。

③ 高本汉:《上古汉语的一些问题》,译文见《历史语言研究所集刊》,第一本,第三分,第 370 页。

在这种情况下，除非用仪器实验或者由听觉灵敏的语音学家来辨别，否则韵尾-b和-p，-d和-t，-g和-k是辨别不出来的。

也许可以辩驳说，现代汉藏系语言的塞音韵尾虽然是一种唯闭音；但是上古的汉藏系语言也可能有破裂音韵尾的存在。这种假定完全是虚构的。如果古代汉藏系语言有过破裂音韵尾，不可能不在某些语言中留下一些痕迹。大家知道，汉语及其同系语言的韵尾-m，-n，-ng也是唯闭音；就汉语说，它们是和-p，-t，-k配对的。相对应的韵尾照理也不应该有破裂和不破裂的分别。从来没有人证明过上古汉语韵尾-m，-n，-ng是破裂音，因此上古汉语韵尾-p，-t，-k也不可能是破裂音，否则就破坏了汉语语音系统的完整性。

班奈笛克(Paul K. Benedict)在他的《上古汉语中的*g和*d》里说[①]：

> 第四种尝试(我们认为这是正确的)就是把古汉藏语拟成只具有一套塞音韵尾(-k，-t，-p)，它有一整套的元音韵母(-u，-o，-a，-e，-i，也许还有其他)，还有一对半元音韵尾(-w，-y)。这就是说，这个语音系统是古藏缅语的语音系统，也是现代南亚洲大多数具有声调的单音节语(汉语、karen语、泰语、kadai语、越南语、苗瑶语)的语音系统。

这一段话是正确的。我们期待着他下那么一个结论：古汉藏语是这样，到了上古汉语也是这样。但是，他不顾他所证明的古藏缅语的事实，也不顾他所证明的古汉藏语的事实，反而相信高本汉和西门的意见，从而说上古汉语的-g，-d是由半元音-w，-i来的。上文已经从各方面证明，-g，-d学说是不能成立的，我看就用不着大兜圈子了。

在高本汉的近著(1954年)《中古及上古汉语语音学概要》里(第234页)，他企图拿日本的吴音和汉音来证明中古和上古汉语的塞音韵尾都是破裂音(不是唯闭音)。他说："吴音和汉音在借词的形式上有katu，kati，kapu，kaku，它们显示着当时日本人听见的是一种真正的、容易抓得住的清塞音(tenues)。"这个证据是不充分的。第一，高本汉自己说过："古代日本音没有韵尾-ng，所以他们对译汉语的'刚'kang用kagu(→kau→ko)。假使当初日本人听见'各'字念作kag(按，这是西门的说话)，他们一定会把这个'各'字翻成kagu，不会翻作kaku了。"[②]汉语韵尾-ng是个

---

① 《哈佛亚洲研究杂志》，1948年，第二卷，第203页。

② 高本汉：《上古汉语的一些问题》，译文见《历史语言研究所集刊》，第一本，第三分，第371页。

唯闭音[①],为什么日本人也听成了-g 呢?可见并不需要真正破裂,然后日本人才能听得是什么收音。日本人自己没有-p,-t,-k 一类的闭口音节,当然念成 katu,kati,kapu,kaku 了。第二,高氏自己看重以汉语本身证明汉语(这个原则是对的),也看重以汉藏系语言来证明汉语(那也是对的),但是他在这里抛弃了汉藏语的共同特点,求证于和汉语没有亲属关系的日本语的特点(它不能有-p,-t,-k 一类的闭口音节),那就不对了。

高本汉说:“也许藏语从前-b,-d,-g,-p,-t,-k 都有的(就像汉语,我想我能证明也有),不过后来由于类化作用都变成了-b,-d,-g,这种普遍化和简单化的现象是很符合支那语系的特点的。”[②]这完全是无稽之谈!他不能证明上古藏语同时有两套,就只好说个“也许”;他说他能证明上古汉语有两套,但是我们已经从各方面证明他的-g,-d 理论是不能成立的。

在这一个问题上,西门比高本汉高明些。他把上古汉语的闭口音节拟成-b,-d,-g 和-β,-ð,-γ 的对立,一套是塞音,一套是擦音,在听觉上容易辨别多了。但是他的上古收-b,-d,-g 的说法既然为高本汉所驳倒[③],-β,-ð,-γ 也就搭配不上。西门这一个学说最大的缺点还在于否定了上古汉语的开口音节。

开口音节对闭口音节的优越性,这是汉藏系语言的共同特点。汉藏系语言是元音占优势的语言。在现存的汉藏系语言中,我们绝对找不着一种语言像高本汉所拟测的上古汉语那样,开口音节非常贫乏,更不必说像西门所拟测的那样,完全缺乏开口音节了。相反的证据倒是不少:阿细语、撒尼语、威宁苗语等都没有闭口音节,这就是说,完全没有韵尾-p,-t,-k,-m,-n,-ng[④]。因此,把上古汉语拟成开口音节极端贫乏或完全没有开口音节的语言,是不合理的。

* * *

① m,n,ng,也是塞音之一种,全名应称为“鼻塞音”(Roudet:《普通语音学纲要》,第 152 页)。既是塞音之一种,所以也有所谓唯闭音(前书第 142 页讲到唯闭音 implosive 的时候,就是举 ap,am,at,an 为例的)。

② 高本汉:《上古汉语的一些问题》,译文见《历史语言研究所集刊》,第一本,第三分,第 370 页。

③ 同上书,第 369~374 页。

④ 参看袁家骅:《阿细民歌及其语言》。马学良:《撒尼彝语初探》。王辅世:《贵州威宁苗语量词》(《语言研究》,1957 年,第二期)。哈尼语除了少数汉语借词收-ng 以外,也没有闭口音节;参看高华年:《扬武哈尼语研究》。

高本汉在中古汉语的语音研究上有颇大的成就;但是,等到他拟测上古汉语的语音系统时,他陷入了机械主义的深渊。本文的主要目的在于批判高本汉的上古汉语音韵学,同时捍卫中国的传统音韵学。当然中国的传统音韵学也有它的缺点,例如说"家"古音"姑","友"古音"以"之类,它在这些地方违反了历史语言学的根本原则,必须加以纠正。高本汉在这一方面是正确的,他认清楚了语音分化必须有分化的条件。但是,在语音系统的分析和概括上,中国传统音韵学有其不可磨灭的成绩,因为先秦的史料有限,客观的分析会得到客观的结论,前代学者在这方面的成绩几乎可说是无可修正的了。阴阳入三分的传统学说必须维持,"平上为一类,去入为一类"的传统学说必须维持。

现在我把本文的要点总结一下:

(1) 在上古汉语里,每一个阴声韵部和它的入声韵部的关系都应该是一样的,我们不能像高本汉那样,把它们割裂为四个类型,第一类是之幽宵支四部及其入声,一律收塞音(-g,-k),第二类是鱼侯两部及其入声,一半收元音,一半收塞音(-o,-u,-g,-k),第三类是脂微两部及其入声,收颤音和塞音(-r,-d,-t),第四类是歌部及其入声,一大半收元音,一小半收颤音(-a,-ar)。从史料上看,这是没有根据的。

(2) 如果依照高本汉的原则,凡阴声和入声在谐声和押韵上稍有牵连,即将阴声字改为闭口音节,那么,逻辑的结论不应该是高本汉自己所得的结论(因为高氏没有遵守自己所建立的原则),而应该是西门所得的结论或类似的结论,这就是说,完全否定上古汉语的开口音节。但是,完全没有开口音节的语言是世界上所没有并且不曾有过的,我们不能设想上古汉语是这样一种语言。这不仅仅是常识判断的问题,而是关系到语言的本质的问题。语言必须具有开口音节,这是从世界语言概括出来的结论,也就是客观存在着的语言本质的特点之一。

(3) 从整个语言系统来看,上古汉语的阴阳入三声是有机地联系着的,同时又是互相区别的。在史料上,阴阳入的通转体现着有机联系的一方面;但是,我们并不能因此泯灭了它们之间的界限。我们必须辩证地处理谐声和押韵的问题,区别一般和特殊,然后不至于在纷繁的史料中迷失方向。

(4) 汉语韵尾-p,-t,-k是唯闭音,不但现代闽粤等方言如此,中古和上古也莫不如此。它们和西洋语言闭口音节的-p,-t,-k不同。西洋语言闭口音节的浊尾-b,-d,-g和清尾-p,-t,-k由于是完整的破裂音,所以清浊两套能同时存在而且互相区别;汉语闭口音节的清尾-p,-t,-k由于是唯闭音(不破裂),所以不可能另有浊尾-b,-d,-g和它们对立,即使清尾和浊尾同时存在也只是互换的,不是对立的。因此,高本汉所构拟的清尾和浊尾对立的上古汉语是一种虚构的语言,不是实际上可能存在的语言。

(原载《语言学研究与批判》第二辑,1960年;又《龙虫并雕斋文集》第1册;《王力文集》第17卷)

古韵脂微质物月五部的分野

一、各家对这些韵部的处理

古韵脂微质物月五部，在顾炎武看来，只算一个韵部。江永以质物月划为入声第二部，根据他的异平同入的理论，在《四声切韵表》中，质物月既配脂微泰（平上去第二部），也配真文元（平上去第四、第五部）。这样，在江永的心目中，入声具有较大的独立性。他说："入声与去声最近；诗多通为韵；与上声韵者间有之，与平声韵者少，以其远而不谐也。韵虽通，而入声自如其本音。顾氏于入声皆转为平，为上，为去，大谬！今亦不必细辨也。"①戴震对古韵采用了阴阳入三分法，以质物（第十七部）配脂微（第十七部），又配真文（第十六部）；以月（第二十一部）配泰（第二十部），又配元（第十九部）。表面上看来，上古入声韵部，从江永、戴震就独立起来了，其实江氏、戴氏所了解的上古入声韵部，跟今天我们所了解的上古入声韵部大不相同。当时他们是把《广韵》去声至未霁祭泰怪夬队废等韵归到阴声韵去，而我们今天却把这些韵基本上归到入声韵部里来。黄侃在他的《音略》中说他自己所定古韵二十八部的屑部（即质部）、没部（即物部）都是戴震所立，这就容易引起误解。因为如上所说，戴氏所了解的上古入声韵部跟今天我们所了解的大不相同，而黄侃所了解的上古入声韵部则跟今天我们所了解的大致相同。

段玉裁把我们的质部归入真部（他的第十二部），作为真部的入声。这一点为戴震所反对，其他各家也都没有采用。但他直到晚年写信给江有诰，仍旧坚持他的看法。他说："第十二部既不可不立，则以入质栉屑配真臻先，此乃自古至六朝如是，而不可易者，故质栉屑在第十二部，古音今音所同，犹之缉以下九韵在第七部、第八部，亦古今所同也。"②段氏其他收-t 的入声都配阴声，只有质栉屑配阳声，实在缺乏系统性。他拿缉以下

---

① 江永：《古韵标准》，渭南严氏丛书本，第 149 页。

② 江有诰：《江氏音学》，渭南严氏丛书本，第 12 页。

九韵来比较，但王念孙、江有诰连缉以下九韵也独立起来了，则其说不攻自破。但是这件事给我们很大的启示，那就是质部具有很大的独立性，它跟物部能够截然分开。戴震、江有诰以质物合为一部，同样是错误的。

段玉裁把我们的物月两部都归入脂部（他的第十五部），作为脂部的入声。这一点他不如戴震。但是戴震以泰月分立也是缺点，不如王念孙把祭部（即月部）认为去入韵，泰月同属一部，而跟物部划分开来。黄侃在《音略》中不说他的曷部是戴震所立，而说是王念孙所立，正因为他所定的范围比戴氏的遏部大一倍，而与王念孙的祭部相当。江有诰、朱骏声、章炳麟、黄侃在这一点上都跟王念孙相一致，于是物月的分立也就被肯定下来了。

上古入声韵部的独立，实际上导源于段玉裁，而不是导源于戴震。如上所说，我们今天所了解的上古入声韵部，跟戴震所了解的大相径庭。我们所谓上古入声韵部，包括绝大部分的去声字。入声的定义是收音于-p，-t，-k，古去声和古入声都具有-p，-t，-k 的收音，只是在声调上有差别，也许再加上元音长短的差别①。这样，段氏的古无去声说是跟我们的意见基本上符合的，只是我们不把去声和入声混同起来罢了。段玉裁在他的第十五部（脂微物月）分为平声、上声和入声，三声互不相押，则入声的独立性是很明显的。正因为这样，后人更进一步，才把入声韵部独立起来。

章炳麟的队部独立，这是一个新发展。这个队部，段玉裁、王念孙、江有诰等人一向都把它归入脂部（包括我们的微部）。他在《国故论衡·二十三部音准》说："队异于脂，去入与平异也。"他在这里明确地说队部是去入韵，正与黄侃的没部（我们的物部）相当。黄侃在《音略》中说没部为戴震所立，其实应该说是章炳麟所立。但是，章氏在自己的著作中，对队部的领域，是前后矛盾的，也是摇摆不定的。他在《文始二》说："队脂相近，同居互转。若聿出内术戾骨兀鬱勿弗卒诸声谐韵，则诗皆独用，而自隹靁或与脂同用。"自隹靁都是平声字，从它们得声的字也多是平声字，这就跟他在《国故论衡》里所主张的队部为去入韵的说法相矛盾。他在《国故论衡》里特别举出从隹、从自、从靁的字共 28 个作为脂部正音，这个矛盾更加突出了。《文始二》举了"豖"、"乀"、"勿"三个初文作为队部字②，同时又说

① 参看拙著《上古汉语入声和阴声的分野及其收音》，见本论文集，第 130～169 页。

② 乀，分勿切。读与"弗"同。

"左文三，诗或与脂同用，今定为队部音。""豖"是上声字，也与去入韵之说不合。他两次说"或与脂同用"，又说脂与队"同门而异户"，可见他摇摆不定。这样就造成他在归字问题上的踌躇。例如从"未"得声的字，在《文始二》里本是归入脂部的，在《国故论衡·二十三部音准》里却归入队部去了！

章氏对脂队的分野的看法前后矛盾是富于启发性的。他看见了从自、从隹、从靁得声的字应该跟脂部区别开来，这是很可喜的发现；他看见了队部应该是去入韵，跟脂部也有分别，这也是很好的发现。可惜他没有再进一步设想：从自、从隹、从靁得声的字如果作为一个平声韵部（包括上声）跟去入韵队部相配，又跟脂部平行，那就成为很有系统的局面：

脂：质：真　　微：物：文

直到我写《南北朝诗人用韵考》（1936）[①]，才提出了微部独立。罗常培、周祖谟两先生合著的《汉魏晋南北朝韵部演变研究》（1958）也主张周秦韵部应该把脂微分开。[②] 看来脂微分部是可以肯定下来了。

关于脂微质物月五部的区分，现在持异议的人不多了。但是这五部的归字问题却还是相当复杂的。本文的主要目的在于考察这五部之间的界限，也就是讨论某些具体的字的归部问题。

二、脂微的分野

仅仅只有从"自""隹""靁"得声的字，还不足以构成一个韵部，而且也不成系统。根据我研究的结果，微部的范围和脂部的范围一样大。

段玉裁以《广韵》的脂微齐皆灰五韵合并为先秦的脂部（他叫十五部），这是大概的说法。事实上齐韵有一部分字（如"提""携""圭"）归古音支部，脂灰两韵也有少数字（如"丕""龟""梅"）归古音之部。就这五个韵来说，在脂微分立的时候，是哪些韵应划入脂部，哪些韵应划入微部呢？我们认为：齐韵应划入古音脂部；微灰两韵应划入古音微部；脂皆两韵是古音脂微两部杂居之地，其中的开口呼的字应划归古音脂部，合口呼的字

① 发表于《清华学报》十一卷三期。

② 见《汉魏晋南北朝韵部演变研究》第一分册，科学出版社1958年版，第11页。

应划归古音微部。[1]

《广韵》的咍韵(包括上声海韵)有少数字如“哀”“开”“闿”“凯”等，一向被认为古脂部字，现在我们把它们划入古微部。

依照江有诰的《谐声表》，我们认为脂部的谐声偏旁应如下表：

妻声	皆声	厶声	禾声
夷声	齐声	眉声	尸声
卟声	伊声	屖声	幾声
豸声	氐声	黹声	比声
米声	尔声	豊声	死声
𠂔声	美声	矢声	兕声
履声	癸声	(平上声字)[2]	豕声
匕声	示声	二声	冀声
利声	(平上声字)[3]		

微部的谐声偏旁应如下表：

飞声	自声	衣声	褱声
绥声	非声	枚声	散声
囗声	隹声	幾声	
累声	希声	威声	回声
衰声	肥声	夔声[4]	乖声
危声	开声	鬼声	畾声
尾声	虫声	辠声	委声
毁声	火声	水声	卉声
臾声[5]	(平上声字)	未声	畏声

这样分配的结果，脂部开口字多，合口字少；微部合口字多，开口字少。这种情况跟真文两部正好相当：真部开口字多，合口字少；文部合口

---

① 这两个韵的唇音字算开口呼。

② 癸声的字，有一部分属《广韵》脂韵，如“癸”“葵”“骙”“揆”；另一部分属《广韵》齐韵，如“睽”。今一律划入脂部。唯有入声“阕”字则划入质部。

③ “犂”“黎”等字入脂部，但“利”字本身入质部。参看下文。

④ 拙著《汉语史稿》上册(修订本)以夔字入脂部(第82页)，未合。

⑤ 臾，同蒉。“贵”字从此。“遗”“穨”等字归微部，“贵”“匮”等字归物部。

字多，开口字少。

脂微分部以后，拟音也可以比较合理。咍灰两韵是一等字（一开一合），皆韵是二等字，齐韵是四等字，拟音时都不产生矛盾；至于脂微两韵，它们都是三等字，如果不分为两部，拟音时就产生矛盾了。微韵只有喉牙轻唇，脂韵没有轻唇，但是喉牙字仍然与微韵喉牙字重叠。高本汉在他的 Grammata Serica 里，把咍灰拟成 ər，wər，皆拟成 ɛr，wɛr，齐拟成 iər，iwər，虽然我们也不完全同意（特别是韵尾 r 不能同意），但是不产生矛盾；至于他把脂微都拟成i̯ər，i̯wər，那就产生矛盾了。所以他不能不把脂韵的喉牙音拟成i̯ɛr，i̯wɛr，来回避微韵喉牙音的i̯ər，i̯wər。这样就破坏了脂韵的系统性：微韵反而与脂韵的韵母完全相同，脂韵本身却分为两种差别颇大的元音了。如果分为两部，脂部的主要元音是 e，微部的主要元音是 ə，连韵尾成为 ei 和 əi，那就完全没有矛盾了。[①]

三、阴声和入声的分野

月部与阴声韵部没有轇轕，因为在《广韵》里，祭泰夬废四韵没有平上声的韵跟它们相配。至于入声质物两部与阴声脂微两部之间的界限，一向就存在着分歧的意见。质与物之间，质与月之间，也不是没有分歧意见的。现在先讨论入声质物与阴声脂微之间的界限。在目前的讨论中，暂时把质物看成一体。

在段玉裁《六书音均表·诗经韵分十七部表》中，第十五部入声兼收质物月三部（依照我们的看法），其中有些是在《广韵》属平上声的，如《小雅·车攻》叶“佽”“柴”，《唐风·杕杜》叶“比”“佽”，那是很难令人置信的。但其中也有在《广韵》属去声的，如《周南·汝坟》叶“肄”“弃”，《召南·摽有梅》叶“塈”“谓”，《邶风·日月》叶“出”“卒”“述”，《邶风·谷风》叶“溃”“肄”“塈”，《卫风·芄兰》叶“遂”“悸”“遂”“悸”，《王风·黍离》叶“穗”“醉”，《魏风·陟岵》叶“季”“寐”“弃”，《秦风·晨风》叶“棣”“檖”“醉”，《陈风·墓门》叶“萃”“谇”，《小雅·采芑》叶“莅”“率”，《雨无正》叶“退”“遂”“瘁”“谇”“退”[②]，《小弁》叶“嘒”“淠”“届”“寐”，《蓼莪》叶“蔚”“悴”，《采菽》叶“淠”“嘒”“驷”“届”，《隰桑》叶“爱”“谓”，《大雅·大明》叶“妹”“渭”，

① 参看拙著《汉语史稿》上册（修订本），科学出版社 1958 年版，第 82 页。

② 段氏以为还有“答”字叶韵，其实“答”字可以认为不入韵。

《既醉》叶"匮""类",《假乐》叶"位""塈",《泂酌》叶"溉""塈",《荡》叶"类""怼""对""内",《抑》叶"寐""内",《桑柔》叶"僾""逮",又叶"隧""类""对""醉""悖",《瞻印》叶"类""瘁",都是令人信服的。其中还有质物和月叶韵,如《小雅·出车》叶"旆""瘁",《小宛》叶"迈""寐",《雨无正》叶"灭""戾""勚",《大雅·皇矣》叶"拔""兑""对""季""季",《瞻印》叶"惠""厉""瘵""届"[①],又有去声和入声叶韵,如《小雅·雨无正》叶"出""瘁",《大雅·皇矣》叶"茀""仡""肆""忽""拂",《抑》叶"疾""戾",这些都更证实了段氏古无去声的说法。[②]

朱骏声的《说文通训定声》履部中有"日分部",自然也跟段氏一样,在一定程度上表示了入声韵部的意思。但是他的错误较多。譬如说,他把未声、尉声、胃声、位声、彗声、惠声、四声、戾声、至声等都划在日分部之外。他又拘泥于不可靠的谐声偏旁,把入声与非入声混在一起。例如由于《说文》说"褱"从衣,眔声,又说眔从目,隶省声(依小徐本),就把隶声的字和褱声的字混在一起。其实大徐本"眔"字下只说"从目从隶省",并无"声"字,小徐本不一定可信(段玉裁就不信)。又如由于《说文》说"曳"从申,丿声,又说"系"从糸,丿声,而"奚"又从系省声,就把曳声的字和奚声的字混在一起。其实"曳"所从的丿,应作厂,余制切(依段玉裁说),而"系"和"奚"本来都是象形字,"系"在甲骨文作[illegible],"奚"在甲古文作[illegible],"系"上的丿是爪的省略,而"奚"简直就是从爪。"曳"当属月部,而"系"和"奚"当属支部[③]。朱骏声的"日分部"对于阴声和入声的辨别,不但没有很大的价值,而且还使人弄不清楚了。

黄侃崇奉段氏古无去声的说法[④],他对阴声和入声的界限,照理应该有很大的参考价值。可惜得很,他的研究结果是令人颇为失望的[⑤]。但是,他既然把声符都列出来了,仍然值得我们重视,有些地方还是值得参

---

① 《瞻印》一章应依江有诰、朱骏声以"惠""厉""瘵"为韵,"疾""届"为韵,见下文。

② 我们认为上古有两种入声,而没有去声。当然也可以把第一种入声叫做去声,但是那种"去声"是收音于 t 的(专指这五部来说)。跟中古的去声收音于-i 的迥然不同。

③ 江有诰虽也误认"系"从丿声,但是他把"曳"划归祭部(即月部),"系""奚"划归支部,则是正确的。

④ 黄氏还更进一步否定了上古的上声。

⑤ 我根据的是刘赜教授的《音韵学表解》。杨树达在清华大学时,曾将书中的表印发给学生,加按语说:"右表乃从武汉大学教授刘君伯平《音韵学表解》录出,刘君用黄君季刚之说也。"

考的。现在把他所定灰部(即我们的脂微两部)和没部(即我们的物部,还有我们的质部的一部分字)的声符列举如下:

(1) 灰部

胃声*①	口声	伊声	位声*
㐆声(於机)	衣声	畏声	㣇声(羊至)*
尉声*	夷声	威声	委声
医声(於计)*	毁声	火声	虫声(许伟)
希声	贙声(胡畎)*	回声	惠声*
褱声*	卟声	皆声	幾声
禾声	鬼声	几声	癸声
启声	夔声	臾声*	开声
凷声*	𣪠声(苦坏)*	佳声	夂声(陟移)
㡀声	氏声	𠂤声	菡声(式视)
矢声	尸声	屍声	豕声
水声	弟声	爾声	二声
厽声(力几)	利声*	耒声	豊声
履声	頪声(卢对)*	磊声	戾声*
雷声	盭声(郎计)	𣎵声	夊声(楚危)
妻声	齐声	畀声*	奞声(息遗)
死声	师声	衰声	厶声
𦅁声(息利)*	绥声	屖声	采声*
帅声*	匕声	飛声	非声
妃声	配声*	肥声	比声
鬮声*	眉声	美声	枚声
米声	𢼸声	尾声	

(2) 没部

矞声	鬱声	卉声*	旻声(火劣)
㫚声(呼骨)	寣声(火滑)	屓声(许介)	计声*
骨声	旡声	继声*	气声*
器声	弃声*	欳声*	圣声(苦骨)

---

① 凡加*号的,是下文将要提出来讨论的。

兀声　对声*　退声*　出声
𠫓声　示声*　隶声*　术声
突声　肉声　卒声　自声*
囟声(疾二)*　祟声　兕声*　率声
四声*　闭声*　弗声　乀声(分勿)
辔声*　　　由声(敷勿)
鼻声*　奰声(平秘)　丿声(房密)
埭声(房六)*　孛声　𡕢声(勃莫)
勿声　鬽声*　未声*

高本汉在他的 Grammata Serica 里，也把上述这些谐声偏旁的字(少数例外)分为第十部和第十一部。第十部相当于黄侃的没部，第十一部相当于黄侃的灰部；但是，在归字的问题上，他跟黄侃有很大的不同。他把灰部的音构拟为-ər，-ɛr，没部的音构拟为 əd，-ət，-ɛd，-ɛt，我们虽不同意他的拟音[①]，但是，从他的拟音中可以看见，他的灰部和没部之间的界限是非常清楚的。现在仍按谐声偏旁来叙述高本汉对这两个韵部的划分：

(1) 灰部

开声　回声　𠂤声　隤声*
磊声　枚声　幾声　岂声
希声　衣声　夷声　旨声
示声*　𠂔声　次声　兕声*
厶声　死声　师声　矢声
尸声　履声　尼声　二声
匕声　比声　眉声　美声
鬼声　归声　韦声　虺声
畏声　威声　隹声　水声
畾声　耒声　非声　飞声
妃声　肥声　尾声　𢼸声
亹声*　笄声　卟声　启声

① 我们认为：灰部应该像他在《分析字典》(Analytic Dictionary of Chinese and Sino-japanese)那样，拟为收音于-i；没部应该像他在《上古汉语的一些问题》和《诗经研究》那样，拟为一律收音于-t。

医声*　　氐声　　弟声①　　妻声
齐声　　西声*　　屖声　　犀声
豊声　　米声　　皆声　　褱声
淮声　　几声　　冀声*　　伊声
癸声*

(2) 没部

骨声　　兀声　　𠫓声　　突声
卒声　　孛声　　𠬛声*　　质声
疾声　　鬱声　　出声　　术声
率声　　帅声*　　弗声　　市声
聿声　　勿声　　戛声　　乙声
蝨声*　　矞声　　爱声*　　隶声*
凷声*　　对声　　退声　　皋声*
配声*　　旡声　　豙声*　　气声*
四声*　　利声*　　莅声*　　畀声
彪声*　　胃声*　　彙声*　　尉声*
㒸声*　　彗声*　　祟声　　类声*
胐声　　未声*　　戾声*　　惠声*
𥁕声*　　弃声*　　器声*　　劓声
季声*　　位声*　　臾声*

下面我们选择一些字出来讨论：

胃声有“谓”“渭”“喟”等。《诗·召南·摽有梅》叶“塈”“谓”，《大雅·隰桑》叶“爱”“谓”，《大明》叶“妹”“渭”，《楚辞·怀沙》叶“喟”“谓”“爱”“类”。应依段氏属入声。黄氏误，高本汉不误。

位声。《诗·大雅·假乐》叶“位”“塈”，《易·旅卦》叶“位”“快”“逮”，《涣卦》叶“外”“大”“位”“害”，《说卦》叶“位”“气”。应依段氏属入声。黄氏误，高本汉不误。

𢆉声。《说文》虽说“𢆉”读若“弟”，但是《说文》所谓“读若”不一定就是同音。𢆉声有“䋣”，就是“肆”字。《诗·周南·汝坟》叶“肆”“弃”，《邶风·

① 高本汉以为弟声有“豑”，这是采用段玉裁的说法。“豑”同“秩”，转入质部。

谷风》叶“溃”“肄”“塈”。应依段氏属入声。黄氏误,高本汉不误。[1]

尉声有“蔚”。《诗·小雅·蓼莪》叶“蔚”“瘁”[2],《曹风·候人》叶“荟”“蔚”[3]。应依段氏属入声。黄氏误,高本汉不误。

医声有“翳”。《诗·大雅·皇矣》叶“翳”“栵”。应依段氏属入声。黄侃、高本汉皆误。

𧸘声。《说文》虽说“𧸘”读若“回”,但《广韵》读胡畎切。属灰部可疑。

惠声。《诗·小雅·节南山》叶“惠”“戾”“届”“阕”,《大雅·瞻卬》叶“惠”“厉”“瘵”,《礼记·月令》叶“泄”“出”“达”“内”“惠”“绝”。应依段氏属入声。黄氏误,高本汉不误。

臾声有“贵”,“贵”字有“馈”“溃”“匮”等。《易·颐卦》叶“贵”“类”“悖”,《吕氏春秋·权勋》叶“外”“内”“贵”,《易·家人卦》叶“遂”“馈”,《诗·邶风·谷风》叶“溃”“肄”“塈”,《大雅·既醉》叶“匮”“类”,《左传》成公九年叶“蒯”“悴”“匮”。应依段氏属入声。黄氏误,高本汉不误。但贵声又有“谓”。《诗·邶风·北门》叶“敦”“遗”“摧”,《小雅·谷风》叶“颓”“怀”“遗”,《大雅·云汉》叶“推”“雷”“遗”“摧”[4]。当依段氏属平声。高本汉误,黄氏不误。贵声又有“隤”“颓”。《诗·周南·卷耳》叶“嵬”“隤”“罍”“怀”,宋玉《高唐赋》叶“隤”“追”,《诗·小雅·谷风》叶“颓”“怀”“遗”,《礼记·檀弓》叶“颓”“怀”“萎”。也当依段氏入平声。高本汉以为“隤”是会意字,“隤”有“崩”的意思,“贵”表示高,墙高则崩[5],这纯然是臆断。他又以“颓”为“隤”省声。其实同谐声者必同部的原则也有例外,不必曲解。

凷声。“凷”在《广韵》读苦对切,属队韵。它虽然又写作“块”,但不能跟从“鬼”得声的字一样看待。《礼记·礼运》:“蒉桴而土鼓。”郑玄注:“蒉读为凷。”可见“凷”“蒉”同音或音近。凷声有“届”。《诗·小雅·节南山》叶“惠”“戾”“届”“阕”,《小弁》叶“嘒”“届”“淠”“寐”,《大雅·瞻卬》叶“疾”“届”。应依段氏属入声。黄氏误,高本汉不误。

𠭥声有“蒯”。《左传》昭公九年有“屠蒯”,《礼记·檀弓》作“杜蒉”。

---

① 但高本汉误以为“肄”从隶声。

② 段氏《六书音均表》引作“悴”。

③ 句中韵,依朱骏声。

④ 韵例依朱骏声。“畏”字不入韵。

⑤ Grammata Seriea,pp. 262。

可见“蒯”“蕢”同音或音近。上古音应属入声。黄氏误，高本汉不误。

利声也像臾声一样，情况比较复杂。《诗·小雅·大田》叶“穗”“利”[①]，《易·大壮卦》叶“退”“遂”“利”，《国语·越语》叶“物”“一”“失”“利”。“利”字本身应依段氏属入声，黄氏误。利声有“黎”。《诗·大雅·桑柔》叶“骙”“夷”“黎”“哀”，又应依段氏属平声。高本汉把“利”拟成lĭəd，而从“利”得声的字都拟成 lĭər，从阴声和入声的分野看，他是对的。其实《说文》说“黎”从黍，㓟省声，（“㓟”是古文“利”字），也有点勉强。段氏说：“从㓟省者，不欲重禾也。”也不一定讲对了。可能“勿”就是最初的“犁”字，而“黎”字直接从“犁”得声[②]。

頪声有“類”。《诗·大雅·既醉》叶“匱”“類”，《荡》叶“類”“懟”“对”“内”，《桑柔》叶“隧”“類”“对”“醉”“悖”，《易·颐卦》叶“贵”“類”“悖”，《楚辞·怀沙》叶“喟”“谓”“爱”“類”，《吕氏春秋·有始》叶“物”“類”。应依段氏属入声。黄氏误，高本汉不误。

𦇧声。《说文》引《虞书》“𦇧类於上帝”；今《书·舜典》作“肆”。依段氏，“肆”当属入声。

采声。“采”即“穗”字。《诗·小雅·大田》叶“穗”“利”，《王风·黍离》叶“穗”“醉”。应依段氏属入声。黄氏误。高本汉以穗为从惠声，归入他的第十部，不误。

帅声。这个问题比较复杂。《说文》“帅”“帨”同字，那末就应属月部，所以《诗·召南·野有死麕》叶“脱”“吠”“帨”。如果依一般古书，解作“将帅”的“帅”，“帅”与“率”音同义通，那末就应属物部（即没部）。黄氏归灰部是进退失据。也许是认为“帅”从𠂤声，但是大徐本无“声”字，可疑。高本汉归入他的第十部，相当于黄侃的没部，不误。

配声。《说文》：“配，酒色也，从酉，己声。”段玉裁、朱骏声都说是妃省声。按“配”字金文作[illegible]，不从己，自然也不是妃省声。宋玉《小言赋》叶“贵”“类”“配”“位”。应属入声。黄氏误，高本汉不误。

𩰫声。按“𩰫”即“狒”字，应属入声。黄氏误。

卉声。按卉是上声字，应与平声为一类，不应属入声。黄氏误。

计声，继声。高本汉于“计”“继”二字存疑，黄侃属入声。我想黄氏是

---

① 此依段玉裁说。朱骏声、江有诰都以为叶“穉”“挤”“穗”“利”，而不知是转韵。这是段氏高明的地方。

② 参看郭沫若：《甲骨文字研究》，科学出版社 1962 年版，第 84 页。

可从的。

器声。朱骏声引《左传》昭公七年叶“器”“罪”，原文是“盗所隐器，与盗同罪”，不像押韵。所以不能认为古上声。又引《六韬·文韬》叶“害”“败”“器”“世”，可见“器”字应属入声。《六韬》虽是伪书，也不会出在汉代以后。黄侃、高本汉都归入入声韵部，我想是可从的。

弃声。《诗·周南·汝坟》叶“肄”“弃”，《魏风·陟岵》叶“季”“寐”“弃”。应依段氏属入声。黄侃、高本汉皆不误。

季声有“悸”。《诗·魏风·陟岵》叶“季”“寐”“弃”，《大雅·皇矣》叶“对”“季”，《卫风·芄兰)叶“遂”“悸”。应依段氏属入声。高本汉归入他的第十部，不误。刘赜教授《音韵学表解》中不列季声，可能是由于《说文》说“季”字“从子，从稚，稚亦声”。按“稚”同“稺”，“稺”从屖声。黄氏以屖声属灰部，类推则“季”也在灰部，那就不对了。甲骨文和金文的“季”都从禾从子，并无稚声的痕迹。

欻声。这个字很怪。《说文》说“欻”字“从欠，歗省”。小徐本作“歗省声”。姚文田、严可均《说文校议》说：“当作祟声。”朱骏声说：“此字古音读如窟，从欠，祟声，或从柰声。”黄氏大约也主张当作祟声。但这是可疑的。

对声有“怼”。《诗·大雅·皇矣》叶“拔”“兑”“对”“季”“季”，《荡》叶“类”“怼”“对”“内”，《桑柔》叶“隧”“类”“对”“醉”“悖”。当依段氏属入声。黄侃、高本汉皆不误。

退声。《诗·小雅·雨无正》叶“退”“遂”“瘁”“谇”“退”，《易·大壮卦》叶“退”“遂”“利”。应依段玉裁属入声。黄侃、高本汉皆不误。

示声有“祁”“视”等。《诗·召南·采蘩》叶“祁”“归”，《商颂·玄鸟》叶“祁”“河”“宜”“何”[①]。《小雅·大东》叶“匕”“砥”“矢”“履”“视”“涕”。应依段氏属平上声。黄氏误，高本汉不误。

隶声有“逮”“棣”“肆”等。《诗·大雅·桑柔》叶“僾”“逮”，《易·旅卦》叶“位”“快”“逮”，《说卦》叶“逮”“悖”“气”“物”，《秦风·晨风》叶“棣”“檖”“醉”，《大雅·皇矣》叶“茀”“仡”“肆”“忽”“拂”。应依段氏属入声。黄侃、高本汉皆不误。隶声又有“隸”，即“莅”字，所以“莅”也应属入声，高本汉不误。依《说文系传》：“眔，目相及也，从目，隶省声。”而《说文》又说“褱”从眔声。这样“褱”就和“隶”发生了关系（朱骏声《说文通训定声》正是这样做的）。但是“眔”读徒合切，不可能以“隶”为声符。黄氏以隶声和

① 微歌合韵，依江有诰《诗经韵读》。

褎声分属入声与平声是对的。

旡声有“既”，既声有“塈”“溉”“慨”等。《诗·召南·摽有梅》叶“塈”“谓”，《邶风·谷风》叶“溃”“肆”“塈”，《大雅·假乐》叶“位”“塈”，《泂酌》叶“溉”“塈”，《楚辞·怀沙》叶“溉”“谓”，《哀郢》叶“慨”“迈”。应依段氏属入声。旡声又有“炁”，即“爱”字。爱声有“僾”。《诗·小雅·隰桑》叶“爱”“谓”，《楚辞·怀沙》叶“喟”“谓”“爱”“类”，《大雅·桑柔》叶“僾”“逮”。也应依段氏属入声。黄侃、高本汉皆不误。黄氏爱声不另列，高本汉另列爱声。

自声。高本汉存疑。黄侃归入声。我想黄氏是可从的。“自”是古“鼻”字，“鼻”属入声（见下文）。黄氏还另列㒳声。㒳也是“自”字，但因“替”从㒳声，故另列。

兕声。《诗·小雅·吉日》叶“矢”“兕”“醴”。应依段氏属上声。黄氏误，高本汉不误。

四声。《诗·鄘风·干旄》叶“纰”“四”“界”。这是不完全韵，因为“纰”属阴声[1]，“四”“界”属入声。段氏把“四”字划归入声。这是对的。黄侃、高本汉皆不误。章炳麟以“四”声归泰部，虽是错误的，但这样就属入声，仍然有可取之处。

闭声。“闭”字本有去入两读。朱骏声《说文通训定声》引《素问·调经论》叶“闭”“疾”，《灵枢·胀论》叶“穴”“闭”“越”，《九缄十二原》叶“疾”“刺”“结““闭”“毕”“术”，《三略上》叶“疾”“闭”“结”。这些书的时代不会太晚，仍有参考价值。“闭”字应属入声。黄侃、高本汉皆不误。

帥声。高本汉存疑。按《释名》：“帥，拂也。”应属入声。黄氏不误。

“甶”，敷勿切。甶声有“畀”，畀声有“鼻”“淠”等。宋玉《高唐赋》叶“气”“鼻”“泪”“瘁”“硙”，《诗·小雅·小弁》叶“嘒”“屆”“淠”“寐”。应依段氏属入声。黄氏不误。但他以鼻声另列，因《说文》只说“从自畀”，不说“畀亦声”。[2] 高本汉以畀声归入他的第十部，亦不误。

彔声。“彔”是古“魅”字。段玉裁说：“当读如密，今音房六切，非也。”

彪声。“彪”也是古“魅”字。

未声有“寐”“妹”“昧”等。《诗·小雅·小弁》叶“嘒”“屆”“淠”“寐”，

---

① “纰”字在单句，不押韵也行，所以押得不严格。

② 这里说“鼻”从畀声是依王筠、朱骏声、苗夔、徐灏等人的说法。

《邶风·终风》叶“曀”“寐”“嚏”[①]，《魏风·陟岵》叶“季”“寐”“弃”，《大雅·大明》叶“妹”“渭”，《楚辞·九辩》叶“带”“介”“慨”“迈”“秽”“败”“昧”。应依段氏属入声。黄侃、高本汉皆不误。

亹声。《说文》没有“亹”字。《广韵》“亹”有无匪、莫奔二切。段玉裁归他的第十三部，朱骏声归屯部（即文部）。高本汉归入他的第十一部（即脂微合部）。可能“亹”有两音，文微对转。但《诗·大雅·凫鹥》叶“亹”“熏”“欣”“芬”“艰”。仍应依段氏认为文部字较妥。

冀声。《说文》说“冀”从北，異声。因此，段玉裁、朱骏声都把它归入之部（我们的职部）。这是有问题的。金文“冀”作[illegible]，从異，象人立之形，[illegible]是头上的装饰[②]。“冀”是纯粹的象形字。《广韵》：“冀，几利切。”属至韵。《楚辞·九辩》叶“冀”“欷”。《史记·孝武纪》“冀至殊庭焉”，《汉书》作“幾”。“冀”应是脂部字。高本汉划归他的第十一部，这是对的。江有诰正是把“冀”字归入脂部。

癸声有“葵”“骙”“揆”“阕”等。“癸”“葵”“骙”“揆”应属脂部没有问题，但是“阕”字应属入声。《诗·小雅·节南山》“惠”“戾”“届”“阕”。段氏划归入声，是他的见识高超。江有诰《诗经韵读》以“惠”“戾”“届”“阕”“夷”“违”通为一部（脂部），并于“阕”下注为音楑，否认它是入声字。其实脂质对转（“阕”应是质部字，见下文），“癸”字正可以谐入声。高本汉于“癸”“揆”“骙”“葵”拟为i̯wɛr，睽拟为 iwər，属于他的第十一部（黄侃的灰部），“阕”拟为 iwət，属于他的第十部（黄侃的没部）。他这样做是对的。

西声有“洒”“哂”等。《诗·大雅·桑柔》叶“慇”“辰”“西”“瘠”[③]，《邶风·新台》叶“洒”“浼”“殄”。《白虎通·五行》：“西方者，迁方也。”段玉裁、朱骏声都以西声入文部（十三部、屯部），江有诰入元部。我认为江氏是对的。高本汉把西声划归脂部，不可靠。

蝨声。《说文》说“蝨”从卂声。朱骏声把它划入坤部（即真部）。其实真质对转，古音应在质部。高本汉划归入声是对的。[④]

辠声。“辠”即“罪”字。《说文》说“罪”从网非，其实应是从非得声。段玉裁、王筠、朱骏声皆主此说。辠声应属微部。黄氏属灰部，按他的体

---

① 韵例依朱骏声、江有诰。

② 参看孙海波《古文声系》之部第 10 页。但孙氏调和《说文》的说法，以为异亦声。

③ 《诗经》原文是“自西徂东”，江有诰、朱骏声都认为应该是“自东徂西”。

④ 但是他说从卂意义不明。则是错的。

系是不错的。高本汉错了。

气声有“气”“忾”等。“气”又是古“乞”字。“乞”声有“仡”“纥”“讫”等。从“气”“乞”二字的相通即可证明古音气声的字属入声。黄侃、高本汉皆不误。

家声有“毅”。高本汉归入他的第十部，是把它当做入声（黄侃的没部）。黄侃把它归入曷部（即月部），虽不完全对，但也是当做入声看待的。

彙声。《说文》说“彙”从胃省声，或从虫作“蝟”。“胃”既应属入声，“彙”自应也属入声。高本汉不误。

㒸声有“遂”“隊”“穟”“檖”等。《诗·卫风·芄兰》叶“遂”“悸”，《小雅·雨无正》叶“退”“遂”“瘁”“谇”“退”，《易·大壮卦》叶“退”“遂”“利”，《家人》叶“遂”“馈”，《秦风·晨风》叶“棣”“檖”“醉”，《大雅·生民》叶“旆”“穟”。应依段氏属入声。《说文》说“㒸”从豕声，未必可信。金文“㒸”就是“隊（墜）”字，写作**㒸**，是个象形字。如果说是从豕声，就和脂部纠缠在一起。非但平入不应相谐，而且开口和合口一般也不应相谐。高本汉属入声是对的。黄侃不列㒸声，恐怕算是豕声，那就错了。

彗声有“嘒”“彗”等。彗声属入声不成问题，只是归月部还是归物部、质部的问题。下文再讨论。

由上文看来，高本汉和黄侃不同的地方，多数是高本汉对了，黄侃错了①。高本汉实际上是吸收了清儒的研究成果，特别是段玉裁、王念孙的古音学说。

由上述的情况看来，并不是所有的去声字一律应该划归古入声。例如二声、示声等，都是应该归入古上声的。

四、质物月的分野

上文谈了阴声和入声的分野。我们说黄侃不误或高本汉不误，只是说他们在阴声和入声的分野上没有错误。至于质物月三部的分野，那又是另一问题，需要更深入地加以分析。

大致说来，质与月之间、物与月之间，界限是相当清楚的，只有少数谐声偏旁和个别的字有问题。问题较大的在于质部和物部之间的界限。

王念孙所定的至部包括下列这样一些谐声偏旁：

---

① 如果刘赜教授《音韵学表解》能代表黄说的话。

至声	疐声	质声	吉声
七声	日声	疾声	悉声
栗声	桼声	毕声	乙声
失声	八声	必声	卪声①
节声	血声	彻声	设声
闭声②	实声	逸声	一声
抑声	别声		

段玉裁的第十二部入声与王念孙的至部基本上一致,仅仅多了一个替声。黄侃的屑部与王念孙的至部也大致相同,只少了一个闭声,多了暗声和隍声。③ 高本汉的第八部相当于王念孙的至部,他的拟音是-ied,iet,iwet,-i̯ĕd,-i̯ĕt,-i̯uĕt。但是高本汉少了质声,乙声,抑声,八声,彻声,设声,别声;多了弜声,匹声,穴声,佾声④。

现在我们先讨论上述各家之间的小分歧。

替声。应依段氏入质部。《楚辞·怀沙》叶"抑""替",《庄子·则阳》叶"替""洫","抑""洫"都是质部字。张衡《东京赋》叶"结""节""替""谲""秩",潘岳《西征赋》叶"替""结""节""闭",这是段氏所谓"未违古音"。

闭声。应依王念孙入质部。⑤ 段玉裁以"闭"字归他的第十五部,黄侃以闭声归没部,皆不妥。如上文所引,《素问·调经论》叶"闭""疾",《三略上》叶"密""一""疾""闭""结",都可以作证。

暗声只有一个"暗"(於悦切)字,而且是个僻字,可以不必讨论。

隍声。黄侃归屑部。由语音系统看,黄说可从。理由见下文。

质声。高本汉拟成-i̯ət,乙声,高本汉拟成-i̯ɛt,都属于他的第十部,相当于黄侃的没部。这显然是错误的。不但黄侃,连段玉裁、王念孙也都认为"质""实"同部,"一""乙"同部。"踬"从"质"声,"踬""疐"音近义通。宋

---

① 卪,音节,瑞信也。"即"字从此。

② 闭声以下,王念孙只说"闭实逸一抑别等字",现在为整齐起见,也作为声符看待。

③ 根据刘赜教授的《音韵学表解》。表中未列失声和节声,大约因为"失"从乙声,"节"从即声,而"即"又从卪声。又多了一个侄声,王氏未列,因为王氏认为侄从至声。

④ 高本汉还多列了壹声、即声、侄声。但是这和王氏没有矛盾,因为王氏认为"壹"从吉声,"即"从卪声,"侄"(人质切)从至声。

⑤ 王引之《经义述闻》卷三十一载王念孙与李方伯书,书中明言"及闭实逸一抑别等字"。书后附韵表,表中缺"闭"字,想系漏列。

玉《高唐赋》叶“室”“乙”“毕”。

抑声。高本汉归他的廿一部，相当于段玉裁的第一部（之部）。这是依照《切韵》系统，因为“抑”在《广韵》中是职韵字。这是错误的。《诗·小雅·宾之初筵》叶“抑”“怭”“秩”，《大雅·假乐》叶“抑”“秩”“匹”，《楚辞·怀沙》叶“抑”“替”。“抑”分明是质部字。

八声，匹声，穴声，佾声。王氏认为“匹”“穴”“肙”（佾）都从八声，所以不另列。高本汉不承认这些字从八得声，所以匹声、穴声、佾声都另列了。从“匹”“穴”“佾”得声的字都入质部，和王氏没有矛盾。唯有“八”字本身，高本汉把它归入他的第五部（等于我们的月部）。“匹”“穴”“肙”以八为声符，许慎这个说法是靠不住的，可惜段玉裁、王念孙、江有诰都依了他。惟有朱骏声以为“匹”“穴”“肙”都不从八声。按金文“穴”写作[illegible]，显然是象形字（有人说象灶形）。“匹”写作[illegible]，也是象形（但不知所象何形）。“佾”本作“肙”，今本《说文》：“肙，从肉，八声”，但戴侗引唐本《说文》作“从八”，没有声字。“八”“佾”声母相差很远，“肙”不应从八得声。我们认为“八”字古属合口呼（这点与高本汉相同），应属物部（这点与高本汉不同）。

弜声。罗振玉以“弜”为“弼”的古文，高本汉从罗说。段玉裁以“弼”归他的第十五部（脂部）的入声，朱骏声把它归入泰部（即月部），都和高本汉不同。我想段玉裁是对的。“弼”字似乎是古合口字，按语音系统应属物部。《孟子·告子下》：“入则无法家拂士，出则无敌国外患者，国恒亡。”“拂”借为“弼”。《大戴礼记·保傅》：“弼者，拂天子之过者也。”这是声训。“弼”“拂”应同属物部。

彻声，设声。王念孙把这两个声符归入至部，段玉裁把它们归入十二部（即真部）入声，朱骏声把它们归入履部（即脂部）入声，黄侃把它们归入屑部（即至部）。王、段、朱、黄是一派。江有诰则把这两个声符归入祭部（即月部）；高本汉归入他的第五部（即月部），与江有诰一致。我觉得江有诰和高本汉是对的。《诗·小雅·十月之交》叶“彻”“逸”，《宾之初筵》叶“设”“逸”，只能认为是质月合韵。[①] 单靠《诗经》还不能说明问题。《老子》七十九章：“有德司契，无德司彻。”“契”与“彻”押韵。《管子·弟子职》：“先生已食，弟子乃彻；趋走进漱，拚前敛祭。”“彻”与“祭”押韵。又：“俯仰磬折，拚毋有彻”。“折”与“彻”押韵。据朱骏声所引，《三略上》叶“设”“夺”。《三略》虽是伪书，出书不会太晚，也可作为旁证。主要证据

① 江有诰《诗经韵读》在这两个地方都认为是脂祭通韵。

是："彻""设"在《广韵》属薛韵，薛韵应属古音月部。

别声。王念孙归至部，段玉裁归他的十二部入声，黄侃归屑部。王、段、黄是一派。江有诰归祭部，朱骏声归泰部，江、朱是一派。高本汉和江、朱一样，他把别声归入他的第五部。但是朱氏自己也有矛盾。他引《管子·弟子职》叶"鳖""别"，"鳖"字在他的履部，而他对"鳖""别"的押韵称为"古韵"，不称为"转音"（即合韵）。其实连敝声的字也应入泰部，那就没有矛盾了。高本汉正是这样做的。

上面所述的是各家之间的小分歧，现在谈到我们和段、王、朱、江、黄以及高本汉之间的较大分歧。我们认为：质部的范围应该扩大，物部的范围应该缩小。质部的范围应该和脂部的范围相当，物部的范围应该和微部的范围相当。因此，大致说来，去声霁韵、入声质栉屑三韵应划入古音质部；去声未队两韵，入声術物迄没四韵应划入古音物部；去声至怪两韵、入声黠韵是古音质物两部杂居之地，其中的开口呼应划归古音质部，合口呼应划归古音物部。怪黠两韵情况比较复杂，其中还包括一部分月部的字。正如哈韵有小部分微部字，代韵也有小部分物部字。江有诰在《入声表》的凡例上说：质栉为脂开口之入，術为脂合口之入，物为微合口之入，迄为微开口之入，没为灰通脂之入，屑为齐通脂之入，黠部当分为二，半为皆通脂之入，又半为祭泰通用之入。他的话是对的。因此，古音质部与脂部相配，物部与微部相配，是很富于系统性的。如下表：

脂部	质部	
脂旨韵开口	至韵开口	质韵，栉韵
齐荠韵	霁韵	屑韵
皆骇韵开口	怪韵开口	黠韵开口
微部	物部	
脂旨韵合口	至韵合口	術韵
微尾韵	未韵	物韵，迄韵
皆韵合口[①]	怪韵合口	黠韵合口
灰贿韵	队韵	没韵
哈海韵（少）	代韵（少）	——

① 骇韵没有合口呼的字。

依照上述的划分法,质部与物部的谐声偏旁应如下表:

(1) 质部

利声	戾声	弃声	器声
季声	惠声	彗声	计声
继声	劓声	四声	隶声
㣇声	闭声	替声	届声①
医声	自声	鼻声	畀声
至声	疐声	辔声	贔声(平秘)
屓声(许介)	必声	实声	吉声
戜声(徒结)	质声	七声	卩声
日声	栗声	桼声	铚声
毕声	一声	血声	逸声
抑声	乙声	失声	疾声
匹声	㑨声	穴声	执声(一部分)

(2) 物部

气声	旡声	胃声	贵声(一部分)
未声	位声	退声	祟声
尉声	对声	頪声	内声
孛声	配声	率声	帅声
卒声	术声	出声	兀声
弗声	叐声	矞声②	勿声
突声	骨声	鬱声	聿声
八声	戞声		

王念孙只是机械地把《诗经》用韵情况分析了一下,得出了他的至部。这个至部是缺乏系统性的。《诗经》不入韵的字,他只好不管了。例如"替"字,大概他以为在《诗韵》里不入韵(不赞成段玉裁所说的"替"在《召旻》中与"引""频"押韵),也就不提它。甚至像从戜得声的"载""鐵""驖"

① "届"从凷声,"凷"是合口字,存疑。

② "矞"从冏声,"冏",女滑切。

“𧽯”等，明显地属于至部的字，也只好不理会了。江有诰《谐声表》以戥声归脂部，在他的系统中是对的。朱骏声拘于“戥”从呈声之说，把“鐵”等字归入鼎部（即耕部），反而乱了。[①] 段玉裁在他的《六书音均表·古十七部谐声表》上虽然未列戥声。但是他在《诗经韵分十七部表》的十二部中注明“替”字平读如“亲”而近“汀”，入读如“七”而近“鐵”。又在《说文解字注》“替”字下注云：他计切，古音鐵。又在“鐵”字下注云“十二部”。段氏是正确的。《诗·小雅·巧言》“秩秩大猷”，《说文》引作“𢧄𢧄大猷”。《大雅·假乐》“威仪抑抑，德音秩秩”，《说文》于“𧽯”字下云：“读若诗‘威仪秩秩’”。[②] “鐵”字古文作“銕”从夷，是脂质对转的证据。由此可以肯定，王念孙至部之说还有许多应该补充的地方。

江有诰不肯接受王念孙至部独立之说，主要理由之一是：这样一来，脂部就没有去入声了。到了章炳麟，明确地指出至部和队部是去入韵。[③] 到了黄侃，索性认为是入声韵部，即屑部和没部。但是这样就引起了混乱：原来江有诰脂部的去声字归到哪里去呢？依照王念孙，这些去声字只有很小的部分是属于至部的，黄侃不愿意扩大它，于是把这些去声字胡乱地归入了没部和灰部，搅乱了整个语音系统。

关于四声相配，江永《四声切韵表》已经是良好的开端；到了江有诰的《入声表》，可以说是基本上达到了完善的地步。现在我们试举一些例子来看：

饥几〇吉	〇〇器诘	纰疕淠匹	魮仳鼻泌
茨〇自疾	私死四膝	夷〇肄逸	梨履利栗
梯体替鐵	黎礼戾捩	皆锴届戛	

由此可见，“诘”是“器”的入声，“匹”是“淠”的入声，“泌”是“鼻”的入声，“疾”是“自”的入声，“膝”是“四”的入声，“逸”是“肄”的入声，“栗”是“利”的入声，“鐵”是“替”的入声，“捩”是“戾”的入声，“戛”是“届”的入声。黄侃以“诘”“匹”“泌”“疾”“膝”“逸”“栗”等字归屑部，而以“器”“淠”“鼻”“自”“四”“替”等字归没部，“肄”“利”等字归灰部，这是不合语音系统的。

---

① 黄侃于屑部未列戥声，可能是跟朱氏一样的见解。

② 这也可能是引《诗·邶风·柏舟》的“威仪棣棣”，参看下文。

③ 但是他说：“至部古音如今音，去入韵也，以此异支。”（《二十三部音准》）他把至看成支的去入，大误。

以上谈的是语音系统。下面再从史料方面加以证明。

《说文》"趃"字下引《诗经》"威仪秩秩"。钱坫《说文解字斠诠》说:"读若'威仪秩秩',今诗作'棣棣'。"按"威仪棣棣"见于《邶风·柏舟》。钮树玉《说文解字校录》说:"今诗无此文。段云即'威仪棣棣',恐未确。顾曰:'此《大雅·假乐》之三章'威仪抑抑,德音秩秩'也。"今本段注只是采用了顾说,不知钮氏何故批评段氏。我的意见是:"棣棣"、"秩秩"是同一个词,只是字形不同。《礼记·孔子闲居》又作"威仪逮逮。"由此可以证明隶声应属质部。

戾声应属质部。《诗·大雅·抑》叶"疾""戾",这是很好的证明。由于《节南山》叶"惠""戾""届""阕",《采菽》叶"维""葵""膍""戾",似乎牵连不断,所以王氏、段氏都认为"疾"与"戾"相叶是合韵。其实依照我们的韵部,"惠""戾""届""阕"都是质部字,正好与"疾"同部,并非合韵。至于"维""葵""膍""戾"相押,那是脂微质三部通韵。《吕氏春秋·乐成》:"麛裘而韠,投之无戾;韠而麛裘,投之无邮。""韠"与"戾"叶,"裘"与"邮"叶,毫无疑义,"戾"是质部字。张衡《东京赋》叶"日""戾""汩""质",可见直到汉代,"戾"字仍然读入质部。

彗声应属质部。江有诰入祭部、黄侃入曷部(都等于月部)。这是因为有"雪"字牵连着。朱骏声以彗声入履部,而认为"雪"不从彗得声,应另入泰部。高本汉以彗声归他的第十部,"雪"字另归他的第五部,与朱略同。《诗·小雅·小弁》叶"嘒""届""淠""寐",《广韵》"慧""嘒"等字属齐韵,可见朱氏是正确的。高本汉不完全对;依他的体系,彗声应属他的第八部。

届声应属质部。《诗·大雅·瞻印》:"瞻印昊天,则不我惠。孔填不宁,降以大厉。邦靡有定,士民其瘵。蟊贼蟊疾,靡有夷届。"江有诰、朱骏声都认为"惠""厉""瘵"是脂(履)祭(泰)通韵,而"疾"与"届"相押则是脂(履)部。段玉裁认为"惠""厉""瘵""届"相叶,而"疾"不入韵。我觉得江朱二人的意见是对的。

利声应属质部。《诗·小雅·大田》叶"穗""利",已经可以为证。特别是《国语·越语》:"唯地能包万物以为一,其事不失,生万物,容畜禽兽,然后受其名而兼其利。"这里"一""失""利"叶韵[①]。

执声一部分应属质部。"执"本字和从执得声的字如"蛰""絷"等应属

---

① 朱骏声以为叶"物""一""失""利"。按,"物"字不入韵。

缉部；但是执声的“挚”“鸷”“贽”“鸷”等则是质部字。朱骏声以挚声、鸷声归泰部，而以“贽”为“挚”的变体；江有诰也以挚声归祭部，将脂利切改为脂祭切。他们之所以这样做，大约是因为《楚辞·天问》叶“挚”“说”，宋玉《高唐赋》叶“会”“磆”“磕”“厉”“濿”“霈”“迈”“喙”“窜”“挚”。但是这些只能算是质月通韵，不能因此断定“挚”属月部。《说文》大徐本“挚”字从手，从执，小徐本从手，执声，应以小徐本为准。《说文》：“鸷，至也。”段玉裁注云：“以双声叠韵释之。”这话很对。大徐本和小徐本都说“鸷”从执声，而段氏偏要改为埶声，大徐本说“读若挚同”，小徐本说“读若执同”，段氏偏要改为“读若埶同”，那就错了。至于“鸷”字，段氏说古音在十二部，这话对极了。但是大徐本和小徐本也都说是从执声，而段氏偏要说是从鸟，从执，那又错了。钮树玉《段氏说文注订》说：“按‘挚’‘鸷’并从执声，《系传》‘挚’本作执声而《解字》删去‘声’字，今‘鸷’下亦删去‘声’字，并非。”钮氏的意见是正确的。《说文》没有“贽”字，段氏以为就是“鸷”，朱氏以为就是“挚”。按，“贽”字古通作“质”。《孟子·滕文公下》：“出疆必载质。”赵注：“质，臣所执以见君者也。”“质”字从王念孙起就认为是至部字。高本汉把执声的字归入他的第十五部（即缉部），把“挚”等拟为-i̯ab>-i̯ad 等，并且说这些字很早就由-b 过渡到-d，因为《书经》已经借“挚”为“至”，《周礼》已经借“挚”为“致”、为“轾”。① 他的说法是比较正确的，缺点是认为“挚”属于他的第十部（物部），而不是属于他的第八部（质部）。

医声应属质部。《释名》：“殪，翳也”。《诗·大雅·皇矣》“其菑其翳”，韩诗“翳”作“殪”。“翳”“殪”同音同部。

质物的分野是由脂微的分野推知的；二者之间有着对应的关系。在脂微没有分立以前，还不可能正确地划分质部与物部之间的界限；脂微分立以后，这个界限也就跟着清楚了。关于脂质对转，我们也有许多证据，现在试举一些为例。

《荀子·劝学篇》：“白沙在涅，与之俱黑。”《群书治要》引《曾子·制言》作“白沙在泥，与之皆黑”。《论语·阳货》：“不曰白乎？涅而不淄。”《史记·屈原列传》作“皭然泥而不滓”。按“涅”从日声，应属质部；“泥”属脂部，脂质对转。

《左传》隐公元年：“不义不暱。”《说文》引作“不义不黏”。杜子春注《考工记·弓人》引作“不义不昵”。按，“黏”从日声在质部。“昵”从尼声，

① Grammata Serica, pp. 29,301.

“尼”在脂部。

《诗·小雅·宾之初筵》叶“礼”“至”,《易·需卦》叶“泥”“至”,《楚辞·悲回风》叶“至”“比”,《九辩》叶“济”“至”“死”,《鄘风·载驰》叶“济”“闷”,都是脂质合韵。可见以质配脂是有根据的。至于以物配微,不必详细讨论,因为章炳麟、黄侃都是以物配微,只是他们的物部和微部(章氏称为队脂,黄氏称为没灰)比我们的物部和微部范围更大罢了。

质部和物部的分野弄清楚了,月部的分野就非常好懂了。收-t 的韵部只有质物月三部,除了质物两部的字以外,就都是月部的字了。月部的谐声偏旁如下表:①

祭声	卫声	赘声	毳声
㓹声	制声	裔声	埶声
世声	祋声(丁外)	拜声	介声
大声	泰声	丐声	带声
贝声	会声	兑声	喙声
最声	窜声	外声	虿声
吠声	乂声	丰声	筮声
曳声	夬声	歲声	戌声
月声	伐声	厥声	发声
剌声	截声	列声	末声
寽声	犮声	桀声	折声
舌声	绝声	薛声	雪声
叕声	臬声	𠯑声	威声
羍声	杀声	盖声	夺声
戉声	罚声	孑声	劣声
巿声(分勿)	彻声	设声	别声
𣎳声(普活)			

现在只有少数声符需要提出来讨论一下。

曳声。王念孙、江有诰归祭部(即月部),朱骏声归履部(即脂部),高本汉归他的第五部(即月部)。王氏、江氏和高本汉是对的。“曳”又作“拽”“抴”,“泄”又作“洩”,“绁”又作“缏”。世声既属月部,曳声也应属

① 为了便于了解,不一定列出最初的声符。

月部。

㡀声。朱骏声归履部(即脂部),王念孙、江有诰归祭部(即月部)。高本汉归他的第五部。王氏、江氏和高本汉是对的。㡀声有“敝”,敝声有“蔽”。《国语·越语》叶“蔽”“察”“蓺”,《荀子·成相》叶“蔽”“势”“制”“毙”,《离骚》叶“蔽”“折”。除“毙”字属脂部外,其余都是月部字。《广韵》“㡀”“敝”“弊”“獘”“蔽”等都入祭韵,“鷩”“鼈”“瞥”等都入薛韵,依语音系统也应属月部①。

雪声,问题比较复杂。朱骏声以彗声归履部,但是雪字另归泰部,因为他认为“雪”不从彗得声。《说文》“雪”字作“雪”,从雨,彗声。朱骏声以为是从雨,从彗,会意。按,“雪”字甲骨文作[甲骨文],像雨雪之形,并非从彗得声。

蠆声。问题也比较复杂。甲骨文“萬”字作[甲骨文],像蝎子形,看来应该“萬”与“蠆”是同一字。但是“萬”解作“蠆”,在文献上无可证明。王念孙于蠆声收“邁”“厲”“勱”等字,而不收“萬”字。江有诰以萬声归元部,蠆声归祭部,高本汉亦同。这是对的。朱骏声把二者混在一起,未妥。

丰,古拜切。丰声有“契”又有“害”,江有诰和朱骏声都是这样处理的。高本汉把“契”和“害”分为两处,也许他以为“害”不从丰声。林义光《文源》也以为“害”不从丰声。这个问题不大,不必详细讨论。

歲声。《说文》说“歲”从戌声。今依高本汉另列歲声,因为“歲”在甲骨文作[甲骨文],是个象形字。②

截声。“截”字《说文》作“㦰”,从戈,雀声。“截”“雀”旁纽双声,但是不同韵部。朱骏声把它归入小部(即宵部)是不对的。王念孙、江有诰都归祭部,黄侃归曷部,高本汉归他的第五部,这四家是一致的。《诗·商颂·长发》叶“拨”“达”“达”“越”“發”“烈”“截”,又叶“旆”“钺”“烈”“曷”“蘖”“达”“截”“伐”“桀”,可以证明截声属月部。“截”“绝”音近义通,(《说文》:“截,断也。”《广雅·释诂一》:“绝,断也。”)可见“截”“绝”应同属一部。《广韵》“截”入屑韵,在系统上不合(屑韵属质部),这是一个例外。江有诰《谐声表》于“截”下注云:“昨结切,改昨薛切。”他也是作为例外来看待的。

---

① 屑韵有“撆”“瞥”“蹩”等少数字,“瞥”字又两属,不足为凭。

② 郭沫若先生以为“歲”“戉”本一字(戉就是钺),见《甲骨文字研究》,1962年版,第140页。按两字的声母相差颇远,未敢肯定。

蓋声。《说文》“蓋”从盍声。因此，江有诰以盍声归祭部，把胡腊切改为胡葛切。朱骏声以为蓋从草从盍会意，所以把“蓋”字收入泰部，盍声收入谦部的嗑分部（等于葉部）。王念孙把“蓋”字收入祭部，盍声收入盍部，与朱略同。黄侃承认“蓋”从盍声，但蓋声仍应归曷部，与盍声不同部。高本汉最为特别：他把去声、盍声、蓋声都摆在一条底下，“去”拟为 k'i̯ab，“盍”拟为 g'âp，“蓋”拟为 kab>kâd。我们认为，高本汉以“盍”从去声，虽然在语音系统上不无根据（去声有“怯”“劫”都是葉部字），但是于字形无征。“盍”字古从太作“盇”，不从“去”[①]。“蓋”“盍”同属一个声符则是可信的；古“蓋”“盍”通用，如《孟子・梁惠王上》“蓋亦反其本矣”等于说“盍亦反其本矣”。但是，“蓋”字可能有两读，覆蓋的“蓋”仍应归月部。至于盍声，自然应属葉部。江说不可从。

市声。《说文》以“市”“朩”分为二字：“市”下云：“韠也，上古衣蔽前而已，市以象之。”又云：“韨，篆文市，从韦，从犮。”“市”又作“芾”。“朩”下云：草木盛朩朩然，象形，八声，读若辈。”桂馥以为通作“孛”，朱骏声疑即“孛”字之古文。但是，《说文》于“索”下又云“从朩糸，杜林说，朩亦朱市字”。这样，“市”与“朩”又是同一字了。王念孙于祭部不收市声，也不收朩声，不知何故。朱骏声以市声与朩声分立（都在泰部），“沛”“旆”“悖”“勃”等字都归朩声。江有诰以孛声归脂部，市声、朩声都归祭部，他在《诗经韵读）中把《诗・商颂・长发》的“旆”、《陈风・东门之杨》的“肺”都算作祭部字。黄侃以市声、朩声都收入曷部，但他的没部另收孛声，与江氏同。高本汉以孛声独立，这是与江黄一致的；以“旆”“肺”“沛”等字为从市得声，则与江黄不一致[②]。高本汉还有他的特点：他以“市”“芾”归他的第十部（即物部），“旆”“肺”“沛”归他的第五部（即月部）。各家分歧的情况是相当复杂的[③]。我们认为高本汉比较正确。“市”“朩”两个声符被人们弄乱了。依大徐注音是：“市”，分勿切，“朩”，普活切（《广韵》：“市，分勿切”；但

---

① 而且不一定从太。林义光以为“盍”即覆蓋的“蓋”。[古文字形]，其中的[古文字形]是皿中有物（不是“血”字），[古文字形]象蓋形。

② 黄侃在这个问题上没有明确的表示，这只是猜想。

③ 戴震在《答段若膺论韵》中，谈到《诗・商颂・长发》六章的“旆”字，注云：“此字误。《荀子》引此诗作‘载发’，《说文》引作‘载坺’，‘发’‘坺’皆于韵合。”这话也是可怪的。旆，蒲盖切，泰韵。泰韵正是与月末相通的。引文不同正足以证明去入相通。戴震以“旆”归第十九霭，以‘发’‘坺’归第二十遏。遂致判若鸿沟！

普活切没有"朩"字)。其实应该对调一下:朩,分勿切,去入相通,也就是《玉篇》的甫未切,《说文》的"读若辈";"市",普活切,"旆""沛""肺"都应该是从市得声。《集韵》末韵普活切正写作"市"。《说文》于"旆""沛""肺"等字的声符都写作"朩",但可能在汉代已经混用了,所以杜林说"朩亦朱朩字"。既然"市"又作"韨",从犮声,可见"市"本身应属月部。"市"又作"芾"。"蔽芾"是叠韵连绵字。《诗·曹风·候人》叶"祋""芾","祋"是月部字(见下文),则"芾"也应属月部。

祋字应依夏炘《诗古韵表》归月部。《说文》:"祋,殳也。或说城郭市里,高县羊皮,有不当入而入者,暂下以惊牛马曰祋,故从示殳。"由此看来,"祋"字是否从示字得声,尚是疑问,依或说㸚则是会意字。"祋"在《广韵》有丁外、丁括两切,依语音系统也该属月部。

"窜"字,王念孙、朱骏声、江有诰、黄侃都归月部(韵部名称各有不同)。只有高本汉归他的第四部(即元部)。王朱江黄是对的。《字林》"窜"字读七外反,所以朱骏声说古音读如"毳"。《易·讼卦》叶"窜""掇",宋玉《高唐赋》叶"会""磍""磕""厉""濊""霈""迈""喙""窜""挚"。证据是确凿的。

喙声。《说文》"喙"从彖声。"彖",他乱切。"喙",许秽切。段注:"许秽切,十五部,彖声在十四部,合韵也。"段氏说得很对,"喙"从彖声是月部与元部对转[①]。桂馥、朱骏声嫌他乱切不协,改为彖声("彖"音式视切),反而改坏了。《诗·大雅·绵》叶"拔""兑""駾""喙",可见"喙"正是月部字。《广韵》"喙"在废韵(许秽切)和祭韵(昌芮切),依语音系统看,去声祭泰夬废四韵都属月部。江有诰、黄侃在月部(祭部、泰部)中未收喙声,不知是从桂馥说,还是以为"喙"应从"彖"归元部。高本汉于"喙"字拟为 -i̯wad,归他的第五部,那才是对的。

五、结　语

以上所论,我根据的是一个总原则,就是以语音的系统性为标准。在过去,我对语音的系统性是注意得不够的。在考古、审音两方面都缺乏较深入的钻研,而这两方面的辩证关系也处理得不好。讲语音发展不能不讲发展的规律,没有系统性也就无规律可言。而我过去不但在这方面重

---

① 但对转的"喙"字应该是昌芮切,而不是许秽切。

视不够，而且有轻视的倾向。我引了戴震的一段话：

> “仆谓审音本一类，而古人之文偶有相涉，有不相涉，不得舍其相涉者，而以不相涉者为断。审音非一类，而古人之文偶有相涉，始可以五方之音不同，断为合韵。”

于是批评说：

> “他有了这一个根本观念，就不肯纯任客观。凡是他所认为应合的，就说是审音本一类；凡是他所认为应分的，就说是审音非一类。”①

其实戴氏的理论本身不能说是有什么错误。《诗经》只有305篇，连《楚辞》及诸子韵语都算也不能说我们占有很丰富的材料了，其中不可避免地存在着一些偶然性。我们把先秦韵文中押韵的字系联起来合成为一个韵部，这是正常的做法。但是，我们不能不注意两种偶然性。一方面，要注意偶然的合韵不能串连，否则势必牵连不断，成为大韵，脂微物月之所以被段玉裁合为一部，就是这个缘故。其实质部与物月两部何尝没有轇轕，否则江有诰就不会反对王念孙的至部了！另一方面，要注意偶然的不碰头不能就认为不同韵部，因为那样做是不合逻辑的。事实上古音学家们也不是处处这样拘泥的。例如谈部，《诗经》入韵字是那样少，古音学家们仍然划得出一个韵部来。兼声、佥声、戋声等，都可以从语音系统而知道它们属于谈部。由此看来，语音系统应该是一个重要的标准。我们从第一个偶然性看出了脂微应分为二；从第二个偶然性看出了至部应该扩大。当然，我们不能单看语音系统而忘了“考古之功”。考古与审音是相反相成的。

切韵音系在很大程度上反映了上古汉语的语音系统。由于语音的发展是有规律的，所以差不多一切的变化都是系统的变化。中古语音不就是上古语音，但中古语音系统则是上古语音系统的线索。当然，例外是有的，但系统性则是主要的。考古的结果符合审音的原则，这正是很自然的，而不是主观主义的东西。假如考古的结果是缺乏系统性的，反而是值得怀疑的了。

戴震的缺点不在于他提出了审音的原则，而在于他不懂得怎样实践

---

① 见拙著《汉语音韵学》第三编第二十九节，中华书局1956年版，第324页。

这个原则。他提出了“呼等同者音必无别”，他不知道还有主要元音不同的可能，这就是缺乏历史主义观点。我们应该批判他缺乏历史主义观点；但是不应该把他所提出的审音原则也一并抛弃了。

本文所论的，主要是古韵脂微质物月五部的归字问题。其他各部也有归字问题，但是不像这五部那样复杂，所以留待将来再谈了。

拙著《汉语史稿》中，古韵脂微质物月五部的分野，就是根据本文所论的原则来划分的。个别字的归韵，《汉语史稿》与本文有出入，应以本文为准。至于拙著《上古韵母系统研究》，归字的错误更多一些，将来有机会当再修订，这里不再赘及。

（原载《语言学论丛》第5辑，1963年；又《龙虫并雕斋文集》第3册；《王力文集》第17卷）

先秦古韵拟测问题

小引　拟测的意义

拟测又叫重建。但是先秦古韵的拟测，和比较语言学所谓重建稍有不同。

比较语言学所谓重建，是在史料缺乏的情况下，靠着现代语言的相互比较，决定它们的亲属关系，并确定某些语音的原始形式。至于先秦古韵的拟测，虽然也可以利用汉藏语来比较，但是我们的目的不在于重建共同汉藏语；而且，直到现在为止，这一方面也还没有做出满意的成绩。一般做法是依靠三种材料：第一种是《诗经》及其他先秦韵文；第二种是汉字的谐声系统；第三种是《切韵》音系(从这个音系往上推)。这三种材料都只能使我们从其中研究出古韵的系统，至于古韵的音值如何，那是比系统更难确定的。

是不是我们就应该放弃这一方面的探讨呢？我以为先秦古韵的拟测，在汉语语音发展史的说明上有很大的用处。因为研究上的困难而放弃这一方面的探讨，那是因噎废食，是不应该的。

首先必须声明，所谓拟测或重建，仍旧只能建立一个语音系统，而不是重建古代的具体音值。如果拟测得比较合理，我们就能看清楚古今语音的对应关系以及上古语音和中古语音的对应关系，同时又能更好地了解古音的系统性。例如清儒说古音“家”读如“姑”，意思是说读为[ku]。为什么不说古音“姑”读如“家”呢？假如鱼部字一律读 *a* 韵，“姑”读为[ka]，不是一样地解决问题吗？再说，清儒把“家”“姑”认为同音，是违反比较语言学原则的：假如它们完全同音，后来凭什么条件分化为两音呢？前人又说“亡”通“无”是鱼阳对转，这只指出了现象，至于鱼阳凭什么对转，就非把古音拟测出来不能从音理上加以说明。

拟测出来的语音系统好比一种示意图：示意图不是精确的，但也不是随意乱画的。拟测必须做到近似而合理。

近十年以来，我一直反复考虑古音拟测的问题。有些地方我自以为有把握,另有些地方我还没有把握。现在把先秦古韵拟测问题提出来讨论一下。我在我的《汉语史稿》里只讲了我的结论,现在我想解释一下我之所以得出这些结论的理由。其中也有一些小小的修正。

一、韵部是不是韵摄

中国传统音韵学从来不认为韵部等于韵摄。实际上韵部就是韵。其所以被称为韵部,是对《广韵》而言的。顾炎武以《广韵》的鱼虞模侯及麻之半合为一部,就意味着这些韵在先秦应该合为一个韵,元音只有一个[u](其撮口呼为[y])。所以他说"家"古音"姑","牙"古音"吾","茶"古音"涂","奢"古音"都","华"古音"敷","斜"古音"馀","侯"古音"胡","楼"古音"闾","偷"古音"俞","头"古音"徒","沟"古音"沽",等等。后人证明侯韵不属鱼部,"侯"古音"胡"之类是错的。但是这个例子可以说明一个道理:古韵部无论相当于《广韵》多少韵,也只能认为只有一个共同的元音。当然,顾炎武由于主张"韵缓不烦改字",有些韵部也读成两种元音,例如他说"天"字不必读铁因反(见《音论》),"麻"字不必读为"磨"(见《唐韵正》卷四)。这样他的韵部又太大,等于臻摄和山摄相通,假摄和果摄相通。江永纠正了他,认为"天"古读铁因切,"坚"古读居因切,"贤"古读下珍切,"年"古读泥因切,"麻"古读莫婆切,"嗟"古读子娑切,"蛇"古读唐何切,"嘉"古读居何切,"沙"古读桑何切(见《古韵标准》)。从此以后,再也没有人主张"韵缓不烦改字"。段玉裁提出"古音韵至谐说",他说:"明乎古本音,则知古人用韵精严,无出韵之句矣;明乎音有正变,则知古人咍音同之,先音同真,本无诘屈聱牙矣"(见《六书音均表》)。

清儒所讲古韵的读法,有简单化的毛病,但也有合理之处,那就是"古音韵至谐"的理论。不能设想,先秦押韵多半是马马虎虎的(段氏所谓诘屈聱牙)。假如像高本汉(B. Karlgren)所拟测,"家""华"等字的元音是 å(很开口的 o),鱼模韵字的元音是 o,那就只能偶然通押,而不能像《诗经》那样经常碰在一起。如高本汉所拟,虽在先秦,仍然麻韵内部的字是一家,鱼模韵字另是一家,那是所谓同门异户,不够亲密。清儒认为"家"古读如"姑","华"古读如"敷"等,那才亲如一家了。把韵部看成韵摄,如高本汉所为,是不合乎段氏"古音韵至谐"说,是认为先秦诗人经常押些马马虎虎的韵,那是不合事实的。

韵摄只有十六摄,而古韵有廿九部(如果冬部独立则有三十部)。如果把韵部拟测成为韵摄，势必造成上古汉语元音系统的极端复杂化。如上文所论，古音拟测只应该是一种示意图，因此，上古元音只能是音位性质的描写，不应该是实验语音式的描写。高本汉利用了几乎一切可以利用的元音音标来拟测上古汉语的语音，我们怀疑事实上存在过这样纷繁的元音系统。这和他所拟测的上古汉语声母系统是不相称的。声母由于可根据的材料少，就拟测得比较简单。韵部由于有先秦韵文和《切韵》系统对照，就拟测得非常复杂。这种形而上学观点，是值得批判的。

把韵部看成韵摄，最大的毛病是韵部与韵部之间的界限不清楚。例如高本汉把鱼部的“家”拟测为 kå，“古”拟测为 ko，歌部的“歌”拟测为 kâ，“加”拟测为 ka。他并且说明：å 是很开口的 o，â 是 â grâve（法语的 pâte），a 是 a aigu（法语的 patte）。这样说，å 就是国际音标的[ɔ]，â 就是国际音标的[ɑ]，a 就是国际音标的[a]。试看下面的元音舌位图：

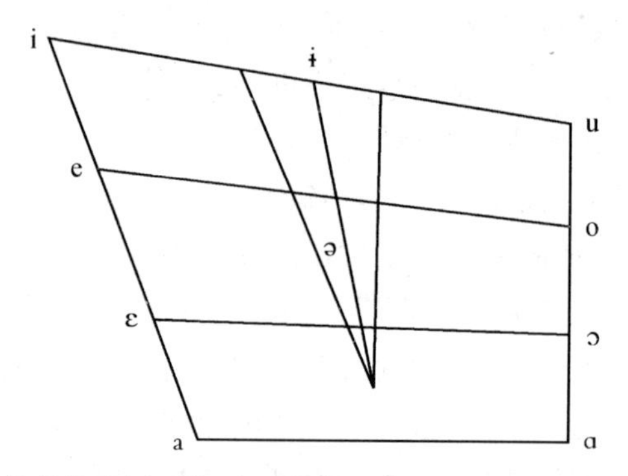

可以看见，[a]和[ɑ]的距离颇远，而[ɔ]和[ɑ]的距离很近，只相当于[ɔ]和[o]的距离。人们不禁要问：为什么“加”和“歌”读音的距离颇远，却同在一个韵部，“家”和“歌”读音的距离很近，反而不能同在一个韵部呢？“家”和“古”的距离跟它和“歌”的距离相等，为什么“家”类字和“古”类字能押韵，而和“歌”类字不能押韵呢？这是无法说明的。

鱼部已经占了[o]的位置，剩下只有从[o]到[u]的狭小范围，要摆得下宵部、药部、幽部、觉部、侯部、屋部，以及之职两部的一些字，可以说是“拥挤不堪”！高本汉把宵药拟测为 og，ok 等，固然和鱼铎没有冲突，因为他把鱼部大部分去声字（如“度”）拟成 âg 等，铎部拟成 âk 等。但是这样仍嫌鱼部平上声的 o 和宵部元音相重，人们会问：鱼部平上声既然是 o，为什么它的去入声不能是 og，ok？为什么同是一个“著”字，当它读去声时是 tio，读入声时又是 tịak，元音距离那么远？更严重的是，像《邶风·式微》的“故”“露”（ko：glâg），《唐风·葛生》的“夜”“居”（zịag：kio），不但收音不同，连元音也不同，为什么可以经常押韵？[①] 其次，高本汉把宵拟成 og，幽拟成 ôg（相应地，入声分别拟成 ok，ôk），这样细微的区别还分为两个韵部，显然违反了他把韵部看成韵摄的原则，与 a，â 合为一部、å，o 合为一部成为鲜明的对比。又其次，我们不能了解：之部“久”类和谷部“仆”类“彀”类，一方面是i̯ŭg，一方面是i̯ug，ŭg，读音如此相近，为什么韵部不同？同理，职部“囿”类和谷部“曲”类、“角”类，一方面是 iŭk，一方面是 iuk、ŭk，蒸部“弓”类和东部“恭”类、“江”类，一方面是 iŭng，一方面是 iung，ŭng，读音如此相近，为什么互相不押韵？高本汉解释说：谷部之所以没有i̯ŭk，i̯ŭg，是由于 i 后面的 ŭ 读得特别开，所以转移到 ək 类（按即之部）去了。他这样解释，是躲开了一个麻烦，又碰上了一个麻烦。不错，短音的 ŭ 确实比长音 u 开一些（比较英语的 good 和 food），但是开了以后应该是接近了 ô（闭口的 o），而不是接近 ə，应该是转入幽部，而不是转入之部！高本汉在这些地方遭遇了不可逾越的困难。

不但高本汉是这样，凡是把韵部看成韵摄的人都会得到同样的结果。高本汉在后高元音的范围内搞得拥挤不堪，别人可能在别的范围内搞得拥挤不堪。把先秦古韵拟成二百多个韵母（高本汉拟成了 223 个），元音的舌位有限，要避免拥挤是不可能的。这和清儒的简单化的做法形成了两个极端。过犹不及。

我的设想是：每一个韵部只有一种主要元音。由于声母的不同或介音的不同，发展为中古的不同的韵。

开口呼原则上共有四种韵母。除第一种没有介音外，其余三种都有介音，即 e、ĭ、i。假定主要元音是 a，则开口呼的四种韵母就是 a、ea、ĭa、ia。介音 e 表示一种很松的介音，它可能是很开口的 i。ĭ 表示带辅音性的 i，i 表示元音性的 i。

合口呼原则上共有四种韵母，它们都有介音，即 u、o、ĭw、iw。假定主要元音是 a，则合口呼的四种韵母就是 ua、oa、ĭwa、iwa。介音 o 表示一种很松的介音，它可能是很开口的 u。ĭw 略等于ў，即带辅音性的 y；iw 表示元音性的 y。

人家可以看出，开口呼的四种韵母和合口呼的四种韵母反映了韵图的两呼八等（每呼四等）。但是，由于每一个韵部只有一个主要元音，所以仍旧不同于韵摄。

---

① 这类例子很多。参看段玉裁《六书音均表》。

介音 ĭ、i、u、ĭw、iw 是高本汉的老办法，我想用不着解释了[①]。需要解释的是介音 e 和 o。

介音 e 不是不可能的。英语 shame(羞耻)来自古英语 sceamu；shoe(鞋)来自古英语 sceŏh[②]。这显然是上升的复合元音，强元音在 a 或 ŏ，弱元音在 e，后来 e 在发展中消失了。我认为中古汉语的二等字在上古也是有介音 e 的，到了中古，介音 e 消失了，于是“家”从 kea 变 ka，“间”从 kean 变 kan 等。现代北方话“家”“间”等字有介音 i，可能不是由于元音 a 的分裂，而是直接从介音 e 演变而来。即 kea>kia>tɕia、kean>tɕian，没有经过 ka、kan 的阶段。

介音 o 也不是不可能的。越南语既有 tùa(拾)，又有 tòa(座)，既有 lúa(稻，谷)，又有 lóa(闪眼)，既有 thua(输)，又有 thoa(抹，擦)，既有 hùa(搞阴谋)，又有 hòa(和)，等等。虽然现代越南语在主要元音 a 上的读法有分别(在 u 后面读[ɑ]，在 o 后面读[a])，但是既然文字上都写成 a，我们可以设想二者原先都是同一的[a]，而分别只在介音上。法国语音学家 Roudet 曾经指出，法语在文字上写成 oi 的地方，有人读成[ua]，也有人读成[oa][③]。现在我把上古汉语拟成既有 ua 等，又有 oa 等。其实我所拟的介音很接近高本汉所拟的介音 w，只是为了跟开口呼的介音 e 相应，才拟成了 o。

先秦韵部主要元音既然只有一个，有时候就产生同呼同等的字如何处理的问题。歌部有麻韵三等极少数的几个字(如“嗟”“蛇”)[④]以外，同等同呼的字集中在鱼铎阳三个韵部[⑤]。这三部正好是对转的，可见不是偶然的。现在我的设想是：鱼部的麻韵三等字拟成有介音 i 的，与鱼韵的介音 ĭ 有别(“邪”zia：“徐”zĭa)，铎部的陌韵三等字和昔韵字(还有麻韵去声三等字)拟成有介音 i 的，与药韵的介音 ĭ 有别(“戟”kiak：“脚”kĭak；“炙”ȶiak：“斫”ȶĭak；“赦”ɕiak：“庶”ɕĭak)。歌部的麻韵三等字也可以拟成有介音 i 的，与支韵字有别(“嗟”tsiai：“羼”tsĭai)。阳部的庚韵三等字拟

---

① 不过我想应该把 ĭw、iw 看成 y̆、y，否则很难想象如何发音。

② 参看叶斯泊森《现代英语语法》第一册，第 94 页。

③ Roudet：《普通语音学概要》，第 108 页。

④ 这里所谓三等包括韵图中的一些四等字，因为这些四等字在《切韵》中是和三等字互切的。余类推。

⑤ 其有声母作为分化条件者，不在此例。参看下文第二节。

成 iang，iwang，与阳韵的 ĭang，ĭwang 有别（“京”kiang：“姜”kĭang；“永”ɣiwang：“往”ɣĭwang）。这样，是承认麻庚陌的三等字和昔韵字从四等转入三等。这是完全可能的。

有些韵部并不具备四种韵母，例如侯部开口呼只有一类（o），合口呼只有一类（ĭwo），屋部开口呼只有两类（ok、eok），合口呼只有一类（ĭwok），东部开口呼只有两类（ong、eong），合口呼只有一类（ĭwong）。之部虽有极少数的字发展为二等字（如“戒”“革”“麦”“馘”），但是字数少到这种程度，恐怕不能自成一类。应该允许有少数不规则的变化。与“该”“改”相当的一等去声字缺乏，正好由“戒”字补缺（读 kə̑k），与“该”“改”相当的一等入声字只有僻字“裓”“輱”“𡣬”，这些字是先秦没有的，正好由“革”字补缺。“麦”二等，“默”一等，放在一起似乎不行，但是“默”“墨”等字很可能是合口呼的字[1]，这样，“麦”开“默”合[2]，都归一等也没有矛盾了。支锡耕真四部有一种很有趣的情况：它们在韵图中都没有一等字，正好以二等归一等。我们于开口二等字拟成介音 e，而支锡耕真的主要元音又拟成 e，不是有矛盾了吗？现在以二等归一等，这个矛盾很自然地解决了。这不是偶合，而是说明了介音 e 的拟测是符合事实的。侯部没有二等，屋东两部没有二等合口呼，也避免了介音 o 和元音 o 相撞。这也不是偶合，而是说明了介音 o 的拟测是符合事实的。

二、声母系统和拟测的关系

在语音发展中，正常的情况是有条件的变化。注意到了变化的条件，则复杂变为简单；不注意变化的条件，则简单变为复杂。关于元音所受的影响，在印欧语系中有重音关系，有后面的元音与前面元音的关系（如日耳曼语系的 umlaut）。古代汉语以单音节为主，所以重音关系和后面元音影响前面元音的关系都是罕见的。汉语发展有一个特点，就是声母对韵母的影响。大家知道，现代普通话的卷舌辅音 tʂ、tʂʻ、ʂ、ʐ 与元音 i 不相容，韵母的介音 i 因此被失落（如 tʂian＞tʂan），如果全韵为 i，则演变为[ʅ]。这是很明显的影响。有时候不是不相容，而是一种倾向性使韵母因声母不同而分化。例如《广韵》的寒韵（ân）在现代广州话里分化为[ɔn]和

---

① 参看王力《汉语史论文集》，第 97～98 页。

② 在这一点上，我和高本汉相反，他认为“默”开“麦”合。

[an]。分化的条件是喉牙音变[ɔn](干[kɔn]汉[hɔn]),舌齿音变[an](蓝[lan],残[tʃ'an])。这是由于喉牙音发音部位靠后,所以把元音往后拉,舌齿音发音部位靠前,所以把元音往前拉。把元音往前拉以后,使寒韵的舌齿字与删山韵的韵母合流了,以致寒韵的"餐"[tʃ'an]和山韵的"产"[tʃ'an],韵母完全相同(只有声调不同)。如果不从声母的条件去说明韵母的分化,我们是不能把问题讲清楚的。

高本汉在拟测先秦韵部读音时,虽然不是完全忽略,但是他对于这些因素是注意得不够的。他一般只知道从韵母上寻找分化的条件:先秦能分的,他要分,例如分先韵为二:1. 寒部"见"kian,"涓"kiwan;2. 真部"天"tien,"渊"iwen;中古能分的,他也要分,例如元仙两韵虽同属先秦寒部,他也要区别开来,例如元韵的"言"ngi̯ăn,"原"ngi̯wăn,它们的韵母不同于仙韵的"展"ti̯an,"转"ti̯wan。这样,越是追溯到上古,韵母越复杂。幸亏李登《声类》亡佚了,否则多了一层,不知更复杂到什么程度!为什么不多考虑一下声母的条件呢?当高本汉拟测中古韵母的时候,并没有因为现代普通话读之韵为[i]、[ʅ]、[ɿ]、[ər]四个韵母("基"[tɕi]、"之"[tʂʅ]、"思"[sɿ]、"而"[ər])而把中古的之韵拟成四种不同的韵母,也没有因为现代广州话读寒韵为[ɔn]、[an]两个韵母而把中古的寒韵拟成两种不同韵母(他那样做是对的),为什么不能用同样的原则来处理先秦韵部呢?我们认为:清儒完全不讲分化条件的简单化做法固然是不对的,高本汉常常只从韵母着眼来看分化条件,不大考虑声母的因素,也是不对的。

现在就那些因声母条件而分化的先秦韵部分别加以讨论。

(1) 之部开口呼 ə,ĭə,喉舌齿音为一类,发展为中古的咍之两韵,如"在"dz'ə>dz'ɒi,"基"kĭə>kĭə;唇音自为一类,发展为中古的侯脂两韵,如"母"mə>məu,"鄙"pĭə>pi。与"母"同类者有"剖""亩""某"等字[①],与"鄙"同类者有"丕""駓""秠"等字。

(2) 幽部开口四等的 iəu,舌齿音为一类,发展为中古的萧韵,如"调"d'iəu>d'ieu,"萧"siəu>sieu;喉牙唇音为一类,发展为中古的幽韵[②],如"幽"iəu—iəu,"谬"miəu—miəu[③]。

(3) 微部合口三等 ĭwəi,舌齿音为一类,发展为中古的脂韵合口,如

---

① "埋""霾"是例外,它们从里得声,可能原来不属唇音。

② 幽韵在韵图属四等,近人归三等。依先秦韵部的系统看,仍当属四等。

③ 《广韵》幽韵有"稵",子幽切,"犙",山幽切。这都是些僻字。不算。

"追"tĭwəi>ȶwi,"虽"sĭwəi>swi;喉牙唇音为一类,发展为中古的微韵合口,如"归"kĭwəi—kĭwəi,"飞"pĭwəi—pĭwəi[①]。

(4) 寒部二等开口的 ean,齿音为一类,发展为中古的山韵,如"山"ʃean>ʃæn,"栈"ʤean>ʤæn;喉唇音为一类,发展为中古的删韵,如"颜"ngean>ngan,"班"pean>pan。二等合口的 oan 只有喉牙类[②],所以都发展为中古的删韵[③],如"关"koan>kwan,"还"ɣoan>ɣwan。三等开口ĭan,舌齿唇音为一类,发展为中古的仙韵,如"连"lĭan>lĭɛn,"钱"dz'ĭan>dz'iɛn,"边"pĭan>piɛn;喉牙为一类,发展为中古的元韵,如"言"ngĭan>ngiɐn,"轩"xĭan>xiɐn。三等合口 ĭwan,舌齿为一类,发展为中古的仙韵,如"传"d'ĭwan>d'ĭwɛn,"泉"dz'ĭwan>dz'ĭwɛn;喉牙唇音为一类,发展为中古的元韵,如"元"ngĭwan>ngĭwɐn,"园"ɣĭwɛn>ɣĭwɛn,"蕃"b'ĭwan>b'ĭwɐn。这个韵部最富于启发性。《广韵》仙韵虽有喉牙音字,但大多数是从元韵变来的,所以"援""媛""瑗""圈""卷"等字元、仙两收,当以元韵为正。("骞"字有虚言、去乾两切,也当以虚言切为正。)同一谐声偏旁,读舌齿就发展为仙韵,读喉牙就发展为元韵。"亘"声的字最为典型:"亘",须缘切,"宣"从"亘"声,因是齿音,所以发展为仙韵字;"垣"也从"亘"声,是因喉音,所以发展为元韵字。"宣"声有"喧""暄""萱",读况袁切,属喉音,所以属元韵;"宣"声又有"揎""瑄",因是齿音,所以属仙韵。声母系统作为韵母分化的条件是很明显的。

(5) 文部开口三等的 ĭən,舌齿唇音为一类,发展为中古的真韵,如"辰"ʑĭən>ʑĭĕn,"贫"b'ĭən>b'ĭĕn;喉牙音为一类,发展为中古的欣韵,如"欣"xĭən>xĭən,"勤"g'ĭən>g'ĭən。合口三等 ĭwən,舌齿音为一类,发展为中古的谆韵,如"春"ȶ'ĭwən>tɕ'ĭuĕn,"遵"tsĭwən>tsĭuĕn;喉牙唇为一类,发展为中古的文韵,如"云"ɣĭwən>ɣĭwən,"群"g'ĭwən>g'ĭwən,"分"

---

① 高本汉注意到这部的分化条件,见 Grammata Serica,pp. 25~26。

② 舌齿类有删韵上声"撰""僎",去声"篡"。《说文》无"撰"字,《论语》"异乎二三子之撰",《经典释文》引郑云作"僎"。《说文》有"簨"无"僎"。今《广韵》去声线韵士恋切有"僎""篡""馔",当以此为正。"篡"字是不规则的变化。

③ 中古山韵合口有"鳏",那是由先秦文部发展而来。

pǐwən>pǐwən①。

这个说法，对《汉语史稿》略有修正。在《汉语史稿》里，我把欣韵认为古四等，原因是真欣都有喉牙字，有矛盾。现在仔细考察，文部的真韵并没有喉牙字。"巾"字虽在《诗经·郑风·出其东门》叶"门""云""存""员"，好像是在文部，但是它在宋玉《小言赋》叶"尘""鳞""身""泯"，则在真部。《诗经》的"巾"字可能是合韵。"银"字虽从"艮"得声，但《荀子·成相》叶"陈""银""门""分"，似乎是"陈"与"银"叶（真部），"门"与"分"叶（文部）。段玉裁《说文解字注》"银"字下注云"十二部"（即真部），想必有所据。"禋"字在《诗经·周颂·维清》叶"典"字。但是江有诰把"典""禋"都归元部，则"禋"字隶属也有问题。这样，我们可以认为文部真韵没有喉牙字，与欣韵的喉牙字正好互补。我过去又把谆韵的喉牙字认为古四等，那也不很合理（因为舌齿字在三等）。其实谆韵只有少数喉牙字如"麕""囷""陨""殒"，可能都是不规则的变化。"员"声的喉牙字时而入仙韵（如"员""圆"），时而入谆韵（如"陨""殒"），可能都由文韵变来，《出其东门》"员"字，《释文》云："员音云，本亦作'云'"，可以为证。

过去我在这一点上忽略了语音发展的系统性，现在这样修正，然后文部与微部的对应关系才显示出来了（参看下文第三节讲阴阳对转的一段）。

（6）谈部二等的 eam，分化为中古的咸衔两韵，《汉语史稿》没有讲分化条件。看来，应该是舌齿为一类，发展为中古的咸韵，如"谗"dʒeam>ʤɐm，"斩"tʃeam>tʃɐm；喉牙为一类，发展为中古的衔韵，如监 keam>kam、岩 ngeam>ngam。咸韵有个"陷"字，似乎是例外。但段玉裁以"臽"声的字归侵部，那就没有问题。江有诰以"臽"声归谈部，但"臽"声既有喉音字如"陷"，也有舌音字如"萏""啗"。"陷"字的原始读音不一定是单纯的喉音。衔韵有个"芟"字，也是例外，这可能是不规则的变化，待将来再考。

（7）铎部四等开口呼 iak，舌齿音为一类，发展为中古的昔韵（转入三等），如"怿"diak>jǐɛk，"昔"siak>sǐɛk；喉牙音为一类，发展为中古的陌韵三等，如"戟"kiak>kǐɐk、"逆"ngiak>ngǐɐk。

（8）月部二等开口呼 eat，舌齿音为一类，发展为中古的黠韵，如"察"

---

① 高本汉注意到文部在发展中所受声母的影响，他看到了开合三等喉牙音及合口三等唇音发展为中古的文欣两韵，开合三等舌齿音及开口三等唇音发展为中古的真谆两韵（Grammata Serica，p. 22）。

tʃ'eat>tʃ'æt、"杀"ʃeat>ʃæt，喉牙音为一类，发展为中古的辖韵，如"鎋"ɣeat>ɣat。"揠"字属黠，应认为不规则的变化。(《汉语史稿》没有讲清楚这一点。)这样，辖黠就和删山对应。[①] 二等合口呼比较复杂：黠韵既有"拔""茁"(邹滑切)，又有"滑"；辖韵既有"刮"，又有"刷"。留待再考。三等开口呼 ĭat，舌齿唇音为一类，发展为中古的薛韵开口，如"列"lĭat>lĭɛt，"泄"sĭat>sĭɛt，"别"b'ĭat>b'ĭɛt；喉牙音为一类，发展为中古的月韵开口，如"歇"xĭat>xĭɐt，"竭"g'ĭat>g'ĭɐt。三等合口呼 ĭwat，舌齿音为一类，发展为中古的薛韵合口，如"悦"dĭwat>jĭwɛt，"雪"sĭwat>sĭwɛt；喉牙唇音为一类，发展为中古的月韵，如"越"ɣĭwat>ɣĭwɐt、"厥"kĭwat>kĭwɐt、"发"pĭwat>pĭwɐt。这些情况和寒部元仙两韵的关系是完全对应的。月韵喉牙唇音字有许多兼入薛韵，如"蹶"，居月切，又纪劣切，"哕"，於月切，又乙劣切，"旻"，望发切，又许劣切，"讦""揭"，居竭切，又居列切，"竭""揭""碣""楬"，其谒切，又渠列切，"钀"，语讦切，又鱼列切。这跟元韵喉牙唇音字有许多兼入仙韵一样，应该以月韵为正轨，而以薛韵为不规则的变化。像"杰""孽"入薛，就是不规则的变化。"孑""孓"叠韵，"孓"在月韵(居月切)，"孑"最初恐怕也在月韵(读如"讦")，后来才转到薛韵(居列切)去的。

(9) 质部开口一等的 et，齿音为一类，发展为中古的栉韵(转入二等)，如"栉"tʃet>tʃĭet，"瑟"ʃet>ʃĭet；喉唇为一类，发展为中古的黠韵(转入二等)，如"黠"ɣet>ɣæt，"八"pet>pæt[②]。

(10) 物部合口三等的 ĭwət，ĭwə̄t。舌齿音为一类，发展为中古的术至两韵，如"律"lĭwət>lĭuĕt，"戌"sĭwət>sĭuĕt，"类"lĭwə̄t>lwi，"醉"tsĭwə̄t>tswi；喉牙唇音为一类，发展为中古的物未两韵，如"鬱"ĭwət>ĭwət、"屈"k'ĭwət>k'ĭwət、"物"mĭwət>mĭwət、"谓"ɣĭwə̄t>ɣwəi、"贵"kĭwə̄t—kwəi、"费"pĭwə̄t—pwəi。[③]

(11) 葉部二等开口呼 eap，以阳声咸衔类推，齿音为一类，发展为中古的洽韵，如"插"tʃ'eap>tʃ'ɐp，"霎"ʃeap>ʃɐp；喉牙音为一类，发展为中古的狎韵，如"压"eap>ap，"甲"keap>kap。这样，"夹"(古洽切)和"翜"

---

① 《广韵》黠配删，辖配山。经近人考证，应该是辖配删，黠配山。这里所讲的发展规律证明近人的考证是对的。

② "八"字可能不是质部字，而是月部字。

③ 高本汉注意到物部在发展中所受声母的影响，见 Grammata Serica，p. 23。

(所甲切)要算不规则的变化。

由上述的情况看来，声母作为韵母的分化条件，并不是孤立的、单一的，而是系统性的。大致说来，舌齿是一类，喉牙是一类，唇音则开口呼归舌齿一类，合口呼归喉牙一类。这样整齐的局面，这样富于规律性，决不是主观臆测出来的。

三、韵母系统和拟测的关系

本文所讨论的是先秦韵部的拟测问题，当然与韵母系统有密切关系。这里特别提出三个问题来谈：第一是阴阳入的对应；第二是韵部的远近；第三是开合口问题。

（一）阴阳入的对应

古音学家江永、戴震、黄侃都强调了阴阳入三声之间的对应关系。孔广森、严可均、章炳麟讲了阴阳对转。段玉裁虽不讲阴阳对转，但他所谓"异平同入"实际上包括着阴阳入三声对应的关系，和江永的学说差不多。也有人不赞成阴阳对转的理论，例如姚文田和江有诰。但是他们所不赞成的是阴阳互相押韵的说法。那是我们也不完全同意的。我们所赞成的是：在语音发展过程中，阴阳入三声可以互转。

一字两读最能说明问题。举例来说，《广韵》"等"字多肯切，又多改切；"能"字奴登切，又奴来、奴代两切。古音学家以为"等"的古音应是多改切，"能"的古音应是奴来切；但是如果之蒸两部主要元音不相同，则由之部转入蒸部就很难说明。如果拟测为"等"tə＞təng，"能"nə＞nəng，就比较容易说明了。这显示了阴声和阳声的关系。又如《广韵》"嶷"字有语其、鱼力二切，或者由之部转入职部，或者由职部转入之部，主要元音总该是一样：即"嶷"ngǐə＞ngǐək，或 ngǐək＞ngǐə，或者同时存在，即 ngǐə：ngǐək。这显示了阴声和入声的关系。又如《广韵》"螣"字有徒登、徒得二切，或者由蒸部转入职部，即 d‘əng＞d‘ək，或者由职部转入蒸部，即 d‘ək＞d‘əng，或者同时存在，即 d‘əng：d‘ək。这显示了阳声和入声的关系。由此看来，在拟测先秦韵部的时候，我们必须坚持阴阳入三声的对应关系，凡有对应的阴阳入三声，必须是主要元音相同的。

高本汉对先秦韵部的拟测，在阴阳入对应方面，有些地方做得很好，有些地方做得很差。这大致有四种情况。第一，对应合理，拟音基本上正确的，如歌部 â、a，月部 ât、at、ăt，元部 ân、an、ăn；盍部 âp、ap、ăp，谈部 âm、am、ăp。第二，对应合理，拟音不合理的（主要在阴声韵上），如之部 əg、ɛg、ŭg，职部 ək、ɛk、ŭk[1]，蒸部 əng、ɛng、ŭng；支部 ĕg、eg，锡部 ĕk、ek，耕部 ĕng、eng。第三，对应不合理的，如脂部只有 ər、ɛr，与脂部对应的入声分为质部的 et、ĕt 和物部的 ət、ɛt，与脂部对应的阳声分为真部的 en、ĕn 和文部的 ən，ɛn。如果说脂部只配物文，不配质真，则更讲不过去，因为脂质关系密切，所以王念孙把它叫做至部（至韵是脂韵去声），又因为质真关系密切，所以段玉裁把质部字归入真部。高本汉不知道区别脂微两部，所以看不出脂微和质物、真文的对应关系来。附带说说，高本汉对于真文之间的界限、质物之间的界限，也分不清楚。他把"艰""鳏""诜""巾""陨"认为是收-ɛn 的，那么文部是收-ɛn 了；但是他把"臻"拟成 tʂiɛn，把"莘"拟成 ʂiɛn（与"诜"同音[2]），"臻""莘"是真部字[3]，那就产生矛盾了。他又把"戛""滑""瑟""暨""橘"认为同类（Grammata Serica，23 页），应该是同属物部了[4]，但是他自己反对了自己，在另一个地方（同书 230 页）他却把"瑟"字归入质部。依他的体系，"暨"应拟成 gʻiɛd（他在同书 257 页正是这样做的），却错误地拟成了 ki̯ɛt（23 页）。实际上"栉""瑟"都是质部字（高本汉在同书 227，230 页在归类上做对了），高本汉把它们拟成 tʂiɛt、ʂiɛt，就跟物部没有分别了。最糟糕的是他把"质"字本身都归到物部去了（23 页、250 页），跟"质"在一起归到物部去的还有"疾"（250 页），我不知道他根据的是什么。第四，缺乏对应的是鱼部与铎部的关系、鱼部与阳部的关系。中国古音学家一向认为铎部是鱼部的入声，鱼部与阳部是阴阳对转。高本汉故意把鱼部跟阳铎两部隔离开来，鱼在第二部，阳在第十六部，铎在第十七部。其实鱼部与阳铎两部有千丝万缕的联系。高本汉只注意到阳和铎的对应关系，把阳部拟成 âng、ang、ăng，铎部拟成 âk、ak、ăk；他忽略了鱼和阳铎的对应关系，把鱼部拟成了 å、o。这是最严重的缺点。

这里有必要谈一谈鱼部的拟测问题。很早就有人讲到中国人以"浮

---

① 高本汉的职部不完全与我们的职部相当，其余-k 尾的韵部准此。

② "诜"字，高本汉在 Grammata Serica p. 22 拟成 tʂi̯ɛn，在 p. 247 拟成ʂi̯ɛn。按"诜"是审母二等字，照他的体系应拟成 ʂi̯ɛn。

③ 高本汉也认为是真部字。见同书 p. 221。

④ "橘"类属物属质有争论，这里不谈。

图”或“浮屠”翻译 Buddha 是上古鱼部读 a 的证据[1]。当然,单靠一两个翻译的例子是不够的,但是,加上谐声偏旁、一字两读和声训的证据,就完全能够说明问题。先讲鱼铎对应。固声有涸,豦声有劇,尃声有博等,都是谐声的证据。一字两读则有“著”“恶”等。高本汉把“著”拟成 tịo: tiak,元音相差很远,不知是怎样互转的。他把“恶”拟成 · âg: âk,似乎没有问题,但是他忽略了“恶”字还读平声(疑问词),照他的体系应拟成 · o,那就跟 · âg、· âk 不好对应了[2]。其次讲鱼阳对应。“莽”字有莫补、模朗二切,“亡”字古音通“无”,都是鱼阳对转的证据。声训如“荒”“幠”之类也是旁证。高本汉对证据较为薄弱的支耕对转已经承认了,对证据确凿的鱼阳对转反而否认(表现在拟音上),那是无论如何讲不通的。这又是他把韵部看成韵摄的结果:两种 a(â、a)都被歌部占用了,鱼部不能再用 â 了。这样反而形成了歌阳对转,铎部变了歌部的入声,这显然是违反语言事实的。

我的拟测反映了阴阳入三声的对应,如下表[3]:

第一类

之部 ə ĭə uə ĭwə

职部 ək ĭək uək ĭwək

蒸部 əng ĭəng uəng ĭwəng

第二类

幽部 əu eəu ĭəu iəu

觉部 əuk eəuk ĭəuk iəuk

第三类

宵部 au eau ĭau iau

药部 auk eauk ĭauk iauk

第四类

侯部 o — ĭwo

屋部 ok eok ĭwok

东部 ong eong ĭwong

第五类

---

① 汪荣宝:《歌戈鱼虞模古读考》。

② 还有《诗经》鱼铎互押不好解释,已见上文。

③ 除歌部外,拟测基本上与《汉语史稿》相同。

鱼部 a[①] ea ĭa ia ua oa ĭwa

铎部 ak eak ĭak iak uak oak ĭwak

阳部 ang eang ĭang iang uang oang ĭwang

第六类

支部 e ĭe ie ue ĭwe iwe

锡部 ek ĭek iek uek ĭwek iwek

耕部 eng ĭeng ieng ueng ĭweng iweng

第七类

歌部 ai eai ĭai iai uai oai ĭwai ——

月部 at eat ĭat iat uat oat ĭwat iwat

元部 an ean ĭan ian uan oan ĭwan iwan

第八类

微部 əi eəi ĭəi uəi oəi ĭwəi

物部 ət — ĭət uət — ĭwət

文部 ən eən ĭən uən oən ĭwən[②]

第九类

脂部 ei ĭei iei uei ĭwei iwei[③]

质部 et ĭet iet uet ĭwet iwet

真部 en ĭen ien uen ĭwen iwen

第十类

缉部 əp eəp ĭəp — uəp — ĭwəp

侵部 əm eəm iəm iəm uəm oəm iwəm

第十一类

盍部 ap eap ĭap iap ĭwap

谈部 am eam ĭam iam ĭwam

比较难解决的问题是冬侵合部的问题，其中牵涉到幽冬对转的问题。孔广森别冬于东，几乎成为定论，严可均并冬入侵，章炳麟晚年也并冬入侵，看来也很有道理。《诗经》、《易经》，冬侵通押的地方很多，不能说是偶

---

① 鱼铎阳三部的元音 a，不一定是前 a，可能是中 a 或后 a(â)。现在歌部改拟为 ai，鱼部拟成 a 也没有冲突，但 a 的性质不必十分确定。

② 比较《汉语史稿》：文部删去 iən，iwən，理由见上文。另增加 oən(鳏类)。

③ 比较《汉语史稿》：增加了 iwei(睽类)。

然。按语音系统说,“风”也该属冬部(因为是东韵三等,东韵三等字都该属冬部),清儒以“风”字归侵,因为“风”字押侵韵的情况太常见了,不容否认。其实冬部“宫”“中”“虫”等字和“风”一样都是 ĭwəm 类,后因异化作用(ĭw 圆唇,与 m 有抵触),转为收-ng。“风”“宫”“中”“虫”有着共同的命运,高本汉把“风”拟成 pi̯um(接近我所拟的pĭwəm),而把“宫”拟成 ki̯ung,在音理上是讲不通的。章炳麟早年虽未把冬侵合并,但是他在“成均图”中把冬侵缉放在一条线上,与幽对转。一方面,他认为冬部与侵部非常近似(“同门而异户”);另一方面,他又认为幽冬可以对转。章氏不承认幽部有入声,又以缉部算阴声,所以没有阴阳入三声对应上的困难。如果我们承认觉部独立,缉部又算入声,则共有两类入声,冬侵合并后,侵部就只能与入声缉部对应,不能与觉部对应了。(章氏认为宵谈对转,我们也不能接受,也是因为宵谈都有入声,不好对应。)总之,要设想冬幽对转,必须冬侵分立才能做到。我们不承认冬侵分立,也就不能设想冬幽对转。冬部和幽部实际上有没有对应关系呢?在押韵上看不出来。从谐声偏旁看。个别字有对应关系,例如“臭”声有“趜”(香仲切)。但这是僻字,虽见于《说文》,而不见于先秦文献,不足为凭。古音学家之所以讲幽冬对转,主要是考虑到幽部的入声(觉部)在《切韵》里正好与冬部相配:东韵三等与钟韵属冬部,屋韵三等与烛韵属幽部入声(觉部),系统井然不紊。但是我们可以设想冬部很早就从侵部转入东部,它与觉部相配的整齐局面也可以形成。这样处理是否妥当,尚待进一步研究。

阴阳入三声对应的理论也值得仔细探讨。阳声和入声的对应关系最好解释:ang 与 ak 对应,因为 ng 和 k 都是牙音(舌根音);an 与 at 对应,因为 n 和 t 都是舌音;am 与 ap 对应,因为 m 和 p 都是唇音。除了主要元音完全相同之外,韵尾的发音部位也相等,所以它们的对应是自然的。阴声和阳声的对应就不同了:假定阴声为 a,按理说,跟它相配的阳声既可以是 ang,也可以是 an 或 am。但是古音学家只说鱼阳对转,不说鱼元对转,也不说鱼谈对转,可见 a 只跟 ang 对应,而不跟 an,am 对应。阴声与入声的对应关系也是不容易解释的:假定阴声为 a,按理说,跟它相配的入声既可以是 ak,也可以是 at 或 ap。但是古音学家只说铎部是鱼部入声(或鱼铎合为一部),不说月部或盍部是鱼部入声,可见 a 只跟 ak 对应,而不跟 at,ap 对应。

高本汉企图用加韵尾的办法来说明阴声和入声、阳声的关系:之部、幽部、宵部、支部一律加-g 尾(“基”ki̯əg,“求”g‘iǒg,“高”kog,“知”ti̯ĕg),

鱼侯部分去声字加-g 尾(度 d‘ăg,彀 kŭg),歌部小部分字及脂部(包括我们的微部)平上声字加-r 尾(鼍 d‘ăr,“归”kịwər),月质物三部的去声字收-d 尾(带 tăd,嚏 tied,利 liəd)。这样,收-g 的字必然与-k,-ng 相配,收-r,-d 的字必然与-t,-n 相配,似乎把问题解决了。其实完全没有解决。除收-d 的韵颇有理由以外①,其他都不能成立。阴声收-g,是阴声变了入声,因为-g 与-k 是同性质的;阴声收-r,是阴声变了阳声,因为-r 与-n 是同性质的。这样就大大违反了中国传统音韵学,把上古汉语的开口音节局限于三个韵部(鱼侯歌),而且从这三个韵部中还抽出一部分字作为收-g 的和-r 的。上古汉语开口音节贫乏到那个地步,那也是违反语言学常识的②。

唯一合理的解释是韵尾-i 与韵尾-t、-n 相对应,其他韵尾与韵尾-g、-ng相对应。韵尾-i 是部位最高、最前的舌面元音,与[t]、[n]的发音部位最近,所以能够对应。我在《汉语史稿》里把歌部拟成 a,后来在《汉语音韵》里改拟为 ai,就是考虑到它应该有-i 尾③。这样,“單”声有“鼍”(tan: d‘ai),“番”声有“播”(pǐwan: puai),“耑”声有“瑞”(tuan: ʑǐwai),都得到合理的解释。入声-k 尾的性质可能接近于喉塞音[ʔ]尾,或者是短而不促(连[ʔ]尾也没有),后来逐渐由[ʔ]尾过渡到-k。所以先秦-k 尾的字往往与阴声字押韵。阳声-ng 尾的韵部可能不是真正带-ng 尾,而是鼻化元音。普通语音学证明,高元音不容易鼻化。幽宵两部收-u 尾,所以没有鼻化元音跟它们相配(虽然它们的入声收-k);歌微脂三部收-i 尾,所以另配-n 尾,而不配鼻化元音。

(二) 韵部的远近

自从段玉裁改变《广韵》的次序,依照先秦韵部的远近,“循其条理”,重新安排次序以后,古音学家们都按韵部远近来排列。他们的排列与段氏大同小异。这种排列有两个好处:第一,可以说明合韵(邻韵才能通押);第二,可以用作拟测的根据之一。这两个好处又是互相联系着的。

段玉裁把先秦韵部分为六类:第一类之部;第二类宵部、幽部、侯部、鱼部;第三类蒸部、侵部、谈部;第四类东部、阳部、耕部;第五类真部、文

① 但是只要收-t 就够了,不必收-d,见下文。

② 关于这个问题,详细的讨论见于我的另一篇文章《上古汉语入声和阴声的分野及其收音》。

③ 歌部拟为 ai,还有其他理由,见下文。

部、元部；第六类脂部、支部、歌部。现在分别加以讨论。

第一类，之部为 ə，其入声职部为 ək。我们就从这里作为出发点进行讨论。

第二类，段氏以为宵近之，所以排在之部后面，幽近宵，所以排在宵部后面，侯近尤（尤韵是幽部三等），所以排在幽部后面，鱼近侯，所以排在侯部后面。

江有诰改之宵幽侯的次序为之幽宵侯，章炳麟改排为侯幽之宵。我觉得江有诰最有道理。依先秦押韵的情况看，没有必要把幽侯连在一起。幽侯的接近，是汉代的事了[①]。段氏也许因为看见幽部入声字和侯部去声字在谐声偏旁上相通（如族：嗾；续：窦；縠：彀），其实这些所谓幽部入声字正该是侯部入声字（段氏晚年对王念孙、江有诰承认了这一点）。因此，幽部应该提升到之部后面，认为读音相近。段氏所引《诗经》之幽合韵者十处（包括职觉合韵），《丝衣》叶“紑”“俅”“基”“牛”“鼒”，《思齐》叶“造”“士”，《召旻》叶“茂”“止”，《楚茨》叶“备”“戒”“告”，《抑》叶“告”“则”，《七月》叶“穋”“麦”，《闷宫》叶“稷”“福”“穋”“麦”“国”“穑”，《烈文》叶“福”“保”，《闵予小子》叶“造”“疚”“考”“孝”，《生民》叶“夙”“育”“稷”，大致都确凿可据。现在设想之部读 ə，幽部读 əu，职部读 ək，觉部读 əuk，主要元音相同，自可通押。

幽宵也有合韵的情况。依段氏所举《诗经》的例子，《载驱》叶“滔”“儦”“敖”，《月出》叶“皎”“僚”“纠”，《七月》叶“葽”“蜩”，《鸱鸮》叶“谯”“消”“翘”“摇”“哓”，《思齐》叶“庙”“保”，《公刘》叶“舟”“瑶”“刀”，《桑扈》叶“觩”“柔”“敖”“求”，《角弓》叶“浮”“流”“髦”“忧”，《丝衣》叶“敖”“休”，《君子阳阳》叶“陶”“翱”“敖”，《抑》叶“酒”“绍”，《良耜》叶“纠”“赵”“蓼”“朽”“茂”，都是合韵。现在设想宵部读 au，幽部读 əu，药部读 auk，觉部读 əuk，其中的 u 相同，自可通押。

鱼侯两部在《诗经》中没有合韵的情况。段玉裁以为《宾之初筵》叶“鼓”“奏”“祖”，《有瞽》叶“瞽”“虡”“羽”“鼓”“圉”“奏”“举”，江有诰以为两处“奏”字都不入韵。江氏是对的。既然不合韵，元音应有相当的距离，所以鱼是 a 而侯是 o，铎是 ak 而屋是 ok。

第三类，段氏之所以把它放在第二类的后面，并非因为这类和第二类

---

① 《诗经》只有《棫朴》叶“槱”“趣”是幽侯合韵。《生民》叶“揄”“蹂”“叟”“浮”，但“揄”字《说文》引作“舀”。《抑》“苟”字非韵（据江有诰），段氏误以为韵。

音近，而是因为蒸部近于之部（“蒸登音亦近之，故次之”）。这个理由是不充分的，所以王念孙、章炳麟把这一类都搬到东部后面去，而江有诰也把它搬到东冬两部后面去了。但是，蒸侵谈三部的接近，则是段玉裁、孔广森、王念孙、严可均、江有诰、章炳麟、黄侃所共同承认的。这三部的读音是怎样接近的呢？章炳麟把蒸部拟测为-m 尾，使它和侵谈的-m 尾一致起来，这未免太鲁莽了[①]。蒸部如果是-m 尾的韵，它和职部的-k 尾就没法子对应了。实际上，蒸与侵近，侵与谈近，但是蒸与谈并不近。蒸侵合韵有《小戎》叶“膺”“弓”“縢”“兴”“音”，《闷宫》叶“乘”“縢”“弓”“绶”“增”“膺”“惩”“承”，《大明》叶“林”“兴”“心”为证，入声职缉合韵有《六月》叶“饬”“版”“急”“国”，《小戎》叶“合”“軜”“邑”为证。侵谈合韵有《泽陂》叶“萏”“俨”“枕”[②]为证，入声缉盍合韵有《蒸民》叶“业”“捷”“及”为证。至于蒸谈两部之间，却并没有合韵的情况。那么，只要侵部既有可以与蒸部押韵之处，又有可以与谈部押韵之处，就行了。那么，侵部只可能是 əm，因为它既可以凭元音 ə 的相同与蒸部 ang 通押，又可以凭韵尾 m 的相同与谈部 am 通押。如下图：

蒸　əng　　　职　ək
⋮　　　　　　⋮
⋮　　　　　　⋮
侵　əm　　　　缉　əp
⋮　　　　　　⋮
⋮　　　　　　⋮
谈　am　　　　盍　ap

第四类是东部（包括冬部）、阳部和耕部。段氏认为东冬钟江与侵谈两部音近，所以排在侵谈的后面。阳庚音近冬钟，所以排在东部的后面；庚耕清青音近阳，所以排在阳部的后面。其实只有冬部与侵部关系密切，其他与侵谈关系并不密切。段玉裁以为《殷武》叶“监”“严”“滥”“遑”，其实经江有诰证明，《殷武》叶的是“监”“庄”“滥”“遑”（“监”与“滥”押，“庄”与“遑”押）。段玉裁以为《桑柔》叶“瞻”“相”“臧”“肠”“狂”，但是江有诰并不承认“瞻”字入韵。只有东部与阳部有通押的情况，例如《烈文》叶“公”

---

① 章氏还把东部拟成-m 尾，那更是难于接受的。

② 段氏以“枕”属谈部，不算合韵。江有诰以“枕”属侵部，算合韵。江有诰是对的。

“疆”“邦”“功”“皇”[①]。这可以从韵尾-ng相同得到解答，不一定要把元音拟得十分近似。

段氏既说耕部与阳部音近，又说耕部与真部晋近。前者是一种假象，是受《广韵》的影响；后者才是真实情况，因为《诗经》真耕互押已经屡见不鲜，《易经》这种情况更多。真耕不同韵尾（真是-n，耕是-ng），唯一的可能性是主要元音相同，否则不会经常押韵。真部是en，耕部只能是eng。

第五类是真部、文部和元部。由于韵尾同是-n，互相合韵的情况是有的。不必细说。

第六类是脂部、支部和歌部。段氏以为脂部音近文元两部，所以把脂部排在文元的后面。支近脂，歌又近支，所以排成一类。其实它们之间的关系是不一样的，支与脂的关系浅，歌与支的关系、歌与脂的关系都较深。段氏所引《诗经》三处支脂合韵的例子都是不可靠的。《小弁》叶“伎”“雌”“枝”“知”，段氏以为“雌”是脂部字，江有诰以为“雌”是支部字。江有诰是对的。段氏以为《载芟》叶“济”“积”“秭”“醴”“妣”“礼”，江有诰以为“积”字不入韵。江有诰也是对的。《韩奕》叶“幭”“厄”，情况特殊，但“幭”是月部字，与脂部无关（依王念孙、江有诰）。我们把支部拟成e，脂部拟成ei，微部拟成əi（从脂部分出），支部读音与脂部读音距离较远（一个是单元音，一个是复合元音）。是理所当然的。歌支合韵例子不少。《诗经·小雅·斯干》叶“地”“裼”“瓦”“仪”“议”“罹”（“裼”属支部入声），《楚辞·九歌·少司命》叶“离”“知”，《九章·涉江》叶“知”“螭”，皆可为证。我们本来可以设想支部为ɛ（其入声锡部为ɛk），让它与歌部的ai比较接近，但是由于支耕对转的关系，终于拟成了e。这个问题没有解决得很好，留待来哲讨论。

歌部与脂部关系很深。我们把脂微分为两部以后，歌部与微部关系最深。《易经·家人》叶“义”“谓”（“谓”是微部入声），《楚辞·九歌·东君》叶“雷”“蛇”“怀”“归”，《九章·远游》叶“妃”“歌”“夷”“蛇”“飞”“徊”（“歌”“蛇”，歌部；“妃”“飞”“徊”，微部；“夷”，脂部），《庄子·则阳》叶“知”“化”“为”“围”“过”（据朱骏声、江有诰。“知”，支部；“围”，微部；“化”“为”“过”，歌部），皆可为证。我们如果从谐声偏旁看歌微两部的关系，两部更是明显地接近的。如“衰”声有“蓑”（据《说文》，“衰”即“蓑”的本字），“妥”声有“绥”（依段玉裁说），“委”声有“倭”（“委”入微部是依朱骏声），“累”声

① 段氏以为叶“邦”“崇”“功”“皇”，我以为“崇”不入韵。

有“骡”“螺”。对于这些声符的字，我们不能简单地用“同声必同部”的原则来解释；它们的读音徘徊于歌脂两部之间。“衰”声的字，段玉裁认为是歌部字，但是《论语·微子》叶“衰”“追”，《荀子·成相》叶“衰”“归”“累”“怀”，《礼记·檀弓》叶“绥”“衰”，“衰”显然属于微部（朱骏声、江有诰亦以“衰”声入脂部，即我们的微部）。“绥”从妥声，段玉裁的说法是对的①。但“妥”在歌部而“绥”在微部。段玉裁以“绥”归歌部是拘泥于谐声，《樛木》叶“累”“绥”，《南山》叶“崔”“绥”“归”“怀”，《鸳鸯》叶“摧”“绥”，《有客》叶“追”“绥”“威”“夷”，“绥”显然是微部字。段玉裁在《说文解字注》中以“绥”归歌部，而在《六书音均表》中以“绥”归脂部（我们的微部），也不能做到一致。朱骏声、江有诰索性以“绥”字归脂部。关于“委”字当在何部，段氏在《说文解字注》中闪烁其词。他说：“十六、十七部合音最近，故读于诡切也。诗之委蛇即委随，皆叠韵也。”看来段氏还是倾向于肯定“委”属歌部。他提到十六部（支部）最为无理；“委”在《广韵》虽属纸韵，那是后代的读音了。他在《六书音均表》中以“委”声归脂部，那才对了。朱骏声、江有诰都以“委”声归脂部。《谷风》叶“嵬”“萎”，《檀弓》叶“穨”“坏”“萎”，又叶“绥”“衰”，可以为证。但是我们不能忽略连绵字“委蛇”、“委随”、“逶迤”、“倭堕”等，段氏以“委”声归歌部也是有根据的。“累”声属脂部（微部）是没有争论的，但作为声符，“累”又和“蠃”（郎可切）相通，“骡”“螺”本作“蠃”“蠃”。由上述这些事实看来。歌部和微部的关系，比之它和脂部的关系，还更密切得多。我最近把歌部改拟为 ai。与其说是从阴阳入三声的对应上考虑，不如说是更多地从歌微两部读音相近的事实上考虑，ai 和 əi 是可以合韵的，也是可以互谐的，也许微部竟是一个 ɐi（相应地，物部 ɐt，文部 ɐn）。只要心知其意，也不必更动了。高本汉也看见了歌微两部的密切关系，所以他把“衰”“妥”“委”等字都归入鼍部，让他们收音于-r，好与微部相通（“衰”读 swâr；又读 si̯wər；“妥”读 tʻnwâr，“绥”读 sni̯wər；“委”读 ·i̯wăr，“踒”读 · wâr）。他这样一来，鼍部与脂微的关系照顾到了，鼍部与歌部的关系反而疏远了（鼍与歌，中国传统音韵学只看成一部）。例如他把“蠃”拟成 luâ，“蠃”拟成 lwâ，“累”拟成 li̯wər，“骡”拟成 lwâr，这些谐声相通的字时而不带-r 尾，时而带-r 尾，它们怎能互相通假呢？

---

① 朱骏声“捼”从妥声，依段玉裁；“绥”不从“妥”声，不依段说，是自相矛盾。

（三）开合口问题

汉字谐声，开合口的界限是很明显的。一般说来，开口谐开口，合口谐合口。凡开合口不对应的地方，常常是后起的现象。江有诰在他的《入声表》中也注意到古开今合、古合今开的情况，因为他寻找阴声和入声的对应关系，开合口的矛盾就显露出来。合理的解释应该是：凡对应的字、特别是同一声符的字，要么同属开口，要么同属合口。江有诰的原则是对的，但是他所定的开合口和我们不尽相同。现在把十一类先秦韵部中的开合口问题，分别讨论如下。

第一类是之职蒸三部。之部尤韵字古读合口，所以拟成 ĭwə，这样就和入声职部搭配上了。如“有”ɣĭwə：“郁”ĭwək，“富”pĭwə：“福”pĭwək。江有诰把“有”“郁”“富”“福”一律归开口，和我们正相反。高本汉在这一点上和我们是一致的。

第二类是幽觉两部。觉部屋韵字我们拟成开口呼（“菊”kĭəuk，“竹”tĭəuk），与江有诰是一致的，和高本汉也是一致的[①]。必须拟成开口，然后去入两读的字才有着落，如“宿”sĭəuk：sĭəu，“畜”xĭəuk：xĭəu。再说，谐声字的入声与非入声才有了对应，如“肃”sĭəuk：“萧”sĭəu，“叔”ɕĭəuk：“椒”tsĭəu。但是，元音 ə 很早就变为模糊了，所以 əu，əuk 也近似合口呼，以致东晋时代以“优”或“忧”与梵文字母 u 对音[②]。

第三类是宵药两部。这两部没有开合口问题。少数屋沃韵字都是不规则的变化，如“曝”b‘auk＞bĭuk，“沃”auk：uok。

第四类是侯屋东三部。江有诰以侯屋的一二等为开口，三等为古开今合。江氏在《入声表》里没有提到东部，若由此类推，也应该是古开今合。高本汉把侯屋东拟成 u、i̯u、uk、ŭk、iuk、ung、ŭng、i̯ung 是一律归入合口呼，与江君正相反。我们认为侯屋东的拟音应该是 o、ĭwo、ok、eok、ĭwok、ong、eong、ĭwong，一二等属开口呼，三等属合口呼。

第五类是鱼铎阳三部。江有诰认为麻铎昔陌麦诸韵鱼部字都是合口呼的字，那仍然是古侈今弇的看法。我们的看法正相反：鱼部读音应该是古侈今弇，不是“家”读如“姑”，而是“姑”读近“家”（ka：kea），“姑”与

① 我在旧作《上古韵母系统研究》中，认为幽部有开合两呼。后来在《汉语史稿》中放弃了这种说法。

② 见法显译《大般泥洹经》和昙无谶译《大般涅槃经》。

"家"都算开口呼。在传统音韵学里,铎部一字有去入两读时,是去声合口,入声开口。江永的看法是上古一律归合口;我们的看法正相反,应该一律归开口,如"度"d'ak: d'āk,"著"d'ĭak: d'ĭāk,"恶"ak: āk 等。其实在《切韵》时代,鱼韵也属开口呼(是 ĭo)[①]。《七音略》以鱼韵为"重中重",也正是开口呼的意思。

这并不是说鱼部就没有合口呼了。虞韵有轻唇字,显然从上古就属合口呼。麻韵"瓜""华"等字当然也属合口呼。模韵在《七音略》中与虞韵合图,算"轻中轻",也该算合口呼。但是模韵有相当大的一部分字在上古应该归开口呼,如"模"从"莫"声,"莫"是 mak,"模"也应该是 ma,而不是 mua。把模韵字的上古音分为开合两类,是很费考虑的一件事。我在《汉语史稿》中根据这样一个标准:凡与轻唇音有谐声偏旁关系的字算合口呼,如"補"pua:"博"puak:"甫"pĭwa,"布"(父声)pua:"父"bĭwa;凡与合口字有谐声偏旁关系的字也算合口呼,如"孤"kua:"瓜"kua,"汙"ua:"华"(亏声)ɣua。根据这个标准,《汉语史稿》还有须修正的地方,如"吴""误"应属合口呼,读 ngua,因为从吴得声的字有"虞""娱"ngĭwa。

高本汉大约也是出于同样的考虑,他把"都""屠""祖""古""胡""鼓""股""蛊""户""顾""互""乎""壶""虎""五""吾""午""乌""土""於""徒""兔""图""苏""素""卢""鲁""卤""普""库""步""涂""奴"拟成开口呼的-o,又把"孤""瓠""裤""汙""布""補""蒲"拟成合口呼的-wo。只有"吴""误""博""薄"是例外。"吴"声的字应属合口,上面已说过了。从古音通假说,"吴"通作"俣"(《方言》:"吴,大也";《说文》:"俣,大也"),"吴"字也该属合口。"博"字,高本汉拟为 pâk,"薄"字拟为 b'âk,这就和他所拟的"缚"b'ĭwak 有矛盾。

第六类是支锡耕三部。这三部没有开合口问题。

第七类是歌月元三部。这三部基本上也没有开合口问题。只有一些唇音字不容易断定,例如"拔",蒲八切[②],陈澧《切韵考》认为是开口二等字,《切韵指南》也把它归入开口图内,但是《七音略》、《切韵指掌图》都把它归入合口。《韵镜》"拔"字开口合口两收,起初我以为是传抄之误,现在

① 参看罗常培《切韵鱼虞之音读及其流变》(历史语言研究所集刊第十三本第119～152页)和李荣《切韵音系》,第145～149页。

② 在《切韵》里,"八"字作为反切下字,既切开口,又切合口。若按《说文繫传》的朱翱反切,"拔"字彭札切,显然是开口字。

看来是摇摆不定。"拔"从"犮"得声,"犮",蒲拨切,是合口字,从"犮"得声的"髮"也是合口字,依谐声偏旁看,"拔"应该属合口呼。

第八类是微物文三部。没有开合口的问题。

第九类是脂质真三部,也没有开合口的问题。

第十类是缉侵两部。缉部假定有合口呼 uəp,ĭwəp。如"纳"nuəp,"立"lĭwəp,"泣"kĭwəp。因为"纳"从"内"得声,而"内"的上古音是 nuət;从"立"得声的字有"位"(从王筠说),而金文"立"即"位"字,"位"的上古音是 ɤĭwət。uət 与 uəp 相通,ĭwət 与 ĭwəp 相通都是很合理的,因为介音和主要元音都相同了。侵部有合口呼 uəm、oəm、ĭwəm。如"冬"tuəm,"降"ɤoəm,"中"tĭwəm。上文说过,由于异化作用(圆唇介音与唇音韵尾有矛盾),冬类字演变为-ng 尾。"降"字发展为江韵字。江韵在《七音略》里被认为是开口呼(重中重),但是江韵字在上古有两类:一类属东部,如"江"keong,"邦"peong[①];另一类是合口呼,如"降"ɤoəm。在汉代以后,这两类合流了,"江""邦"等字仍属开口,"降"等字由合口变为开口。

第十一类是盍谈两部。这两部没有开合口问题。

四、声调系统和拟测的关系

入声在汉语里是一个特别的声调。例如,依《切韵》系统,"帮""榜""谤""博"为四声,但是"帮""榜""谤"读音都是 pâng,而"博"是 pâk(中古音)。那么,入声不但意味着声调不同,而且意味着韵尾(收音)不同。不论上古或中古汉语,当我们谈到入声的时候,指的就是以塞音收尾的韵母;当我们拟测成为塞音收尾的韵母的时候,这个韵母就应该认为是入声。因此,当高本汉把之幽宵支四部字与职觉药锡四部去声字以及铎屋两部去声字拟成收-g 尾的时候,我们就认为他把这些字都拟成了入声。当高本汉把月物质三部的去声拟成收-d 尾的时候,我们也认为他把这些字都拟成了入声。入声的概念本来是一种常识,但是竟然有人把收-g、-d 的字(假定它是存在的)认为是阴声字,这是不可不辨的。

我们反对高本汉把之幽宵支四部的平上声字拟成收-g,也就是反对他把这些字归入入声。我们有条件地赞成高本汉把之幽宵支鱼侯六部的

---

① "邦"从"丰"声,而属开口("丰"属合口),是由于它是唇音的缘故。唇音字谐声在开合口上不很严格。

大部分去声字以及月物质三部的去声字拟成收-g 或-d，也就是赞成他把这些字归入入声。

我们同意段玉裁的看法：上古音平上为一类，去入为一类。我们也赞成段氏古无去声说。既然说去入为一类，又说古无去声，不是自相矛盾了吗？段氏当时的话可能稍欠斟酌，以致前后不一致。其实他所谓去入为一类是指《广韵》的去入，不是指上古的去入。对于上古，他只承认有入声，不承认有去声，他认为后代去声是入声演变成的。我们同意段氏去声来自入声的说法，但是不赞成他把去声和入声完全混同起来。我们认为：上古有两种入声，其中一种到中古变为去声，另一种到中古仍是入声。我在《汉语史稿》里以前一种为长入，后一种为短入。长短的区别只是一种可能，还不能作为定论。只要有了两种入声，就有了分化的条件，至于这两种入声是长短的区别还是高低升降的区别，那是次要的问题，可以留待将来详细探讨①。在本文里，第二种入声已经不再加上短音符号；第一种入声虽加上长音符号，也不必了解为仅仅在长短上区别于第二种。总之，入声分为两种完全是可能的。现代吴方言的入声不是也分为两种吗？广州话入声还分为三种，博白话入声还分为四种呢！

现在集中讨论一个问题：到底是平上为一类，去入为一类的学说合理呢，还是平上去为一类，入声自为一类的学说合理呢？这个问题很重要：如果承认平上去为一类，入声自为一类，就会像高本汉那样，把在《广韵》属平上去三声而先秦属之幽宵支四部的字一律算-g 尾，与入声的-k尾对立。在《广韵》属去声而先秦属铎屋月物质五部的一律算-g、-d 尾，与入声的-k、-t 尾对立。或者像戴震那样，把阴声韵部的平上去声字都看成收元音，惟有入声字收促音。如果承认平上为一类，去入为一类，就会像段玉裁那样，他在他的《六书音均表·诗经韵分十七部表》和《群经韵分十七部表》里，根本不列去声②。或者像我这样，平上声一律拟为收元音，去声大部分字和入声字一律拟为收-k、-t、-p③。

我们应该分为两个步骤来进行考察：第一步是按照同声必同部的原则，先确定入声韵部的声符。这样，我们将看见中古的去声字在上古还应该分为两类：一类归上声或平声，另一类归入声。例如“疚”虽是去声字，

① 除了长短音的区别以外，去声可能是先强后弱，以致韵尾失落。

② 黄侃也属于段派。

③ “缉”“盍”两部情况特殊，去声只有少数字在上古属入声。

但应归之部，因为“疚”从“久”得声，而“久”属之部。又如“富”字应归职部，算是古入声字，因为“富”从“畐”得声，“畐”读若“伏”（见《说文》）。第二步是按照古入声的声符去检查，可以看见入声与去声的关系非常密切（指阴声韵的去声），它们在先秦韵文中经常互相押韵，直到汉代及南北朝初期还有去入通押的痕迹[①]，而这些所谓去声字实际上是读成入声。

试举职部为例，《诗韵》入韵字如下表：

(1) 去声　炽试备背富戒异意囿

(2) 入声　识织弋忒螣式亟极塞北福辐菖葡直德力食饬饰敕息则侧贼测稷色棘𫗧穑國绒域蜮彧馘奭得匿克黑革伏服牧翼亿

入声与去声互押者 10 处：

翼服戒棘（《采薇》）	菖特富异（《我行其野》）
辐载意（《正月》）	载备祀福（《旱麓》）[②]
亟来囿伏（《灵台》）[③]	背翼福（《行苇》）
告则（《抑》）[④]	极背克力（《桑柔》）
戒國（《常武》）	忒背极匿识织（《瞻卬》）

这是最多的了。入声与平声互押者无一处，如果把去声来自入声的字算上（应该算上），也只有两处：异贻（《静女》）；裘试（《大东》）；入声与上声互押者只有两处：式止晦（《荡》）[⑤]，鲔鲤祀福（《潜》），如果把去声来自入声的字算上，也只增加两处；芑试亩（《采芑》），止试（同上）。

最值得注意的是去声自相押韵的只有三处：备戒告（《楚茨》），富忌（《瞻卬》），炽富背试（《閟宫》）。《瞻卬》叶“富”“忌”是职部与之部通押，《楚茨》叶“备”“戒”“告”是职部与觉部通押，《閟宫》叶“炽”“富”“背”“试”则完成是职部字。

---

① 江淹《齐太祖诔》叶“膝”“日”“匮”“逸”“匹”，潘岳《述哀》叶“日”“毕”“一”“失”“质”“寐”，王融《寒晚》叶“律”“日”“荜”“瑟”“疾”“逸”“043”，江淹《悼室人》叶“郁”“拂”“物”“忽”“慰”，张融《海赋》叶“月”“界”“灭”“雪”，谢朓《冬绪羁怀》叶“阙”“发”“月”“对”“蔆”“绩”“没”“越”“渴”“昧”“歇”，等等。

② “载”字疑有上入两读，与入声押者读“长入”。因未能确定，故《大东》叶“载”“息”，《绵》叶“直”“载”“翼”皆未列入。

③ “来”字疑有平入两读，亦未能定。“囿”字依《广韵》有去入两读，这里算去声。

④ “告”是觉部字，职觉合韵。

⑤ 江有诰以为“止”字不入韵。

各个韵部去声与入声的关系不很一样：关系最深的是月部，它的去声字只跟入声相通，不和平上声相通，这就不可能把去声字分成两类，只须一律算作古入声就是了；没有关系的是歌部，它的去声字只跟平上声相通，不跟入声相通，这也不能把去声分成两类，只须一律算作古平声或古上声就是了①。但是跟之幽宵支鱼侯脂微八部的去声字都应该分为两类，一类归之幽宵支鱼侯脂微，作为这八部的古上声或古平声，另一类归职觉药锡铎屋质物，作为这八部的古入声。

王念孙把至部（我们的质部）和祭部（我们的月部）叫做去入韵，把缉部和盍部叫做入声韵②，章炳麟把至部、泰部（我们的月部）、队部（我们的物部）、缉部、盍部叫做去入韵③。所谓去入韵，实际上就是包括两种入声。唯有把质物月三部去入声字全都拟成-t尾，然后能与平上声没有-t尾的阴声韵对立起来，不相通押。唯有把缉盍两部的去入声字全部拟成-p尾，然后能与平上声收-m尾的阳声韵对立起来，不相通押④。

黄侃把之宵支鱼侯五部的入声独立起来，另成为德萧锡铎屋五部，这五部其实也是去入韵，虽然他不承认上古有去声，但是《广韵》去声字大部分被他收到这五个入声韵部来了。觉部未分出，这是他的缺点。如果再分出觉部，就成为《汉语史稿》所定的入声职觉药屋铎锡月物质缉盍十一个韵部。

我们之所以反对戴震把祭月分为两部，是因为他不懂得同声必同部的原则，也不懂得去入韵的原则，硬把一个韵部拆成了两个韵部。由于他违反了同声必同部的原则，下面的谐声关系就讲不通了：

“大”声有“羍”，“羍”声有“達”。“大”，祭部；“達”，月部⑤。

“兑”声有“说”“脱”“棁”“帨”“税”“駾”“阅”“锐”“悦”。“兑”“棁”“帨”“税”“駾”“锐”，祭部；“阅”“悦”“脱”，月部。“说”读失爇切或弋雪切时属月部，读舒芮切时属祭部。“脱”又音“兑”，则属祭部。

“最”声有“撮”。“最”，祭部；“撮”，月部。

“害”声有“割”“豁”“辖”“害”，祭部；“割”“豁”“辖”，月部。但“害”又

---

① 例如“过”“磨”都算平声，不算去声。“化”算平声，因为《离骚》叶“他”“化”。

② 见王引之《经义述闻》卷三十一。

③ 章炳麟《国故论衡》，浙江图书馆《章氏丛书》本，第21页。

④ 王氏之所以不认为缉盍是去入韵，因为这两部的去声字很少，只有“垫”“厌”及一些僻字。

⑤ 这是按戴氏的原则来区分的，其实不该分。

通“曷”,则在月部。

“勂”声有“罯”“契”“挈”“絜”,“絜”声有“潔”。“契”,祭部;“罯”“挈”“絜”“潔”,月部。但“契”又读私列切,则在月部。

“夬”声有“抉”“玦”“缺”“袂”“快”“决”。“夬”“快”“袂”,祭部;“抉”“玦”“缺”“决”,月部。

“曷”声有“葛”“渴”“遏”“谒”“羯”“竭”“歇”“愒”,“葛”声有“藹”。“藹”,祭部;“曷”“葛”“渴”“遏”“谒”“羯”“竭”“歇”,月部。“愒”读苦盖切时属祭部,读丘竭切时属月部。

“世”声有“贳”“泄”,“贳”声有“勩”。“世”“贳”“勩”在祭部,“泄”在月部。但“泄”又读余制切,则在祭部。

“祭”声有“察”“瘵”“際”。“祭”“瘵”“際”在祭部,“察”在月部。

“埶”声有“勢”“褻”“熱”。“埶”(蓺)“勢”在祭部,“褻”“熱”在月部。

“戌”声有“歲”“威”,“歲”声有“薉”(穢)“濊”“噦”“翽”,“威”声有“滅”。“歲”“薉”“翽”在祭部;“戌”“威”“滅”在月部。“濊”“噦”既属祭部,又属月部。

“折”声有“逝”“誓”“哲”“晢”。“逝”“誓”在祭部,“折”“哲”在月部。“晢”读如“制”则属祭部,读如“折”则属月部。

“叕”声有“啜”“辍”“缀”“惙”“掇”。“缀”,祭部;“啜”“辍”“惙”“掇”,月部。但“缀”又读陟劣切,则在月部;“啜”“辍”又读陟卫切,则在祭部。

“列”声有“烈”“裂”“栵”“例”。“栵”“例”,祭部;“列”“烈”“裂”,月部。但“栵”又音“列”,则在月部。

“寽”声有“捋”“埒”“酹”。“酹”在祭部,“捋”“埒”在月部。

“发”声有“废”“拨”“泼”。“废”在祭部,“发”“拨”“泼”在月部。

“孛”声有“誖”“悖”“勃”。“勃”在月部。“孛”“誖”“悖”都有蒲昧、蒲没二切,既属祭部,又属月部。

“厥”声有“蹶”。“厥”“蹶”在月部。“蹶”又读居卫切,则在祭部。

“𠯑”声有“话”“活”“刮”“括”,“活”声有“阔”。“活”“刮”“括”“阔”在月部,“话”在祭部。

“杀”声有“铩”。“杀”“铩”都有所拜、所八二切,既属祭部,又属月部。

“剌”声有“赖”,“赖”声有“獭”“籁”“濑”。“赖”“籁”“濑”在祭部,“剌”“獭”在月部。违反了去入韵的原则,则下面这些最谐和的押韵也只能算是合韵了①：

厉揭（《匏有苦叶》）　　蠆迈卫害（《泉水》）
发烈褐歲（《七月》）　　结厉滅威（《正月》）
烈发害（《蓼莪》）　　烈发害（《四月》）
舝逝渴括（《车舝》）　　拔兑駾喙（《绵》）
拔兑（《皇矣》）　　月达害（《生民》）
軷烈歲（《生民》）　　揭害拔世（《荡》）
舌逝（《抑》）　　舌外发（《蒸民》）

王念孙、章炳麟的去入韵说是古音学上的一大进步。段玉裁虽然主张平上为一类，去入为一类，但是还未能把平上韵和去入韵截然分开。王念孙把缉盍分出，于是收-p的韵部独立了，章炳麟把泰至队分出，于是收-t的韵部独立了，黄侃把德沃屋铎锡分出，钱玄同再把觉部分出，于是收-k的韵部也独立了（但钱氏后来又并药于宵，那是错误的）。到了今天，在古音学昌明的时候，我们不能再回到戴震那种以平上去为一类，入声自为一类的学说上去。

上文说过，除了歌月两部以外，去声还应该分为两类，一类算是古平声或上声，另一类算是古入声。这样，上古汉语的声调到底有几个呢？

我设想阴阳入三声各有两调。阴声只有平上两声，阳声也只有平上两声，入声也分两种，仍称为去声和入声未尝不可以，但若以收塞音为入声的特点的话，则不妨改称长入、短入。所谓"长""短"只是一种假设，也可能不是长短，而是高低升降及其他特征。有一点可以肯定，那就是职觉药屋铎锡六部的去声字一定是收-k，月物质三部的去声字一定是收-t，缉盍两部的去声字（极少数）一定是收-p。

依段玉裁《六书音均表·诗经韵分十七部表》，阳声韵部以及阴声歌宵两部都只有平声；支部只有平声和入声，依章炳麟《国故论衡·二十三部音准》，除泰至队缉盍五部去入韵以外，无论阳声韵或阴声韵，一概只有平声。章氏否认上声的存在②。依我看，上声还是不能否定的。段氏对之幽侯鱼脂五部所定的上声韵证据确凿，不能推翻。宵部上声独用者有《邶风·柏舟》的"悄""小""少""摽"，《陈风·月出》的"皎""僚""纠""悄"，

---

① 加重点号的是祭部字，不加的是月部字。

② 一般人只知道黄侃否认上古有上声，而不知他这种说法是从他的老师那里来的。

《小雅·鱼藻》的"藻""镐"[1];歌部上声独用者,有《卫风·竹竿》的"左""瑳""傩",《小雅·何人斯》的"祸""我""可"[2];支部上声独用者,有《离骚》的"蕊""缅"[3]。同是阴声,应有它们的系统性;不能认为有些阴声韵有上声,另一些阴声韵没有上声。至于章炳麟、黄侃认为阴声韵只有平声,更不可信。即以阳声韵部而论,恐怕也不能认为只有平声。侵部上声独用者有《小雅·斯干》的"簟""寝",《巷伯》的"锦""甚";谈部上声独用者有《大雅·召旻》的"玷""贬"[4],《王风·大车》的"槛""菼""敢",《陈风·泽陂》的"萏""俨""枕"[5],《易经·坎卦》的"坎""窞",又"坎""枕""窞",《楚辞·九章·抽思》的"敢""憺";阳部上声独用者有《小雅·北山》的"仰""掌",《楚辞·九章·橘颂》的"长""像",《檀弓》叶"仰""放";耕部上声独用者有《小雅·节南山》的"领""骋";真部上声独用者有《小雅·楚茨》的"尽""引";文部上声独用者有《邶风·新台》的"洒""浼""殄",《离骚》的"忍""陨",《九章·惜诵》的"忍""轸";元部上古独用者有《邶风·柏舟》的"转""卷""选",《静女》的"娈""管",《鄘风·载驰》的"反""远",《豳风·伐柯》的"远""践",《小雅·杕杜》的"幝""痯""远",《角弓》的"反""远",《周颂·执竞》的"简""反""反",《九歌·国殇》和《九章·哀郢》的"反""远"。特别是元部上声独用的情况较多。

这样,如果按入声兼承阴阳的说法,则上古汉语应该有四声,即平声、上声、长入、短入。

能不能设想为五声,即平声、上声、去声、长入、短入呢?我曾经为此踌躇过。如果仍旧觉得古无去声说比较可信,有种种迹象使我们倾向于相信古无去声,其中最重要的有三点:第一,《广韵》阴声韵去声字,除了可认为长入字外,所余不多了,阳声韵去声字虽不能有长入字,但是可以算是平声或上声。第二,一字有平去两读者,往往以平声为古读,这种情况以阳声韵为最常见,如"信"字古通"伸","信义"的"信"亦即读平声,例证有《邶风·击鼓》叶"洵""信",《小雅·节南山》叶"亲""信",《巷伯》叶

---

[1] 如果以去声归上声,还可以加上《月出》三章的"照""燎""绍""懆",《齐风·东方未明》的"倒""召",《小雅·角弓》的"教""傚",《大雅·思齐》的"庙""保"。

[2] 如果以去声归上声,还可以加上《大雅·下武》的"贺""左"。

[3] 段玉裁以"蕊""缅"归支部,江有诰把"蕊""缅"归歌部。

[4] 段玉裁以"玷""贬"归侵部,这里从江有诰。

[5] 江有诰认为"枕"是侵部字,侵谈合韵。

“翩”“人”“信”等，“庆”字古通“卿”(庆云：卿云)，“吉庆”的“庆”亦即读平声，例证有《小雅·楚茨》叶“祊”“明”“皇”“飨”“庆”“疆”，《甫田》叶“梁”“京”“仓”“箱”“粱”“庆”“疆”，《大雅·皇矣》叶“兄”“庆”“光”“丧”“方”，《鲁颂·閟宫》叶“洋”“庆”“昌”“臧”“方”“常”等，“梦”字不但在“视天梦梦”里读平声(《小雅·正月》叶“蒸”“梦”“胜”“憎”)，而且在“甘与子同梦”里(《齐风·鸡鸣》叶“薨”“梦”“憎”)，在“乃占我梦”里(《小雅·斯干》叶“兴”“梦”)，在“讯之占梦”里(《正月》叶“陵”“惩”“梦”“雄”)，也都读平声。第三，一字有上去两读者，往往以上声为古读，例如“甚”，常枕切，又时鸩切，上古读上声，所以《巷伯》叶“锦”“甚”；又如“玷”，多忝切(《广韵》)，又都念切(《集韵》)，上古读上声，所以《召旻》叶“玷”“贬”。因此，我宁愿设想上古没有去声，而以中古的去声字分别归入上古的长入、平声或上声。

结　语

综合上文的论据，我们得出以下的一些结论：(一) 先秦韵部不是韵摄，每一个韵部只有一个主要元音；(二) 上古一韵分化为中古的两韵，往往是由于声母条件的不同；(三) 阴阳入的对应是汉语系统性的表现，我们应该依照对应的规律来进行先秦韵部的拟测；(四) 韵部的远近也是古音拟测的根据之一；(五) 上古的开合口和中古的开合口略有不同；(六) 以中古的声调和上古的声调对应来说，平上为一类，去入为一类，但是一部分去声字应归古平声或古上声。古入声分两类，一律收音于-k，-t，-p，这两类的区别可能是长短的不同，也可能是高低升降的不同。

古音的拟测是以音标来说明古音的系统。这些音标只是近理的假设，并不是真的把古音“重建”起来。但是，即使是假设也要做得合理，如果假设不合理，连古音的系统也会弄错了的。

(原载《北京大学学报》人文科学版，1964年第5期；
又《王力文集》第17卷)

理想的字典

小　引

《四库提要》把“小学”分为：(一)训诂之属；(二)字书之属；(三)韵书之属。大致说起来，训诂是讲字义的，字书是讲字形的，韵书是讲字音的。但是，字书专讲形的很少，《说文》就兼讲音义，不过它是由字形的结构去推求音义，还可说是以形为主。《玉篇》以后的字书却是以义为主，以音为副，关于形的方面，倒反是不大理会的了，只有《干禄字书》和《字学举隅》之类，勉强可算是专讲字形的书。韵书专讲音的也很少，《广韵》、《集韵》、《韵会》之类是兼讲字义的，最显明的证据是屡引《说文》的训诂。只有《韵镜》、《切韵指掌图》之类才是专讲字音的。训诂的书似乎是专讲字义的了，但《释名》之类以声为训，却又离不了字音。这样，三类小学书的界限并不分明，《四库提要》凭什么把它们分开呢？原来《四库提要》对于小学的分类标准并不是以内容为主，而是以体裁为主的：以义为纲者(如释虫、释兽)，称为讲话之属，以形为纲者(如彳部、支部)，称为字书之属，以音为纲者(如东韵、先韵)，称为韵书之属。

我们这里所谓“字典”(Dictionary)，并不等于《四库提要》所谓“字书”。它该是形、音、义三方面兼顾的，每标一字已经算是形，遇必要时还该在笔画上分辨疑似和矫正谬误，每字的下面必须注音，遇必要时还该兼注古音、俗音或方音，形和音已经弄清楚了之后，跟着就该使读者了解这字的一切涵义。非但中国字典该如此，全世界各国的字典都该如此。但是，它又该是以义为主的。形体和音韵都是次要的问题。由此看来，我们所谓“字典”，骨子里乃是“训诂之属”；不过，如果以义为纲，在检查上有不少的困难，所以不妨以形为纲，例如建立若干部首，或以音为纲，例如依注音符号排列。这样，又象是和“字书之属”或“韵书之属”混合为一了。

字典既然是以义为主，我们在这一篇文章里，将着重在字义一方面的问题。至于形和音两方面，不打算多加讨论。也许将来有机会，我们再谈及怎样排比和怎样注音；现在暂时把这两个次要的问题撇开不谈。

(一) 中国字典的良好基础

字典的目的很简单,就是令人彻底了解字的意义。为了达到这个目的,咱们该使咱们所下的注解不含糊,不神秘,不致令人发生误会。我们不知道先秦有没有字典(《尔雅》非但不是周公所作,连是否先秦作品也在可疑之列,《说文》里所引的许多"孔子曰"也是不可信的),但是先秦的人对于解释字义却往往是可以令人满意的。《论语》有一章是:

> 子贡问曰:"有一言而可以终身行之者乎?"子曰:"其恕乎。己所不欲,勿施于人。"(《卫灵公》)

子贡所问的是终身可行的一个字("一言"即"一字"),孔子把"恕"字说给他之后,跟着就给他一个注解:"己所不欲,勿施于人。"这是以多字释一字,正合于我们的理想字典的条件之一(见下文268页)。《孟子》里还有更明显的例子:

> 老而无妻曰鳏,老而无夫曰寡,老而无子曰独,幼而无父曰孤。(《梁惠王》下)

咱们现在如果要解释这四个字,也不能比《孟子》说得更明白。[①] 到了许慎的《说文解字》,注解的方法就更多了。除了不合理的方法需要批评以外,我们所认为合理的方法,大概有下列的五种:

(1) 天然定义 数目、度量衡和亲属名称之类,可算是有天然定义的。这种字义非常容易下;而且每一个人所下的都大致相同。除非时代不同或社会不同,否则这种字义是没有人反对的。例如:

百,十十也;	千,十百也;
尺,十寸也;	丈,十尺也;
斗,十升也;	两,二十四铢为一两;
孙,子之子曰孙;	舅,母之兄弟为舅。

---

① 注意,"曰"和"谓之"不一样。《孟子》说"谓之"的地方并不是解释字义。例如:"从流下而忘反谓之流,从流上而忘反谓之连,从兽无厌谓之荒,乐酒无厌谓之亡"(《梁惠王》下),这些行为只是流连荒亡之一端。又如:"责难于君谓之恭,陈善闭邪谓之敬,吾君不能谓之贼"(《离娄》上)这些行为只是恭敬或贼之一端。《论语·尧曰》:"不教而杀谓之虐,不戒视成谓之暴,慢令致期谓之贼",亦同此例。

(2) **属中求别** 《说文》"秔"下云:"稻属。"段注:"凡言属者以属见别也;言别者以别见属也。重其同则言属,秔为稻属是也;重其异则言别,稗为禾别是也。""稗"下云:"禾别也。"段注:"谓禾类而别于禾也。"按《说文》言别者甚少,言属者则颇多。如"鸽,鸠属也","鹭,凫属也"之类。其实仅言"属"是不够的,于是在许多字的底下都是在一个大类名之外再加上一个修饰成分,这就是我们所谓属中求别。例如"猃,长喙犬也","秫,稻之黏者"。这样,比之说"猃"为,"犬属"和"秫"为"稻属"更显得明白些。下面是一些名词的例子:

农,耕人也;医,病工也;
羝,牡羊也;犊,牛子也;
蚕,吐丝虫也;鹦,能言鸟也;
印,执政所持信也;缨,冠系也;
绔,胫衣也;眉,目上毛也;
垒,军壁也;雨,水从云下也;
烟,火气也;炭,烧木未灰也;
灰,死火余尽也;革,兽皮治去其毛曰革。

形容词和动词也都可以属中求别。"白"之属有"皙""皤""皎""皑'"皠"等,"皙"是"人色白","皤"是"老人白","皎"是"月之白","皑"是"霜雪之白","皠"是"鸟之白"。"思"之属有"惟""念""怀""想""虑";"惟"是"凡思","念"是"常思","怀"是"念思","想"是"冀思","虑"是"谋思"。"息"之属有"呼""吸""喘""喟"等;"呼"是"外息","吸"是"内息","喘"是"疾息","喟"是"大息"。下面还有一些动词的例子:

观,谛视也;闻,知声也[①];
御,使马也;摩,一指按也;
娶,取妇也;沐,濯发也;
织,作布帛之总名也。

有时候,大类名不便说出,或不必说出,就用"者"字或"所"字,甚至"者'"所"都不用。例如:

耳,主听者也;泣,无声出涕者曰泣;

① "闻"者"知"之属,"声"字可认为修饰成分,下仿此。

丝，蚕所吐也；口，人所以言食也；

舌，在口，所以言别味也；囱，在墙曰牖，在屋曰囱。

(3) **由反知正** 由反知正就是用否定语作注解。此类以形容词为最多。有些形容词，若用转注法[①]，往往苦无适当的同义词，若用描写法（见下文第四项），又很难于措辞。恰巧有意义相反的一个字，就拿来加上一个否定词，作为注解，既省事，又明白。例如：

假，非真也；拙，不巧也；

暂，不久也；旱，不雨也；

少，不多也。

由反知正而外，还有由彼知此之法。如"甥"下云："谓我舅者吾谓之甥。"不过这种方法的用途是有限，故不另立一条。

(4) **描写** 凡属实物，皆可描写。许慎的描写有时候很粗，但在当时已经是难得的了。例如：

犀，徼外牛，一角在鼻，一角在顶，似豕；

狼，似犬，锐头，白颊，高前，广后；

冕，大夫以上冠也[②]，邃延，垂瑬，纨纩；

漏，以铜受水，刻节，昼夜百节。

縗，丧服衣，长六寸，博四寸，直心。

芦菔，似芜菁，实如小尗者。

历史上和地理上的叙述，也是一种描写。例如：

馆，客舍也，周礼以五十里有市，市有馆，馆有积，

以待朝聘之客；

河，河水，出敦煌塞外昆仑山，发源注海；

江，江水，出蜀湔氐徼外岷山，入海；

湘，湘水，出零陵阳海山，北入江。

对于行为或状态，也可以描写。例如：

躲，弓弩发于身而中于远也；赧，面惭而赤也。

---

① 所谓"转注"。是依戴东原说，下仿此。

② 有时候是先由属中求别，再加描写。

(5) **譬况**　有些事物,不是描写得出来的;但是,只要一举例,大家就明白了。关于颜色,最适宜于用譬况法。例如:

黄,地之色也;黑,火所薰之色也。

以上所说的五种方法,虽不能说是许慎所首创,至少是到了他才大量应用。拿《尔雅》和《说文》相比较,我们就觉得前者只是字典的雏形,而后者则已经具备了理想字典的轮廓。现代世界上最好的字典,也离不了这五种方法,可见许慎对于中国的字典学,已经立下了很好的基础。学术是积累而成的,后代的学者不能在这百尺竿头更进一步,竟是许慎的罪人了。

(二) 古代字书的缺点和许学的流弊

由上文恭维许慎的话看来,我们是很佩服他的。开创总是艰难的事业。在距今二千年的时候,他能有这种成绩,自然显得伟大了。不过,他的缺点我们也不能不说。固然,他受了当时的趋尚所影响,我们抱着满怀原谅的心理去读他的书;但是,因为他的势力最大,影响于后世的字典学最深,所以我们又应毫不妥协地给他一个公平的批评。大致说起来,《说文》共有四个缺点。

(1) **文以载道**　咱们不要忘了许慎是一个经学家,他一肚子的道理,自然要流露出来。但是,字典所要求的只是一种合理的定义,并不需要在定义之外再加上若干哲理,尤其是不应该完全不要定义,竟以哲理去替代它。下面的一些例子,我们都认为是违反字典的常轨的:

一,惟初太极,道立于一,造分天地,化成万物;
二,地之数也;
三,数名,天地人之道也;
青,东方色也;
赤,南方色也;
白,西方色也;
水……北方之行,象众水并流,中有微阳之气也;
火……南方之行;炎而上;
地,元气初分,轻清阳为天,重浊阴为地,万物所陈列也,
情,人之阴气欲者;
大,天大,地大,人亦大焉;

玉，石之美者存五德：润泽以温，仁之方也；䚡理自外，可以知中，义之方也；其声舒扬，专以远闻，智之方也；不挠不折，勇之方也；锐廉而不忮，絜之方也。

(2) **声训**　声训是先秦已有的(《论语·颜渊》："政者正也"，《孟子·滕文公》："庠者养也，校者教也，序者射也")，到了汉代，竟成一种风尚；《毛传》已有声训("士，事也"，"燬，火也"，"古，故也"之类)，《白虎通》也很不少("士者，事也"，"嫁者，家也"之类)；其专用声训者，要算刘熙的《释名》。《说文》里若以字的全数而论，声训的数量不算很多；有些字，在《白虎通》里是声训的，在《说文》里已经改为义训了。例如《白虎通》"嫁者家也"，《说文》却是"女适人也"。这也可说是有了进步。但是，《说文》对于最常用的字，仍旧往往是由声取训的，大约是许氏以为常用的字用不着注解，用声训取其更有意思些。有些声训里头含着一番大道理("儒，柔也"；"士，事也"，"学，觉悟也"之类)，仍旧是"文以载道"，而且，假借当时崇尚的声训来"载道"，似乎更容易生效。下面是一些声训的例子：

水，准也；火，燬也；
户，护也；门，闻也；
妇，服也；母，牧也；
霜，丧也；非，违也；
可，肯也；日，实也；
月，阙也；夜，舍也；
春，推也；士，事也；
儒，柔也；政，正也；
学，觉悟也；书，箸也；
诗，志也；琴，禁也；
鼓，郭也；臣，牵也；
衣，依也；尾，微也；
卿，章也；室，实也；
八，别也；酒，就也；
丑，纽也；寅，髌也；
卯，冒也；辰，震也；
午，牾也；未，味也；
申，神也；酉，就也；

戌，滅也；亥，荄也；

马，怒也，武也；王，天下所归往也；

土，地之吐生万物者也；妻，妇与已齐者也；

韭，韭菜也，一种而久生者也；

悳，外得于人内得于己也；

教，上所施，下所效也；鬼，人所归为鬼；

鼻，所以引气自畀也；星，万物之精上为列星；

山，宣也，谓能宣散气，生万物也；

弓，穷也，以近穷远者；

狗，孔子曰，狗，叩也，叩气吠以守。

这种声训的风气，直至近代小学而未衰，所以段玉裁还说"诽之言非也，言非其实""谤之言旁也，旁，溥也，大言之过其实"，等等。声训有什么好处呢？《释名》的序里说：

自古造化制器立象，有物以来迄于近代，或典礼所制，或出自民庶；名号雅俗，各方名殊，百姓日称而不知其所以之意。故……论叙指归，谓之释名。

原来声训的用处乃是求事物命名的"所以之意"，并不是对于那"名"的本身，作一种确当不易的定义。这样，自然也不是字典的正轨。先就好的声训而论。"水，准也"，"马，武也"都见于《释名》；"诗，志也"。《毛诗序》也说"志之所之也"；"士，事也"见于《毛传》和《白虎通》；"政，正也"甚至见于《论语》，可知不是许慎的私见。但是，不管"水"与"准"，"马"与"武"，"诗"与"志"，"士"与"事"，"政"与"正"之间有多少字源上的关系，这种关系也只是字族的关系[①]；咱们至多只能说它们本是同族，却不能说它们是完全同义的字。

再就坏的方面而论，就是专凭臆说。《论语》里有这样一段话：

哀公问社于宰我，宰我对曰："夏后氏以松，殷人以柏，周人以栗，曰使民战栗"。子闻之曰："成事不说，遂事不谏，既往不咎。"(《八佾》)

宰我的话，差不多等于说："……栗者慄也，使民战慄。"其实他这话是捕风

① 参看章炳麟《文始》和高本汉《汉语词族》。

捉影之谈，所以孔子不满意。可见声训往往是靠不住的。像“弓，穷也”，“鼻所以引气自畀也”，“狗，叩也，叩气吠以守”，都是很不近情理的说法。要知声训之不可靠，第一，试看各家声训有时候会大相径庭。例如《说文》：“未，味也，六月滋味也”，《史记·律书》：“未者，言万物皆成，有滋味也”，是一派；《释名》：“未，昧也，日中则昃向幽昧也”，《淮南·天文训》：“朱者，昧也”，又是一派。第二，试看同是一个人，也会说出两种道理。例如《说文》：“马，怒也，武也”；尤其是《释名》：“风，兖豫司冀横口合唇言之。风，泛也，其气博泛而动物也，青徐言风，踧口开唇推气言之，风，放也，气放散也。”因方言之不同，而事物命名的“所以之意”亦随之而异，这简直是令人百索不得其解了。

(3) **注解中有被注的字** 字典对于每一个字，总该假定是读者所不认识的。若注解中有被注的字，就等于把读者所不识的字作注，虽注等于不注。《说文》：“巳，巳也。”段注：“辰巳之巳既久用为巳然巳止之巳，故即以巳然之巳释之。《序卦传》：‘蒙者蒙也，比者比也，剥者剥也’；《毛诗传》曰：‘虚，虚也。’自古训故有此例，即用本字，不叚异字也。”话虽如此说，毕竟不足为训。但是，以本字释本字的例子是很少见的，我们要批评的不是这个，而是注解中杂有本字的情形。例如：

石，山石也；与，党与也；
墨，书墨也；角，兽角也；
味，滋味也；夫，丈夫也；
畜，田畜也；矢，弓弩矢也；
足，人之足也，在体下；肠，大小肠也；
蛾，蚕化飞蛾也；弟，韦束之次弟也；
卵，凡物无乳者卵生；五，五行也；
风，八风也；发，射发也；
获，猎所获也；就，就高也；
宽，屋宽大也。

《说文》这样，犹有可说，因为许氏着重在解释形的方面，例如“畜，田畜也”，主意在说明“畜”字为什么从“田”；“获，猎所获也”，主意在说明“获”字为什么从“犬”。至于普通字典，本该着重在义的方向，如果注解中仍有本字，就太违背字典的原则了。

(4) **望形生义** 字书如果对于每一个字都根究它的义符之所由来，

有时候就不免望形生义。咱们不要太迷信汉儒，他们离开造字时代也有一二千年以上，不见得对于字的原始意义都能考证无讹。古文字学家常常告诉咱们，许慎许多望形生义的事实。例如说，“物”下云。“万物也。牛为大物，天地之数起于牵牛，故从牛。”牛为大物，已经说得很牵强；天地之数起于牵牛，竟又是文以载道——汉儒之道！王静安先生证明“物”本来是“杂色牛”，于是许氏的望形生义有了铁证。段玉裁是最崇拜许氏的人，有时候也忍不住批评他这一个缺点。《说文》“告”下云：“牛触人，角箸横木，所以告人也。”段注：“如许说则告即辐衡也，于牛之角寓人之口为会意。然牛与人口非一体，牛口为文，未见告义，且字形中无木，则告意未显。且如所云，是未尝用口，是告可不用口也，何以为一切告字见义哉?”“苗”下云；“草生于田者。”段注：“……按苗之故训禾也……草主于田，皮傅字形为说而已。”凡《说文》的训诂不见于经传诸子者，都有皮傅字形的嫌疑。例如：

> 颾，大头也；散，杂肉也；
> 绌，绛也；必，分极也；
> 纷，马尾韬也；暨，日颇见也；
> 彼，往有所加也。

许学的流弊 许氏的毛病，只在这些“本义”上头。而许学的流弊，则又变本加厉，非但在许氏所谓本义之外再讲“本义”，而且还讲“本字”。其讲本义者，’例如：

> “壻，夫也。”段注：“夫者丈夫也。然则壻为男子之美称，因以为女夫之称。”
> “妃，匹也。”段注：“匹者，四丈也……夫妇名片合，如帛之判合矣。”
> “给，相足也。”段注：“足居人下，人必有足而后体全，故引申为完足。”
> “暵，乾也。”段注：“乾者，上出也。凡物乾者必上，湿者必下。”
> “壻”是一类，“妃”’“给”“暵”另是一类。

段氏对于前者，竟是杜撰本义，对于后者，则是拿不相干的意义去勉强解释某一字。咱们须知，即使许氏对于“夫”、“匹”等字所注的都是“本义”，但当他把“夫”“匹”等字去注释“壻”“妃”等字时，尽可以用“引申义”，而且不必再和“夫”“匹”等字的本义有关。正如咱们现代字典“该”字有“当也”一个意义，咱们不必追究《说分》“当”字的本义（“田相值也”），更不必使这所谓本义和“该”字发生无谓的关系。

其讲本字者，例如：

“緟，增益也。”段注：“……经传统叚重为之。”

“崋，崋山也。”段注：“按西岳字各书皆作華，華行而崋废矣。”

“癈，固病也。”段注：“癈为正字，废为假借字。”

“歬，不行而进谓之歬。”段注：“按后人以齐断之前为歬后字。”

“渻，少减也。”段注：“减省字当作渻，古今字也。”

“嫥，壹也。”段注：“……凡嫥壹字古如此作，今则专行而嫥废矣。专者，六寸簿也，纺专也。”

根据这“本字”的观念，段氏于是有擅改《说文》注字之举。例如：

“壹，嫥壹也。”段注：“嫥，各本作专，今正。”

“彰，彣彰也。”段注：“彣，各本作文，今正。文，逪画也，与彣义别。古人作彣彰；今人作文章，非古也。”

“恤，恩也。”段注：“恩，各本作忧，今正。”

至少，他也表示该改的意思。例如：

“擅，专也。”段注：“专当作嫥”。嫥者壹也。”

“稍，出物有渐也。”段注。“渐依许当作趣，渐行而趣废矣。”

“文，错画也。”段注：“错当作逪。”

“辟，法也。”段注：“法当作灋。”

按小学家所谓“本字”，大概可分为两种：一种是由简趋繁，例如“裘”本作“求”，“漏”本作“屚”，另一种是由繁趋简，即上面所举“彣”“渻”之类。前者比较地可信[①]，后者就很违背造字的原理，因为形声字总该是比较后起的。

许慎并没有明白指出某字是本字。譬如他说“嫥，壹也”，他只承认“嫥”字有“壹”的意义，并不是说凡“壹”的意义皆作“嫥”。又如他说“文，错画也”，他只想说“文”的本义是“错画”却不曾说古人“文”字不曾引申到“文章”上头；“彣”字大约是后起的“文”字，专就“文采”“文章”一方面而

① “裘”，本作“求”，有甲骨文可证。

言，恰像近年浅人于“尝”字之外更造“嚐”字，专就“口味之也”，一方面而言。有些地方，段氏更作武断的猜测，如“𧼛”《说文》只云；“进也’，并没有说它有“逐渐”的意义；很可能地，“渐水”的“渐”假借为“逐渐”的“渐”，而“𧼛”只是一个具有“进”义的僻字，和逐渐的意义毫无关系。

总之，“本义”和“本字”都该以见于上古典籍者为限。据群书以正一部字书，至少是比之据一部字书以正群书较为尊重古人的遗产！尽管有人疑心现存的先秦典籍的文字不是原来的样子，但是，倘使真的“秦火”能使中国文字失其本来面目，则许慎未必独能考据到“秦火”以前。离开群书而讲“本义”和“本字”，就是走入魔道去了。

（三）近代字书的进步

自《说文》以后，中国字书在方法上进步虽少，却不能说完全没有进步。从消极方面说，上面所举古代字书的四个缺点，已经有三个是近代字书所避免的了：文以载道、声训、望形生义，都不为它们所采用了：只有以本字释本字这一个毛病还未能尽除，例如《辞海》“次”下云：“……(2)次第也……(3)编次之也。”这是较小的毛病，但也以改之为佳。

从积极方面说，近代字书也有两个很显明的进步。兹分述如下：

第一步是知举例。本来，《说文》也不是完全没有举例，可惜他的举例限于经书，并不是每一个字的每一个意义都有一个例。而且，《说文》的例子不一定和它所说的字义相应，例如“利”下云“銛也”，所举的例是：“《易》曰，利者，义之和也”，这“利”字并没有“銛”的意思。又如“廷”下云，“往也”，所举的例是：“《春秋传》曰，子无我廷，这“廷”字也没有“往”的意思。又如“微”下云：“隐行也”，所举的例是：“《春秋传》曰，白公其徒微之”，这“微”字也没有“隐行”的意思[①]。许氏一方面抱定只说本义的宗旨，一方面又要引经，以致犯了举例不当的毛病。

《广韵》一类的书，举例更少。咱们须知，例子对于字典是很重要的。法国《新小拉鲁斯字典》(*Nouyea Petit Larousse*)的卷头语云：“一部没有例子的字典就是一具骷髅”，因为无论怎样好的注解，总不如举例来得明白。

《康熙字典》一出，除了僻字僻义之外，差不多每一个字的每一个意义都有例子。在这一点上，《康熙字典》确有很大的贡献。这也因为它是官

---

① 段注：“杜曰，微，匿也，与《释诂》‘匿微也’互训，皆言隐不言行，敚之假借字也。”

书，编辑的人多，所以能有这种成绩。

举例的方法可以有两种：一种是自造例句，一种是援引书籍。前者的好处是明白恰当，面其弊在无征，而且缺乏时代性，后者的好处自然是有征而又具有时代性，然而读者苟非有阅读古书的能力，则对于上古的例句看不懂，就失了举例的意义。可见二者各有利弊，但是，二者不可得兼的话，我们宁愿舍弃前者而取后者，因为有征和具有时代性正是理想字典的主要条件。在这一点上，中国字典比一般西洋字典为优。如果上古的例句太深的时候，不妨加注。这样，不难做到有利无弊的地步。至于现代语的辞汇，无适当书籍可引时，自然不妨自造例句。

第二步是知举篇名。古人读书是讲究背诵的，尤其对于经书特别的熟，所以著书的只要说一个“诗云”或“诗曰”，读者就能知道是在《诗经》那一篇那一章。后来大家连非经书的例子也喜欢不举篇名了，例如段玉裁就只说杜诗怎样说，韩文怎样说，并不注明杜集或韩集韵卷数或题目。这种举例法，是把读者看做一个学富五车的渊博之士，著者是很客气了，然而这也不是字典的正轨。

《康熙字典》对于经史往往举出篇名，对于子集则多数不举篇名。据我们所知，对于引用之文一律注明篇名者，系创始于欧阳溥存等所编的《中华大字典》（中华书局出版），其后《辞海》（亦中华书局出版）也采用这一个办法。[①] 这样，有两个好处。第一是便于读者检阅原书；第二是使读者容易看出例句的时代。譬如《庄子》内篇时代最早，外篇也许较晚，杂篇则毫无疑义地是晚出的作品；如果糊里糊涂地只注出一个《庄子》，就等于把不相同的几部书混为一部了。

《辞海》还有一个好处，就是对于近代的字义也能举一些例子。如：

> 捉，捕也。《唐书·兵志》：“唐初，兵之戍边者，大曰军，小曰守捉。”[②]
>
> 替，代也，见《广韵》。苏轼《跋渔父词》：“以山光水色，替其玉肌花貌。”
>
> 聪明，俗谓有智慧曰聪明。苏轼诗：“人皆养子望聪明，我被聪明误一生。”

---

① 《辞海》于集部亦多不注明篇名，举古人诗词，多无标题及卷数。这仍是一个大缺点。

② 按，不如举杜甫《石壕吏》：“暮投石壕村，有吏夜捉人。”

腾,俗谓转易移用曰腾。《儒林外史》第二十回:“家里一个钱也没有,我店里是腾不出来。”

但是,这一些例子是很不够的。一般的字典对于近代的字义所以不举例者,一则是看轻俗字俗义,不屑举例;二则是近代的书太多,要找始见的例子很难。古代的字义,有许多字书、类书可抄;至于近代的字义,就只靠自己去群书中搜寻,所以不是容易的事。但是,看轻近代语是不应该的;无论如何困难,对于每一个近代常用的字义,是必须举例的。这种责任,要放在后来人的身上了。

(四) 现存的缺点

上文所举的缺点,有些是现代字典仍旧有的(以本字释本字,近代的字义本举例等),也就是现存的缺点。但是,此外还有两个最大的缺点,据上文所未述及的,而又是古今字书所同犯的,特留在这里说。其实第二节里叙述古代字书的缺点时,就可以把这两个缺点加在里头;所以留在这里说者,一则因为它们不仅是古代字书的缺点,二则因为我们所谓理想的字典,正是针对着进两个缺点而发的,留在这里另外讨论,更显得郑重些。

(1) 古今字义杂糅 从汉代的字书和训诂书里,不容易看出古今字义杂糅的地方来(但并不是没有),因为汉代距离先秦还不很远的缘故。到了唐代以后的小学书籍,就不免有这毛病了。例如《广韵》“替”下云:“废也,代也,灭也。”“废”和“灭”是先秦古义[1],《书·大诰》:“不敢替上帝命”,《国语·鲁语》:“令德替矣”,都属于此义,“代”是隋唐以后的意义。这样杂糅在一处,就使各种字义的时代性无从显示出来了。

中国的历史太长了,每一个世纪总有许多新字、新义,如果把几千年的一切字和一切义,都毫无分别地排列着,就等于把历史的观念完全抹煞了。例如《辞源》“管”下云:

一、乐器名。《礼》:“均琴瑟管箫。”

二、凡圆柱中空者,皆曰管,如人身之血管,化学器之吹管。

三、笔弫曰管。《诗》:“贻我彤管。”

---

① “废”和“灭”只是一个意义,《广韵》因《诗》传以“废”训“替”,《国语》注以“灭”训“替”,遂一并引用。《广韵》此种例甚多,如“贷”下云:“借也,施也,假也”,也只是一个意义。这种杂注法也是不好的,因不是中国字典的通病,故不具论。

四、经理其事曰管。

五、枢要也。《荀子》:“圣人也者,道之管也。”

六、贯也。《礼》:“礼乐之说,管乎人情矣。”

七、管钥也。俗谓之钥匙。《左传》。“郑人使我掌其北门之管。”

八、拘束也,如管教、看管。

九、姓,周文王子管叔鲜后。

以上九个意义,除了第九个是专名,不必讨论以外,其余八个可以分为三类:第一类是死义,包括1、3、5、6、7五个意义。现代咱们不复有一种乐器名为“管”者,也不复称笔弧为“管”(“握管”只是古语的残留),枢要和钥匙不复称“管”,“贯”的意义也不能再说成“管”。第二类是沿用义,包括2、4两个意义。圆柱中空者为管,系由1、3、7的意义引伸,故知其来源必甚早;经理其事曰管,《史记·李斯传》:“赵高以刀笔吏入秦宫,管事二十余年”,《广韵》亦云:“管,主当也。”这两个意义大约是从汉代沿用到现代,所以说是沿用义。第三类是新兴义,就是“拘束”这一个意义。这一个意义始见于何书,尚待考证(理想的字典该做到这种考证的工作);依我们猜想,它的来源不会早到五百年以前。

这样古今字义杂糅,就浅理说,有两种害处:第一,是今人写现代的文章误用死义。例如该写作“钥匙”的却写作“管”。这种事实虽不多见,却不是没有,我曾看见有人在白话文里还用“迟我于东门之外”一类的句子。第二,是今人做仿古的文章误用新兴义。现在报章杂志上的文言文,表面上是仿古,其实是把许多新兴的意义掺杂在古语里头。这种不分古今的观念,可说是查字典的时候就养成了。

若就字典方法上说,根本就不该不辨古今死活。英法等语的历史比中国的历史短得多了,但是他们的字典也不是不辨古今死活的。他们普通的字典,总是一种现代字典,里头只有沿用义和新兴义,没有死义。偶然有一二个死义,也必注明“古义”成“罕用’。至于古书的字义,自有专书,例如《乔叟字典》(Glossary of Chaucer)、《莫里哀字典》(Lexiquc demolière)等。像咱们中国近代的字典古今死活都混在一处的,英法等国都可以说是没有。语源字典虽也古今死活并论,但必须是有条不紊的,绝对不该“混”。

中国字典对于时代性,虽没有明显的表示,似乎也不无线索可寻。《康熙字典》的举例,大概是以“始见”的书为标准的。现代的字典,也大致依照《康熙字典》的规矩。因此,如果某一个字义始见于《诗经》(如闵,病也,《诗·邶风》:"觏闵既多"),可见它是先秦就有的;如果某一个字义始见于宋人的诗文(如齼,齿伤醋也,曾几《和曾宏父饷柑诗》:"瓠犀微齼远山颦),可见它是靠近宋代才有的。如果完全不举例,就多半是新兴的意义[①]。此外,所谓仿义和俗义,也都是新兴义。例如《辞海》"俏"下云:"按今语谓容饰美好曰俏";"唪"下云:"今僧徒高声诵经曰唪";又"骗"下云:"俗借为诓骗字";"该"下云:"虹云欠债曰该债。"

但是,这种线索太暧昧了。既没有一定的宗旨,又没有一定的次序。有时候,新兴义竟放在古义之前,例如《辞源》、《辞海》"剪"字下皆先列"剪刀"之义,后列"齐断"之义。这是把字义的源流颠倒了。再说,在现有的字典中,古义的时代虽大致可考,而新兴义的时代却略而不考,或考而不精,也都是不能令人满意的。

(2) 以一字释一字 以一字释一字,依原则上说,解释的字和被解释的字应该是同义词(Synonymes)。在《说文》里,求其颇能合于这个原则者,只有所谓"互训"的字。例如:

恐,惧也;惧,恐也。 愧,渐也;惭,愧也。
芜,薉也;薉,芜也。 触;牴也;牴,触也。
踰,越也;越,踰也。 歌,咏也;咏,歌也。
问,讯也;讯,问也。 詈,骂也;骂,詈也。
老,考也;考,老也。 信,诚也;诚,信也。
缉,绩也;绩,缉也。 颠,顶也;顶,颠也。
札,牒也;牒,札也。 螽,蝗也;蝗,螽也。

但是,世上真正的同义词极少,甚至可以说是没有[②]。因为每一个词往往有两个以上的意义,而所谓同义词者,往往只能在一个意义上是相同的[③]。例如,"芜,薉也",这只是拿"薉"("秽")的意义之一,来解释"芜"字的意义之一,因此,"污秽"的"秽"可说是与"芜"没有关系。同理,"考"虽可释为"老","绩"虽可释为"缉",然而"三载考绩"却不能解作"三载老缉"。可见"互训"的办法已经是不妥的了。

比"互训"更不妥的办法就是"递训"法,"递训"是以乙训甲,复以丙训

---

① 也有不是新兴义的,如上文所举《辞源》"管"字第四义。又僻字僻义也往往不举例。

② 因此,《拉鲁斯字典》只把 Synonym 解释作"差不多同义的词"。

③ 参看拙著《中国语文概论》,见第三卷 636 页。

乙之类。例如《说文》“敛”下云。“收也”，而“收”下又云“捕也”。若依完全同义为训的原则，“敛”字也该可解作“捕也”，然而咱们不能这样办，因为“敛，收也”的“收”是甲种意义的“收”，而“收，捕也”的“收”是乙种意义的“收”。像这一类的例子，《说文》里真不少。例如。

富，备也；备，慎也；但“富”不能解作“慎”。

优，饶也；饶，饱也；但“优”不能解作“饱”。

摇，动也；动，作也；作，起也；但“摇”不能解作“起”。

课，试也，试，用也；但“课”不能解作“用”。

无，亡也，亡，逃也，但“无”不能解作“逃”。

犯，侵也，侵，渐进也；但“犯”不能解作“渐进”。

偁，扬也；扬，飞举也；但“偁”不能解作“飞举”。

践，履也；履，足所依也；但“践”，不能解作“足所依”。

过，度也；度，法制也；但“过”不能解作“法制”。

俗，司也；司，数飞也；但“俗”不能解作“数飞”。

伦，辈也；辈，若军发车百两为辈；但“伦”不能解作“军发车百两”。

和递训法有同样的缺点者，是同训法。同训就是以丙字训甲，又以训乙。例如：

成，就也；造，就也；但“成”不能解作“造”。

转，还也；偿，还也；但“转”不能解作“偿”。

记得我在小学的时候查字典，先查甲字，见说是等于乙字，再查乙字，又说是等于甲字(互训)。恰巧甲乙两字都是我所不认识的，于是就没有办法。有时候，先查甲字，见说是等于乙字，再查乙字，则乙字下面注着几个意义，有等于丙字的，有等于丁字的，有等于戊字的，竟使我无所适从。这都是以一字释一字的害处。如上文所论，连段玉裁有时候也不免为递训法所误(“壻，夫也”，“夫，丈夫也”，遂断定“壻”为“丈夫”，而谓为男子美称)，何况一般浅学之士呢？

相似而不相同的两种事物，如果以此训彼，更有不明确之嫌。这种毛病，段氏叫做“浑言”。例如：

“视，瞻也。”段注：“目部曰：‘瞻，临视也。’视不必皆瞻，则瞻与视小别矣。浑言不别也。”

"息，喘也。"段注："口部曰：'喘，疾息也。'喘为息之疾者，析言之。此云：'息者喘也'浑言之。"

"女，妇女也。"[①]段注："浑言之，女亦妇人；析言之，适人乃言妇人也。"

"菅，茅也。"段注："按诗谓白华既沤为菅，又以白茅收束之。菅别于茅，野菅又别于菅也。"

"走，趋也，趋，走也。"段注："《释名》曰："徐行曰步，疾行曰趋，疾趋曰走"，此析言之。许浑言不别也。"

携，提也，提，挈也。"段注：'挈者，县持也。携则相并，提则有高下，而互相训者，浑言之也。

在这一点上，段氏的见解很精确，实有匡许之功。然而他非但不自居功，倒反替许氏辩护说："所以多浑言之者，欲使人因属以求别也"（"诗"字注）。明明是许氏自己不知求别，却说是欲使别人求别，这可说是非常无理的一种辩护了。理想的字典，是应该处处避免"浑言"的；然而若要避免"浑言"，必须先尽量避免以一字释一字。

（五）理想的字典

说到这里，理想的字典该是怎样的，读者大约已经猜着了。除了矫正一些小毛病（如以本字释本字）之外，咱们应该从积极方面做到三件事：

(1) 明字义孳乳　这似乎是老生常谈；但我们所谓明字义孳乳却和普通的意思不大相同。第一，我们不主张追溯到史前期的字义，以免有不真确的危险。例如《说文》"皮"下云："剥取兽革者谓之皮。"由此看来，"皮"的本义似乎是一种职业的人，故段注云："……云者，谓其人也。取兽革者谓之皮……因之所取谓之皮矣。"这种说法，是没有古籍可以证明的。我们不取。第二，我们主张字义孳乳的考证不限于上古，连秦汉以后字义的父子公孙关系也值得加以详细的研究。

最明显的字义孳乳，例如"朝"字[②]。《说文》"朝"下云："旦也"[③]，这是

① "妇人"虽是两个字，却是一个词（word）。中国古代字与词无甚分别，故云以一字释一字。严格地说，该是以一词释一词。

② 参看《说文》"朝"字段注。

③ 《尔雅・释诂》："朝，早也。"《礼记・祭义》："周人祭日以朝及闇。"注："朝，日出时也。"《左传》僖公二十八年："诘朝将见。"注："诘朝，平旦。"义皆同。

“朝”的本义。由此本义引申，得二义：第一是范围扩大，“从旦至食时”为“朝”（《诗·鄘风》：“崇朝其雨”）。第二是意义转移，“见天子”曰“朝”（《周礼·春官·大宗伯》：“春见曰朝”，注曰：“朝犹朝也，欲其来之早”）。由“见天子”的意义引申，又得二义：第一是范围扩大，“子见父母”亦曰“朝”（《礼·内则》：“昧爽而朝”）。第二是意义转移，君臣谋政事之处亦曰”朝”（《礼·曲礼》：“在朝言朝”）。由“见君父”的意义扩大，则见所敬之人亦得谓之“朝”（《史记·司马相如传》：“临邛令日往朝相如”）。由“君臣谋政事之处”的意义扩大，则“官府听事”亦得谓之“朝”（《后汉书·刘宠传》：“山谷鄙生，未尝识郡朝。”王先谦集解引《通鉴》胡注，郡听事曰郡朝，府听事曰府朝”）。意义转移，则“每一家的君主时代”亦得谓之“朝”（如“汉朝”“唐朝”）。如下表：

朝，旦也。
- 从旦至食时曰朝。
- 见天子曰朝。
  - 君臣谋政事处。
    - 每一家的君主时代。
    - 官府听事。
  - 见君父曰朝。——见所敬之人。

扩大义大约不成问题，转移义就该特别谨慎研家。即如“朝”字由“旦”的意义转移到“觐尽”的意义，《周礼》注云“欲其来之早”，是不是牵强附会呢？恰巧后代把“朝夕”的“朝”和“朝见”的“朝”念成不同音的字，更容易令人疑心它们不是同源。关于这种地方，咱们最好是能找出若干旁证。现在咱们试看《左传》“昭十二年”：“右尹子革夕。”“暮见”可以称“夕”，“旦见”自然可以称“朝”[1]。“暮见”的“夕”读音不改，则知“旦见”的“朝”与“旦也”的“朝”异读乃是后起的事。由此看来，“朝”确是“旦见”的意思，因为其见在旦，故曰“朝”[2]，却不是因为“欲其来之早”。

“朝”字的一切意义，都是一脉相传的。有许多字也象“朝”字一样，咱们可以替它画出一棵“谱系树”；但是，咱们却不能说每一个字都是如此。有些后起的字义，偶然依附在某一字的躯壳上，并不一定和那字的古义发生关系。例如“该”的古义是“备”（《说文》“该，军中约也”，无可确考），今义则有“宜也”，“此也”，“欠也”。咱们虽可说由“宜”引申得“欠”义（“欠”者“宜欠钱”也），却不能说由“备”引申得“宜”义或“此”义。“备”“宜”“此”应该是有三个来源，不同一脉。又如“甚”的古义是“过”，近代又可当“何”

① 《左传》成公十二年：“朝而不夕。”《疏》：“旦见君谓之朝，暮见君调之夕。”

② 《白虎通·朝聘》：“朝者，见也。因用朝时见，故谓之朝。”这种说法，比《周礼》的注为高明。

字解，“过”和“何”也没有什么关系，段主裁不知此理，执定后起的意义必须由本义引申。例如：

“尝，口味之也。”段注：“引申凡经过者为尝，未经过者为未尝。”

“相，省视也。”段注：“按目接物曰相，故凡彼此交接皆曰相，其交接而扶助者则为相瞽之相。”

咱们也难怪段氏如此，连许慎也有先例了：

“来，周所受瑞麦来麰也。……天所来也，故为行来之来。”

“韦，相背也。兽皮之韦可以束物枉戾相韦背，故借以为皮韦。”

我们虽主张明字义孳乳，但这种态度却是我们所反对的。

明字义孳乳，似乎只是语源字典的事，普通字典用不着。但是，普通字典如果很简单地提及某义为某义的引申，也可以使读者得到一些史的观念。在《辞源》和《辞海》里，我们偶然发现一些很可爱的注解。例如：

《辞源》“信”下云：“……古人谓使者曰信，今书信信札之义本此。”

《辞海》“信”下云：“一，诚也。……按诚信有不差爽之义，引申之，凡事之依期而至无差忒皆，皆谓之信；如风信、潮信。……二，使者也。……按今谓书函为信，以其由使者赍来也。”

这样注解，只有一个缺点，就是不曾对于后起的意义注明其时代。这就是下面所要讨论的了。

（2）分时代先后 本来，“明字义孳乳”就含有“分时代先后”在里头：本义最早，引申义次之，引申义的引申义又次之。不过，上古的字义是很难细分时代的，因为咱们所能看见的史料不多，有些字的造字时代更远在有史以前；如果凭着现有的史料去看，也许引申义和本义同时出现，甚至引申义出现于本义之前。这都是史料不足的缘故。汉以后的新兴义就可以判明时代了，例如：咱们可说“朝”字的“拜侯”的意义是汉代的产品，“办公厅”的意义是六时有的产品。固然，“朝”字的“拜候”义可能产生于司马迁时代之前，它的“办公厅”义可能产生于范晔时代之前，因为现存的史料不一定就能作证据。但是，如果史料不是伪书的话，某义始见于某书，虽不能说它就在某书产生的时代同时产生，至少可以说距离那时代不会早很多[①]。这样,咱们得到一个大约的时代,也就很可以满意了。

先哲不乏有锐利的眼光和缜密的思想的人,他们对于字义并不是完全没有史的观念。段玉裁在某一些地方也显得他对于这一方面很有见地。例如:

> "屦,履也。"段注:"晋蔡谟曰:'今时所谓履者,自汉以前皆名屦。《左传》'踊贵屦贱",不言"履贱";《礼记》"户外有二屦",不言"二履";贾谊曰:"冠虽敝,不以苴履",亦不言"苴屦"。《诗》曰:"纠纠葛屦,可以履霜",屦舄者一物之别名,履者足践之通称。'按蔡说极精。《易》《诗》、三《礼》《春秋传》《孟子》皆言'屦'不言'履',周末诸子、汉人书乃言'履'。《诗》《易》凡三'履',皆谓'践'也。然则'履'本训'践',后以为'屦'名,古今语异耳。"
>
> "绔,胫衣也。"段注:"今所谓'套裤也'。左右各一,分衣两胫。古之所谓'绔',亦谓之'褰',亦谓之'襗',见衣部。若今之'满当绔',则古谓之'㡓',亦谓之'幒',见巾部。"
>
> "仅,材能也。"段注:"……材能犹仅能也。《公羊传)僖公十六年曰:"是月者何?仅逮是月也。'何注:'在月之几尽,故曰劣及是月。'定八年曰:'公敛处父帅师而至,慬然后得免','慬'盖'仅'之讹字。《射义》:'盖勵有存者',言存者甚少。……唐人文字,'仅'多训'庶几'之'几'。如杜诗:'山城仅百层';韩文:'初守睢阳时,士卒仅万人',又'家累仅三十口';柳文:'自古贤人才士被谤议不能自明者,仅以百数';元微之文:'封章谏草,緐委箱笥,仅逾百轴'。……今人文字训'仅'为'但'。"

像段玉裁这样大才,如果肯编部字典,依照这种史的观念做去,一定大有可观。可惜他对于这种地方用力太少了,这似乎只是他的"余事";他的主要力量却在"考经"。陈奂为段书作跋云:"奂闻诸先生曰:'昔东原师之言:"仆之学,不外以字考经,以经考字。"余之注《说文解字》也,盖窃取此二语而已'。"在"四部"之中,"小学"是列入"经部"的。这好像若非用以考经,则字书便无存在的价值。

到了现代,为"经"而治小学的成见是应该取消的了;咱们必须是为

---

① 新义初起时,常被认为俗义,文人不大肯用它。因此,某义始见于某书,可认为它比那一部书的时代早些。

“史”而治小学。字的形、音、义的变迁，乃是文化史的一部分。拿历史的眼光来看，“经义”和“俗义”的价值无轻重之分。咱们应该有一部语源字典，和几部分期的字典(如先秦字典、汉代字典、现代字典等)。最好是有人先编专书字典或作家字典，作为基础。咱们现在所有的字典，对于唐以前的字义，还勉强可用，至于唐以后的字义，简直是要从头做起。普通字典对于新兴的意义，有三种毛病，兹分述如下：

第一，是误考语源。例如《辞海》“舍”下第九义云：“何也”，引章炳麟《新方言・释词》：“余训何，通借作舍，《孟子・滕文公篇》：‘舍皆取诸其宫中而用之’，犹言何物皆取诸其宫中而用之也。”“舍”字朱注云：“作陶冶之处也”，固未必是；而章氏以“何”训“舍”，更有附会之嫌，大约《孟子》此处有脱误，正不必强作解人。又如《辞海》“吓”下第二义云：“惊恐人曰吓。《庄子・秋水》：‘今子欲以子之梁国而吓我也?[①]’”按《庄子》上文云：“鸱得腐鼠，鹓雏过之，仰而视之曰吓!”《释文》引司马云：“吓，怒其声”，这正表示鸱不能言，只能作一种发怒的声音。下文“吓我”，意思是“象鸱对待鹓雏那种态度来对待我”，并没有“威吓”、“恐吓”的意思。《辞海》接着还说：“语音读如下，亦写作吓”，简直把现代的“吓”字和《庄子》里的“吓”字混为一谈，殊属非是。这种误考语源的害处，非但令人误读古书，还会令人误认了某一字义的时代，例如把现代吴语里的“啥”字和现代普通话的“吓”都认为先秦的产品。这是大错的。总之，说某一个字义在先秦早已产生，而中间又隔了一二千年不出现于群书，直到现代或近代方再出现，实在是很不近情理的事。

第二，是缺乏例证。例如《辞海》“很”下第三义云：“犹甚也，如俗云很好很坏”；“该”下第三义云：“犹言宜也，凡事应如此曰该。”这样没有例证，就不知道它们始见于何书(字典举例，向来以始见之书为限，见上文)，也就不知道它们是什么时代的产品。这是极艰难的工作，但是，字典如果做不到这一点，决不能达到最高的理想。

第三，是绝口不提。凡对于新兴的意义绝口不提者，并非不愿意提及，而是因为字典的作者并不觉察到某字还有新兴的意义。这种忽略，一则由于以今义读古书，二则由于以今义作古文(文言文)，遂至把古今微别的字义混而为一。如果字典的作者有段玉裁读“仅”字的精神，就不至于犯这毛病了。现在姑就几个最常用的字举例如下：

---

① “也”字《庄子》原文作“邪”，《辞海》误。

“暂”,《说文》云:“不久也。”段注:“《左传》:‘妇人暂而免诸国。’今俗语云‘霎时间’,即此字也。”《辞源》、《辞海》暂下皆有二义:1. 不久也;2. 犹猝也,而以《左传》例句归第二义。今按上古“暂”字但有“猝”义,许氏因“暂”字从日,故云“不久也”,然而许氏本人所用的“暂”字都是“猝”的意思。《说文》“突”下云“犬从穴中暂出也”。“默”下云“犬暂逐人也”;“猝”下云“犬从草暴出逐人也”。“猝”“暴”“突”“暂”四字同义。凡突然的事,需时不多,故曰“不久”。后代却真有“为时不久”的意思,例如王羲之《兰亭集序》:“当其欣于所遇,暂得于己”;苏舜钦《沧浪怀贯之》:“君又暂来还径去”,等等。直至近代,“暂”才有“暂且”的意思,“暂且”是“有所待,而现在且如此”,如“暂用麻绳,将来改用铁索”;“在私事料理就绪以前,暂不出国”。这种意义,始见于何书,尚待考证,但决不能早至宋代以前。

“再”,《辞源》、《辞海》皆云:“重也,仍也。按古代‘再’字只是‘两次’的意思。《左传》僖公五年:一之为甚,其可再乎?”就是不该有两次的意思。此外“再造”是“造两次”,“再醮”是“嫁两次”,“再生”是“生两次”。现代的“再”字当“复”字解,如“来了三次,还可以再来一次”;又当“然后”解,如“我吃了饭再去。”这两种意义都是古代所没有的。

“稍”,《说文》:“出物有渐也。”段注:“稍之言小也,少也,凡古言稍稍者,皆渐进之谓。《周礼》‘稍食’,禄禀也;云‘稍’者,谓禄之小者也。”《辞源》“稍”有三义:1. 廪食也;2. 略也,少也,引《汉书》“吏稍侵辱之”;3. 距王城三百里曰稍。《辞海》“稍”有四义:1. 小也,少也,见《说文》段注;2. 渐也,见《汉书·郊祀志》注;3. 禀食也;4. 距王城三百里曰稍。《辞源》、《辞海》二书相比较,《辞海》的注解妥当些。《辞源》说“稍”有“略”义而引《汉书》,是大错误。“吏稍侵辱之”只是“吏渐侵辱之”的意思。“略”“颇”的意义是近代才有的,直至宋代还是“渐”的意义,如苏轼《与述古自有美堂乘月夜归》:“娟娟云月稍侵轩。”《辞海》的第一义也并不能包括近代“颇”“略”的意义,因为《周礼》的“稍”只有“小”或“差一等”的意思(形容词),没有“颇”“略”的意思(副词)。

“朝”,近代有“向”的意义,如“朝东”、“朝北”。《辞源》、《辞海》皆未提及。

“让”,近代有“听”、“任”的意义,《辞海》未提及。

> “走”，在现代话及吴语里，有古代“行”的意思，《辞源》未提及。《辞海》引《说文》段注：“今俗谓走徐趋疾者非。”“走徐”是今义，应郑重提出，不能谓之“非”。

此处，以今义释古义，也会使时代不明[①]。《说文》：“屦，履也”；“舟，船也”是很不好的先例。《辞源》：“代，替也。”也是不妥，希望将来没有“口，嘴也”，“行，走也”一类的恶例出现。如果要以今释古，不妨加上“犹今言”或“犹俗言”等字样，使今古的界线分开。

(3) 尽量以多字释一字　以一字释一字，并非完全不可行。有些真正同义，或差不多的同义的字，仍不妨以一释一。例如“惭，愧也”；“愧，惭也”。以一释一自有好处，因为可以简单、明白。尤其是翻译的时候用得着。汉英字典或英汉字典之类都可以多利用这个办法。不过，同一时代的同一语言，同义字非常之少，以一释一是很难办到的事，所以咱们应该尽量地以多字释一字，这和上文所谓“由属求别”的理由是一样的。现在只举“来”“去”“往”“适”四个字为例。《辞海》：“来，至也”（据《广韵》）；“去，往也，行也”；“往，去也，由此之彼也”（《广韵》：“往，之也，去也，行也，至也”）；“适，往也”（据《尔雅》、《广韵》）。由《辞海》看来，“来”“至”同义，“去”“往”“适”同义；由《广韵》看来，“来”“至”“去”“往”“适”五字同属一义（因“来往”都有“至”义）。事实上，“至”“来”“去”“往”“适”共有五个意义，各不相同。段玉裁毕竟是个精细的人。《说文》“适”下云“之也”，他作注说“《释诂》：‘适，之，往也’；《方言》：‘逝，徂，适，往也，适，宋鲁语也’。按此不曰‘往’而曰‘之’，许意盖以‘之’与‘往’稍别。‘逝’‘徂’‘往’自发动言之，‘适’自所到言之，故变卦曰‘之卦’，女子嫁曰‘适人’。”段氏对于“逝”“徂”略有误解；“逝”与“去”义相近，《书·大诰》：“若昔朕其逝”，《论语·子罕》：“逝者如斯夫，不舍昼夜”；“徂”与“适”义相近，《诗·豳风》：“我徂东山。”但他对于“往”“适”“之”三字，见解却是很对的。如果咱们以多字释一字，则对于“来”“去”“往”“适”四字，可作注解如下：

“来”，古义：从他处到此处曰来，来字后不言所到之处[②]。例如：

---

① 这是指以一字释一字而言。如果以多字释一字，则不妨以今义释古义。再者，如果编一部古汉语字典，声明以今义释古义，那也是可行的。

② “至”字则不然，从此处到他处亦可言“至”，如“弃而违之，至于他邦”（《论语·公冶长》）；“至”字后可言所到之处，如“齐一变，至地鲁”（《论语·雍也》）。但“至”字后如不言所到之处，则与“来”义相近。如“则四方之民襁负其子而至矣。”（《论语·子路》）。

终风且霾；惠然肯来。(《诗·邶风·终风》)
道之云远，曷云能来。(《诗·邶风·雄雉》)
匪来贸丝，来即我谋。(《诗·卫风·氓》)
我来自东，零雨其濛。(《诗·豳风·东山》)
曾孙来止，以其妇子。(《诗·小雅·大田》)
齐高固及子叔姬来。(《春秋》宣公五年)
齐侯卫侯郑伯来战于郎。(同上桓公十年)①
有朋自远方来。(《论语·学而》)
叟，不远千里而来。(《孟子·梁惠王》上)
子亦来见我乎？(《孟子·离娄》上)

现代的文言“某人不日来京”，白话“他到这里来”，都是不合古义的，因为把所到的地方说出来了。

“去”古义：舍弃原所在地或原所从之人而他徙曰去。去者，或不知所之，或虽知所之而语意不在其所之，至于原所在地或原所从之人则往往说出，故“去”为及物动词②。例如：

楚师将去宋。(《左传》宣公十五年)
逝将去女。(《诗·魏风·硕鼠》
公子鱄挈其妻而去之。(《公羊传》襄公二十七年)
我死乃亟去之。(《左传》隐公十一年)
微子去之。(《论语·微子》)
何必去父母之邦。(同上)
二三子何患乎无君？我将去之。去邠。(《孟子·梁惠王》下)
孟子去齐。(《孟子·公孙丑》下)

“去”字又可用为不及物动词，但仍有“舍弃”之意。例如：

鸟乃去矣，后稷呱矣。(《诗·大雅·生民》)
子未可以去乎？(《论语·微子》)
蚳蛙谏于王而不用，致为臣而去。(《孟子·公孙丑》下)
有官守者，不得其职则去；有言责者，不得其言则去。(同上)

---

① “来战于郎”，“于郎”是修饰“战”字的，不是修饰“来”字的。下仿此。

② “去”又有“除”义，与“往”“适”义远，故不论。《广韵》“除”义之“去”读上声，“离”义之“去”读去声。

不遇故去，岂予所欲哉？（同上）

由由然不忍去也。（《孟子·万章》上）

在古代，“去”的反义词是“留”（“合”则留，不合则去”），或“就”（“所就三，所去三”），不是“来”（“往”的反义词才是“来”），因为“去”有“舍弃”之义，与后代仅有“离开”之义者不同[1]。直至汉代，“去”字始有“离开”之义，可与“来”字相对。故《史记·庄助传》云：“招之不来，麾之不去。”现在报纸常云“某人去沪”以代“某人赴沪”，则又与古义适相反了。

“往”古义：从此处到彼处曰往，往字不能有宾语。例如：

纵我不往，子宁不来。（《诗·郑风·子衿》）

且往观乎？（《诗·郑风·溱洧》）

昔我往矣，杨柳依依。（《诗·小雅·采薇》）

我能往，寇亦能往。（《左传》文公十六年）。

孟孙请往赂之。（同上，成公二年）

郑子大叔与伯石往。（同上，襄公二十九年）

阳虎强使孟懿子往扳夫人之币。（同上，定公六年）

鲍子醉而往（同上，哀公六年）

譬如平地，虽复一篑，进，吾往也。（《论语·子罕》）

佛肸召，子欲往。（《论语·阳货》）

其矛趋而往视之。（《孟子·公孙丑》上）

如不待其招而往，何哉？（《孟子·滕文公》下）

象往入舜宫。（《孟子·万章》上）[2]

祭仲将往省于留。（《公羊传》桓公十一年）[3]

使臧文仲往宿于重馆。（《左传》僖公三十一年）

“往”的反义词是“来”，故经传常以“往”“来”并举，如《诗·邶风·终风》：“莫往莫来”，《左传》僖公三十年：“行李之往来”，《论语·学而》。“告诸往而知来者。”“来”与“往”的词性极相近，故皆不言所到之处。今人“汽车开往重庆”一类的话，是不合古义的。

---

① 仅有“离开”之义者，有“行”字。《诗·唐风》：“与子偕行”；《论语·微子》：“三日不朝，孔子行”；又“使子路反见之，至则行矣。”

② “舜宫”是“入”的目的位，不是“往”的目的位。

③ “往省于留”，“于留”修饰“省”，不修饰“往”。下条仿此。

"适"古义：从此处到彼处曰适[1]，适字必须有宾语。例如：

适于之馆兮。(《诗·郑风·缁衣》)

叔适野，巷无服马。(《诗·郑风·叔于田》)

逝将去女，适彼乐土。(《诗·魏风·鼠》)

匪适株林，从夏南。(《诗·陈风·株林》)

今适南亩，或耘或耔。(《诗·小雅·甫田》)

子适卫，冉有仆。(《论语·子路》)

成季以僖公适邾。(《左传》闵公二年)

无适小国。(同上僖公十七年)

公与夫人每日必适华氏，食公子而后归。(同上昭公二十年)

"往"与"适"的分别："往"者，上文已言其地，或其地极易推想而知，故往字后可不复言其所往之处；"适"者，上文既未明言其地，又不可推想而知，故必须有宾语。

在词性上，"来"与"往"为一类，皆不能有宾语；"去"与"适"为一类，皆能有宾语。

由上面所举的例证看来，以多字释一字的好处可以了然了。

结语

这种理想的字典，并非一个人所能办到的。单说考证字义的时代，非但是数十人，数百人的事，而且恐怕是数十年或数百年的事。因此，字典必须是官书，如《康熙字典》之类。不过，如果没有好的方法，好的字典是仍旧不会出现的。本文是对于字典方法的试探。乱离之际，参考书非常缺乏，请读者只采其大意就是了。

(载《国文月刊》第33期，1945年3月；
又收入《龙虫并雕斋文集》第一册)

① "之"与"适"略同。"赴"则古代但有"趋"与"告丧"二义。"赴"训为"适"，乃近代的意义。

新训诂学

训诂学，依照旧说，乃是文字学的一个部门。文字学古称“小学”。《四库全书提要》把小学分为三个部门：第一是字书之属；第二是训诂之属；第三是韵书之属。依照旧说，字书之属是讲字形的，训诂之属是讲字义的，韵书之属是讲字音的。从古代文字学的著作体裁看来，这种三分法是很合适的。不过，字书对于字形的解释，大部分只是对于训诂或声音有所证明，而所谓韵书，除注明音切之外还兼及训诂，所以三者的界限是很不清楚的。若依语言学的眼光看来，语言学也可以分为三个部门：第一是语音之学；第二是语法之学；第三是语义之学。这样，我们所谓语义学(semantics)的范围，大致也和旧说的训诂学相当。但是，在治学方法上，二者之间有很大的差异，所以我们向来不大喜欢沿用训诂学的旧名称。这里因为要显示训诂学和语义学在方法上的异同，才把语义学称为新训诂学。

一、旧训诂学的总清算

以前研究训诂学的人，大致可分为三派：第一是纂集派；第二是注释派；第三是发明派。这三者的界限也不十分清楚，不过为陈述的便利起见，姑且这样分开而已。

(甲)纂集派　这一派是述而不作的。他们只把古代经籍的训诂纂集在一起。阮元的《经籍籑诂》，以及近人的《韵史》、《辞通》，等等，都属于这一类。述而不作的精神也可算是一种科学精神，只要勤于收集，慎于选择，也就不失为一种好书。不过从学问方面看来，这还不能算为一种学问，只是把前人的学问不管是非或矛盾，都纂集在一起而已。这种训诂学，如果以字典的形式出现，就显得芜杂不堪，因为字典对于每字，应该先确定它有几种意义，不能东抄西袭，使意义的种类不分，或虽分而没有明确的界限。前者例如《中华大字典》，它的体裁很像《经籍籑诂》，不过《经籍籑诂》抄的是上古的训诂，而它则搜集至于近代而已。后者例如《康熙字典》、《辞源》、《辞海》之类，因为故训字面上有差异，所以不免分为数义，其实往往只是一个意思而已。例如《辞海》"媚"字下有三种意义:(一)说也,引《说文》;(二)爱也,引《诗》"媚兹一人";(三)谄也,引《史记》"非独女以色媚"。其实"媚"字只有一种意义,就是《说文》所谓"说也"。"说也"就是"悦也","悦也"就是取悦于人,俗话叫做"讨好"。讨好皇帝显得是爱,因为古代对于君主必须讨好的;讨好平辈往往被认为坏事,所以是"谄"了。这是杂引故训的缺点,也就是纂集派的流弊。

(乙)注释派 这一派是阐发或纠正前人的训诂,要想做古代文字家的功臣或静臣的。《说文解字》的注家多半属于这一派,因为《说文》虽是字书之属,却是字形字义并重,注家就原注加以阐发,可以使字义更加显明而确定。例如王筠的《说文释例》里说:"禾麻菽麦,则禾专名也;十月纳禾稼,则禾又统名也。"这是补充《说文》"禾,嘉谷也"的说法。这一类的书,做得好的时候,的确很有用处,因为前人的话太简单了,非多加补充引证不足以使读者彻底了解。因此,像段玉裁《说文解字注》一类的书确是好书。但是,有时候太拘泥了,也会弄出毛病来。例如《说文》"夫"字下云"丈夫也"。"壻"字下云"夫也",段氏以"夫"为男子的通称,这是对的;而连"壻"字也认为男子的通称,就糊涂了,因为古书中没有一个"壻"字可解为男子的通称的。《说文》所谓"夫也"显然只是"夫妻"的"夫"。注释家对于《说文》,阐发者多,纠正者少,这固然因为崇拜古人的心理,造成"不轻疑古"的信条,但是新的证据不多,不足以推翻古说,也是一个大原因。近代古文字逐渐出土,正是好做许氏诤臣的时代,将来从这方面用力的人必多。例如《说文》"行"字下云:"人之步趋也,从彳从亍会意。""人之步趋也"的说法不算错,但在讲求本义的《说文》里就算错了。"行"字在古文字里作卄,显然是表示十字路的意思;所以"術"(邑中道)、"衖"(巷同)、"街"(四通道)、"衝"(交道)、"衢"(四达道,或云大通道)都是从"行"的。《诗经》里有几处"周行"(《卷耳》"寘彼周行",《鹿鸣》"示我周行",《大东》"行彼周行")都是大路的意思("周"是四通八达的意思)。不过有些地方系用象征的意义,可解作"大道"或"至道"罢了("周道如砥"也是同样的道理)。《易经》的"中行独复"和《论语》的"中道而废"相仿,《诗·豳风·七月》的"遵彼微行"和《周南》的"遵彼汝坟"相仿,"中行"也就是"中途","微行"也就是"小路"。这样去解释古书,才可以纠正前人的错误。

(丙)发明派 这可说是比较新兴的学派。古人解释字义,往往只根据字形。直到王念孙、章炳麟等,才摆脱了字形的束缚,从声韵的通转去考证字义的通转。本来,注释派也可以有所发明,但为《说文》《尔雅》等书所拘囿，终不若王念孙、章炳麟的发明来得多，而且新颖。又古代虽有“声训”之学，如刘熙《释名》等(《说文》也有“声训”)，但那是用训诂来讲造字的大道理(如“马，武也”，“牛，事也”之类)，和章氏讲“字族”(word family)的学问不同。章氏从声韵的通转着眼，开辟了两条新路。其一是以古证古，这可以他所著的《文始》为代表；另一是以古证今，这可以他所著的《新方言》为代表。《文始》里的字族的研究很有意思，例如“贯”“关”“环”等字，在字形上毫无相关的痕迹，而在字义上应该认为同一来源。但这是颇危险的一条路，因为声音尽管相近甚至于相同，也不一定是同源。这一种方法可以引导后人作种种狂妄的研究，例如有人以为中西文字或亦同源，如“君”字和英文 king 音相近，“路”字和英文 road 相近；又如某君作《说音》一书，以为人类自然的倾向，可使语音和意义有一种自然的联系，如“肥”字和英文 fat 为双声。但是语言学家曾经指出，波斯的 bad 和英文的 bad 音义完全相同，法文的 feu 和德文的 Feuer，英文的 whole 和希腊文的 ὅλος(holos)意义全同，音亦相近，然而并非同源。因此，“新声训”的方法必须以极审慎的态度加以运用；《文始》已经不能无疵，效颦者更易流于荒谬。

《新方言》的方法更为危险。现代离开先秦二千余年，离开汉代也近二千年，这二千年来，中国的语言不知经过了多少变化。《新方言》的作者及其同派的学者怀抱着一个错误的观念，以为现代方言里每一个字都可以从汉以前的古书尤其是《说文》里找出来，而不知有两种情形是超出古书范围以外的。第一、古代方言里有些字，因为只行于一个小地域，很可能不见于经籍的记载。而那个小地域到后来可能成为大都市，那些被人遗弃的字渐渐占了优势。第二、中国民族复杂，古代尤甚，有些语汇是借用非汉族的，借用的时代有远有近，我们若认为现在方言中每字都是古字的遗留，有时候就等于指鹿为马。上述的两种情形，以后者的关系尤为大。例如现在粤语区域有些地方称“嚼”为[ɲɔi]，这可能是从越南的 nhai 字借来的，假使我们要从古书去找它的来源，一定不免穿凿傅会了。现在试从章炳麟的《新方言》里举出一个例子。他追溯“啥”的来源说：“余，语之舒也。余亦训何，通借作舍，今通言甚么，舍之切音也。川楚之间曰舍子，江南曰舍，俗作‘啥’，本余字也。”为什么他知道“舍”字有“何”的意义呢？他说：“《孟子·滕文公》篇：‘舍皆取诸其宫中而用之’，犹言何物皆取诸其宫中而用之也。”这上头有两个疑问无法解答：第一，“何物皆取诸其宫中而用之”一类的句子不合于上古的语法；“什么都……”只是最近代语法的产品，唐宋以前是没有的，何况先秦？第二，“舍”字变为“甚么”很奇怪，“舍”是清音字，“甚”是浊音字，不能成为切音，而且中间有个 m 为什么消失了，也很难解释。后来步武章氏的人，越发变本加厉，以致成为捕风捉影。例如(辞海)“嚇”字下有三种意义：“(一)以口拒人谓之嚇，见《集韵》。《庄子・秋水》：‘鸱得腐鼠，鹓雏过之，仰而视之曰，嚇！’《释文》引司马云：‘嚇。怒其声’，按义与《集韵》合。(二)惊恐人曰嚇。《庄子・秋水》：‘今子欲以子之梁国而嚇我也’[①]，语音读如下，亦写作吓……。”其实，《庄子》里的“嚇”字只有一种意义，就是“怒其声”，也就是一个拟声字。“嚇我”就是拿这种声音来对待我，也就是以为我羡慕你的梁国，像鸱以为鹓雏羡慕它的腐鼠一样。《辞海》凭空引来作恐嚇的意义，就大错了。大概一个字义见于古书决不止一次，除非变形出现《所谓假借》，否则只见一次者必极可疑，因为既是语言中所有的字义，何以没有别人沿用呢？因此，像《新方言》里所释的“舍”字和《辞海》里所释的“嚇”字都是极不可靠的。

自从清人提倡声韵之学以后，流风所播。许多考据家都喜欢拿双声叠韵来证明字义的通转，所谓“一声之转”，往往被认为一种有力的证据。其实这种证据的力量是很微弱的；除非我们已经有了别的有力的证据，才可以把“一声之转”来稍助一臂之力。如果专靠语音的近似来证明，就等于没有证明。双声叠韵的字极多，安知不是偶合呢？譬如广州有一个“淋”字。意义是“熟烂了的”，若依一声之转的说法，我们尽可以说“淋”“烂”一声之转，“烂”是俗语“淋”的前身。我们之所以不这样说，因为除了一声之转的武断之外，毫无其他强有力的理由。再看粤语区域中另一些地方，“淋”读如“稔”的平声(粤语“稔”读 nɐm 上声)，倒反令我们怀疑它的本音是[nɐm]，广州有一部分人 n，l 不分，才念成了“淋”的。如果我们猜想的不错，更不能说它是由“烂”字变来了。声韵的道理，本极平常，而前人认为神秘，所以双声叠韵之说也由于它的神秘性而取得了它所不应得的重要性。这是新训诂学所不容的。

旧训诂学的弊病，最大的一点乃是崇古。小学本是经学的附庸，最初的目的是在乎明经，后来范围较大，也不过限于“明古”。先秦的字义，差不多成为小学家唯一的对象。甚至现代方言的研究，也不过是为上古字义找一些证明而已。这可说是封建思想的表现，因为尊经与崇古，就是要

---

① 《庄子》原文“也”作“邪”。

维持封建制度和否认社会的进化。

二、新训诂学

以上对于旧训诂学的功罪,说了不少的话;旧训诂学的功罪既定,新训诂学应该采取什么途径,也可以"思过半"了。

我们研究语义,首先要有历史的观念。前人所讲字的本义和引申假借(朱骏声所谓转注假借),固然也是追究字义的来源及其演变,可惜的是,他们只着重在汉代以前,汉代以后就很少道及。新训诂学首先应该矫正这个毛病,把语言的历史的每一个时代看作有同等的价值。汉以前的古义固然值得研究,千百年后新起的意义也同样地值得研究。无论怎样"俗"的一个字,只要它在社会上占了势力,也值得我们追求它的历史。例如"鬆紧"的"鬆"字和"大腿"的"腿"字,《说文》里没有,因此,一般以《说文》为根据的训诂学著作也就不肯收它(例如《说文通训定声》)。我们现在要追究,像这一类在现代汉语里占重要地位的字,它是什么时候产生的。至于"脖子"的"脖","膀子"的"膀",比"鬆"字的时代恐怕更晚,但是我们也应该追究它的来源。总之,我们对于每一个语义,都应该研究它在何时产生,何时死亡。虽然古今书籍有限,不能十分确定某一个语义必系产生在它首次出现的书的著作时代,但至少我们可以断定它的出世不晚于某时期;关于它的死亡,亦同此理。前辈对于语义的生死,固然也颇为注意;可惜只注意到汉以前的一个时期。我们必须打破小学为经学附庸的旧观念,然后新训诂学才真正成为语史学的一个部门。

关于语义的演变,依西洋旧说,共有(一)扩大(二)缩小(三)转移三种方式。我们曾经有机会在别的地方解释过这三种方式,现在不妨重说几句。扩大式例如"脸"字,本是"目下颊上"的意思,现在变了面部的意思,这样是由面上的一小部分扩大至于整个面部了。缩小式例如"趾"字,"趾"本作"止",足也(《仪礼士昏礼》"皆有枕,北止",郑注:"足也"),后来变了脚趾的意思,这样是由整个的脚缩小至于脚的一部分了。转移式例如"脚"字,本是"胫"(小腿)的意义,后来变了与"足"同义,这样是由身体的某一部分转移到另一部分。上述这三种方式并不限于名词,动词和形容词等也是一样。现在试再举几个例子。"细"字从系,大约本来只用为丝的形容词,后来变了"小"的意义,这是扩大式;现在粤语的"细"就是"小",而官话的"细"又变了"细致""精细"的意义,这是缩小式。"幼"字本来是“幼稺”的意思，现在粤语白话称丝麻布帛之细者为“幼”(形容词)，这又是转移式。又如现在官话“走”字等于古代的“行”，也是转移式。除了上述的三种方式之外，还有一种特殊情形是在三式之外的，就是忌讳法。在古代，帝王的名讳往往引起语言的转变。汉明帝名“庄”，以致“庄光”变了“严光”，甚至讳及同音字，“治装”变了“治严”，“妆具”变了“严具”。唐太宗名“世民”，以致“三世”(祖孙三世)变了“三代”，“生民”变了“生人”。此外还有对于人们所厌恶的事物的忌讳。粤语中此类颇多，例如广东“蚀本”的“蚀”音如“舌”，商人讳“蚀”，于是“猪舌”变了“猪利”，“牛舌”变了“牛利”；商人和赌徒讳“干”(“干”是没有钱的象征)，“干”“肝”同音，于是“猪肝”变了“猪润”，有些地方变了“猪湿”；甚至有些地方的赌徒讳“书”为“胜”，因为“书”“输”同音的缘故。这是关于财富上的忌讳。粤语区域的人忌讳吃的血，所以猪血称为“猪红”；云南人也有同样的忌讳，所以猪血称为“旺子”。粤语区域称“杀”为“劏”(音如“汤”)，所以有些地方讳“汤”为“羹”(但“羹”义古已有之)，例如南宁；有些地方的某一部分人讳“汤”为“顺”，例如钦廉一带的赌徒及商店伙计们。这是关于死伤方面的忌讳。又如广东有许多人讳“空身”为“吉身”。所谓“空身”，是不带行李货物而旅行的意思。粤语“空”“凶”同音，所以讳“凶”而说“吉”。这是关于吉凶的忌讳。

有些语义的转移，可认为语义的加重或减轻。现在试举“诛”“赏”二字为例。“诛”字从言，起初只是“责”的意思(《论语》“于予与何诛”)，后来才转为“杀戮”的意思，由责以至于杀戮，这是加重法。“赏”字从贝，起初只是“赏赐”的意思，后来才转为“赞赏”的意思，由实物的赏赐以至于言语的赞美，这是减轻法。又试举现代方言为例。粤语以价贱为“平”，本来是像“平价”“平粜”的“平”，只是“价值相当”的意义，由“价值相当”以至于“价贱”，也是一种加重法。西南官话有许多地方称价贱为“相应”，恐怕也是这个道理。加重法似乎可归入扩大式，减轻法似乎可归入缩小式，但二者也都可认为转移式。意义的转变不一定就是新旧的替代，有时候，它们的新旧两种意义是同时存在过(如“诛”字)，或至今仍是同时存在(如“赏”字)。因此我们知道语义的转移共有两种情形：一种如蚕化蛾，一种如牛生犊。

上面说过，语言学可分为三个部门：一、语音；二、语法；三、语义。但语义学并不能不兼顾到它与语音或语法的关系。关于语音和语义的关系，前人已经注意到。章炳麟一部《文始》，其成功的部分就是突破了字形的束缚，从音义联系的观点上得到了成功。这可以不必多谈。至于语法和语义的关系，向来很少有人注意到。上面说及“什么都……”一类的语法(疑问代词后紧接着范围副词)是上古所没有的,于是我们知道“舍皆……”不能解作“何物皆……”,就是从语法上证明语义的。试再举一些类似的例子。许多字典都把“適”字解释为“往也”,然而上古的“往”字是一个纯粹的内动词,“往”的目的地是不说出或不能说出的;上古的“適”字是一个外动词或准外动词(有人称为关系内动词),“適”的目的地是必须说出的。“往”等于现代官话的“去”,“適”等于现代官话的“到……去”,这是语法的不同影响到语义的不同。

研究语义的产生及其演变,应该不受字形的束缚。例如“趣”与“促”,“阳”与“佯”,“韬”与“搜”,“矢”与“屎”,“溺”与“尿”,论字形毫无相似之处,若论音义则完全相同(当然这不是说它们所含别的意义也全同)。有些字,形虽不古,而其意义则甚古,我们断定它们出生的时代,应该以意义为准。例如“糖”字出世虽晚,“饧”字则至少汉代就有,于是我们可以断定“糖”的语义是颇古的。反过来说,另有些字,意义虽不古而其形则甚古者,我们断定它们出生的时代,也不能以字形为准。例如“抢劫”的“抢”大约是宋代以后才产生的语义,先秦虽也有“抢”字(《庄子·逍遥游》“飞抢榆枋”),但和“抢劫”的“抢”无关。又如“穿衣”的“穿”,虽很可能是从“贯穿”的意义变来,但它在什么时候开始有“穿衣”的意义,我们不能不管。现在许多字典(如《辞海》)甚至于不把“穿衣”的一种意义列入“穿”字下,就更不妥了。又如“回”字,虽然在先秦经籍上屡见,但“来回”的“回”却大约迟至唐代才产生。上古的“回”等于后代的“迴”,《说文》“回”下云“转也”,《醉翁亭记》上所说的“峰回路转”就是“峰迴路转”。“来回”的意义自然是由“转”的意义引申来的,因为走回头路必须转弯或向后转。现代吴语一部分(如苏州话)和客家话都以“转”为“回”,可为明证。但我们只能说当“回”字作“转”字讲的时代已潜伏着转变为“来回”的意义的可能性,我们不能说上古就有了“来回”的“回”。现代的“回”在上古叫做“反”(后来写作“返”)。这样研究语义,才不至于上了字形的当。

从前的文字学家也喜欢研究语源,但是他们有一种很大的毛病是我们所应该极力避免的,就是“远绍”的猜测。所谓“远绍”,是假定某一种语义曾于一二千年前出现过一次,以后的史料毫无所见,直至最近的书籍或现代方言里才再出现。这种神出鬼没的怪现状,语言史上是不会有的。上文所述《辞海》里解释“嚇”字,就犯了这种武断的毛病。此外另有一种情形和这种情形相近似的,就是假定某一种意义在一二千年前已成死义,隔了一二千年后,还生了一个儿子。例如“该”字,《说文》云:“军中约也。”

"应该"的"该"和"该欠"的"该"似乎都可以勉强说是由"军中约"的意义引申而来(段玉裁就是这样说)。但可怪的是,"应该"的"该"大约产生于宋代以后,"该欠"的"该"或者更后,而"军中约"的古义,即使曾经存在过,也在汉代以前早成死义,怎能在千年之后忽然引申出两种新兴的意义来呢?这是语源学方法中最重要的一点。

但是,从历史上观察语义的变迁,我们首先应该有敏锐的眼光,任何细微的变化都不能忽略过去。多数语义的转移总不外是引申,所谓引申,好比是从某一地点伸张到另一地点。既是引申,就不免或多或少地和原义有类似之点;如果太近似了,虽然实际上发生了变化,一般人总会马马虎虎地忽略了过去,以"差不多"为满足。这样,在许多地方都不会看得出变迁的真相来。例如上文所举的"脚"字,本来是"胫"的意思,"胫"就是现代所谓"小腿","小腿"和"脚丫子"差得颇远,而《辞海》于"脚"字下第一义竟云:"胫也,见《说文》。按脚为足之别称。"这样是说足等于脚,脚等于胫,完全没有古今的观念了。段玉裁的眼光最为敏锐,譬如他注释"仅"字,会注意到唐代的"仅"和清代的"仅"不同,唐代的"仅"是"庶几"的意思,段氏举杜甫诗"山城仅百层"为例。我们试拿唐人的诗文来印证,就会觉得确切不易,例如白居易《燕子楼诗序》:"尔后绝不复相闻,迨兹仅一纪矣。"按唐代的"仅"和清代的"仅"都是程度副词,很容易被认为一样,然而前者叹其多,后者叹其少,实际上恰得其反。与"仅"字相类似的有"稍"字,宋代以前"稍"字都作"渐"字讲,近代才作"略"字讲。像这种地方最有兴趣,我们绝对不该轻易放过。现在试举两个很浅的字为例。"再"字,唐宋以前都是"二次"(twice)的意思,"再醮""再造""再生"都是合于这种意义的,现代变了"复"(again)的意思,就不同了。例如说:"某君已来三次,明日再来",这种地方在古代只能用"复来",不能用"再来"。古代的"再"字非但不能指第三次以上的行为而言,而且也还不是专指第二次的行为而言,而是兼指两次的行为。《说文》"再"下云:"一举而二也,"最妥。又如"两"字,现在意义是和"二"字差不多了(语法上稍有异点,见拙著《中国现代语法》第四章),但在最初的时候,"两"和"二"的意义应该是大有分别的。本来,数目上的"两"和"车两"的"两"(今作辆)是同源的。《说文》以"㒳"为数目的"两","两"为"车两"的"两",那是强生分别,像唐人之分别"疏""疎",今人之分别"乾""乾"一样。《风俗通》里说:"车有两轮,故称为两",这是很对的。我们猜想最初的时候,只有车可称为"两",所以《诗·召南》"之子于归,百两御之","百两"就可以表示百车。由"车两"的意义引申，凡物成双的都可以叫做“两”。但它和“二”字的不同之点乃是：前者只指两物相配，不容有第三者存在；后者无所谓相配，只是泛指“二”数而言。因此，“两仪”“两端”“两造”“两庑”之类都是合于上古的意义的，因为没有第三仪，第三端，第三造，第三庑的存在的可能。“两汉”“两晋”“两湖”“两广”也是对的。至于像《史记·陈轸传》说：“两虎方且食牛，”这就和“二”字的意义差不多了。可见汉代以后，“两”和“二”的分别渐归泯灭。现在我们说“买两斤肉”“吃两碗饭”之类是完全把“两”和“二”混而同之，若依上古的意义，是不能用“两”的，因为市面上不止有两斤肉，我不过只买其中的两斤；饭锅里也不止有两碗饭，我不过只吃其中的两碗而已。这种地方是很容易忽略过去的。有时候，我们只须利用前人所收集的资料，另换一副头脑去研究它，就可以有许多收获。

曾经有人提及文字学和文化史的关系，有许多的语源可以证明这一个事实。依《说文》所载，马牛犬豕的名目那样繁多，可以证明畜牧时代对于家畜有详细分别的必要。“治”字从“水”，它的本义应该就是“治水”。《说文》以“治”为水名，朱骏声云：“治篆实当出别义，一曰汩也，理导水也，”这是妥协的说法。其实只有“理导水”是最初的意义。因此，我们可以证明太古确有洪水为灾，古人先制“治”字，然后扩大为普通“治理”的意义；“治玉”“治国”之类都只是后起的意义而已。又上古重农，所以稻麦的名称也特繁。只须看买卖谷米另有“糴”“糶”二字（“鬻”字可能就是“糶”字的前身），就可知上古的农业重要到了什么程度。再说，关于风俗习惯，也可以由语词的分化或合并看出来。例如关于胡子，上古共有“髭”“鬚”“髯”三字，在口上叫做“髭”，在颐下叫做“鬚”，在颊旁叫做“髯”。胡子分得详细，就显示古人重视胡子。近代的人把胡子剃得光光的，自然不需要分别，只通称为“胡子”就够了。

其实何止如此？一切的语言史都可认为文化史的一部分，而语义的历史又是语言史的一部分。从历史上去观察语义的变迁，然后训诂学才有新的价值。即使不顾全部历史而只作某一时代的语义的描写（例如周代的语义或现代的语义），也就等于断代史，仍旧应该运用历史的眼光。等到训诂脱离了经学而归入了史的领域之后，新的训诂学才算成立。到了那时节，训诂学已经不复带有古是今非的教训意味，而是纯粹观察、比较和解释的一种学问了。

（原载《开明书店二十周年纪念文集》，1947 年；又《汉语史论文集》；《龙虫并雕斋文集》第 1 册；《王力文集》第 19 卷）

同源字论

一、什么是同源字

凡音义皆近，音近义同，或音同义近的字，叫做同源字。这些字都有同一来源。或者是同时产生的，如“背”和“负”；或者是先后产生的，如“犛”（牦牛）和“旄”（用牦牛尾装饰的旗子）。同源字，常常是以某一概念为中心，而以语音的细微差别（或同音），同时以字形的差别，表示相近或相关的几种概念。例如：

草木缺水为“枯”，江河缺水为“涸”、为“竭”，人缺水欲饮为“渴”。

水缺为“决”，玉缺为“玦”，器缺为“缺”，门缺为“阙”。

遏止为“遏”，字亦作“阏”，音转为“按”；遏水的堤坝叫“堨”（也写作“阏”），音转为“堰”。

“句”（勾）是曲的意思，曲钩为“钩”，木曲为“枸”，轭下曲者为“軥”，曲竹捕鱼具为“笱”，曲碍为“拘”，曲脊为“痀”（驼背），曲的干肉为“朐”。

“卷”的本义是膝曲，“捲”是卷起来，“棬”是曲木盂，“拳”是卷起来的手，“鬈”是头发卷曲。

“暗”是日无光，“闇”也是暗，但多用于抽象意义（糊涂）。“阴”是山北，即太阳晒不到的一面。“侌”是天阴，通常写作“陰”。“荫”是草陰地，也指树陰。引申为庇荫，也写作“廕”。

“聚”是聚集，“凑”也是聚的意思。车辐聚于毂为“辏”，物聚为“簇、蔟”，同姓氏聚居的人为“族”，树木聚生为“丛”。

马惊为“驚”，引申为警觉。“警”是警戒，“儆”是使知所警戒，都与“驚”义近。“敬”是做事严肃认真，警惕自己，免犯错误。

“皮”是生在人和动物体上的，“被”是覆盖在人体上的。“被”的动词是“披”（也写作“被”），一般指覆盖在肩背上。“帔”是古代披在肩背上的服饰。

“两”是成双的二。车有两轮，所以车的量词是“两”，后来写作

"辆"。古代背心叫"裲裆",因为它既当胸,又当背(两当)。

"三"是数目字,"参"是参宿,因为参宿主要是由三个星构成(其余四星是保卫的),所以叫"参"。"骖"是驾三马,后来驾四马时,指旁边的。

"兼"字原指兼持两个禾把,引申为兼并。"缣"是并丝缯,即用双线织成的丝织品。"鹣"是比翼鸟,"鳒"是比目鱼。

为什么说它们是同源?因为它们在原始的时候本是一个词,完全同音,后来产生了细微分别的意义,才分化为两个以上的读音。有时候,连读音也没有分化(如"暗""闇"),只是用途不完全相同,字形也就不同罢了。

同源字产生的另一个原因是方言的差异。例如:

《方言》卷五:"牀,齐鲁之间谓之箦,陈楚之间或谓之第。"("箦、第"庄母双声,锡脂通转。)

《说文》:"埂,秦谓阬为埂。"("埂、阬"见溪旁纽,阳部叠韵。)

《左传》哀公三年:"犹拾瀋也。"释文:"北土呼汁为瀋。"("汁、瀋"照穿旁纽,缉侵对转。)

同源字必然是同义词。或意义相关的词,但是,我们不能反过来说,凡同义词都是同源字。例如:"关"与"闭"同义。"管"与"籥"同义,但是它们不是同源字,因为读音相差很远,即使在原始时代,也不可能同音。语音的转化是有条件的。

通假字不是同源字,因为它们不是同义或义近的字。例如"蚤"和"早","政"和"征"。我们不能说,跳蚤的"蚤"和早晚的"早"有什么关系,也很难说政治的"政"和征伐的"征"有什么必然的关系。

异体字不是同源字,因为它们不是同源,而是同字,即一个字的两种或多种写法。例如"线"和"綫"、"烟"和"媚","迹"和"蹟"、"速"。

这样,我们所谓同源字,实际上就是同源词。我们从语言的角度来看同源字,就会发现,同字未必同源,不同字反而同源。例如"戾"字,有乖戾、暴戾、罪戾、莅至等多种意义。这些意义各不相关。这就是同字未必同源。这实际上是几个各别的同音词。将来汉字改为拼音文字以后,在字典中应该分为几个词条,不要混在一起。又如"比"字,有齐同、密列、频繁等多种意义:齐同的"比",其同源字是"妣""媲""妃""配""匹";密列的"比",其同源字是"密""篦";频繁的"比",其同源字是"频"。"比"字的几种意义，齐同、密列、频繁又复相关。这就是不同字反而同源。

语言中的新词，一般总是从旧词的基础上产生的。例如梳头的工具的总名是“栉”，后来栉又分为两种：齿密的叫“篦”，齿疏的叫“梳”。“篦”是比的意思，比就是密；“梳”是疏的意思。可见“篦”“梳”虽是新词，它们是从旧词的基础上产生的。同源字中有此一类。

还有一类很常见的同源字，那就是区别字。例如祡祭的“祡”本来写作“柴”，后来为了区别于柴薪的“柴”，就另造一个“祡”字。懈怠的“懈”本来写作“解”，后来为了区别于解结的“解”，就另造一个“懈”字。这些字我们都当做同源字看待，因为祡祭指的是焚柴祭天，可见“祡、柴”同源；懈怠是心情松懈，有似带解，可见“懈、解”同源。区别字产生于一字多义。

区别字可以产生，也可以不产生。例如“长”字，既是长短的“长”，又是长幼的“长”，至今没有人造出区别字。但是“陈”字就不同了。汉代以前，陈列的“陈”和行阵的“阵”同形，后来终于产生区别字“阵”。从前文字学家把《说文》所收的区别字认为是本字，又把《说文》所未收的区别字认为是俗字，那是不公平的，也是不合理的。

判断同源字，主要是根据古代的训诂：有互训，有同训，有通训，有声训。互训例如《说文》：“颠，顶也。”“顶，颠也。”同训例如《说文》：“句，曲也。”“軥，曲也。”通训是，某字的释义中有意义相关的字。例如《说文》：“祡，烧柴焚燎以祭天神。”声训是同音或音近的字为训。例如《释名》：“负，背也，置项背也。”

二、从语音方面分析同源字

同源字有一个最重要的条件，就是读音相同或相近，而且必须以先秦古音为依据，因为同源字的形成，绝大多数是上古时代的事了。

上古汉语共有二十九个韵部，可以分为三大类、八小类，如下：

(甲)-o,-k,-ng 类。

(1) 没有韵尾的韵部，共六部：之部[ə]；支部[e]；鱼部[a]；侯部[o]；宵部[ô]；幽部[u]。

(2) 韵尾为-k 的韵部，共六部：职部[ək]；锡部[ek]；铎部[ak]；屋部[ok]；沃部[ôk]；觉部[uk]。

(3) 韵尾为-ng 的韵部，共四部：蒸部[əng]；耕部[eng]；阳部[ang]；东部[ong]。

(乙) i,-t,-n 类。

(4) 韵尾为-i 的韵部,共三部：微部[əi];脂部[ei];歌部[ai]。

(5) 韵尾为-t 的韵部,共三部：物部[ət];质部[et];月部[at]。

(6) 韵尾为-n 的韵部,共三部：文部[ən];真部[en];元部[an]。

(丙) -p,m 类。

(7) 韵尾为-p 的韵部,共二部：缉部[əp];盍部[ap]。

(8) 韵尾为-m 的韵部,共二部：侵部[əm];谈部[am]。

同韵部者为叠韵。例如"走、趋"侯部叠韵,"夜、夕"铎部叠韵,"疆、境"阳部叠韵,"空、孔"东部叠韵,"三、参"侵部叠韵。

同类同元音者为对转。例如"背 puək：负 biuə"职之对转,"陟 tiək：登 təng"职蒸对转,"斯 sie：析 siek"支锡对转,"题 dye：定 dyeng"支耕对转,"盈 jieng：溢 jiek"耕锡对转,等等。此类很多。

不同类而同元音者为通转,这是元音相同,但是韵尾发音部位不同。例如"吾 nga：我 ngai"鱼歌通转,"强 qiang：健 qian"阳元通转,"介 keat：甲 keap"月盍通转等。这一类比较少见。

同类但不同元音者为旁转。例如"叩 ko：考 ku"侯幽旁转,"焚 biuən：燔 biuan"文元旁转,"质 tjiet：赘 tjiuat"质月旁转等。

上古汉语共有三十三个声母,可以分为五大类、七小类,如下：

(甲)喉音

(1) 影母[o]

(乙) 牙音(舌根音)

(2) 见母[k] (3) 溪母[kh] (4) 群母[g] (5) 疑母[ng] (6) 晓母[x](7) 匣母[h][1]

(丙)舌音,分两类。

(一) 舌头音

(8) 端母[t] (9) 透母[th] (10)定母 [d] (11) 泥母[n] [2](12)

---

① 黄侃在古音十九纽中,以影喻为深喉音,晓匣见溪群疑为浅喉音。他所定的浅喉音是对的,而以喻为深喉音则是错的。喻三应并入匣母,喻母在上古应屑舌音。

② 中古知彻澄娘四母在上古属端透定泥。

来母[l]

(二) 舌面音(在中古属正齿三等)

(13) 照母[tj] (14) 穿母[tkj] (15) 神母[dj] (16) 日母[nj] (17) 喻母[j] (18) 审母[sj] (19) 禅母[zj]

(丁)齿音,分两类。

(一) 正齿音(在中古属正齿二等)①

(20) 庄母[tzh] (21) 初母[tsh] (22) 床母[dzh] (23) 山母[sh] (24) 俟母[zh]②

(二) 齿头音

(25) 精母[tz] (26) 清母[ts] (27) 从母[dz] (28) 心母[s] (29) 邪母[z]

(戊) 唇音

(30) 帮母[p] (31) 滂母[ph] (32) 並母[b] (33) 明母[m]③

同纽者为双声。例如"疆 kiang:境 kyang"见母双声,"叩 kho:考 khu"溪母双声,"逆 ngyak:迎 ngyang"疑母双声。

同类同直行,或舌齿同直行者为准双声。例如"致 tiet:至 tjiet"端照准双声,"乃 nə:而 njiə"泥日准双声,"铄 sjiôk:销 siô"审心准双声。

同类同横行者为旁纽。例如"蹢 tyek:蹄 dye"端定旁纽,"走 tso:趋 tsio"精清旁纽,"背 puək:负 biuə"帮並旁纽。

---

① 黄侃在古音十九纽中,以正齿二等并入精清从心邪是有道理的。在上古时代,的确庄初床山距精系较近,距照穿神审禅较远。

② 俟母是根据李荣《切韵音系》添加的。

③ 中古非敷奉微四母在上古属帮滂並明。

为了印刷的便利,以 0 代表零母,以-h 代表送气符号,以 ng 代表国际音标[ŋ],以[h]代表[ɣ],以[tj][thj][dj][nj][sj][zj]代表[tɕ][tɕ′][dʑ][ȵ][ɕ][ʥ]以[tzh][tsh][dzh][sh][zh]代表[tʃ][tʃ‘][dʒ][ʃ][ʒ],以[tz][ts]代表[ts][ts‘]。喻母上古音未能确定,暂用[j]来表示。

同类而不同横行者为准旁纽(少见)。例如“它 thai：蛇 diyai”透神准旁纽,“跳 dyô：跃 jiôk”定喻准旁纽。

喉与牙,舌与齿为邻纽(少见)。例如“影 yang：景 kyang”影见邻纽,“顺 djiuən：驯 ziuən”神邪邻纽。

值得反复强调的是：同源字必须是同音或音近的字。这就是说,必须韵部、声母都相同或相近。如果只有韵部相同,而声母相差很远,如“共”giong、“同”dong;或者只有声母相同,而韵部相差很远,如“当”tang、“对”tui,就只能认为同义词(有些连同义词都不是),不能认为同源字。至于凭今音来定双声叠韵,因而定出同源字,例如以“偃”“嬴”为同源,不知“偃”字古属喉音影母,“嬴”字古属舌音喻母,“偃”字古属收-n的元部,“嬴”字古属收-ng 的耕部,无论声母、韵部都不相近,那就更错了。

三、从词义方面分析同源字

词义方面,也和语音方面一样,同源字是互相联系着的。分析起来,大概有下面三种情况。

(一) 实同一词。还可以细分为三类。

1.《说文》分为两个以上的字,实同一词。例如“窥：闚”;“韬：弢”;“彧：郁”;“疐：踬”;“冫仓：沧”;“鴈：雁”。有时候,《说文》释义全同,如：“冫仓,寒也。”“沧,寒也。”有时候,《说文》强生分别,如以“韬”为剑衣,“弢”为弓衣;“鴈”为鸟,“雁”为鹅。从古书材料中,不能证明这种区别。

2.《说文》已收的字和《说文》未收的字实同一词。例如“恧：忸”;“曳：拽”;“逖：逷”;“愒：憩”。

以上两类,实际上就是异体字。

3. 区别字。

a.《说文》已收的区别字,即早期的区别字。如：

> 神佑本写作“右”或“佑”,后来写作“祐”,以别于佑助的“佑”。
> 沽酒本写作“沽”,后来写作“酤”,以别于一般买卖的“沽”。
> 音乐和谐本写作“和”,后来写作“龢”,以别于和平的“和”。

b.《说文》未收的区别字,即后期的区别字。如：

> 臟腑本写作“藏府”,后来写作“臟腑”以区别于宝藏的“藏”,府库

的“府”。

擒获本写作“禽”，后来写作“擒”，以别于禽兽的“禽”。

殡殓本写作“敛”，后来写作“殓”，以别于收敛的“敛”。

区别字不都是同源字。如果语音相同或相近，但是词义没有联系，那就不是同源字。例如房舍的“舍”和捨弃的“捨”（本写作“舍”）在词义上毫无关系，它们不是同源。但是，多数区别字都是同源字。

区别字掩盖了语源。例如“五伯”写成“五霸”以后，就很少人知道“霸”来源于“伯”。区别字掩盖了本字。例如战栗写成了“颤”以后，人们（包括文字学家）就认为“颤”是本字，“战”是假借字。这种认识是错误的，因为是违反历史事实的。

（二）同义词。

音义皆近的同义词，在原始时代本属一词，后来由于各种原因（如方言影响），语音分化了，但词义没有分化，或者只有细微的分别。这种同义词，在同源字中占很大的数量。

1. 完全同义。如：

志：识　　箦：笫　　毋：无

须：需　　如：若　　溥：旁

曰：粤　　徒：但　　直：特

鹏：凤　　荒：凶　　曷：何

曳：引　　宴：安　　藩：樊

愜：慊　　寖：渐

所谓同义，是说这个词的某一意义和那个词的某一意义相同，不是说这个词的所有意义和那个词的所有意义都相同。例如“疾、徇”同义，是说它们在速的意义上相同，并非说“徇”有疾病的意义，或“疾”有徇行的意义。

2. 微别。如：

跽，直腰跪着；跪，先跪后拜。

旗，绣熊虎的旗子；旂，绣交龙的旗子。

无，没有；莫，没有谁，没有什么。

言，直言曰言；语，论难曰语。

盈，器满；溢，充满而流出来。

颜，眉目之间；额，眉上发下。
告，告上曰告；诰，告下曰诰。
薦，无牲而祭；祭，薦而加牲。

这一类字，大多数不是同音字，而是音近的字。字音的分化，导致词义的分化。不过，这种分化只是细微的分别而已。有些同音字，实际上是后起的区别字。例如"告：诰"。同样的情况有"欲：慾"。"慾"用于贬义。现在"慾"简化为"欲"，又取消这个区别字了。

（三）各种关系。

同源字中，有许多字并不是同义词，但是它们的词义之间有种种关系，使我们看得出它们是同出一源的。分析起来，大约可以分为十五种关系。现在一一加以叙述。

(1)工具。凡藉物成事，所藉之物就是工具。例如：

勺，杓子；酌，用杓子舀酒。
汤，热水；盪，用热水洗涤器皿。
爪，指甲；搔，用指甲挠。
咽，喉咙；嚥，用喉咙吞下。

(2) 对象。例如：

道，路；导，引路。
兽，野兽；狩，猎取野兽。
鱼，鱼类；渔，捕鱼。
舆，轿子；舁，抬轿子。

(3) 性质，作用。例如：

卑，卑贱；婢，卑贱的妇女。
句，曲；钩，一种弯曲的工具。
冒，蒙盖；帽，蒙盖在头上的。
浮，漂浮；桴，浮在水面的交通工具。

(4) 共性。例如：

崖，山边；涯，水边。
住，人停留；驻，马停留。

招，以手招；召，以口招。

经，织品的主要部分；纲，网的主要部分。

（5）特指。例如：

取，取得；娶，取妻。

夏，大；厦，大屋。

献，进献；享，以祭品进献给神。

辅，助；赙，以财助丧。

（6）行为者，受事者。例如：

沽，买卖；贾，买卖人。

率，率领；帅，率领军队的主将。

辅，辅佐；傅，辅佐帝王太子的人。

噎，食物塞住咽喉；咽，咽喉。

（7）抽象。例如：

沉，沉溺在水里；耽，沉溺在欢乐里。

宛，屈曲；冤，冤屈。

相，视；省，内视，反省。

寤，睡醒；悟，觉悟。

（8）因果。例如：

鬄，剃发；髢，用剃下来的头发做成的假发。

逋，奴隶或罪犯逃亡；捕，把逃亡的人捉回来。

干，干燥；旱，干旱。

燔，烤；膰，烤熟的祭肉。

（9）现象。例如：

踞，蹲，箕踞；倨，没有礼貌。

瞿，张大眼睛；惧，害怕。

伏，趴倒；服，降服。

（10）原料。例如：

紫，紫色；茈，茈草，可染紫。

旄，用牦牛尾装饰的旗；氂，牦牛。

币，束帛，用来送礼；帛，丝织品。

(11) 比喻，委婉语。例如：

材，木材；才，人材。
阻，阻塞；沮，阻止。
没，沉没；殁，死亡(委婉语)。
陨，从高处摔下来；殒，死亡(委婉语)。

(12) 形似。例如：

登，礼器；镫，膏灯。
井，水井；阱，陷井。
障，障碍；嶂，像屏障的山。
緜，丝棉；棉，木棉。

(13)数目。例如：

一，数目；壹，专一。
二，数目；贰，二心，副职。
四，数目；驷，一乘为驷。
五，数目；伍，户口十家为伍，军人五人为伍。

(14) 色彩。例如：

綦，青黑色；骐，青黑色的马。
鐵，黑金；驖，马赤黑色。
黸，黑色；玈，旅弓，黑弓。
皓，白色；缟，白缯。

(15) 使动。例如：

贷，借入；贷，借出，使贷。
赊，赊入；贳，赊出，使赊。
买，买入；卖，卖出，使买。
籴，买米，粜，卖米，使籴。
赘，典押入；质，典押出，使赘。
入，进入；纳，使入。
至，到来；致，使至。
去，离开；祛，祛除，使离开。

食，吃；飤（饲），使吃。

别，分别；辨，辨别，使分别。

勱，努力；勉，使努力。

*　　*　　*　　*

同源字的研究，有什么作用呢？

第一，它是汉语史研究的一部分。从前，我们以为，在语言三要素中，语音、语法都有很强的系统性，惟有词汇是一盘散沙。现在通过同源字的研究，我们知道，有许多词都是互相联系着的。由此，我们对于汉语词汇形成的历史，就有了认识。

通过同源字的研究，对词的本义能有更确切的了解。例如《说文》："昇，共举也。"这个释义是不够确切的。必须了解到，二人所共举的是舆。"舆、昇"同音，二字只是名词与动词的分别。了解到这一点，才算真正了解"昇"字的本义了。又如《说文》："左，手相左助也。""右，手口相助也。"段注："以手助手，是曰左；以口助手，是曰右。"这样讲"左""右"的本义是错误的。《说文》的"𠂇""又"，后人写作"左""右"；《说文》的"左""右"，后人写作"佐""佑"。那么，"佐""佑"的本义是什么呢？决不是以手助手，以口助手。"左"是左手，"右"是右手，用作动词时，写成"佐""佑"，都是以手助人。《史记·陈丞相世家》："乃解衣裸而佐刺船。"这里的"佐"才是用了本义。

新词的产生，不是从天上掉下来的，往往是借旧词作为构成新词的材料（如"轮船"、"汽车"）。有些字，近代才出现，但并不是什么新词，而是旧词的音变而已。例如脚踢的"踢"不见于古代的字典，只见于《正字通》，它是近代才出现的一个词。但是古代有个"踶"字，音大计切。《庄子·马蹄》："怒则分背相踶。""踶"与"踢"是支锡对转。毫无疑问，"踢"是"踶"的音变。

由此看来，同源字的研究，和汉语史的研究是密切相关的。

第二，把同源字研究的结果编成字典，可以帮助人们更准确地理解字义。例如"旁"与"溥、普"同源，则知"旁"的本义是普遍。"傍"与"溥、普"不同源，因为"傍"的本义是依傍（《说文》："傍，近也"），引申为旁边。后来表示旁边的字写作"旁"，以致"旁""傍"相混。但是表示普遍的"旁"决不写作"傍"，表示依傍的"傍"一般也不写作"旁"。《经籍籑诂》在"傍"字下云"亦作旁"，把"广、大"等义放在"傍"字条，是完全错误的。

通过同源字的研究，僻字变为不僻了。例如蹄义的"蹢"只见于《诗经》一次(《小雅·渐渐之石》:“有豕白蹢”),《尔雅》一次《释畜》:“四蹢皆白,豥”),可算僻字了。但是“蹄、蹢”同源,支锡对转,“蹢”就是“蹄”,字虽僻而词不僻。

通过同源字的研究,僻义变为不僻了。例如额义的“定”,只见于《诗经》一次(《国风·周南·麟之趾》:“麟之定,振振公姓”),《尔雅》改“定”为“顁”(《释言》:“顁,题也”),则变为僻字。其实“题、定”同源,支耕对转,“定”就是“题”。“题”解作额,则是比较常见的。“定、顶”也同源,耕部叠韵,在人为顶,在兽为定,更显得不僻了。又如《史记·五帝本纪》:“幼而徇齐。”裴骃说:“徇,疾;齐,速也。”这是正确的解释。“徇”与“齐”是同义词连用。“齐、徇、疾、捷”四字同源。“齐、疾”脂质对转,“齐、徇”脂真对转,“徇、疾”真质对转,“疾、捷”质盍对转,都是敏捷的意思。“徇”当“疾”讲,“齐”当“速”讲,僻而不僻。

由此看来。同源字的研究,可以认为是一门新的训诂学。

(原载《中国语文》1978年第1期;又《同源字典》,商务印书馆,1982年;《王力文集》第8卷)

王力先生生平与学术活动年表

1900 年　(清光绪二十六年庚子)8 月 10 日(农历七月十六)生于广西博白县岐山坡村,原名王祥瑛。父亲贞伦,晚清秀才。

1906 年　入私塾,曾承庭训,诵读唐诗、临帖习字、学做对仗。

1911 年　考入博白县高小。

1914 年　高小毕业后因家贫失学,居家自学。

1917 年　为教育幼弟在家办私塾。

1919 年　被同村绅士王礼诚聘为家庭教师。

1920 年　受同县大车坪文人李荫田之聘,到李氏家塾任教。是年先生蒙一学生家长借阅藏书 14 箱(经史子集俱全),从此打下深厚的国学基础。

1921 年　秋受聘到县内大平坡李氏开国学校任初小教员,半年后破格升任高小教员。教学中阅读《马氏文通》,开始研究中国语法。

1924 年　夏得李氏开国学校校长和同事的资助到上海求学,考入上海私立南方大学国学专修班,始习英语。

1925 年　夏因参加反对南方大学校长江亢虎搞复辟帝制活动的学潮被开除。是年秋转入章太炎为校长的国民大学本科学习。

1926 年　夏考入清华大学国学研究院第二届,受业于梁启超、王国维、陈寅恪和赵元任等名师。是年在《甲寅周刊》第一卷发表《文话平议》一文。

1927 年　在导师指导下撰写毕业论文《中国古文法》,梁启超先生的评语是"精思妙悟,可为斯学辟一新途";赵元任先生的眉批是"言有易,言无难"。这一年先后发表《三百年前河南宁陵方音考》(《国学论丛》一卷二期)、《谐声说》(北大《国学门月刊》1 卷 5 期)、《浊音上声变化说》(《广西留京学会学报》第 4 期)。是年秋自费赴法国留学,先入法语补习学校。

1928 年　进入法国巴黎大学,从格拉奈教授攻读实验语音学,同时从房德里耶斯学习普通语言学,并为了生计开始翻译法国文学作品。是年,先生在上海学习时撰写的《老子研究》由商务印书馆出版。论文《两粤音说》在《清华学报》5卷1期刊出。

1929—1930年 撰写毕业论文，并继续翻译法国文学作品。

1931年 通过毕业论文《博白方音实验录》(法文本，巴黎大学出版社)获巴黎大学文学博士学位。是年所译纪德小说《少女的梦》和小仲马剧本《半上流社会》，由上海开明书店出版。

1932年 离开巴黎回国，任清华大学中国文学系专任讲师，讲授“普通语言学”和“中国音韵学”，并受聘燕京大学，先后讲授“中国音韵学”与“中国语文概论”。

1933年 应商务印书馆之约撰写的《伦理学》和《希腊文学》、《罗马文学》三书出版，同年所译《巴士特》(传记)由商务印书馆出版。

1934年 商务印书馆出版先生所译多部法国文学作品，即嘉禾的剧本《我的妻》、《买糖小女》，拉维当的剧本《伯辽赍侯爵》，米尔博的剧本《生意经》，左拉的小说《屠槌》(即《小酒店》)，波多黎史的剧本《恋爱的妇人》，乔治桑的小说《小芳黛》，巴依隆的剧本《讨厌的社会》，佘拉弟的剧本《爱》和埃克曼、夏铎的剧本《佃户的女儿》以及E. Durkheim的《社会分工论》。同年，还在上海启智书局出版《幸福之路》一书；又在《独立评论》132期上发表论文《语言的变迁》。

1935年 发表论文《从元音的性质说到中国语的声调》(《清华学报》10卷1期)、《类音研究》(《清华学报》10卷3期)及《文字的保守》、《论读别字》、《说“不通”》(分别载《独立评论》132期、152期、165期)，又出版译著左拉的小说《娜拉》、巴达一的剧本《婚礼进行曲》(以上商务印书馆)和《莫里哀全集》(改编剧本六种，即《大夫学堂》、《情仇》、《斯加拿尔》、《装腔作势的女子》、《嘉尔西爵士》和《糊涂的人》，上海国立编译局)。是年先生升任教授。12月参加北平66名教授罢教活动，支持“一二·九”学生运动。

1936年 发表论文《中国文法学初探》(《清华学报》11卷1期)、《中国文法欧化的可能性》(《独立评论》198期)、《汉字改革的理论和实践》(《独立评论》205期)、《南北朝诗人用韵考》(《清华学报》11卷3期)和书评《“爨火丛刻”甲编》(丁文江)、《汉魏六朝韵谱》(于安澜)(分别载天津《大公报》7月16日与9月17日)。是年出版专著《中国音韵学》(商务印书馆)和《江浙人学习国语法》，又出版译著都德的小说《小物件》。

1937 年　发表论文《中国文法中的系词》(《清华学报》12 卷 1 期、《上古韵母系统研究》(《清华学报》12 卷 3 期)、《古韵分部异同考》(《语言与文学》、《双声叠韵的应用及其流弊》(《文学年报》3 期)及书评《近代剧韵》(张伯驹、余叔岩)和《黄侃集韵声类表、施则敬集韵表》(均载天津《大公报》)。7 月抗日战争爆发,先生随校南迁,在长沙临时大学期间,购得一部《红楼梦》,开始研究现代中国语法。

1938 年　春回广西,被借聘到桂林任广西大学文史地专修科主任一学期,是年秋抵昆明任西南联大教授,讲授"语言学概要"和"中国现代语法"。

1939 年　完成"中国现代语法"和"中国语法理论"两部讲义,其"中国现代语法"在西南联大印发。商务印书馆出版先生的《中国语文概论》。又发表论文《论汉译地名人名的标准》、《谈用字不当》和《谈标点格式》(载《今日评论》1 卷 11 期、1 卷 19 期和 2 卷 6 期)。是年夏,依照清华大学教授休假制,先生休假一年,得特准到越南远东学院做访问学者,从事东方语言(主要是越南语)研究。

1940 年　在越南搜集、研究越语中汉语借词材料,准备撰写《汉越语研究》。7 月返回昆明。是年出版《中国文法学初探》和《汉字改革》两书,发表论文《逻辑与语法》(《国文月刊》1 卷 6 期)、《从语言的习惯论通俗化》(《今日评论》4 卷 25 期)。

1941 年　4 月在清华大学 30 周年纪念会上做了题为《理想的字典》的演讲。是年发表论文《中国语法学的新途径》、《语言学在现代中国的重要性》(载《当代评论》1 卷 3 期与 16 期)和《谈意义不明》、《古语的死亡、残留和转生》(《国文月刊》1 卷 5 期与 9 期)。

1942 年　发表论文《新字义的产生》(《国文杂志》1 卷 2 期)、《诗歌的起源与流变》和《文言的学习》(均载《国文月刊》1 卷 13 期)。是年应邀开始撰写小品文,先后为重庆《星期评论》、《中央周刊》、《中央日报》增刊和昆明《生活导报》、《独立周刊》、《自由论坛》辟"瓮牖剩墨"、"棕榈轩詹言"、《清呓集》与"龙虫并雕斋琐语"等专栏。

1943 年　专著《中国现代语法》上册由商务印书馆出版,朱自清先生为之写序,高度评价该书的学术价值。又发表论文《人称代词》、《无定代词复指代词》、《指示代词》、《疑问代词》(载《国文杂志》1卷6期,2卷2期、4期、5期)和《什么话好听》(《国文月刊》21期)。是年兼任昆明粤秀中学校长。

1944年 专著《中国现代语法》下册和《中国语法理论》上册先后由商务印书馆出版。发表论文《一个和一个》、《基数、序数和问数法》(载《国文杂志》2卷6期、3卷1期)、《观念与语言》(《文学创作》3卷期)、《字和词》(《国文月刊》31、32合刊)和《大学入学考试的文白对译》(载重庆《语文丛谈》)。

1945年 抗日战争胜利。《中国语法理论》下册出版。发表论文《人物称数法》、《字史》(《国文杂志》3卷3、4期,3卷4、5期)及《理想的字典》、《词类》、《词品》、《仂语》、《句子》(分别载《国文月刊》33—37期)。

1946年 3月出版《中国语法纲要》(开明书店)。5月西南联大结束,先生携家属经广西到广州,应邀到中山大学讲学,8月,应聘为中山大学教授兼文学院院长,创办中国第一个语言学系。发表论文《复音词的创造》、《中国文字及其音读的类化法》、《了一小字典初稿》、《大学中文系与新文艺的创造》、《敝帚斋读书记》(分别载《国文月刊》40期、42期、43、44期合刊、45期)。

1947年 完成《汉语诗律学》书稿,发表论文《新训诂学》,出版译著都德的小说《沙弗》(开明书店)。

1948年 7月辞去中山大学教职,应聘岭南大学教授兼文学院院长,并担任岭南大学顾问委员会委员。是年发表论文《关于〈中国语法理论〉》(《中山大学文史集刊》1期)、《汉越语研究》(《岭南学报》9卷1期)和《漫谈方言文学》(《观察》5卷11期)。

1949年 10月广州解放,先生被选为广东省第一届人民代表大会代表、广州市人民代表大会代表。是年小品文集《龙虫并雕斋琐语》出版(上海观察出版社),又发表文章《语法问答》。

1950年 被选为广东省文化教育委员会副主任、华南文学艺术家联合会副主席及广州市人民政府委员。重印《中国语文概论》,易名为《中国语文讲话》(上海开明书店)。

1951年 参加知识分子思想改造运动。出版《广东人学习国语法》。

1952年 全国高校进行院系调整,岭南大学并入中山大学,先生任中山大学语言学系主任兼汉语教研室主任,讲授“语法理论”、“现代汉语"等课程。在《语文学习》上发表《汉语的词类》(第2期)、《词和语在句子中的职务》(7期)、《谓语形式和句子形式》(9期)等文章。

1953年　发表论文《词和仂语的界限问题》(《中国语文》9期)、《汉语语法学的主要任务——发现并掌握汉语的结构规律》(《中国语文》12期)。为帮助广大干部学习语法知识,在《语文学习》上连载《语文知识》(1953年3期—1955年1期),又出版通俗读物《字的形音义》(中国青年出版社)。

1954年　秋率领中山大学语言学系师生调入北京大学中文系,先生任汉语教研室主任,开设"汉语史"课程,并招收首届汉语史研究生。11月被任命为中国文字改革委员会委员,参加"汉语拼音方案"的制定工作。是年发表论文《论汉语标准语》(《中国语文》12期),其《汉语语法纲要》俄文版由莫斯科外文出版社出版,龙果夫为之写序。

1955年　5月被推选为中国科学院哲学社会科学部学部委员、语言研究所学术委员会委员。6月参加学部委员会组织的"关于汉语有无词类问题"的讨论,并发表论文《关于汉语有无词类的问题》(《北京大学学报》2期)和《论汉语规范化》(《人民日报》10月12日)、《在推广普通话的宣传工作中应该注意扫除一种思想障碍》(《光明日报》10月21日)、《斯大林语言学著作对于中国语言学的影响和作用》(《俄语教学》8期)及《关于"它们"的解释问题》(《语文杂志》4期)等。是年其《江浙人学习国语法》和《广东人学习国语法》分别改名为《江浙人怎样学习普通话》和《广东人怎样学习普通话》由文化教育出版社继续出版,另又编写出版通俗读物《虚词的用法》(工人出版社)和《有关人物和行为的虚词》(中国青年出版社)。

1956年　2月被任命为中央推广普通话工作委员会委员,4月参加与陆志韦、黎锦熙组成的三人小组负责拟定"汉语拼音方案"的修正草案(即修正第一式)。是年发表论文《论推广普通话》(《人民日报》2月13日)、《谈谈在高等学校里推广普通话》(《高等教育》7期)、《为什么"知""资"等字要写出韵母》(《拼音》1期)、《主语的定义及其在汉语中的应用》(《语文学习》1期)、《语法的民族特点和时代特点》(《中国语文》10期)及《语法体系和语法教学》和《关于词类的划分》(均收入人民教育出版社出版的《语法和语法教学》)等,又出版《谈谈汉语规范化》(北京工人出版社)和《汉语的共同语和标准语》(中华书局),《中国音韵学》改名为《汉语音韵学》由中华书局再版。

1957年 响应党的整风号召,作为无党派民主人士,在《人民日报》上发表《漫谈高等学校中的问题》(6月7日),出版《汉语史稿》上册(科学出版社)和《广州话浅说》(文字改革出版社),又将《中国语法纲要》改名为《汉语语法纲要》并增补龙果夫的序言及评注由上海新知识出版社出版。是年倡议创刊《语言学论丛》,被推举为编委会主编,发表《中国语言学的现状及其存在的问题》(《中国语文》3月号,这也是先生在天津语言学会成立大会上的讲话)、《关于暂拟的汉语教学法系统问题》(《语文学习》11期)、《汉语拼音方案草案的优点》(《光明日报》12月11日)、《汉语被动式的发展》(《语言学论丛》第1辑)等论文。是年夏任教育部高校中文系教材编委会成员并负责主编《汉语史》教材,7月率编写组到青岛编写教材。12月先生应邀访问波兰并讲学。

1958年 1月到武汉、广州向语文界传达周恩来总理关于文改工作的报告,并播放周总理的讲话录音,推动文改工作。3月到南宁参加广西壮族自治区成立大会。7月出任中国人民保卫世界和平委员会常务委员。8月应邀到呼和浩特内蒙古大学做"拼音文字在文化教育中的意义和作用"与"关于推广普通话的问题"的报告,并参加座谈。上半年讲授"汉语诗律学"课,并出版《汉语诗律学》(上海新知识出版社)。是年还出版《汉语史稿》中、下册和《汉语史论文集》(科学出版社)等专著,发表文章《为语言科学的跃进而奋斗》(《中国语文》4期)和《语言改革笔谈》(同上7期)。

1959年 主持"古代汉语"的教学改革,提出以文选、通论和常用词三结合的改革方案,领导汉语教研室编写新的古代汉语教材,并亲自讲授"古代汉语"课。是年发表论文《中国格律诗的传统和现代格律诗的问题》(《文学评论》3期)、《汉语实词的分类》(《北京大学学报》2期)、《现代汉语规范问题》(总论)(《语言学论丛》第3辑)和《语言的规范化和语言的发展》(《语文学习》10期)。

1960年 主编《古代汉语》讲义上、中、下三册内部印发。9月出任北大中文系副系主任，主持修订汉语专业教学计划。是年发表论文《关于文字改革的三大任务》（《文字改革》3 期）和《上古汉语入声和阴声的分野及其收音》（《语言学研究与批判》第 2 辑）。

1961 年　5 月出席教育部召开的高等学校文科教材编选计划会议，会后受教育部委托负责主编《古代汉语》教材。是年发表论文《在语言科学中开展百家争鸣》（《光明日报》3 月 22 日）、《逻辑与语言》（《红旗》17 期）和《古代汉语的学习和教学》（《光明日报》12 月 6 日）。同年还和沈从文先生在《光明日报》上开展“关于古人是否留胡子问题”的讨论。

1962 年　完成有四分册的高校文科教材《古代汉语》的主编工作，并写了序言，由中华书局出版。同年还编写、出版《诗词格律》（中华书局）、《诗词格律十讲》（北京出版社），又发表《文言语法鸟瞰》（《人民教育》1 月号）、《训诂学上的一些问题》（《中国语文》1 期）、《中国古典文论中谈到的语言形式美》（《文艺报》2 期）、《文学与艺术的武断性》（《当代文艺》1 卷 3 期）、《略论语言形式美》（《光明日报》10 月 9 日至 11 日）和《中国语言学的继承和发展》（《中国语文》10 期）等论文。9 月开设“清代古音学”课。

1963 年　2 月讲授“中国语言学史”课。5 月起在《中国语文》上连载《中国语言学史》前三章。6 月应邀到桂林广西师范大学讲学一个月。8 月出版《汉语音韵》（中华书局）。

1964 年　3 月起任全国政协委员。是年发表论文《先秦古韵的拟测问题》《北京大学学报》5 期，并出版《汉语浅谈》（北京出版社）。

1965 年　9 月撰写《读陈毅副总理对中外记者谈话》（七律）五首，由陈毅副总理推荐发表在《人民日报》上（11 月 1 日）。是年发表《论审音原则》（《中国语文》2 期）、《略论清儒的语言研究》（《新建设》第 8、9 期）和《古汉语自动词和使动词的配对》（《中国文史论丛》6 期）。

1966—1971 年　“文革”一开始被扣上“资产阶级反动权威”、“学阀”、“反共分子”等帽子，多次被批斗，关进“牛棚”，下工厂，去农村，强迫劳动，失去自由，备受折磨。

1972 年　春随北大中文系 70 级工农兵学员到天津日报搞开门办学。5 月回京后不再进牛棚，在家居住，开始秘密撰写《诗经韵读》和《楚辞韵读》。

1973 年　4 月获准拜见回国探亲的业师赵元任先生。9 月，被宣布“解放”。

1974 年　完成《诗经韵读》和《楚辞韵读》初稿，开始准备撰写《同源字典》。与汉语专业 72 级和 73 级下放北京第三机床厂、北京齿轮厂和北京内燃机总厂，为正在编写《古汉语常用字字典》初稿的师生及工人讲授《字的本义》、《文体》等文化知识。

1975 年　春夏间与岑麒祥、林焘等住在商务印书馆审订《古汉语常用字字典》。

1976 年　“四人帮”倒台，“文革”结束，先生喜赋《粉碎“四人帮”》诗一首。

1977 年　制订修订《汉语史稿》的计划，并着手进行准备工作。是年曾到广州、南宁探亲。

1978 年　2 月出席全国第五届政协第一次会议。8 月完成《同源字典》，其“前言”《同源字典论》发表在《中国语文》是年第 1 期上。同年还发表论文《黄侃古音学述评》（载《大公报在港复刊三十周年纪念文集》）、《为推广普通话和汉语拼音方案而努力》（《光明日报》10 月 11 日）和《谈谈外语学习》（《外国语教学》）。是年冬应邀到南宁参加广西壮族自治区成立二十周年庆典，并到广西大学中文系做了《谈谈学习古代汉语》的报告。

1979 年　5 月到上海参加文字改革教材协作会议，会后应邀到复旦大学讲学，又游了苏州。是年发表论文《谈谈学习古代汉语》（《广西大学学报》1 期）、《白话文运动的意义》（《中国语文》3 期）、《汉语滋生词的语法分析》（《语言学论丛》6 辑）和《现代汉语语音分析中的几个问题》（《中国语文》4 期）。又出版《古代汉语常识》和《诗词格律概要》二书。

1980 年　1 月出版论文集《龙虫并雕斋文集》一、二册（《中华书局》）。4 月出任中国文字改革委员会副主任；5 月应邀到济南参加山东语言学会成立大会，做了《积极发展中国的语言学》报告（发表在是年《东岳论丛》8 期），会后游了曲阜；8 月先生八十华诞，语文学界叶圣陶、胡愈之、吕叔湘、岑麒祥、周祖谟、倪海曙等发起，由文改会主持在北京举行“庆祝王力先生从事学术活动五十周年座谈会”，表彰先生的学术成就。9 月被补选为全国政协第五届常务委员。10 月到武汉先后参加中国语言学会和中国音韵学研究会的成立大会，分别被选为两会的名誉会长。12 月应邀到广州和香港，先后在中山大学、暨南大学、华南师大和香港大学做学术报告。是年出版了《诗经韵读》和《楚辞韵读》(上海古籍出版社)，并发表论文《古代的历法》(《文献》1 期)、《汉语语音的系统性及其发展的规律性》(《社会科学战线》1—2 期)、《"本"和"通"》(《辞书研究》1 辑)、《古无去声例证》(《语言研究论丛》2 月号)、《推广普通话的三个问题》(《语文现代化》2 期)、《需要再来一次白话文运动》(《教育研究》3 期)、《玄应一切经音义反切考》(《武汉师院学报》3 期)、《论古代汉语教学》(《语言教学与研究》4 期)、《汉字和汉字改革——1980 年 7 月在南开大学对美国留学生的演讲》(《拼音报》10 期)、《语言学当前的任务》(《语文现代化》4 期)《怎样学习古代汉语》(《语文学习讲座丛书》第 6 辑)等多篇。

1981 年　6 月初在北京大学授予赵元任先生名誉教授的欢迎仪式上，先生致了祝词。7 月初到哈尔滨参加全国语法学术研讨会；中旬参加教育部首届学位评议会，并担任中文组召集人。10 月应日本中国语学会邀请访问日本并讲学，受到东京大学校长的接见。是年应邀为北京市语文学习讲座先后讲了《毛泽东诗词四首》、《唐诗三首》及《宋词三首》；发表论文《关于语法体系的问题》(《中国语文研究》第 2 期)、(《汉语史鸟瞰》(《语文园地》1 期)、《怎样写论文》(《大学生》1 期)、《语言与文学》(《暨南大学学报》1 期)、《漫谈中学的语文教学》(《文化知识》第 1 期)、《同源字典的性质与意义》(《语文园地》6 期)、《词语规范化问题》(《百科知识》12 期)等。还发表译文《语音分析初探》(《国外语言学》)，出版译著法国波特莱尔《恶之花》(外国文学出版社)及通俗读物《音韵学初步》(商务印书馆)。

1982 年　2 月赵元任先生在美国逝世，先生在《人民日报》(4 月 27 日)上发表《悼念赵元任先生》。4 月在北京语言学会上做题为《我的治学经验》的演讲。8 月在北京出席第 15 届国际汉藏语及语言学研讨会，同月到西安参加中国音韵学研究会第二届学术年会，均作了重要讲话。后又到承德参加中国逻辑学会成立大会，10 月到苏州参加中国训诂学会，被选为以上两会顾问。是年出版《同源字典》(商务印书馆)和《龙虫并雕斋文集》第三册(中华书局)，开始撰写《〈康熙字典〉读音订误》，并发表《我是怎样走上语言学道路的》(《人民日报》6月3日)、《建议破读字用破读号》(《文字改革》3期)、《说“江”“河”》(《中学语文教学》6期)、《词典和语言规范化》(《辞书研究》4期)、《逻辑与学术研究、语言、写作的关系》(《函授通讯》6月号)和《语言的真善美》(《语文学习》12期)等文章。

1983年　2月出席《汉语拼音方案》公布二十五周年座谈会,并与周有光先生合作撰写《进一步发挥汉语拼音方案的作用》,发表在《人民日报》(2月10日)上。3月作为学术顾问到太原参加“汉语大词典”座谈会。5月出任第六届全国政协常务委员,月初到安徽出席中国语言学会年会,会后游了黄山,遇大雨,后在《新观察》上发表散文《雨中游黄山》。6月出席中国教育学会对外汉语教学研究会成立大会及第1次学术研讨会,并发表讲话。夏,山东教育出版社决定出版先生的语言学方面论著,先生指定几个学生和出版社领导组成编委会,开始编辑《王力文集》(最后编成二十卷)。是年,广西人民出版社出版《王力论学新著》,先生重新撰写《清代古音学》交中华书局。同年发表论文《再论日母音值,兼论普通话声母表》(《中国语文》1期)、《为什么学习古代汉语要学点天文学》(《学语文》1期)、《研究古代汉语要建立历史发展观点》(《语文教学之友》2期)、《字典问题杂谈》(《辞书研究》2期)、《汉语语音史中的条件音变》(《语言研究》4期)、《“之”“其”构成的名词性词组》(《语言研究》总第7辑)、《漫谈古汉语的语音、语法、词汇》(《苏州铁道学院学报》1983年)等。

1984年　应中华书局之约,开始撰写一部中型的《古汉语字典》。是年出版《龙虫并雕斋诗集》(《北京出版社》),并发表论文《〈经典释文〉反切考》(《音韵学研究》第1辑)、《词的本义应是第一项》(《辞书研究》2期)、《汉语对日语的影响》(《北京大学学报》5期)、《把话说的准确些》(《新闻战线》7期)等。

1985年　夏,原计划12集的《古汉语字典》完成4集30万字;考虑到身体情况,先生约来了身边的几个学生交代他们各分担部分编写工作。8月《王力文集》出版前三卷,恰逢先生85华诞,山东教育出版社领导到京为先生祝寿,并举行发行《王力文集》座谈会,先生在会上宣布将文集的全部稿酬(10万元)捐出,设立北京大学王力语言学奖，并分别成立评议会和基金会。是年出版修订《汉语史稿》第一部《汉语语音史》(中国社会科学出版社)，并发表《〈诗经韵读〉答疑》(《中国语文》1期)、《方言区的人学习普通话》(香港《普通话丛刊》2集)、《在第一次国际汉语教学会上的讲话》(《语言教学与研究》4期)和《天文与历法的关系》(《刊授指导》10期)等论文。

1986年 1月出席国家教委和国家语委联合召开的语言文字工作会议，先生做了题为《坚定不移地推行汉语拼音方案》的发言。3月出席全国政协六届六次会议开幕式。27日晚因身体不适住进北京友谊医院，经诊断患急性单粒细胞白血病。5月3日上午9时35分，医治无效与世长辞。享年86岁。是年发表《古代汉语序》(《语文研究》2期)、《唇音开合口辩》(《河北廊坊师专学报》1期)、《京剧唱腔中的字调》(《戏曲艺术》1、2期)等论文。

先生生前脱稿的专著陆续问世：《〈康熙字典〉音读订误》(中华书局1988)、《汉语语法史》(商务印书馆，1989)、《清代古音学》(中华书局，1992)、《汉语词汇史》(商务印书馆，1993)。《王力文集》20卷(山东教育出版社)亦于1991年出齐。《王力古汉语字典》则于2000年出版(中华书局)。

唐作藩据王缉国、张谷《王力年谱》改写补订

2010年2月12日

后　记

王力先生是我国著名的语言学家，是我国现代语言学的重要奠基者之一。王力先生一生勤于著述，在同辈语言学家中他的论著数量是最多的，内容也是最丰富的，堪称著作等身。他的研究涉及汉语的音韵、词汇、语法各个方面。“龙虫并雕”是王力先生书斋的名字，这个斋名形象地体现了王力先生学术研究的特点，即始终立于学术的前沿，不断撰写出学术经典之作，做出开创性的贡献；同时又关注学术的普及，致力于全民族语文素质的提升。王力先生是我国汉语言文字学界当之无愧的大师。

这部文集是从王力先生1000余万字的研究论著中精选出来的，涵盖了王力先生学术研究的主要方面。王力先生给后人留下了丰厚的学术遗产，他的学术论著不仅引领了那个时代的学术潮流，在今天仍然为我们指引着学术的方向。

今年是北京大学中文系建系100周年，作为北大中文系历史上灿烂群星中耀眼夺目的一员，王力先生对北京大学中文系的贡献是巨大的。重读王力先生的著作，其意义绝不仅仅在于重温北大中文系历史的辉煌，它的意义更在于当下，更在于长远，它关系到中国语言学的发展方向和道路。重读先辈的著作，继承先辈的学术精神，勇于开拓进取，致力于自主创新，是北京大学中文系学人永远的责任。

为此，《王力文选》编辑组编辑了这部文集，编辑组由老中青三代学人组成，他们是：郭锡良、唐作藩、张双棣、宋绍年、耿振生、孙书杰、鲍楠，他们都是王力先生的学生或学生的学生。编辑组的构成也是一种象征，表达了后辈学人对王力先生的景仰以及沿着王力先生的学术道路继续前进的信念。

《王力文选》编辑组

2010年7月20日